# 중국의 청화자기

중국의 청화자기

2014년 9월 15일 초판 1쇄 인쇄
2014년 9월 20일 초판 1쇄 발행

글쓴이  마시구이(馬希桂)
옮긴이  김재열
펴낸이  권혁재

편집  박현주 · 조혜진
출력  CMYK
인쇄  한일프린테크

펴낸곳  학연문화사
등록  1988년 2월 26일 제2-501호
주소  서울시 금천구 가산동 371-28 우림라이온스밸리 B동 712호
전화  02-2026-0541~4
팩스  02-2026-0547
E-mail  hak7891@chol.net

책값은 뒷표지에 있습니다.
잘못된 책은 바꾸어 드립니다.

ISBN  978-89-5508-318-7  93910

# 중국의
# 청화자기

마시구이(馬希桂) 지음 | 김재열 옮김

## 학연문화사

# 들어가는 글

청화자기는 중국도자 발전사상, 청자·흑자·백자·청백자와 채자의 뒤를 이어, 또 한 송이의 꽃을 피운 걸작이며, 중국도자발전사상 가장 빛나는 한 페이지이자 세계 예술 보고寶庫 속의 한 알의 눈부신 명주明珠이다.

청화자기는 출현하자, 곧 색조의 청신함과 문양의 소박하고 우아한 점, 유색의 윤택함과 색채의 아려雅麗함으로 세인의 애호를 받게 되었다. 만자천홍萬紫千紅의 채자 중에서 홀로 일가를 이루어, 원·명·청 삼대를 걸쳐 7백 여 년의 번영을 누렸으며, 의연히 오래도록 쇠퇴하지 않고 중국도자사와 문화사 및 예술사상, 일정한 지위와 영향을 차지하고 있다.

청화자기는 코발트 토광을 착색제로 한 것으로, 코발트료를 이용해 직접 날그릇에 문양장식을 그리고, 연후에 투명유를 씌워서 1300℃ 정도의 고온에서 일차 소성한 유하채釉下彩 자기이다. 청화자기에 유상채도 있다고 하는 학자도 있지만, 유하채 청화자기가 전체의 95% 이상을 차지하기 때문에, 현재 일반적으로 말하는 청화는, 곧 유하청화를 가리킨다. 이것이 바로 본서에서 논술을 요하는 범주이다.

청화자기는 당대에 붕아한다. 양주楊州 당성唐城유적에서 청화편이 출토하여, 청화자기 출현의 역사가 9세기 무렵으로 전진하게 된 것이다. 이는 중국도자사상 중대한 고고학적 발견이 되어, 때문에 국내외에 명성이 자자하다. 오대·양송 시기는 여러 가지 원인으로, 청화자기의 제작이 흥성하지 못하여, 비록 절강성 지역에서 양송 청화자기 파편들이 발견되었지만, 수량이 극히 희소할 뿐더러 질

이 조잡하고 색도 어두운 민간 일용자이어서, 중국도자발전사에 영향이 크지 않다. 그러나 원대에 이르러, 청화자기는 점차 발전 성숙하여, 원대 후기가 되면 활발하게 제작되기 시작한다. 이어 명·청 양대에 이르러, 청화자기는 청자· 청백자· 백자를 대신하여, 일약 중국도자생산의 주류가 된다. 청화자기는 색채가 조화롭고, 단정하고 장중하면서 아취가 있는 예술적 효과를 갖고 있을 뿐만 아니라, 채색이 유하에 있어 마손磨損이 쉽지 않고, 또한 공기나 산과 알칼리 등의 부식성 기체나 액체의 영향을 받지 않아 색채를 오랫동안 불변하게 보지할 수 있어, 곧바로 사람들의 애호를 받아 국내외에 널리 팔려나갔다. 바로 이 때문에, 명대 중기부터 방제품이 출현하기 시작하였고, 청 강희·옹정·건륭 시대에 이르러 청화자기 방제의 풍조가 더욱 성행하였으며, 그중에는 정품에 못지않은 것도 있다.

중국 청화자기 천년의 발전사는 역사가 유구하여, 전세품과 지하출토의 풍부한 청화제품은 이미 중화민족의 찬란한 문화의 상징이 되었으며, 또한 인류 공동의 예술적 보물이다. 필자는 본서를 통해 중화의 우수한 전통문화를 홍보한다는 소망으로, 널리 선배 전문학자들의 연구 성과와 본인이 다년간 공부하고 작업한 체험을 결합하여, 청화자기의 발생, 발전역사, 시대적 특징과 감별방법을 시도하여 책을 편성하고자 하며, 전공학자와 애호자들에게 참고자료로 제공하고자 한다. 그러나 개인의 학식, 자료, 경험 및 수준이 한계가 있어, 누락과 착오가 있음을 면하기 어려우며, 전문가와 독자들의 아낌없는 가르침과 비평적 지적을 바란다.

이 기회를 빌어, 본서의 집필을 위해 협조와 지지를 해준 직장과 동료들에게 심심한 사의를 드린다!

馬希桂

1999년 3월, 首都博物館에서

# 차례

# 제1장
# 청화자기의 함의

본서에서 말하는 청화자기는, 산화코발트(CoO)를 이용해 정색제를 만들어 태토면에 직접 문양을 그린 다음, 투명유를 씌우고 1,300℃ 좌우의 고온에서 일차소성한 유하채釉下彩자기를 가리키는 것이다. 유하의 코발트 안료가 고온소성한 후에 남색을 보이기 때문에, 관습상 이를 '청화靑花'라 부른다. 또 이런 공예의 문양장식이 유층의 아래 면에 있기 때문에, '유하채 청화'라고도 부른다.

풍선명馮先銘 선생은 『중국도자』에서 이르기를, 성숙한 청화자기는 3개의 주요 요소를 구비한다고 하였는데, 즉 ① 순백한 자태와 순정한 투명유, ② 코발트 안료를 운용한 남색의 도안문양, ③ 능숙하게 장악한 유하채회의 공예기술이다.

이휘병李輝炳 선생은 「청화자기의 개시년대靑花瓷器的起始年代」란 글에서, 청화자기라 하기 위해서는 적어도 5개의 요소를 포괄해야 한다고 하였다. 즉 ① 고온소성의 희고 옥 같은 백자태토, ② 고온 투명한 백유, ③ 청화원료는 코발트일 것, ④ 모필을 이용해 산화코발트로 태토면에 문양을 그린 것, ⑤ 문양을 그린 태토에 시유를 하고 고온소성한 유하채일 것 등이다.

3개 혹은 5개 요소를 막론하고 기술면에서 보면, 청화자기는 반드시 2개의 기본요소를 구비하여야 하는데, 즉 유하채와 코발트 안료 사용이다. 이 두 가지 요소는 대체로 당대唐代에 이미 초보적으로 구비하였다.

유하채의 최초의 발견은, 1983년 강소성 남경 우화태구 장강촌南京雨花台區長崗村의 삼국 오吳 말기 묘에서 출토한 '청자유하채유개반구호靑瓷釉下彩帶蓋盤口壺'이다. 유하채 그림은 '우인조수선초운기문羽人鳥獸仙草雲氣文'으로, 현재까지 알려진 가장 이른 유하채자기이다. 이는 일찍이 삼국시기에 도공들이 이미 유하채 기술을 장악하였나는 것을 말하는 셋으로, 비록 조기 단계이지만 필경 뒤에 오는 유하채의 소성과 발전을 위한 물꼬를 텄다는 것으로, 중국도자사상 매우 중요한 의의를 갖는다.

당대 전기에 이르러, 하남성 학벽요鶴壁窯에서 철화화훼문을 한 유하채회자기를 처음 번조하였으며, 사천성 공래요邛崍窯에서도 동과 철의 두 종류의 광물을 채회안료로 사용하였다. 그리고 당대 중, 만기의 장사요長沙窯는 유하채 번조에서 더욱 진일보한 발전과 향상을 이루었다. 여기서는 산화철과 산화동을 착색제로 하여 갈색·녹색·홍색 등의 유하채자기를 번조하였는데, 자기의 장식기술면에서 신천지를 개척하였다.

이어서 장사요 이후에 발전을 한 송대 자주요와 길주요 역시 유하채를 번조한 저명한 요장이었다. 여기서는 전대의 유하채 기법을 계승하여, 각종 도안문을 장식한 백지흑화白地黑花 유하채자기를 성공적으로 번조하였다. 이 백지흑화 유하채자기는 민간예술의 특장을 충분히 발휘하여, 짙은 생활분위기와 강렬한 예술적 감응력을 갖추어 그 영향이 매우 컸다.

이후, 경덕진에서 생산한 청화자기는, 당·송의 유하채자기의 기초 위에서 발전을 한 것이라 할 수 있으며, 그의 성숙은 과학기술의 체현일 뿐 아니라 나아가 매우 높은 예술적 가치를 지닌 것이었다. 때문에 중국의 유구하고 찬란한 도자사상에서 특수한 지위와 중대한 의의를 향유하고 있다.

청화자기의 착색제는 주로 코발트를 원료로 하는데, 코발트는 중국에서 매우 일찍부터 응용되었다. 고고자료의 기록에 의하면, 춘추말의 하남성 고시현 후고퇴固始縣侯固堆에서 출토한 청정안록유리蜻蜓眼綠琉璃가 기본적으로 남색과 백색의 두 가지 색조가 배합된 유리였다. 호남성 장사長沙의 초묘楚墓에서 남색유리구슬이 출토하였다. 이들은 전자탐침으로 성분을 분석해보니, 이런 남색 유리의 착색원소가 코발트임을 발견하였다. 이는 중국 도자사상 최초로 출현한 코발트 남색의 실물 증거이다.

현재 알려진 당대의 가장 빠른 코발트 남색안료의 실물자료는, 1972년에 섬서성 건현乾縣의 당 인덕麟德 원년(664) 정인태鄭仁泰묘에서 출토한 '백유남채유개호

白釉藍彩蓋罐'이다. 뚜껑 꼭지에 남채가 된 것으로, 초당 시기에 이미 산화코발트를 사용해 자기를 장식하였음을 말해 준다.

성당 시기에, 당삼채는 코발트를 이용해 착색한 남채가 더욱 보편화된다. 당삼채의 질과 제작기술 및 소성온도는 비록 자기와 다르지만, 그중의 남채藍彩와 남유藍釉는 곧 이후의 청화자기의 청료靑料와 동일한 것으로 모두 코발트를 원료로 하고 있다.

# 제2장
# 청화자기의 기원

주지하다시피, 청화자기는 원대에 이르러 비교적 성숙한 시기로 발전하였지만, 1920년대 이전에는 원 청화자기의 존재를 아직 사람들이 몰랐으며 원 청화자기를 명 청화자기로 대부분 알았다. 1929년, 영국인 홉손(Hobson, R. L.)이 대영박물관의 데이비드 재단이 수장한 청화 중에, 원 지정至正11년(1351)명관을 가진 '청화운룡문상이병青花雲龍文象耳瓶' 1쌍(사진 18-1)을 발견하였다. 병 몸에는 국당초문·초엽문·연당초문·해수운룡문·변형연판문 등 8층의 문양이 베풀어져 있고, 목에는 '신주로 옥산현 순성향 덕교리 형광사 봉성제자 장문진 희사 향로화병일부, 기보합가청길자녀평안, 지정십일년사월량진, 근기성원조전호정일원수타공信州路玉山縣順城鄉德敎里荊壩社奉聖弟子張文進喜舍香爐花瓶一付, 祈保合家清吉子女平安, 至正十一年四月良辰, 謹記星源祖殿胡淨一元帥打供'의 명문이 있다. 그러나 당시 홉손이 이 발견을 공포한 후에도, 사람들의 주의를 일으키지 못하였다.

1950년대 초에 이르러, 미국학자 포프(Pope, J.A.)박사 역시 이 청화운룡문병을 기준작으로 삼아, 이란 테헤란의 아르데빌묘廟와 터키의 이스탄불박물관 소장의 많은 청화자기를 비교 연구하여 그 양식과 유사한 74점을 가려내어, '지정형至正型' 청화라 명명함과 동시에 두 권의 책을 썼다. 이로써 원 청화자기의 연구가 고조되었다. 사람들의 인식이 계속하여 향상됨에 따라, 원래 명대로 취급되던 부분이 원대 청화자기로 점차 넘어오게 되었고 편년의 정확성도 향상되었다.

1956년, 호남성 상덕常德에서 수차례 출토한 청화자기 3점.
1960년, 강소성 남경南京의 명 목성沐晟묘 출토 청화자기 1점.
1964년, 하북성 보정保定의 원대 저장혈 출토 청화자기 6점.

1971~1973년, 북경의 원 대도大都 유적과 저장혈 출토 청화자기 14점.

1973년, 하북성 정흥定興의 원대 저장혈 출토 청화자기 2점.

1978년, 절강성 항주杭州의 원 지원 병자년至元丙子年(1276)묘 출토 청화자기 3점.

1979년, 강서성 풍성豊城의 후지원무인유월後至元戊寅六月(1338)능씨凌氏묘 출토 청화자기4점.

1980년, 강서성 구강九江의 원 연우기미년延祐己未年(1319)묘 출토 청화모란문탑식개병青花牡丹文塔式蓋瓶 1점.

1980년, 강서성 고안高安의 원대 저장혈 출토 청화자기 19점.

**사진 1** 청화 관음상觀音塑像, 원, 고19.5cm

1984년, 내몽고 적봉赤峰 대영자大營子의 원 저장혈 출토 청화자기 5점.

1985년, 강소성 구용句容의 원대 저장혈 출토 청화자기 3점.

1985년, 강서성 평향萍鄕의 원대 저장혈 출토 청화자기 10점.

1986년, 사천성 아안雅安의 저장혈 출토 '지정7년치至正七年(1347)置'명 영청 개호影青蓋罐.

1986년, 강서성 상요上饒의 원묘 출토 청화자기 2점.

1987년, 절강성 항주의 원대 저장혈 출토 청화필가수우青花筆架水盂 1점.

1988년, 강서성 구강九江의 원 지정11년(1351)묘 출토 청화국화문쌍이연좌 삼족로青花菊花文雙耳蓮座三足爐 1점.


이외에, 강소성 금단金檀과 구용句容, 신강 위구르자치구 곽성霍城, 안휘성 청양

제2장 청화자기의 기원

靑陽, 강서성 파양波陽 및 사천성 검천劍川 등지에서 청화자기가 출토하였다. 특별한 것은 경덕진 호전湖田에서 원대 청화자기 요지가 발견된 것으로, 원 청화의 탐구에 매우 귀중한 자료를 제공하였고, 청화자기의 기원과 발전의 연구에 유리한 조건을 만들어 주었다.

국내외에 수장된 원 청화자기를 통관해 보면, 번조기술과 예술적 수준 모두가 이미 상당히 높다. 현재 알려진 바에 의하면, 원 청화자기의 최초예는 항주의 원 지원至元13년(1276) 정씨묘鄭氏墓에서 출토한 '청화관음상靑花觀音塑像'(사진 1)으로, 지원13년은 단지 그 연대의 하한선이고, 지원13년 이전의 어떤 해에 만든 것인지는 확인하기 어렵다. 그러나 이 청화관음상을 보면, 그 번조기술이 원대 초기에 이미 일정한 수준에 도달하였음을 알 수 있다.

하나의 새로운 사물이 출현하는 것은, 반드시 일련의 발생과 발전을 거쳐 극성에 도달하는 과정을 갖는다. 청화자기가 한번 개시하자 곧 원대의 이런 수준에 도달하는 것은 불가능하며, 원 이전에 응당 발생과 발전 단계가 있어야 한다. 때문에, 청화자기를 원대에 처음 번조한다는 것은 절대 불가능하다. 그래서 청화자기의 개시 연대가 사람들의 관심과 연구의 일대 과제가 되고 있다. 고고발굴조사는 지원13년 이전의, 청화자기와 관련된 새로운 자료를 제공하고 있다.

1957년 2월, 절강성박물관에서 용천현龍泉縣의 금사탑金沙塔 탑기塔基를 조사할 때, 깊이 0.6m의 제4층 항토夯土(단단히 다진 땅)의 석괴 위와 깊이 3.15m의 항토 속에서, 13점의 청화자기편을 발견하였는데, 연결해 보니 3개체의 완의 구부와 복부 파편들이었다. 그중에서 2점은 태질이 조잡하고 1점은 비교적 섬세하였다. 2점은 소성온도가 높고 흡수성이 없지만, 1점은 소성온도가 높지 않고 크게 단단하지 않았다. 유색은 청백색과 청회색 및 백색 중에 남색이 비낀 색이었다. 청화 1점은 완 내벽에 그림을 그렸는데, 구연에 쌍선반원半圓문을 하고, 복부에 복선 원권문을 그렸다. 도안은 간박하고 색조는 회남색灰藍色이다. 1점은 외벽에 한 송이 활짝 핀 국화를 그렸는데, 화판이 무성하고 촘촘하다. 유층은 두터운 곳은 남길색을 띠고 복하부의 얇은 곳은 남흑색을 띤다.

**사진 2** 청화 화훼문 완花卉文碗, 송

탑을 해체할 때, 일부 탑전塔塼에 '태평흥국이년太平興國二年(977)'의 기년문자가 모인模印된 것을 발견하였다. '태평흥국'은 송 태종 조광의趙匡義의 연호로, 시기는 북송 초기이다. 금사탑 탑기에서 출토한 청화자기편은, 상해 규산염연구소에서 유약과 청화가 가해진 유약의 착색원소와 매용제 원소를 분석한 결과, 망간 코발트 함량이 높고, 철 코발트 함량은 낮으며, 그래서 청화 발색이 어두운 남색이고, 심지어 약간 흑색을 띤다는 것을 발견하였다. 이 분석보고에 의해 국산 코발트 토광을 채용해 원료로 사용한 것을 알게 되었으며, 또한 망간 함량이 매우 높고 소성온도가 1270℃ 정도여서, 이 때문에 금사탑기 출토의 13점의 남화藍畵가 그려진 자편들은 청화자기임을 인정할 수 있다.

13점의 청화자편 외에, 탑기의 깊이 1.7m의 항토층 중에서, 또 1점의 청화완(사진 2)이 출토하였다. 구연이 약간 밖으로 벌어지고 복부가 깊으며 저부가 풍만하고 굽이 높은 편이다. 외벽에 산화코발트를 사용해 맨드라미를 그렸는데, 꽃 사이에 5개로 된 원주문이 있다. 태골은 조잡하고 회황색을 띠며, 외벽은 시유를 바닥까지 하지 않아 노태부분은 굴홍색을 띤다. 완의 조형과 유태 및 청화색은 대체로 전자와 동일하다.

상해규산염연구소에서 또한 절강성 석달하石達河 요지에서 발견한 원 청화자기편을 분석 감정하였는데, 금사탑 탑기 출토의 청화자기편에 사용된 산화 코발트 원료와 절강성 강산요江山窯의 원·명시대에 사용된 원료가 같은 체계에 속한다는 것을 실증하였다. 이들은 모두 현지의 코발트 토광으로, 코발트 함량은 매우 낮아 겨우 0.1%~0.29% 정도이지만, 망간 함량은 매우 높아 대략 코발트 함량의 10배가 되어, 이 때문에 청화가 암남색暗藍色을 띠게 한다. 금사탑기 출토의 청화자기편은 절강성 강산요의 초기 제품일 가능성이 매우 크다.

1970년 가을, 절강성박물관이 소흥紹興 환취탑環翠塔 탑기 조사를 진행할 때, 지표로 부터 깊이 1m의 항토 중에서, 청화자기편 1점을 발견하였다. 이는 번구완䀇口碗의 구복부 파편으로 잔고 3.8cm, 아래폭 3cm, 두께 0.35cm이다. 발색은 담담한 남청색을 띠며, 외벽 구연에 남화변藍花邊을 그렸고, 복부에는 방사식의 사선문 등을 그렸다. 유는 백색 중에 남색을 띤다. 금사탑 탑기 출토의 청화자기 편과 비교하면, 태질이 새하얗고 이미 흡수성이 없게 소결되었으며 청화색택은 비교적 담담하여, 질적으로 앞보다 향상되었다.

따로 1개의 석비石碑가 출토하였는데, '세차함순을축유월념팔일신미건…歲次咸淳乙丑六月念八日辛未建…' 이라 각해 있어, 환취탑의 건조시기가 남송 도종度宗 함순咸淳원년, 즉 1265년으로 남송 후기에 해당한다.

금사탑기와 환취탑기에서 출토한 자편의 유태와 문양과 제작기술의 연구에 근거하여, 양 탑기에서 출토한 자편은 응당 청화자기편에 속할 수 있으며, 그를 '송청화宋靑花'라 칭할 수 있다.

탑기 출토의 청화자기 외에, 이정중李正中·주유평朱裕平 양 선생이 지은 『중국청화자』 책에서 소개하기를, 1922년 광동성 조주요潮州窯에서 4점의 '청화묘수백유자상靑花描首白釉瓷像'이 출토하였는데, 동시에 자기향로도 1점 출토하였다고 한다. 불상은 자질이 새하얗고, 난청유卵靑釉(오리알색 같은 담청백색의 유)이고, 유가 두터운 곳은 연한 청포도색을 하였다. 불상은 관·두발·눈썹·눈·수염 모두 청화로 그려 완성하였다. 불상의 명문을 보면, '조주수동중요갑제자, 유부동처진씨십오랑, 희녕원년무신오월이십일제潮州水東中窯甲弟子劉扶同妻陳氏十五娘熙寧元年戊申五月卄四日題', '치평사년정미세구월삼십일제治平四年丁未歲九月卅日題', '장인주명匠人周明'으로 나누어진다. '희녕'은 북송 신종神宗 조욱趙頊의 연호로, 희녕원년은 1068년에 해당한다. '치평'은 영종英宗 조서趙曙의 연호로, '치평4년'은 1067년에 해당한다. 불상이 북송의 영종·신종 간에 만들어진 것을 알 수 있다.

송 청화가 중국 최초의 청화는 아니다. 1975년 남경박물관이 양주楊州 당성唐城 유적을 발굴했을 때 강소농학원江蘇農學院 건설지의 만당晚唐 지층 중에서, 남료

를 이용해 기하형도안문을 그린 침
편枕片(사진 3) 1점을 발견하였다. 남
채로 사방능형의 윤곽선을 그리고,
안에 점문을 그렸다. 당시에는 이것
을 장사요 제품으로 추정한 사람도
있었지만, 장사요는 산화동을 사용
하며, 이 편의 청화안료는 산화코발
트여서, 원료가 다르다. 문양장식도

**사진 3** 청화 베개편殘枕片, 당, 잔장8.4cm

당대의 전통풍격과 같지 않고, 페르시아 문양과 비슷하다. 이 발견은 즉시 학계
의 여러 사람의 흥미를 불러 일으켰으며, '당청화'로 추측하는 사람도 있었다. 그
러나 유례가 없어서, 대다수 연구자들은 이에 대해 신중하거나 회의적인 태도를
보였다. 비록 이와 같긴 하지만, 이 침편의 발견으로, 청화자기의 기원을 연구하
는 데에 새롭게 생각하는 길을 열었으며 새로운 서광을 갖게 되었다.

3년 후인 1978년에, 홍콩의 모문기毛文奇선생의 글에서, 홍콩 풍평산馮平山박물
관에 소장된 '백유남채삼족호白釉藍彩三足罐'가 당청화라고 하였다. 이는 처음으로
완전한 당청화 1점을 일반에게 밝혀준 것으로, 즉시 커다란 반향을 일으켰다. 같
은 해 풍선명馮先銘 선생은 <중국출토문물전시회>를 따라 홍콩에 도착하여, 풍
평산박물관에서 이 기물을 보았다. 설명에 의하면 해당 그릇은 1948년에 하남성
낙양에서 출토하였다고 한다. 어깨부분에 남채를 이용해 등간격으로 4조의 횡
선을 그리고, 횡선 사이에 각기 1개의 남점藍點이 있으며, 구부에 4개의 남채점이
있어 어깨의 4점과 수직으로 상대한다. 백유에 복부가 얕고 아래에 3족이 있으
며, 전형적인 당대 조형이다. 풍선생은 이 기물을 당청화로 비정할 수 있다고 하
였다. 그는 또 조형과 소성온도 및 유태의 특징에 근거하여, 이 기물이 하남성 공
현요鞏縣窯에서 번조한 제품일 것으로 추측하였다.

1983년, 국가문물국이 양주에서 도자배훈반陶瓷培訓班을 열었는데, 4기의 학원
學員이 옛 당성 유적 내에서 여러 번에 걸쳐 20여 점의 청화자기편(사진 4)을 채

**사진 4** 청화 완편殘碗片, 당

집하였다. 수량이나 품종은 물론이고, 번조기술상에서도 모두 전술한 청화 침편의 발견에 비해 중대한 진전이 있어, 이는 곧 중국 청화자기가 당대에 기원한다는 견해를 좀 더 성숙시키면서, 중국 고도자연구에서 하나의 중대한 수확이 되었다.

배훈반 학원의 채집편에 근거하여, 남경박물원 연구원인 장포생張浦生 선생은, 「중국최초의 청화자-당청화我國最早的青花瓷-唐青花」 논문에서 다음과 같이 지적하였다. "양주 당성유적 출토의 20여 점의 청화자기편은, 조형방면으로 보면, 반·완·주자·침·로爐 등의 일용기명이다. 반과 완의 구연은 화판상으로 한 것이 많고, 입술이 둥글고 복부가 얕으며, 내벽에 골이 나 있고, 굽은 벽형璧形 혹은 옥배형玉杯形을 한다. 주자는 몸체가 동그랗고, 주구는 비교적 짧다. 침은 작은 방형이며, 모두 명백한 당대 특징을 갖추고 있다. 유태를 보면, 태질은 거칠고 무르며 미회색米灰色을 띤다. 유질은 곱지 않고, 색은 백색 중에 황색기를 띠며, 유태 사이에 1층의 명확한 화장토가 있다. 철분 함량이 상당히 높은 코발트료를 채용하여 착색제로 하였기 때문에, 청화색택이 농염하며, 남색 중에 자색紫色이 침투하고, 흑색의 결정반점을 띠며, 손으로 만지면 고저가 고르지 않고, 입체감 비슷한 것이 있다. 문양장식을 보면, 3종류로 나눌 수 있는데, 하나는 중국 전통의 사의적寫意的 도안으로 화훼·꽃과 벌·여의운如意雲이 있다. 두 번째는 2방연속 기하형 문양으로, 보통 능형을 띤 것이 많으며, 이런 장식내용과 소재는 이국풍미가 농후하며, 서아시아의 페르시아 문화예술의 특색을 갖고 있다. 이외 또 다른 한 종류는 동진東晉·육조六朝를 계승한 이래로 상용해온 점채點彩와 조채條彩 장식문양이다."

양주 출토의 이들 청화자기편은, 유·태와 청화색료의 이화성능理化性能 측정을 거쳤는데, 소성온노는 1,200℃∼1,230℃ 사이이며, 유·태 화학성분은 당대 하남

중국의 청화자기

성 공현요의 백자제품과 비슷하다. 청화색료는 저망간코발트광으로 하였고, 공현 당삼채기 중의 코발트료와 같다. 유태에 따라, 청화 중의 원소분포 정황을 보면, 이들 청화자기는 틀림없는 유하채이다. 이를 통해 알 수 있는 것은, 양주 발견의 이들 청화자기는 응당 중국에서 지금까지 알려진 최초의 청화자기 - '당청화'이다.

1990년에 중국사회과학원 고고연구소 등의 기관에서도, 양주 문화궁文化宮의 당대 유적에서 고고학적 발굴을 진행하였는데, 당대 문화층에서 14점의 청화자기편이 출토하였다. 그 기형은 완·반·침 등이었다. 청화문양에는 매화점문·화초문·야자수문 등이 있다. 상해 규산염연구소의 진요성陳堯成 등이 출토자편에 대해 과학측정실험을 진행하였으며, 그 결론은 다음과 같다.

첫째, 태토의 조성은 규산이 낮고, 망간이 높고, 티타늄이 높은 특징이 있다. 그 유의 RO유식釉式 계수는 0.812로, 칼슘질유에 속하며, 태토와 유약 사이에 화장토를 베풀었고, 코발트료는 유하釉下에 장식되었으며, 소성온도는 1,250℃ 정도이다.

둘째, 이번 분석의 시료는 이전의 당성유적에서 채집한 당 청화자기편과 비교해, 외관이 같으며 유태와 사용된 색료의 화학조성이 근접할 뿐만 아니라, 장식과 소성기술상에서도 기본적으로 동일하다. 이 때문에 이들은 모두 현재 발견된 최초의 청화자기라 할 수 있다.

셋째, 이들 시료는 당대 공현요 백자와 비교하여, 유태의 화학조성면에서 근접할 뿐만 아니라, 제작과 소성기술 및 같은 유형의 기물의 조형면에서도 매우 유사하다. 때문에 당대 청화자기의 산지가 하남성 공현요라 할 수 있다.

넷째, 당 청화자기에 사용된 코발트료의 종류는 송·원·명·청대의 청화자기와 틀린다. 이는 소량의 철과 동이 혼합된 황산코발트광이나 방유황方硫黃코발트광을 사용해 착색하여, 청화안료 중에 규산과 알루미나의 산화물 함량이 상대적으로 적어, 청화문양이 훈산暈散(퍼져나가는 현상)되게 하고, 코발트료의 입자가 비교적 거칠다. 고로 균일하지 않는 짙은 남색점이 매우 많이 분포하게 만든다.

**역대 청화자기에 소용된 코발트료의 변천**

| 연대 | 당대 | 송대 | 원대 | | 명대 | | 청대 |
|---|---|---|---|---|---|---|---|
| | | | 경덕진관요 | 민요 | | | |
| 코발트 종류 | 황산코발트광 혹은 방유황 코발트광 | 코발트토광 | 코발트毒砂 | 코발트토광 | 코발트토광 | 회청 | 정련한 코발트토광 |
| 주요 특징 원소 | 저망간·철·동·유황함유·비소·니켈 없음. | 고망간 고알루미나 | 저망간 고철 유황·비소 함유·동·니켈 없음 | 고망간 고알루미나 | 고망간 고알루미나 | 저망간·철·알루미나·비소 없음 | 고망간 고알루미나 |

다섯째, 당대 청화에 소용된 코발트료는 결코 페르시아에서 온 것이 아니다.

당·송 청화자기를 종합해 보면, 바로 북경시 문물연구소 연구원인 조광림趙光林 선생이 「원 대도출토의 청화자기 실험에 따른 청화자기의 기원과 특색縱元大都出土的靑花瓷器試探靑花瓷器起源和特色」 논문 중에 서술한 것처럼, "당·송 청화자기는 민요에서 구운 것이 많으며, 청화자기의 초급 생산단계이다. 아직 성숙되지 않아, 소성온도는 비록 1,000℃ 이상이지만, 태질이 치밀도가 낮아 기공계수와 흡수율이 모두 원·명 자기보다 크다. 조형은 정연하지 못하고, 유면은 현저히 거칠며, 투명도가 낮다. 문양은 간단하고 거칠며, 점을 그리거나 엉성한 몇 개의 필획으로 화면을 구성한다. 코발트료의 발색은 약간 청록색을 띠고, 남색 중에 자색이 침투하며 발색이 농염하다. 청화유면에 흑색반점을 볼 수 있으며, 손으로 쓰다듬어 보면 요철이 있어 고르지 않은 느낌이 있다."고 하였다. 원·명 시대의 성숙한 청화자기의 제작수준에 비해 아직 일정한 거리가 있다. 이 때문에, 청화자기는 당·송에서 싹이 터서, 원대에 성숙하고, 명·청에 성행하며, 지금까지 오랫동안 전해져 쇠퇴하지 않아, 중국에서 가장 민족적인 특색을 가진 자기가 되었으며, 국내외에 그 영예를 누리고 있다고 말할 수 있다.

홍콩 풍평산박물관 소장의 그 당청화 '백유남채삼족호' 외에, 국외에 소장된 2점의 완전한 당 청화자기가 알려져 있다. 1점은 덴마크 코펜하겐박물관 소장의 공현요 '백유남채어조문호白釉藍彩魚藻文罐'로, 점채 방법으로 5조의 어형魚形도안을 그리고, 숭간에 가득히 점채로 매화형 꽃송이를 채웠으며 구연은 현문弦文으로 장식하였다. 다른 1점은 미국 보스턴 팬암미술관의 '백유화훼문완'으로, 내면중심에 산화코발트로 삼엽문三葉文을 그리고, 구연에 남채점을 베풀었다. 남경박물원의 장포생선생의 소개에 의하면, 해당 원에서 1986년에, 하남성 낙양에 가서 당 청화뚜껑 1점을 수집하였는데, 개면 및 꼭지 끝에 점채로 5매의 매화형 꽃송이가 그려져 있다고 하였다. 이들 기물들은 당 청화를 연구하는 우리에게는 매우 커다란 가치를 갖고 있다.

'당·송 청화자기' 이야기는, 현재 도자학계의 대다수 학자가 이미 받아들이고 있지만, 역시 여러 가지 다른 의견도 상존하고 있다. 현재는 실물자료의 확보가 크게 모자라, 연구 작업에 곤란이 많지만, 필자는 새로운 자료가 부단히 발견되고 이 문제에 대한 심도 있는 연구와 토론이 따르게 되면, 청화자기의 기원문제는 마침내 해결될 것이라 믿는다.

# 제3장
# 원대 청화자기

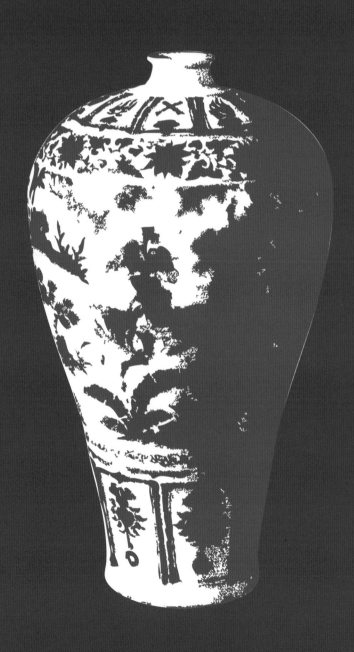

# 제1절 **개설**

원조(1271~1368)는 중국 도자발전사상 중요한 시기로, 번영한 당·송 요업의 기초 위에서, 계속하여 전진과 발전을 이루었다. 특히 청화자기 및 그 쌍둥이자매인 유리홍釉裏紅(진사, 동채)의 번조기술이 날로 성숙하여, 원대 제자업상의 두 송이 화려한 꽃을 피웠으며, 나아가 중국회화기교와 제자공예의 결합으로 더욱 성숙해졌다. 홍유와 남유 같은 색유의 번조 성공은, 중국 제자업이 능숙하게 각 종의 정색제를 장악하였다는 표지이다. 현란하고 다채로운 원대의 제자공예는, 중국도자사상 매우 빛나는 한 페이지를 점유하고 있다. 원대 제자업이 이 같은 뛰어난 발전과 성취를 얻을 수 있었던 원인은 크게 3가지가 있다.

첫째, 원조의 건립으로 송·요·서하·금의 장기간의 대치로 인한 전쟁과 분열을 끝내고 전국이 통일되었으며, 사회가 상대적으로 안정되어 백성의 생활이 보다 안녕해지자, 생산이 회복되고 발전을 이루게 되었다. 특히 국내의 통일된 시장의 건립은 더욱 상품경제의 번영에 유리해져, 수공업의 진일보한 발전을 자극하였다.

둘째, 원의 통치자들은 제자업을 비교적 중시하여, 전국을 통일할 직전인 지원至元 15년(1278)에 원 정부는 경덕진에 전국 유일의 요업행정 관리기구인 '부량자국浮梁瓷局'을 설립하여, 전문적으로 경덕진 제자업의 관리를 실시하였다. 위의 사실은 『원사·백관지元史·百官志』 권88 중에 상세히 기록되어 있다. 즉 "부량자국은 품계를 정구품으로 하고, 지원 15년에 설립하였으며, 자기번조를 관장하고 …… 대사, 부사 각 일인이다. 浮梁瓷局, 秩正九品, 至元十五年立, 掌燒造瓷器, …… 大使, 副使各一員."라고 하였다. 부량자국은 전문적으로 제왕을 위해, 관부가 자기번조를 관리하는 기관으로 이의 설립은 경덕진 자업의 향상과 발전을 일으키는데 매우 중요한 작용을 하였으며, 또한 원대 통치자가 자업을 중시한다는 것을 보여주는 것이었다. 동시에 원 조정은 일정한 기능을 갖춘 장인들을 보다 중시하여, 관공장은 기타 일체의 차역에서 면제하고 그 직업을 세습할 수 있게 하였다. 이 또한 객관적으로 수공업의 발전에 유리한 조건을 제공하였다.

셋째, 원 조정은 대외 무역을 중시하고 힘써 제창하여, 각종 수공업의 향상과 발전을 대대적으로 자극하고 추진하였다. 제자업은 일찍이 원조 이전에 이미 서역의 아라비아 국가와 무역 왕래가 있었다. 원이 전국을 통일한 후에, 정부는 대외무역을 강화하는데, 기본적으로 송의 제도를 따랐다. 『원사·식화지元史·食貨志』에 이르길, "원은 세조부터 강남이 안정되어, 무릇 연해의 제군들이 번국과 화물선으로 왕래교역하는데, 그 화물의 10분의 일을 세금으로 수취하고, 조질은 15분의 1을 수취하며, 시박관이 그를 주관하고, 그 선박이 출발하고 돌아오는 것은, 반드시 다다른 곳을 기록하고, 그 교역물을 검사하여, 공문을 발급하며, 기한을 정하는데, 대체로 모두 송의 구제를 따르며, 그것을 법으로 삼았다. 元自世祖定江南, 凡隣海諸郡與蕃國往環互易舶貨者, 其貨以十分取一, 粗者十五分取一, 以市舶官主之, 其發舶回帆, 必著其所至之地, 驗其所易之物, 給以公文, 爲之期日, 大抵皆因宋舊制, 而爲之法也。"라고 하였다. 지원 14년(1277)에, 또 천주泉州에 시박사市舶司를 설치하고, 경원慶元·상해上海·감포澉浦에도 각각 시박사 하나를 세워 대외무역의 관리를 강화하였다. 대외무역의 흥성 발달은 의심할 바 없이 전국, 특히 이미 광대한 시장 제자업을 가진 경덕진에게는, 매우 커다란 촉진과 추진 작용을 일으켰다.

청화자기는 원대에 이르러 점차 성숙해졌는데, 특히 경덕진은 이색적인 것이 연이어 나타나, 청화자기의 주요 생산지가 되었다. 당시 경덕진 외의 민간요에서도 청화자기를 구웠는데, 운남성의 옥계요玉溪窯·건수요建水窯 및 절강성의 강산요江山窯 등이 있다. 하지만 그들의 유태나 청화발색과 문양 등이 모두 경덕진 청화자기 같은 정치한 미관과는 크게 멀기 때문에 언급하는 사람이 극히 적다. 경덕진이 원대에 능히 중국도자사상 시대를 획하는 수준을 갖춘 청화자기를 번조할 수 있었던 이유로, 내재적 원인과 외재적 조건이 있었다.

내부 조건을 보면, 경덕진은 산들이 둘러싼 산간지역의 도시로 천혜의 자연조건을 갖추고 있다. 즉 대량의 우수한 질의 제자원료와 풍부한 연료, 충분한 수리

**사진 5** 청화 조문 수우鳥文四系小水盂, 원

자원과 편리한 운송 조건 등을 갖고 있다. 더하여 이곳은 지리적으로 편벽한 곳에 처해 있어, 육로 교통이 폐쇄되어 역사상 빈번한 전쟁에도 이곳은 중대한 파괴를 당하지 않았으며 경제생활이 비교적 안정되었다. 이러한 것이 남북의 많은 도공들이 경덕진을 '낙각처落脚處(발붙일 곳)'로, '기능이 있으면 먹고 살 수 있는 곳挾其技能以食力'으로 삼아 피난을 왔다. 이들이 장기간 동안 자기제작을 하는 중에, 서로 배우고 서로 영향을 받아 그 장점을 취하여 끊임없이 향상되었다. 또한 주의를 기울여 다른 지역 자요의 기술과 예술을 흡수하였는데, 길주요 같이 경덕진에 비교적 가까운 곳은 필연적으로 그 채회기술이 경덕진에 영향을 주었다. 이는 청화자기와 길주요 백지흑화자기가 뚜렷하게 공통된 풍격과 특징을 갖고 있음을 보면 알 수 있다. 동시에, 바로 송대 경덕진이 이미 성공적으로 정치한 청백자를 번조하였기에, 이것이 곧 청화자기 번조 성공의 선결조건을 만들어 주었다. 이런 청백자 중의 백유는, 산화칼슘(CaO)의 함량이 감소하고, 칼슘(Ca)과 칼륨(K)의 함량이 증가하여, 고온과정 중에서, 유의 용해 능력이 보다 강해져, 태

중국의 청화자기

내의 삼산화이철(Fe$_2$O$_3$)을 용해하여 유의 백도白度를 향상시켰다. 따라서 청화자기에 적합한 유약을 만들어 낼 수 있었다. 경덕진의 장인들은 당시에 이미 풍부한 청백자 번조 기술을 축적하고 있었고, 또한 길주요의 유하채회 기법의 직접적인 영향을 받아, 일단 청화료의 성능을 파악하자 매우 빠르게 높은 수준의 청화자기를 번조할 수 있었다. 이외에 외부 조건으로는, 원 조정이 제자업을 중시하고 해외무역의 왕래를 빈번하게 한 것도 경덕진 자업의 번영과 발전을 촉진시켰다.

원 청화자기는 당시에 국외로 유전되어 지금 상존하는 것이 대략 200여점이며, 국내에서 출토한 것과 전세하는 원 청화는 대략 100여점이다. 대체로 두 가지 유형이 있다.

한 유형은, 수입 코발트료를 사용하여 발색이 농염하며, 대부분 투명한 영청유(혹은 청백유라 칭함)를 채용하여 시유하고, 문양장식은 정연하고 조밀하다. 기형은 후중하고 높고 큰, 대병·대반·대호(관)·대완 등이 있으며, 공예기술이 세련되어 있다. 국내에 남아 있는 것은 비교적 적으며, 대부분 중동과 서아시아 및 동아프리카 연안에 수출되어 현재 이란과 터키 등의 나라에 소장된 것이 가장 많다.

다른 한 종류는, 풍격이 활달하고 청아한 것이 특징으로, 국산과 수입 두 종류의 청료를 사용하여 발색이 농염하고 맑고 고우며, 담백고상하고 온화하다. 일반적으로 유탁乳濁의 난백유卵白釉를 베풀었으며, 문양은 시원스럽고 활달하다. 기형이 비교적 얇고, 소형의 것이 많은데, 옥호춘병·고觚·소호·고족배 등 같은 것이 있다. 제작은 거칠고, 생산량이 비교적 높으며, 국내에 공급하는 외에 동남아 일대에도 수출하였다. 현재 인도네시아와 필리핀에서 많이 출토한다(사진 5).

지금까지 확인된 국내에 소장된 100여 점의 원 청화 중에, 강서성 한 곳에서 40여점이 있어 거의 절반을 차지하며, 이름이 첫 번째로 오르는데, 이는 대체로 경덕진이 강서성에 있기 때문으로, 물 가까운 누대가 먼저 달을 얻는다 했던가!

## 제2절 원 청화자기의 태토와 유약

### 1.

원 청화의 태질은 깨끗한 순백으로, 송 청백자의 기초 위에서 발전된 것이다. 그의 태골 화학조성은 송 청백자에 비해 약간 변화가 있다. 즉 태토 중의 산화알류미나($Al_2O_3$)의 함량이 뚜렷하게 증가하여, 송대의 18.65%에서 20.4%로 증가한다. 증가의 주요한 원인은, 원대에 자토와 고령토의 양자를 배합한 것을 태토로 채용하기 시작하였기 때문이다. 즉 소위 '이원배방二元配方'법의 사용 때문이다. 송대에는 단지 자토 한 종류를 원료로 사용해 태토를 만들었지만, 이 방법을 사용해 태토의 유리질화 정도를 개량시키고 동시에 투명유의 숙성온도도 높였다. 고령토의 특색은 색이 희고 내화도가 높지만 가소성은 떨어지는데 비해, 자토의 특성은 용점이 비교적 낮고 유리질화 온도도 낮으며 소결 후에 투광도가 매우 좋다. 표본 측정시험을 해보니, 당시 배토配土의 백분비는 대략 25%의 고령토에 75%의 자토를 배합하였다.

원 청화자기의 태골은 보다 견실하고 비중이 상대적으로 크게 증가하여, 같은 크기의 기물이 송대 것에 비해 약간 무겁다. 그는 송대 청백자 같이 얇고 깔끔하지 않고, 태골 표면에 세밀한 피각층皮殼層을 볼 수 있으며, 약간 두터운 기물은 그다지 투광이 없으며, 얇은 기물의 투광도도 송 청백자만큼 좋지 않다. 그러나 '이원배방'법의 배토는, 태내에 산화알류미나의 함량을 증가시키는데, 이는 곧 소성온도를 높이는데 유리하다. 또한 변형을 감소시켜 성품율을 향상시키며, 기물의 유면도 경질자기 기준에 도달하게 하여, 상당한 크기를 가진 많은 대형의 작품도 번조해 낼 수 있었다.

### 2.

원 청화자기 태토의 수비는 명·청대만큼 세밀하지 못하여, 사저砂底(시유하지 않아 노태상태의 바닥)에 기포나 쇄흔刷痕(스친 흔적), 철반점 등이 많으며, 동시에 철분함량이 약간 높아, 굽바닥이나 입 둘레, 유약이 말려 노태露胎(태토가 드러남)된 곳에, 화석홍반火石紅斑을 띤다(속칭 '화석유火石釉' 혹은 '황의자黃衣子'). 그런데 실물을 보면 관용자기의 노태된 곳의 피부색은 비교적 담담함을 볼 수 있고, 심지어 어떤 것은 단지 미미한 황갈색이다. 그러나 민용자기의 피부색은 모두 등홍색橙紅色의 것이다. 이는 관요청화에 사용된 태토에는 철분함량이 작고, 그 질이 민간용 태토보다 우수함을 말하는 것이다. 경덕진도자고고연구소의 유신원劉新園소장은, 원대의 관토官土는, 현재의 경덕진 동부東埠지구 동쪽 고령산 동북우의, 지금 "마창노갱麻倉老坑"이라 부르는 곳의 것이라고 고증하였다.

## 3.

원 청화는 배·반·완을 제외하고, 호·병·주자의 배체는 모두 분단제작하여 결합해서 만들어, 접착흔이 일반적으로 뚜렷하다. 이음매를 세밀하게 깍지 않고 손으로 문질러 요철凹凸이 있는 것이 많다. 이런 상·하 분단접착의 수법은, 남송에서 시작되어 청대에 끝난다. 고족배의 배신과 족부는 습태濕胎 접합의 방법을 사용하는데, 명·청시기에 사용하는 유접법釉接法과는 다르다.

## 4.

원 청화의 유색은 백색 중에 청색기를 띤 것이 많으며, 빛나고 투명하며 시유가 고르지 않아 두터운 곳은 뚜렷한 단청색蛋靑色(담청색)을 띠고, 유가 얇은 곳은 종종 연한 상아색을 보인다. 유약은 바닥까지 미치지 않고 노태이다. 원 청백자의 유색은 곱고 윤이 나는 중에 약간 담담한 남색을 띠어, 마치 압란鴨卵(오리알) 같으며, 고로 '난백유卵白釉'라 부른다.

송 호전요湖田窯와 원 호전요의 표본을 측정시험한 결과, 원대 유약 속의 산화칼슘의 함량은, 송대의 15% 정도에서 8%~9%로 감소하였고, 칼륨·나트륨 등의 금속함량은 송대의 3% 정도에서 6% 정도로 증가하여, 성분이 변화하였다. 이는 유약의 숙성온도를 제고시키고, 또한 유약의 농도를 높게 한다.

원 청화자기는 대체로 초기 유약은 청백색을 띠고, 후기는 비교적 희다. 이는 함철량의 비중이 서로 다르기 때문으로, 초기에는 철분함량이 보다 높아서 색이 약간 청남색을 띠지만, 후기 기물은 수비와 유약기술이 진보함에 따라 유약 속의 철분함량이 점차 감소하여 백도도 상대적으로 향상되었다. 마침내, 명초에 상당히 새하얀 '첨백기甛白器'로 발전하였다.

원대 청화자기의 투명유의 구조 역시, 송대의 석회유에서 장석유로 변화하였다. 이런 변화는 태토와 유약 사이의 질적인 차이를 감소시켜, 동일한 고온의 환원분위기하에서 태토와 유색이 상호 양호한 총체를 구성할 수 있게 하였으며, 과열되거나 부족한 현상이 없게 하였다. 동시에 소성온도가 높아지고, 환원분위기의 안정된 발전으로, 유층 속의 기포현상도 증가하였다.


## 제3절 원 청화자기의 조형


중국 각 시기의 자기는 모두 다른 양식을 갖고 있으며, 다른 양식은 가장 먼저 조형면에서 나타난다. 원 청화자기의 조형은, 계승도 있고 창신함도 있다. 매병·옥호춘병 등은 분명히 송대의 양식을 계승하였다. 사이호·봉수호·이匜·고족배 등은, 원대의 창신품이다. 약간의 팔각형의 기물, 예컨대 팔각의 옥호춘병·매병·주자·표형병 등은, 이전에는 비교적 드물게 보이고, 수량도 많지 않았다. 이런 기물은 윤곽이 선명하여 힘차고 굳센 느낌을 준다. 대반·대완·편호·고족두 등은 명확하게 이슬람문화 요소를 가진 조형을 하고 있다. 이 때문에, 자기의 조형적 특징을 연구하는 것은 자기의 연대와 진위를 감정하는 중요한 부분이다. 북경고궁박물원의 도자전문가인 풍선명 선생은 일찍이 이야기하길, "조형과 문양장식의 양자는 불가분하게 밀접하며, 자기감정의 관건이 되는 문제

**사진 6** 청화 토끼문 대좌병兎文帶座瓶, 원, 고26.0cm    **사진 7** 청화 국화문 향로菊文連座爐, 원, 전고9.8cm

로, 이 양 방면을 잡으면 감정의 신뢰계수가 85%에 달할 수 있다."고 하였다.

과거 원 청화의 조형을 논할 때, 대체로 형이 크고, 태가 두텁고, 몸체가 무겁거나 비교적 조질이란 점을 들어, 원 청화자기의 조형상의 특징적인 풍격이라 하였다. 그러나 대량의 원 청화자기 조형에 대한 대조와 분석을 한 후에, 새로운 인식을 하게 되었다. 원 청화는 대반·대병·대호·대완 같은 질박·고졸·건장·정정한 제품이 있을 뿐만 아니라, 또한 태질이 섬세하고 몸체가 작고 태가 얇은, 정교하고 아름답고 독특한 소형 제품도 있는 것이다. 이 때문에, 원 청화자기의 조형은, 대·소가 병존하고, 조·세粗·細가 함께 한다고 말할 수 있다.

원 청화자기 중에 또한 약간의 연좌기連座器와 문방용구가 출현하여, 원 청화 중의 특수한 조형을 이룬다. 예컨대 연좌병(사진 6)·산두병蒜頭瓶·연좌로(사진 7) 등이다. 문방용구는 항주의 원대 저장혈 출토의 '청화필가수우', 남경 표수漂水의 원대 저장혈 출토의 '청화속련문인합'과 광주시 문물총점文物總店 소장의 '청화배 모양수주'(사진 8) 등이 있다.

원 청화자기에서 상견되는 기형으로는, 호(중국명 '관')·옥호춘병·매병·산두병·

**사진 8** 청화 배모양수주船形水注, 원, 장15.5cm

탑식개병·주자(중국명 '집호')·편호·반·완·이匜·고觚·로爐·잔탁·고족배(완) 등이 있다. 그중 고족배·옥호춘병·호·매병·반의 5가지 조형이 가장 많으며, 그중 고족배가 총수의 22%를 차지한다.

· **호壺**(중국명 관罐) : 호는 원 청화자기 중에 상견되는 기물의 일종으로, 형식에 따라 크게 네 종류로 나눌 수 있다.

① 비왜형호肥矮形罐(그림 1) : 직구에 목이 짧고, 어깨 이하가 점차 넓어져 복부 최대처에서 안으로 좁아들며 평저이다. 전체 기형이 낮고 뚱뚱하며 최대경이 복부에 있고, 구경 크기가 저경보다 크거나 비슷한 것이 많다. 이것은 원대 청화자기의 전형적인 기물이다. 상해박물관 소장의 '청화모란당초문호', 강서성 고안현高安縣박물관 소장의 '청화운룡문하엽유개호', 일본 이데미쯔出光미술관 소장의 '청화왕소군출색도호' 등이 이 유형의 호들이다.

② 수고형호瘦高形罐(그림2) : 직구에 목이 짧고 어깨가 경사지며, 어깨 이하가 점차 좁아들어 바닥에 이르러 약간 외반하며 평저이다. 전체 기형은 약간 길쭉하고 최대경이 어깨에 있으며, 일반적으로 저경이 구경보다 크다. 더러 어깨에 쌍어(혹은 용) 수이獸耳나 고리달린 수면형포수獸面形鋪首를 붙였다. 목에 한 줄의 돌대를 장식한 것도 있다. 이 유형의 호는 제1류에 비해 작으며 제작도 극히 정

**그림 1** 비왜형호(관)肥矮型壺(罐)    **그림 2** 수고형호(관)瘦高型壺(罐)

치하다. 천진天津예술박물관 소장의 '청화여의모란당초문수이유개호', 강서성 고안현박물관 소장의 '청화운룡모란문수이유개호', 대만 홍희鴻禧미술관 소장의 '청화모란당초문쌍어이호' 등이 있다.

상술한 2종의 대호는, 현재 일본 소장이 비교적 많고, 그다음은 터키·이란·영국·미국의 박물관들이다. 국내 소장의 이 2종의 대호(관)는, 북경·천진·강서성·강소성·안휘성·산서성·내몽고 등지의 박물관에 있다. 이들은 기본적으로 근래 몇십 년간 수집하거나 저장혈과 분묘에서 출토한 것이다.

③ 수저형호收底形罐 : 입이 벌어지고 입술이 말리며, 짧고 잘록한 목에 어깨 이하가 안으로 비스듬히 졸아들어 작은 평저를 이룬다. 몸체는 약간 길쭉한 편이고 최대경은 어깨에 있다. 강서성박물관 소장의 '청화송죽매문호'(사진 9)가 대표적이다.

④ 팔각형호八棱形罐 : 몸체가 8각직구형을 띠며, 목이 가늘고 어깨가 경사지며 어깨 이하가 점차 졸아들어 바닥에 이른다. 어깨 양측에 각 수면이가 하나씩 있다. 이 종류의 호는 도록에 겨우 2점이 보인다. 1점은 요녕성박물관에 소장되어 있고, 1점은 태국의 고도 수코타이의 탑기에서 출토하였다. 이 2점의 대호는 모두 완전하며 뚜껑도 있다. 팔각형기(八棱器)는 일찍이 당·오대 때 월요에서 출현하였는데, 팔각병·팔각유개병(『문물정화대전文物精華大全』 사진 177, 253에서 볼 것)이 그것이다.

또 일종의 소호가 있는데, 동남아의 무역자기로 수출한 것이 많으며, 필리핀 등의 묘에서 출토한다. 국내의 원묘 중에서도 출토하는데, 현재 경덕진 도자고 고연구소에 소장된, 경덕진시 교외의 원묘에서 출토한 '청화동채국화문유개호'(사진 10)와, 1988년 경덕진 주산珠山에서 출토한 '청화용문유개호'(사진 11) 같은 것들이, 이런 소호의 전형적인 기물이다.

· 병 : 병류에는 매병·옥호춘병玉壺春瓶·상이병象耳瓶·극이병戟耳瓶·산두병蒜頭瓶·탑식개병 등이 있다.

① 매병(그림 3) : 입이 작고 말린 입술에 목이 짧고 어깨가 풍만하며, 어깨 이하 허리까지 점차 좁아들며 굽이 약간 외반한다. 뚜껑이 있으나 유실된 것이 많다. 원이 송 형식을 이은 것으로, 송식에 비해 웅장해지며 목이 약간 높아지고 구연이 평탄하고 어깨가 더욱 풍만해진다. 동체와 정강이 사이가 일정한 호선을 그리며, 굽은 약간 벌어진다. 조형은 송대 매병의 길쭉하고 수려한 것과는 다르다. 원 자기의 뚜껑이 있는 병과 호 종류는 뚜껑 안에 종종 '자구子口'가 있어, 몸체의 구부와 적절히 부합하며 움직이기 어렵게 한다. 강서성 고안현의 원대 저장혈 출토의 수점의 매병은 모두 뚜껑이 있으며, 그 속에 '자구'가 장치되어 있어 극히 진귀하다. 원 청화 매병은 일본·터키·영국의 박물관에 소장되어 있으며, 국내는 고안 외에, 호북성·강소성·강서성·북경 등의 박물관에도 소장되어 있다.

이외에 일종의 팔각형 매병이 드물게 보이며 매우 진귀하다. 1964년 하북성 보정保定의 원대 저장혈에서 출토한 '청화해수백룡문팔각유개매병', 일본 마쯔오까松岡미술관 소장의 '청화쌍봉초충문팔각매병', 일본 이데미쯔出光미술관 소장의 '청화절지화훼문팔각매병'(사진 12) 같은 것이 이 기형의 걸작들이다.

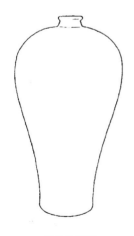

**그림 3** 매병

② 옥호춘병玉壺春瓶 : 당시唐詩의 "옥호선춘玉壺先春"이란 구절에서 따온 이름이다. 송대에 창소되어, 원·명·청대에 고루 번조되었다. 원 청화 옥호춘병은 3식으로 나눌 수 있는데,

**사진 9** 청화 송죽매문 호 松竹梅文罐, 원, 고17.0cm

**사진 10** 청화동채 국화문 유개호菊文釉裏紅帶蓋罐, 원, 고7.4cm

**사진 11** 청화 용문 유개호龍文鼓式蓋罐, 원, 고11.2cm

제3장 원대 청화자기

**사진 12** 청화 절지화훼문 팔각매병折枝花卉文八棱梅瓶, 원, 고46.5cm)

**사진 13** 청화 해수모란문 병海水牡丹文玉壺春瓶,
원, 고30.3cm

**사진 14** 청화 사자문팔각병獅子戱球文八棱玉壺春瓶,
원, 고31.7cm

전·중기가 송식으로, 입이 벌어지고 목이 세장하며 저부가 오므라들어 타원형을 띠는 것이 많으며 굽은 약간 외반한다. 다른 1식은, 원대 후기에서 명·청 양조까지의 것으로, 옥호춘병의 구부의 벌어짐이 보다 커서 나팔형을 띠고 목을 뚜렷이 굵게 하여 짧고 굵은 모습을 보이며 복부도 점차 비대하게 발전해, 전체 기형이 고졸함에서 중후함으로 가는 과도적인 모습이다(사진 13). 국내외의 많은 중요박물관과 개인들이 고루 소장하고 있다.

이외에 또 조형이 아름답고 독특한 팔각형 옥호춘병이 있다. 수량이 앞보다 적다. 전형적인 것은 1964년 하북성 보정의 원대 저장혈에서 출토한 '청화사자문팔각옥호춘병'(사진 14)과 일본 우메자와梅澤기념관 소장의 '청화화훼절지문팔각옥호춘병' 등이다.

③ 극이병戟耳瓶 : 원 청화자기 중의 일종의 창신제품으로, 그 형태가 고대 병기인 '극戟'을 닮아서 이름을 붙였다. 얕은 반구에 목이 세장하고 복부는 반구형에 굽은 약간 높고 외반한다. 목 양 측에 각 장방형 극이를 붙였고 둥근 고리가 있다. 대만의 홍희미술관과 영국 알프레드.크라크타이타이 소장의 '청화수금연화문극이병'(사진 15)이, 이런 병의 걸작이다. 또 극이병의 이를 '화형花形'으로 한 것도 있는데, '그림 4'와 '청화국화문극이병'(사진 16) 등과 같다.

④ 산두병蒜頭瓶(그림 5) : 입이 산두(마늘통) 같이 생겨 이름을 붙였다. 원대에 처음 구웠다. 원형은 한대 이전의 동기인 산두호에 있다. 산두식 구부에 목이 길고 복부가 둥글며 굽은 약간 외반한다. 원 청화 산두병으로 비교적 유명한 것은 국산청료로 월영매화문을 그린 산두병(사진 17)으로, 광동성박물관과 강소성 양주문물보관소에 소장되어 있다.

⑤ 상이병象耳瓶(그림 6) : 높은 반구에 목이 길며 어깨가 경사져 그 아래가 점차 좁아들어 바닥에 이르고, 굽 안은 비어있다. 목 양측에 각기 상이가 붙어 있다(이에는 원래 움직이는 고리가 있었으나 지금 유실됨). 영국 데이비드기금회에서 소장한 1쌍의 '청화운룡문상이병'(사진 18-1)은, 목 부분에 청화로 62자의 명문이 써져 있는, 원대 후기의 대표작이다. 작년에 필자는 호주 국적의 중국인

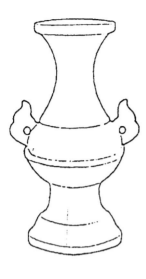

**그림 4** 극이병戟耳瓶

**사진 15** 청화 연화수금문 극이병
水禽蓮文雙戟耳瓶, 원, 고24.8cm

**사진 16** 청화 국화문 극이병
菊文雙戟耳瓶, 원, 고15.7cm

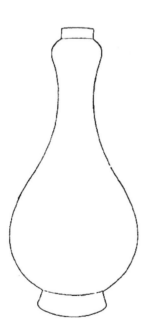

**그림 5** 산두병蒜頭瓶

**사진 17** 청화 월매문 산두병
月梅文蒜頭瓶, 원, 고15.0cm

중국의 청화자기

**그림 6** 상이병象耳瓶

**사진 18-1** 청화 운룡문 상이병雲龍文象耳瓶, 원, 고63.6cm

**사진 18-2** 청화 운룡문 상이병雲龍文象耳瓶, 원, 좌고58.5cm, 우고59.5cm

인 영지초寧志超 선생의 집에서 이런 상이병을 보았는데, 체량이 약간 작은 외에, 조형과 문양장식이 모두 극히 유사한 1쌍의 '청화운룡문상이병'(사진 18-2)이다. 하나는 고58.5, 구경15.2, 저경17cm이고, 또 하나는 고59.5, 구경14.5, 저경17cm 이다. 문양장식은 8층으로 되어 있다. 구연에 국화문이 한 줄 장식되어 있고, 목의 상부에는 파초엽문이, 하부에는 운천비봉문雲天飛鳳文이 있으며, 봉황은 목을 늘여 날개를 펼치고 운해 사이를 날고 있다. 어깨에는 연당초문이 한 줄 장식되는데, 연화는 두 병에 각기 5송이와 6송이로 달리 표현되어 있다. 복부의 주문양은 해수운룡문으로, 용신이 건장하고 머리는 작고 목이 가늘며, 발가락이 4개고 주위에 버섯머리 모양의 구름송이가 있다. 밑동에는 한 줄의 파도문과 한 줄의 모란당초문으로 장식되어 있고 굽에는 변형연판문대가 있다. 청백색의 투명유는 색이 깨끗하고 윤이 나며, 시유는 바닥까지 하지 않은 사저砂底인데, 화석홍반이 있다. 청화색은 짙은 남색으로 철녹반점이 있으며, 청화가 퍼지는 현상은 없다. 성형시 마무리에 신경을 쓰지 않아 두 줄의 이음새를 뚜렷이 볼 수 있고 저부에는 물레 흔적과 칼로 깎은 흔적을 볼 수 있다. 굽의 바닥면에 커다란 기포와

제3장 원대 청화자기

**사진 19** 청화 화훼초충문 팔각표형병花卉草蟲文八棱葫蘆瓶,
원, 60.6cm

**사진 20** 청화 모란문 탑형유개병牡丹文塔式蓋瓶,
원, 전고42.2cm

모래받침흔이 있으며, 도공의 지문도 남아 있다.

이 '청화운룡문상이병'의 진위에 대해, 현재 도자계의 의견은 일치하지 않는다. 영지초 선생은 이 병이 근본적으로 원대 진품인지 방제품인지를 똑똑히 밝히기 위해, 중국과학원 상해규산염연구소와 푸단復旦대학 현대물리연구소 및 중국과학원 고성능물리연구소 등의 실험실에 의뢰하여, 질자격발X선형광기술質子激發X熒光技術, PIXE 분석, 동보폭사X사선무손형광분석同步輻射X射線無損熒光分析 등의 과학수단을 이용해 측정시험을 진행하였다. 그 결과는 다음과 같다.

첫째, '청화운룡문상이병'의 유는 고칼슘 저칼륨의 특징을 갖고 있는데, 고청화자기 방품은 고칼륨 저칼슘류에 속한다.

둘째, '청화운룡문상이병'의 청료는 고철분 저망간형을 하며, 또한 미량원소인 비소를 함유하는데, 국산 코발트료는 비소를 함유하지 않는다. 고로 이 병에 사용된 것은 응당 수입청료일 것이며, 혹은 국산코발트료와 혼용한 것이다.

중국의 청화자기

셋째, '청화운룡문상이병'의 청화와 백유는 모두 매우 낮은 자철비鋅鐵比(아연과 철 비율)을 갖고 있고, 미량원소인 아연과 납의 함량이 비교적 낮은데, 고청화 방품은 매우 높다.

위의 감정결과와 원 대도大都의 발굴에서 출토한 원 청화자기의 감정결과가 기본적으로 같다. 영지초 선생은 이 같은 과학적 감정결과를 근거로, 그가 소장하는 '청화운룡문상이병'은 원대의 진품이 틀림없다고 생각한다. 필자도 수긍한다.

과거 오랫동안, 고도자기의 감정은 주로 전통적인 '안학眼學'에 의하였지만, 점차 과학기술이 도자감정에 응용됨에 따라, 양자의 결합으로 고도자기의 진위 감정이 더욱 유리해졌다(『문물』 1999년 6기 86쪽 참조).

⑥ 표형병瓢形瓶(중국명 호로병葫蘆瓶) : 입이 작고 목이 짧으며, 병 몸이 표주박 모양인데, 두 개를 합성하여 위가 작고 아래가 크고 가운데가 잘록한 표형이다. 그 원형은 신석기시대 도기표형병에 있는데, 당·송시대에 이 형식의 기물을 구웠으며, 원·명·청에 모두 이어졌다. 원 청화표형병 중에, 특히 팔각표형병이 가장 정미하고 진귀하다. 일본 야마가타 테키수이 고우게이칸山形掬粹巧藝館 소장의 '청화봉황초충문팔각표형병'과 터키 토프카프박물관 소장의 '청화화훼초충문팔각표형병'(사진 19) 등은 모두 이런 조형의 대표작들이다.

⑦ 탑형유개병 : 직구에 목이 가늘고 어깨가 경사지며, 몸체가 길쭉하고 아래는 졸아들어 굽은 외반한다. 어깨에 사자머리와 코끼리머리가 1쌍씩 붙어 있는데, 문수보살과 보현보살을 상징한다. 병의 뚜껑면은 융기하며 절연에 자구가 있으며, 위에 7층 보탑이 있는데, 탑 정상부의 보찰寶刹을 표형으로 만들었다. 1980년 강서성 구강九江의 원 연우 기미년延祐己未年(1319)묘에서 출토하였다. 이는 현재 국내외에서 발견된 초기의 기년을 알 수 있는 청화자기 중의 하나이며, 원대 초기청화의 대표작이다(사진 20).

**사진 21** 청화 봉문 편호鳳文扁壺

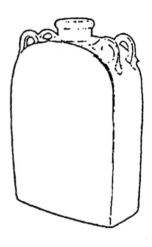

**그림 7** 사이편호四系扁壺

**사진 22** 청화 쌍룡문 사이편호雙龍文四系扁壺, 원, 고38.9cm

중국의 청화자기

· **기타 호**壺 **종류** : 편호·주자(중국명 집호)·이형호梨形壺 등 여러 종류가 있다.

① 편호 : 한 종류는 '봉문鳳文편호'이다. 입이 작고 목이 짧으며, 경사진 어깨에 몸체는 편원형이고 굽이 있다. 조형이 참신 기발하다. 높게 치든 봉머리를 주구로 만들고, 둥글게 만 꼬리로 손잡이를 만들었다. 청화장식과 조형이 일체로 융합한 도자예술이다. 도공들은 진·당晉唐 이래 천계호의 작법을 계승하고, 또한 북방 유목민족의 마등호馬蹬壺의 편체扁體 조형을 흡수하여, 교묘하게 양자를 일체로 결합하였다. 또 호면에는 아름다운 청료로 활짝 핀 봉의 날개를 그려, 조형이 우미하고 빼어난 편호를 만들었다. 전국에 단 1점 있는 것으로, 더욱 진귀하다 할 만하다(사진 21).

다른 한 종류는 '사이편호(그림 7)'로, 가장 시대적 특색을 갖춘 걸작이다. 입이 작고 말린 입술에, 경사진 어깨의 몸체는 납작한 장방형을 띤다. 어깨 양단이 아래로 수직으로 내려가 저면에 이르며, 장방형의 사저砂底이다. 어깨 위 양편에 각 2줄의 용형과 이호형螭虎形, 혹은 환형環形의 이(귀)가 붙어 있다(이가 없는 것도 있다). 이런 편호는 원대 특유의 것이면서 농후한 이국정조를 갖고 있으며, 분명히 중국전통의 기형이 아니다. 지금 전세하는 원 청화사이호는 겨우 5점이 보이며 모두 국외에 있다. 일본 이데미쯔出光미술관 소장의 '청화쌍룡문사이편호'(사진 22)와, 일본 마쯔오까松岡미술관 소장의 '청화공작모란문사이편호'와 '청화화중공작문사이편호'(사진 23) 등이, 이 기형의 대표작들이다.

② 주자(중국명 집호執壺) : 원대 이전에는 '주자'라 불렀으며, 원말명초의 전형적인 기물이다. 2종의 형식이 있다.

1종은 'S형연편주자S形連片注子'로, 원대에 처음 만들었다. 옥호춘병을 호신으로 하며, 측면 한 곳에 길게 구부러진 관 모양의 주구를 붙이고, 주구와 목 사이는 S형 장식물로 서로 연접하여, 주구를 고정하면서 장식작용도 한다. 다른 한 측면에는 목과 복부 사이에 만곡된 손잡이를 붙였고 손잡이 끝단에 작은 고리가 있어, 끈으로 뚜껑과 연계시켜 미끄러져 떨어짐을 방지한다. 주구의 길이는 송대 것에 비해 긴 것이 많으며, 주구 끝과 주자 입이 평행을 이룬다. 송대 주자의 주

**사진 23** 청화 화중공작문 사이편호孔雀穿花文四系扁壺,
원, 고36.5cm

**사진 24** 청화 국죽문 주자菊竹文執壺, 원, 고22.0cm

구는 어깨의 상부에 둔 것이 많고, 주구 끝이 주자 입보다 낮다. 원대 주자는 옥호춘병으로 몸체를 삼기 때문에, 옥호춘병과 같이, 전기는 길쭉하고 후기는 낮고 통통하다. 이 형식의 주자에, 별도로 편체扁體 옥호춘식을 한 것이 있는데, 대형臺形의 굽에 복부가 편평하고 도형桃形 화창이 있다. 필리핀 로베르트. 베라뉴오 부부 소장의 '청화국죽문주자'(사진 24)가 그 예이다.

**그림 8** 곡병주자曲柄執壺

　　다른 1종류는 '곡병주자曲炳執壺(그림 8)'로, 전통양식이다. 입이 약간 내만하고 구부 이하가 점차 넓어지며, 둥근 복부는 아래로 처지고 굽이 약간 외반한다. 복부 측면 한 곳에 긴 주구가 있으며 주구 앞부분이 약간 아래로 굽으며, 복부 다른 측면에 곡병이 붙어 있는데 손잡이 상단의 고리는 뚜껑 꼭지와 끈으로 연결할 수 있

**사진 25** 청화 모란봉황문 주자牡丹鳳凰文執壺,
원, 전고23.5cm

**사진 26** 청화 절지화훼문 팔각주자折枝花卉文八棱執壺,
원, 전고26.2cm

다. 뚜껑은 직구에, 윗면이 편평하다가 각져서 아래로 꺾이며 원뉴가 있다. '자구'가 비교적 길어 주구 입 안으로 삽입하기 편하다. 이 종류의 주자는 현재 북경 고궁박물원에 소장되어 있다(사진 25).

③ 이형주자梨形壺 : 몸체가 배梨와 비슷해 얻은 이름으로, 원대에 새로 만든 제품이다. 입이 작고 입 아래가 점차 넓어지며, 복부가 둥글고 평저이다. 복부 측면 한 곳에 긴 주구가, 다른 측면에는 곡병이 있다. 수도박물관 소장의 '청화속련문 주자'는, 1972년에 북경 안정문安定門 밖의 원대 거주유적에서 출토하였는데 뚜껑이 없다(사진 53).

다른 1종으로 팔각주자가 소량 보이는데, 하북성 보정의 원대 저장혈 출토의 '청화절지화훼문팔각주자'(사진 26)와 일본 마쯔오까松岡미술관 소장의 '청화화훼문팔각주자' 등은 모두 이 기형의 대표작이다.

51

**사진 27** 청화 죽석화과문 능구반竹石花果文菱口盤,
원, 구경45.2cm

**사진 28** 청화 비봉화초문 절연반飛鳳花草文折沿盤,
원, 구경46.0cm

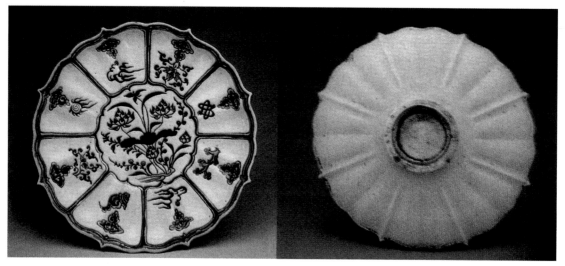

**사진 29** 청화 연화문 능구반荷蓮文菱口盤, 원, 구경29.0cm

· **반**盤 : 대체로 절연반切沿盤·내만구연반(렴구반斂口盤)·능구반菱口盤의 3종으로
나눠진다. 형체에 따라 대·중·소로 나눌 수 있다.

① **절연반**切沿盤 : 절연의 대반이 많은데, 기벽이 호형이며 굽이 낮고, 사저砂底
는 무유인데, 철분반점이나 진흙물을 바른 흔적 및 물레 깎은 자국이 있다. 굽 주
변 및 유가 벗겨져 태토가 드러난 곳은 화석홍색火石紅色을 띤다. 구연은 능화구菱

중국의 청화자기

花□와 원구圓□로 나눠진다. 능화구 대반은 16화판상으로 한 것이 많고, 13·14 혹은 17판 등도 있다. 반의 벽은 일반적으로 분판하지 않는다. 대반의 구경은 통상 40cm 이상이고, 57cm정도에 이르는 것도 있다. 체적이 과대하여, 휘거나 납작해지거나 굽이 아래로 불룩 튀어나오거나 중심이 아래로 내려앉는 등의 결함이 있는 것이 많다. 이런 대반은, 중앙아시아와 서아시아 지역의 이슬람문화의 음식습관과 관계가 있는데, 통상 음식물을 대반에 담아 두고 여러 사람이 땅이나 탁자에 둘러앉아 공동으로 음식을 드는데 사용된다. 현존하는 전형적인 원 청화자기 중에 대반의 수량이 가장 많아, 국외 소장이 백점을 넘고, 국내는 단지 수점이 있다. 이는 이런 대반이 주로 이슬람지역에 수출하기 위해 생산된 것임을 말해 준다. 현재 대반을 소장한 곳은 터키 토프카프박물관 및 이란 아르데빌궁이 가장 유명하며, 이외에 일본·영국·미국·프랑스 등의 주요박물관과 미술관에도 소장되어 있다(사진 27, 28).

② 내만구연반(렴구반斂□盤) : 내만구연(안으로 오므라든 구연, 렴구)에, 복부가 절연반에 비해 깊고 볼통하며 굽이 낮고 좁다. 1976년 하북성 위장현圍場縣의 원묘에서 출토한 '청화운룡문대반'은, 고5.5cm, 구경35cm로, 국내외 청화대반 소장품 중에 비교적 드물게 보는 것이다.

1972년 10월, 내몽고 임서현 번영향 전지촌林西縣繁榮鄉前地村의 농민이 지표 아래 1.5m 깊이에 있는 원형 토갱 안에서, 3점의 청화반을 발견하였다. 2점은 청화원앙문반이고, 1점은 용문반인데, 구경이 13.6～15.9cm이다. 이런 소반은 모두 내만구연반으로, 태가 비교적 희고 유액이 매끄럽고 윤이 나며 백색 중에 청색기를 띠고 조형이 정치하여, 원 청화소반 중의 예술성이 높은 진품이다(<문물보> 1994년12월4일 참조).

③ 능구반菱□盤 : 상해박물관 소장의 '청화연화문능구반'은 구경이 29cm로 중형반이다. 구는 8판연화형을 띠는데, 복부가 얇고 평저에 작은 굽이 있다. 굽 안은 무유에, 홍색의 철반이 뚜렷하고 물레 깎은 흔적이 남아 있다. 능구반은 태체가 일반적으로 대반보다 정세하게 제작되며, 회화의 풍격이 간결청수하고 일반

**사진 30** 청화 송죽매문 능구반松竹梅文菱口盤,
원, 구경18.5cm

**사진 31** 청화 화중봉문 능구반鳳穿花文菱口盤,
원, 구경15.8cm

적으로 반 내외에 모두 청화문양을 그렸다. 이 그릇은 내면에만 청화문양을 그리고 외벽은 희게 무문으로 두었는데, 원 청화 중에 드물게 보는 바다. 반은 후중하고, 단지 작은 굽만 하나 지탱하고 있지만, 기형에 조금도 휘거나 납작해지거나 바닥이 아래로 튀어나오거나 내심이 내려앉는 병폐가 없으며, 조형이 참신하고 별격이어서 당시 경덕진 제자공장의 기술과 경험의 숙련과 풍부함을 족히 볼수 있다. 이는 원 청화자기 중의 특출한 작품이다(사진 29).

능구반의 또 다른 양식은 1970년 북경 후영방後英房의 원대 거주유적에서 출토한 '청화송죽매문능구반'으로, 천식淺式에 전이 넓고 능화형구를 하며, 편평하고 고운 사저이다. 태체는 가볍고 얇아 빛을 받으면 투명하게 빛난다. 얻기 힘든 청화 가품이다(사진 30). 이외에, 광동박물관 소장의 '청화화중봉문능구반'(사진 31), 1977년 안휘성 안경安慶 출토의 '청화연화문능구반'과 경덕진 도자고고연구소 소장의 '청화인물문능구반(파편)' 등은, 모두 이 조형의 전형적 기물이다.

이 종류의 반의 용도에 대하여, 유신원 선생은 『경덕진출토도자』에서 '권반勸盤'이라 하였다. 몽고인이 중요한 연회에, 그 풍속에 따라 빈객에게 술을 권하면서, 권주잔을 땅바닥에 엎지르는 것을 방지하기 위해 특별히 이 반에 올려 권하였다고 한다.

**사진 32** 청화 용문완龍文碗, 원, 구경18.0cm

· 완碗 : 완류는 원 자기 중에 상견되는 기형으로, 그중 대완의 구경은 일반적으로 30cm 정도이며, 40cm에 달하는 것도 있다. 이는 원 이전의 전세품에서 극히 드물게 보는 바다. 완은 크게 2 종류로 나눌 수 있는데, 1류는 권족(일반적인 둥근 굽)완으로, 다시 외반구연완(창구완敞口碗)·내만구연완(렴구완斂口碗)·절요완折腰碗으로 구별된다. 다른 1류는 고족완高足碗이다.

**사진 33** 청화 화훼문 화구대완琛寶花卉文花口大碗, 원, 구경40.5cm

① 외반구연완敞口碗 : 1970년에 북경 구고루대가舊鼓樓大街의 원대 저장혈에서 출토한 '청화용문완'(사진 32), 1958년 남경 낭택산郎宅山의 명 송성엽宋晟葉묘에서 출토한 '청화원앙연문완' 등이 전형적인 기형이다. 외반구연에 복부가 깊고 굽이 있으며, 태질은 새하얗다. 특

히 '청화원앙연문완'은, 구경 30.3cm로, 국내에 드물게 있는 완전한 원 청화대완이다.

이런 원 청화자기 중의 특수한 제품의 대완은, 도록으로 터키와 이란 박물관에 비교적 많이 보이며, 다음으로 일본·필리핀 등이다. 그 특징은, 태체가 후중하고 형체가 크며 굽이 있고 굽 안은 무유이다. 구부는 외반구·내만구·화형구花口로 나뉜다.

② 내만구연완斂口碗 : 구부가 내만한 것 외에는 그 형식이 외반구연완과 대체로 같다. 이런 완으로, 일본 이데미쯔出光미술관 소장의 '청화쌍봉불저문완靑花雙鳳佛杵文碗'과 터키 토프카프박물관 소장의 '청화화훼문화구대완'(사진 33) 등이 있다. 후자는 구경이 40.5cm에 달하고, 완 내외면에 가득 문양을 그려 부려富麗한 미관을 자랑하며 원 청화 중 진귀한 가작이다.

원대 완과 명대초기 완의 구별에서 가장 두드러진 것은 굽으로, 명대 굽은 원대에 비해 크며 종종 굽 안이 시유되어 있다.

③ 절요완 : 이것은 원대 중기에 생산을 개시한 품종이다. 입이 외반하고 복부가 얕으며, 구부와 저부 사이가 내호형을 띠고 저부와 굽 사이는 외호형을 띠며, 양 원호 사이가 명확히 꺾여 있다. 작은 굽은 약간 외반하며 굽벽이 두텁고, 바닥에 돌기된 유정乳釘 1개는 원 자기에 상견되는 특징의 하나이다.

④ 고족완(배)(그림 9) : 한대의 청유와, 수대의 청유와 백유자기 중에 고족완(배) 혹은 고족반 종류의 기형이 있는데, 족부가 보다 낮고 외반하여 나팔상을 한다. 원대 고족완(배)의 족부는 보다 높고 죽절형을 띤 것이 많다. 족변이 약간 외반하고 체고가 10cm 정도여서, '고족배高足杯' 혹은 '파배靶杯'라고도 부른다. 1980년 강서성 고안高安의 원대 저장혈에서 4점의 청화고족배가 출토하였는데, 그 중 '청화국당초시문고족배'는, 고 9.8cm에, 배의 내심에 "인생백년 오래 취해 있어, 헤아려보니 삼만육천

**그림 9** 고족완高足碗

마당이구나.人生百年長在醉, 算來三萬六千場"의 7언시 2구가 써져 있다. 고족배는 원 몽고인의 유목생활 관습에 맞추어 특별히 번조된 음주용구로, 족부가 비교적 높아서, 말 위에서 손으로 잡고 마시기 편하다. 그래서 고족배를 '마상배馬上杯'라고도 부른다.

원 청화고족배의 특징은 배의 형상이 비교적 풍부한 점이다. 깔때기 같이 입이 크고 첨저에 복부가 경사진 것이 있는데, 그 예로 1972년 하북성 정흥定興의 원대 저장혈에서 출토한 '청화월매문고족배'(사진 34)가 있다. 입이 벌어지고 복부가 얕은 반구형半球形을 한 것도 있는데, 그 예로 강소성 진강시鎭江市박물관 소장의 '청화매화문고족배'(사진 35)와 신강 위구르자치구 곽성霍城 출토의 '청화운봉문고족배' 등이 있다. 또, 외반입에 복부가 깊고, 족부가 죽절형인 고족배 등도 있다. 족 안은 비어있고 무유이며, 나선문과 화석홍색이 있으며, 배신과 족부[혹은 병柄(손잡이)이라 한다의 접합은 태접胎接이고, 유접釉接이 아니다. 그래서 양쪽의 태가 습할 때 접합하기 때문에, 원 고족배의 족 안의 끝머리에 종종 유상돌기가 생기는데, 이는 기물 감정의 중요한 표지의 하나가 된다.

고족배 중에, 외벽에는 청화로 3조운룡문을 그리고 내벽에는 두 마리 비룡을

**사진 34** 청화 월매문 고족배月梅文高足碗,
원, 고10.0cm

**사진 35** 청화 매화문 고족배梅花文高足碗,
원, 고9.6cm

제3장 원대 청화자기

**그림 10** 고족배(두)高足碗(豆)

모인模印한 종류가 있는데, 이런 청화에 모인을 가하는 기법은 원대의 창작이다.

또 다른 한 종의 고족배는, '고족두'(그림 10)라고도 부르는데, 그 예로 영국 에시몰리안박물관 소장의 '청화연당초문고족두(배)'(사진 36)가 있다. 직구가 약간 오므라들고, 복부가 깊으며 원저에 나팔형의 높은 굽다리가 연결된다. 그러나 족부가 일반적인 고족에 비해 낮으며, 전체 기형이 낮게 퍼진 느낌을 준다. 현재 도록에서 보는 고족두(배)는 2점뿐으로, 이란 테헤란국립고고박물관에도 1점이 소장되어 있다. 이런 조형은 미국의 뉴욕 메트로폴리탄박물관 소장의 13세기 후반 경 시리아의 '묘금描金유리고족배'와 매우 비슷하다. 때문에 이 조형은 페르시아나 중동 일대의 이슬람 문화의 영향을 받아서 이곳에서 번조한 것이라 할 수 있다.

**사진 36** 청화 연당초문 고족배纏枝蓮文高足豆, 원, 고16.5cm

중국의 청화자기

· 잔탁盞托(탁잔) : 잔은 외반 구연에 복부가 볼통하고 작은 굽이 있으며, 굽 안은 계심상鷄心狀(하트모양)을 한다. 탁 역시 외반구연에 다리굽이 작고 굽 안이 하트모양이며, 탁 중간은 잔대로, 잔대는 솟아 있고 입은 약간 오므라든다. 탁의 다리굽은 비교적 높으며, 미미하게 외반하고 내부는 무유이고 태질은 단단하다. 1970년 북경 구고루대가舊鼓樓大街의 원대 저장혈에서 1쌍의 '청화국당초문탁잔'이 출토하였는데, 통고가 겨우 9cm이며 원 청화 중에 드물게 보는 것이다(사진 37). 강서성 평향萍鄕의 원대 저장혈에서도 5점의 청화잔이 출토하였는데, 애석하게 잔만 있고 탁이 없다. 잔은 외반구연에 기벽이 호형이고 굽이 있으며, 굽 안은 하트모양을 한다. 잔 외벽에는 국산 코발트료로 국화문을 그렸다. 이들은 한족의 생활관습에 맞추어 생산된 것이다.

· 로爐 : 원 자기 중에 청화자기로는 비교적 적게 보인다. 자로瓷爐는 삼국 오吳에서 최초로 보이며, 송 이전에 상견되는 것은 탁로托爐이고 송부터 삼족로(그림 11)가 유행한다. 북경고궁박물원 소장의 '청화송죽매문쌍이삼족로'는 원 청화 중의 가품이다. 태체가 후중하고 양 측에 대칭으로 충천이冲天耳를 장식하였으며

**사진 37** 청화 국당초문 탁잔纏枝菊文盞托, 원, 전고9.0cm

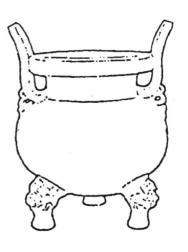

**그림 11** 삼족로三足爐

제3장 원대 청화자기

**사진 38** 청화 팔괘문 통형향로八卦文筒爐, 원, 고9.5cm

복부 아래에 3개의 수형족獸形足이 달려 있다. 반구盤口에 속경束頸이며 복부는 편원형이다. 강서성 구강시박물관 소장의 '청화국화문향로'(사진 7)는 원 청화자기 중에 더욱 드물게 보는 것이다. 전체높이가 겨우 9.8cm이다.

청화로 중에, 또 하나의 종류는 통형로筒形爐이다. 입이 크고 직벽에 가까우며 몸체는 원통형을 띤다. 이런 로는 원 청화 중에 많지 않다. 북경고궁박물원 소장의 '청화팔괘문통형향로'는 전형적인 원대 민요 청화자기이며, 원 청화를 연구하는데 중요한 실물자료이다(사진 38).

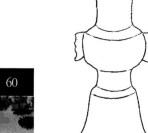

**그림 12** 화고花觚

· 고觚(그림 12) : 조형은 상·주 청동기에서 연원한다. 자고瓷觚는 송대에 처음 보이며 원대에 변화가 있다. 동고형銅觚形으로, 몸체가 길고 허리가 가늘며 입은 나팔형이고 저부는 팔자형을 띤다. 또한 4변에 극戟을 낸 새로운 형식을 창조하여, 화고花觚의 미관을 증강시켰다. 현재 전국에 3점이 알려져 있는데, 수도박물관 소장 2점은 원 대도유적과 원대 저장혈에서 출토하였다. 다른 1점은 1980년 강서성 고안의 원대 저장혈에서 출토하였으며, 높이가 겨우 10cm에, 사저이며 바닥 중심에 장방형 구멍이 하나 있다.

· 이匜 : 고대의 세숫대야로, 초기의 이는 도기나 청동제품이며

중국의 청화자기

한대 이후 자기질이 많다. 원대의 자이瓷匜는 외반구에 복부가 얕고 평저이다. 구부의 측면 한 곳에 장방형의 주구가 있으며 주구 아래에 작은 고리가 있고, 구연과 바닥은 노태로 화석홍색을 띤다. 현재 도록에 보이는 것으로, 중국역사박물관과 광동성박물관 소장의 '청화속련문이'와 강서성박물관 소장의 '청화연지문이', 강서성 평향시박물관 소장의 '청화토끼문이' 등이 있다.

· **관음** : 1978년 절강성 항주의 지원至元 병자丙子(지원13년, 1276)년 묘에서 출토(사진 1)한 관음상은, 관음이 해수파도 위의 대좌에 앉아 있고, 선재동자와 용녀가 손에 공물을 받들고 양측에 시립하며, 좌 전방에 한 마리 선학이 목을 늘여 서 있고, 우 전방에 한 마리 사슴이 머리를 들고 엎드려 있다. 기신은 청백유 바탕에 청료로 선묘하였는데, 관음의 귀밑머리·목부분·소매 끝의 나부끼는 띠·눈·눈썹에 모두 청화나 갈채로 묘사하였다. 특히 가슴 앞의 여의문의 남색이 또렷하다. 이런 장식수법은 광동성 조주요潮州窯에서 발견된 북송 백자불상에 이미 채용된 것이다. 이 관음은 지금까지 알려진, 원대에 청화료를 사용해 장식문양을 한 최초의 것으로 중요한 연구가치가 있다.

· **필가형 수우**筆架式水盂 : 1987년 절강성 항주의 원대 저장혈에서 출토한 것(사진 39)으로 문방용구이다. 필가와 수우가 한 기물상에 같이 조합된 것으로 극히 드물게 보는 것이다. 필가는 산모양인데, 4좌가 구름 사이에 우뚝 솟은 산호초를 이루며, 꼭대기에 명월과 구름송이가 있고 아래에 파도를 만들었다. 좌측은 어와형魚蛙形 수우로 되어, 등에 소공이 있어 물을 따르는데 이용한다. 전면에 청백유를 시유하고 청화를 이용해 구름송이·파도·어와의 양눈·산호초를 묘사하였다. 조형이 독특하고 참신하다. 관상성도 있고 실용적 가치도 있어, 원 청화자기 중의 얻기 어려운 진귀품이다.

· **선형 수주**船形水注 : 현재 광주시 문물총점 소장의 것(사진 8) 만이 알려져 있

**그림 39** 청화 필가형수우筆架式水盂, 원, 고8.9cm

**사진 40** 청화동채 누각형곡창釉裏紅樓閣式穀倉, 원, 고29.5cm, 폭20.5cm

중국의 청화자기

으며, 역시 문방용구이다. 자기질 수주는 일찍이 육조시에 번조되었으며, 동물형상이 상견된다. 선형수주는 남송 용천요 청자제품에서 처음 보이며, 원 청화선형수주는 더욱 참신하고 기발하다. 수주는 선형으로 만들고 선체 가운데가 비어 있어 물을 담는 데 쓰며, 배머리에 화형의 주구가 있으며 평저이다. 선상에 선봉船篷(배의 덮개)을 설치하고 선창·가산·인물 등을 장식하였으며, 선봉은 앞이 열려져 있고 안에 2인이 나란히 앉아 있으며, 후미에 뱃사공이 서 있다. 조형이 독특하여 원 청화자기 중의 희유한 진귀품이다.

· **누각형 곡창穀倉** : 이 기물은 부장명기로, 1974년 강서성 경덕진 원 후지원後至元 4년(1338) 능씨묘에서 출토한 것이다(사진 40). 비루碑樓와 비슷한데, 정자식으로 겹처마 지붕을 하고, 용마루 끝은 사자머리로 조각하였다. 네 모서리에 권운문을 장식하고 용마루 중앙에 잎 달린 앙련을 장식하였으며 위에 편평한 모두矛頭(창끝)를 두었다. 창루는 이동식 장치로 연결되어, 중간에 자모구가 창상倉上을 덮고 있으며, 4개의 입면은 바로 보면 4주3칸을 하고 있고 창루 안에는 보좌가 설치되어 있다. 연주連珠로 '十'형으로 조성된 누공도안은 앞의 누각과 상통한다. 양 측면에 정루亭樓가 있으며 바닥층은 앞뒤에 모두 2주柱의 협창이 있는데, 삽판식의 이동식 창문倉門이다. 양 측에 청료로 종행해서 7언구 대련을 썼는데, 우련은 "벼와 기장이 풍성하며 곳간에 쌓이다禾黍豊而倉廩實"이고, 좌련은 "자손은 번성하고 복록이 모이다子孫盛而福祿崇"이며, 횡으로 "남산보상장오곡지창南山寶象庄五穀之倉"이라 썼다. 후면의 기둥 사이의 빈곳을 묘지명으로 하였는데, 청료로 종행 해서 159자를 썼다. 좌우의 정루 정면의 담장에는 각기 홍료로 해서체의 "오곡창소五穀倉所"와 "능씨묘용凌氏墓用"을 썼으며, 기와이랑과 난간은 모두 연주문으로 조성하였다. 상·하·좌·우 공히 18명의 인물이 있는데 자태가 각기 다르다. 조형이 기발하고 정교하고 절묘함이 짝할 바가 없다. 유법은 청화·유리홍·홍유·청백유를 모아 하나로 만든 것으로 상당히 특이하다. 기년관지로 원대 경덕진 장인의 작품임을 알 수 있기 때문에, 중요한 연구가치를 갖고 있다.

# 제4절 원 청화자기의 청료

청화료는 청화자기를 번조하는 착색제인데, 코발트료의 출처가 다름으로 인해, 색이 차이가 나고 청화자기의 미적가치와 예술적 효과에 직접 영향을 미친다.

원 청화자기에 사용된 청료는, 수입한 '소니발蘇泥勃'청료도 있고 국산의 '토청土靑'료도 있다. '소니발' 청료는 이슬람지역에서 온 것이다. 즉 원대 문헌인『음선정요飮膳正要』서문에서 말한 '회회청回回靑'과 명대 문헌『규천외승窺天外乘』에 기재된 '소마리청蘇麻离靑'이다. 상해규산염연구소의 실험에 의하면, 그 화학성분은 저망간고철분형으로, 즉 산화코발트의 함량과 산화망간의 함량은 서로 비슷하나 산화철의 함량은 매우 높다. 예컨대 경덕진 호전요 출토의 원 청화의 청료의 주요 색소 함량은, Co 10%·$Fe_2O_3$ 41%·MnO 7%이며, 망간코발트비가 0.01~0.06·철코발트비가 2.21~3.02로, 저망간고철분형의 청료이다. 이런 청료의 색택은 진하고 청취색靑翠色으로 아름답다. 또한 은흑색銀黑色의 결정반을 띤다. 상해박물관 소장의 '청화모란당초문매병'·수도박물관 소장의 '청화봉문편호'·광동성박물관 소장의 '청화화중봉문능구반'·고안현박물관 소장의 '청화초엽문고' 등과 같이, 청화의 색택은 진하고 화려하며, 색채 주변이 모호하게 되는 훈산 현상이 있다. 유면에 철녹 같은 흑색반점이 있으며, 짙은 곳은 손으로 쓰다듬으면 높낮이가 고르지 않는 느낌을 준다. 이는 곧 수입 '소니발'청료를 사용할 때 갖는 특유의 정색 효과로, 원 청화자기의 독특한 풍격을 형성하였다.

국산 청료의 코발트광은 강서성·절강성·운남성 등지에 매장되어 있다. 그 화학성분은 아래 표와 같다.

| 산지 및 품명 | 산화물함량 % | | |
|---|---|---|---|
| | Fe$_2$O$_3$ | Mn | CoO |
| 운남성 코발트토광 제련한 것 | 6.58 | 19.36 | 4.46 |
| 강서성 감주贛州 코발트토광 | 4.65 | 20.03 | 1.26 |
| 강서성 상고上高 청료 | 5.38 | 29.87 | 4.15 |
| 절강성 강산江山 청료 | 4.40 | 19.97 | 1.81 |
| 절강성 江山 청료(제련한 것) | 1.51 | 47.96 | 6.79 |

위의 화학성분 분석을 보면, 국산 청료는 망간함량이 높고 철분함량이 낮아 고망간저철분형의 청료에 속하며, 청화색택은 회색기가 많은 청남색이거나 옅은 남색을 띤다. 수도박물관 소장의 '청화송죽매문능구반'·'청화원앙희수문옥호춘병'·연우6년묘 출토의 '청화탑식개병' 등과 같이, 청신하고 담아한 느낌을 준다.

# 제5절 원 청화자기의 장식수법과 문양

원 청화자기의 주요 장식수법은 유하 청화그림이다. 그것은 태토 위에 코발트로 문양을 그리고, 연후에 투명유를 시유하고 고온에서 1차 소성한다. 백지청화白地靑花와 청지백화靑地白花의 2종이 있으며, 그중 청지백화는 희소한 편이다.

또 다른 장식수법은 퇴소청채堆塑靑彩와 각인화청채刻印花靑彩이다. 청화자기상의 퇴소장식은 경덕진 청화자기가 최초로 채용하였다. 퇴소청채는 먼저 태체에 퇴소성형을 하고, 연후에 다시 코발트로 장식하는 것이다. 마치 '청화동채(유리홍)곡창'이 먼저 강남의 목구조 누각과 누상의 인물을 만든 다음, 다시 코발트 남색과 동홍색으로 점채를 한 것과 같다. 같은 묘에서 출토한 '청화동채사령탑식개호靑花釉裏紅四靈塔式蓋罐' 역시, 먼저 청룡·백호을 퇴소하여 이(귀)를 만들고, 복부에 주작·현무를 첩소하고 뚜껑 위에 복발식 백탑白塔을 꼭지로 만들고, 연후에 퇴소장식 위에 다시 청화로 그리거나 코발트남색이나 동홍색으로 점채를 하였다. 구강九江 출토의 탑식개병은, 어깨부위에 사자머리와 코끼리머리를 첩소하고 뚜껑 위에 탑 모양의 뉴를 만들어 붙이고, 연후에 기신에 다시 코발트로 문양을 그렸다. 탑식개병은 이런 퇴소청채 수법의 전형적인 작품이다.

각·인화 청채는 먼저 배태상에 문양을 각획하거나 인화하고, 연후에 코발트로 그림을 그렸다. 이런 장식수법은 청백자 인화기법의 영향으로 모인과 청화의 결합으로 이루어진 장식법이다. 예로 진강시박물관 소장의 '청화운룡문대호'가 선각 후 그린 기물이다. 그것은 먼저 조각칼로 배태상에 운룡과 기타 문양의 윤곽을 각출하고, 연후에 다시 청료로 문양을 그렸는데, 도법이 간결하고 힘이 있으며 채회가 생동하고 활발하다. 상해박물관 소장의 '청화과죽포도문능구반'도, 먼저 반구에 국당초문을 인화하고, 다시 청료를 사용해 바탕을 칠하여 흰 국화를 도드라지게 하였다. 반 내벽에는 먼저 모란당초문을 인화하고, 연후에 청료로 윤곽선을 그리고 다시 백지상에 파도문을 세밀하게 그렸다. 반심에는 청료로 죽석·포도·지엽 등의 백지청화문을 그려 장식하였다. 이 대반은 인화·각화·회화의 방법을 종합하였고, 색조는 남색과 백색의 변화가 풍부하여 경덕진 제자공예의 고도의 기예를 보여 준다. 하북성박물관 소장의 '청화해수용문팔각매병'은, 병신에 청화해수화염문 및 돌출한 4마리 백룡이 장식되었다. 용문의 돌출은 얕은 부조의 예술효과를 보이며 색조 대비가 강렬하여 매우 강한 예술적 감흥을 간직하고 있다.

원 청화자기는 문양이 풍부하고, 소재가 광범하며, 색채가 아름다워, 사람들의 사랑을 깊이 받는다. 태토상에 붓으로 그림을 그리는 것은 당대 호남성 장사요의 갈채와 송대 하북성 자주요의 백지흑화白地黑花의 영향을 받은 것이다. 특히 후자의 그런 민간 분위기가 짙은 모습을 계승하여, 구도가 치밀하고 필법이 유창하며 형상이 생동활발한 특징을 크게 떨쳤다.

원 청화자기의 문양은, 일정한 정도로 당시 문인화의 영향을 받았다. 원대의 회화는 필묵의 간결한 사의화寫意畵로, 송대의 공교롭고 미려한 사실적인 화풍을 대신하였으며, 이런 필묵사의화가 당시 자기 그림에 크게 영향을 주었다.

원 청화의 문양장식은, 또 원대 견직물의 도안을 차용하였다. 원대 청화자기에 대량으로 사용된 수운문垂雲文과 여의운두문 등은, 곧 원대 복식의 망토에서 변화하여 온 것이다. 이는 송대 정요 인화문이 정주定州 자수품에서 차용한 것과 공통점이 있다.

원 청화 문양의 특징을 보면, 대형 기물은 구도가 치밀하고, 풍부하게 밀집되어 있으며, 문양층(띠)이 많고 화면을 가득 채워, 한 기물에 종종 7, 8층에 달한다. 그러나 처리가 적절하여, 주문과 종속문이 분명하고 혼연일체가 되어, 전체 화면이 번잡하거나 어지럽지 않고 군더더기와 자질구레한 병폐가 없다. 그래서 조화롭고 완미하여 곱고 전아한 느낌을 준다. 소형 기물은 간결하고 시원한 것을 특색으로 하는 것이 많으며 활발하고 자연스럽다.

원 청화자기의 주요 문양은, 동식물 도안이 많으며, 또 소량의 인물고사와 문자를 소재로 한 문양장식도 있다. 문양은 주제문양(주문양)과 보조문양(종속문양)으로 나누며, 장식상에서 서로 다른 역할을 담당하는데, 이것은 원 청화자기의 하나의 창조이다. 주문양은 반·완·이匜의 내벽 중심과 병·호·로의 복부에 그린 것이 많다. 종속문은 구연과 굽다리, 혹은 주문양의 양측이나 그 주위에 전개된 것이 많다.

주문양은 모란·하련·국화·동백·해당·나팔꽃·송죽매·파초·포도·참외·영지·연화 등의 식물화훼문 및 소량의 죽석과 잡보雜寶 등이 있다. 동물문으로는 용봉·원앙·비안飛雁·학록·백로·사자·기린·해마·공작·옥토끼·물고기 등이 있다.

종속문양에는 당초·금지錦地·엽전문·초엽·회문·파도(혹 해수라 한다)·연판·여의운견如意雲肩·잡보·당초화문 등이 있다.

상견되는 문양을 간단히 소개한다.

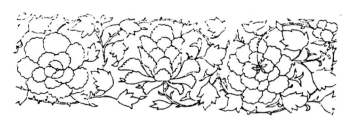

**그림 13** 모란당초문　　　　　　　　　　　　　　　　　　　　**그림 14** 모란화엽문

## 1. 주문양

### (1) 식물문

① 모란문 : 당 이래, 모란은 번영 창성의 아름다운 행복의 상징으로 여겨졌다. 송 때는 부귀화로 불리었고 화중지왕의 아름다운 영예가 있어 각종 공예품의 장식 소재가 되었다. 송대의 정요·요주요·자주요 등의 제품에서 광범위하게 모란문을 채용하였다. 원 청화자기에서 더욱 중요한 문양의 하나가 되었으며, 모란은 모란당초(그림 13)로 많이 그려져 줄기가 휘감기어 연속적인 파상선을 그리며 줄기 상에 화훼를 채워 넣는다. 큰 꽃과 큰 잎인 것이 많으며, 꽃봉오리가 막 피려는 모양도 있고 풍성하게 개화한 것도 있으며, 자태가 각기 다르고 살아있듯이 생생하다. 만개한 모란화판은 테두리를 백색의 연주상聯珠狀으로 그리고, 어떤 것은 5판이나 6판의 백색 화심이 있다. 모란꽃은 색이 농염하고 잎은 비대하고 정연하며, 손바닥 모양에 4개 혹은 5개의 이빨 같은 돌기가 나 있고, 줄기는 쌍선으로 그리고 줄기에 뾰족한 작은 가시가 있다(그림 14).

원 청화 중의 모란화의 그림 기법은, 웅료熊廖 교수가 『원대청화장식예술』에서 서술한 것 같이, "당초모란은 화엽花葉이 서로 휘감으며, 굵거나 마른 잎들이 어지럽게 퍼지고, 꽃송이는 자태가 우아하고 매혹적이다. 절지모란은 화·엽이 각기 이채異彩를 띠며, 한 송이만 홀로 핀 것도 있고 녹엽이 무리지어 있는 것도 있어, 매력적인 자태가 사람을 끌어, 만자천홍萬紫千紅의 모란화원에 진입하는 것 같다."

· **청화 모란당초문 유개매병**(사진 41) : 당시 같은 모양의 매병이 6점 출토되었다. 이 매병의 문양은 9층에 달하며, 층차가 분명하고, 주제가 확연하다. 4송이 만개한 모란을 중심으로 줄기와 잎이 그 사이를 휘감고 있는데, 다양하게 휘어지고 모란화는 상향이거나 하향하며 자태가 각양각색이다. 어깨 상부에 당초문대가 돌아가고, 어깨 하부에는 사격문대斜格文帶가 돌아가며, 양 문양대 사이에 4송이의 여의운견문이 그려져 있는데, 내부에는 가늘게 물결이 굽이치는 파도문과 그 사이의 연꽃과 연잎으로 채웠다. 운필이 섬세하고 자연생동하다. 여의문 밖에는 영지가 배치되어 있다. 매병 하부에는 변형 연판문대가 한 줄 돌아가고, 주문양대와의 사이에 당초문대가 있다. 뚜껑면은 당초문대가 한줄 돌아가고, 내외 사이에 쌍현문이 있다. 뚜껑 외벽은 쌍구의 변형연판문을 베풀고, 상하에 각 두 줄의 현문을 그렸다. 기형 전체의 문양이 풍부하고 격조가 고아하며, 층차가 분명하고 선조가 활달유창하여, 원 청화자기 가운데 보기 힘든 수작이다.

매병은 모란당초문을 주문양으로 한 것이 많이 보이며 종속문양은 변화가 많다. 상해박물관 소장의 '청화모란당초문매병'은 주문양이 역시 모란당초이지만, 어깨 문양은 잡보와 연당초이다(사진 42). 대만 홍희미술관 소장의 '청화모란당초문매병'은 종속문이 역시 여의운견문이지만, 운견문 내부는 연화단봉單鳳문 혹은 연화문을 그렸을 뿐 아니라, 백지남화도안이다(사진 43). 이외에 어깨에 연중蓮中기린문이 있는 것도 있다(사진 44).

· **청화 모란당초문 호**(사진 45) : 대호의 주문양은 모란당초문으로 하고, 꽃이 크고 잎도 크며 꽃은 만개한 것과 반개한 것이 있다. 꽃 테두리를 백색 연주모양으로 만들고, 화심은 백색 6판형으로 하고, 줄기는 단조선으로 둘러싸며, 뾰족하고 굵은 작은 가시와 손바닥 같은 잎들이 달려 있다. 전체 화면이 생동 왕성하고 자태가 부드럽다. 호의 구연에는 용솟음치는 파도문을 그리고 어깨에는 연당초문을 돌렸다. 밑동에는 당초문대와 변형연판문대를 베풀었다. 전체를 5층으로 나누고, 층차가 분명하며, 복잡하나 혼란하지 않다.

원 청화대호는 모란당초문을 주문양으로 한 것이 많으며, 어깨에 연당초문을

**사진 41** 청화 모란당초문 유개매병纏枝牡丹文帶蓋梅瓶,
원, 전고48.7cm

**사진 42** 청화 모란당초문 매병纏枝牡丹文梅瓶,
원, 고42.1cm

**사진 43** 청화 모란당초문 매병纏枝牡丹文梅瓶,
원, 고39.3cm

**사진 44** 청화 기린 모란문 매병麒麟牡丹文 梅瓶,
원, 고43.3cm

중국의 청화자기

그린 것 외에, 연당초문을 그리고 다시 잡
보문을 그린 것도 있다. 그 예로 홍콩 서씨
徐氏예술관 소장의 '청화모란당초잡보문호'
가 있다. 또 어떤 호는, 어깨에 그린 것이
잡보문과 연화사슴문인데, 대만 홍희미술
관 소장의 '청화모란당초문쌍어이호'(사진
46)가 그 예이다. 대영박물관 소장의 '청화
모란당초문수이호'(사진 47)는, 어깨에 그
린 것이 잡보문과 연화봉록鳳鹿문이다. 터키

**사진 45** 청화 모란당초문 호纏枝牡丹文罐,
원, 고27.5cm

와 미국 박물관 소장의 모란문대호는 어깨에 여의운두문과 비룡을 그린 것도 있
고, 여의운두와 연화 혹은 잡보를 그린 것도 있다. 여의운두 내부는 화훼문을 채
운 것도 있고, 해마나 비봉을 채운 것도 있다. 여의운두는 백지남화도 있고 남지
백색화문의 것도 있다. 강서성 고안현박물관과 일본 오사카시미술관 소장의 '청

**사진 46** 청화 모란당초문 쌍어이호纏枝牡丹文雙魚耳罐,
원, 고50.4cm

**사진 47** 청화 모란당초문 수이호纏枝牡丹文獸耳罐,
원, 고47.8cm

제3장 원대 청화자기

**사진 48** 청화 운룡모란문 수이유개호雲龍牡丹文獸耳
蓋罐, 원, 전고47.0cm

화모란문대호'는 주문양을 2층으로 나누어, 상층은 운룡문을, 하층은 모란당초문으로 하였다. 전체적으로 호의 주문양은 비록 모란당초문이지만 종속문양은 당초문과 변형연판문 외에, 어깨에 그린 문양에 변화가 많아 일정한 격식이 없다(사진 48).

② 연화문 : 연화문은 최초로 자기의 장식에 이용된 화문 중의 하나이다. 일찍이 후한 때 인도에서 불교가 중국에 전래된 후, 연화문은 불가의 '성화'가 되어 불교의 유행에 따라 널리 알려졌다. 연화는 또한 진흙탕에서 피어도 물들지 않는 성품으로, 고대 문인들이 고아하고 청결한 의미를 부여하였고, 이 때문에 사람들의 사랑을 받았다. 연꽃 외에, 비천·보살·인동 등 여러 불교 소재의 문양도 광범하게 자기에 이용되었다. 남북조 때, 연화와 연판문이 벌써 도자 장식의 주요 소재가 되었다. 남조에서 당까지의 청자에서, 많은 완·발 등의 외벽과 반면에 앙련을 각하였다. 송·금 양대에, 남북자요의 연화문은, 일화일엽의 형식이 많이 출현하였다. 원대에는 연화당초(그림 15)가 성행하였는데, 화심이 두드러지고 연판은 쌍구선으로 그린 것이 많다. 연판은 원대 이전의 비대한 데서 좁고 가늘게 변하였다. 판심 아래는 하트형을 띠며, 연화판의 뾰족함은 보리 이삭 모양이다. 연엽의 상단은 표형으로 그려졌을 뿐 아니라 매우 짜임새가 있어, 원 청화자기 문양의 한 특징이 된다.

**그림 15** 연화당초문

· 청화 연당초문 고족배(두)(사진 36) : 복부의 주문양이 연당초문인데, 4송이 연화가 크고 풍만하며, 꽃봉오리를 품고 피길 기다리는 것도 있고 연판이 활짝 벌어지게 한 것도 있다. 연화의 사이는 무성한 넝쿨로 휘감고 있으며 생명력이 매우 풍부하다. 잎은 크게 표주박형을 띠며 판심은 커다란 하트모양을 한다. 구연에는 정연한 동전문과 당초문이 돌아가고 밑동에는 커다란 연판문대를 그렸다. 연판은 직변直邊과 방견方肩을 하고 연판 사이에 일정한 공간이 있어, 매 판이 독립적인 존재로 서로 침범치 않는다. 구륵으로 틀 안에 선을 긋고 외변에 청료를 칠하였는데, 원 청화자기의 전형적인 변형연판문이다. 족부에는 4조의 현문을 그렸는데 시원하고 명쾌하다. 이는 원 청화자기에서 드문 기형으로 현재 이 1점만 존재한다.

연화문 중의 또 하나의 작법으로, 연화와 원앙을 합쳐 그린 소위 '원앙연화문'이 있다. 그 특징은, 연꽃은 물론이고 연엽이나 연봉 모두 색을 다 채우지 않는 점이다. 원앙과 물풀은 몇 개의 필치로 된 물결문과 함께 있어 물에서 움직이는 것 같다. 원앙이 자기의 문양으로 사용된 것은 송대부터 이다. 청화자기에서는 항상 연엽들 속에서 노니는데, 암수가 짝을 이루어 함께 놀며 부부의 사랑을 상징하여 민간에 널리 퍼졌다.

· 청화 원앙연화문 능구반(사진 49) : 반심의 주문양은 5조의 만개한 연화이며, 연화 사이는 우뚝하게 솟은 다양한 자태의 연엽으로 채웠는데, 위로 피거나 옆을 바라본 모양으로 만들어 자태가 각각 다르고 별다른 정취가 있다. 그 사이에 여러 송이의 자고茨菰잎이 잡다하게 있는데 미풍 속에서 흔들거리며, 연지 속에서 노니는 한 쌍의 원앙은 서로 둘러보며 쫓아가고 있어 금슬이 매우 좋다. 구연에는 정연하고 획일적인 능형금문대菱形錦文帶를 돌렸다. 반 내벽에는 연화당초 6송이를 그렸는데, 연화 형태가 각기 달라 극히 생기가 있다. 전체 화면은 정중동인데, 화의가 청신하고 매우 생동적이며, 원 청화자기 걸작 중의 하나이다.

이런 소재로 주문양을 만든 것으로, 수도박물관 소장의 '청화원앙연화문병'(사진 50), 대만 홍희미술관 소장의 '청화연화수금문극이병'(사진 15), 영국 에시몰

**사진 49** 청화 원앙연화문 능구반鴛鴦臥蓮文菱口盤,
원, 구경46.5cm

**사진 50** 청화 원앙연화문 병鴛鴦戲水文玉壺春瓶,
원, 고29.0cm

리안박물관 소장의 '청화연당초문고족배'
(사진 36), 터키 토프카프박물관 소장의 '청
화연지수금송죽문대완'과 '청화연지수금문
완'(사진 51) 등이 있다. 그려진 문양은 모
두 사의寫意 수법으로, 원앙이 수중에서 유
희하는 장면을 그려내고 연꽃과 수초로 돋
보이게 하였는데, 연못가의 울타리를 정치
하게 그린 것도 있다. 전체 화면은 안배가
적절하고 생동감과 정취가 있다.

연화문의 또 다른 도안은 속련문束蓮文이
다. 속련은 연화·연봉·연잎을 띠로 묶어 한
다발로 만들어 화면을 조성한 것이다. 북
송 요주요에서 시작되었다. 광동성박물관·
중국역사박물관·수도박물관 소장의 청화
이匜(사진 52)와 청화주자(사진 53)는 주문
양이 모두 속련문이다.

연화문에는 주문양으로 연지만 있고 수
금유희는 없는 도안도 있다. 예로, 1977년
안휘성 안경시安慶市 출토의 '청화연화문규
판반'과 상해박물관소장의 '청화연화문능
구반'이 있다.

중국의 청화자기

**사진 51** 청화 연지수금문 완, 원, 구경29.7cm

**사진 52** 청화 속련문 이束蓮文匜, 원, 구경14cm

**사진 53** 청화 속련문 주자束蓮文梨形壺, 원, 고10.6cm

· **청화 연화문 능구반**(사진 29) : 구부가 8판연화형을 띠며, 내려다보면 만개한 연화이다. 반 둘레는 8개의 연화판 내에 쌍구로 변형연판문을 그리고, 다시 잡보와 구름송이를 채웠다. 반심의 주문양은 연못연화문으로, 4송이의 풍만한 연화가 있는데, 두 송이는 봉오리를 품고 개화를 기다리며, 두 송이는 막 피었다. 각종 자태로 연화와 지엽枝葉이 연못 속에서 건강하게 자라고 있다. 청화는 농염하고 유색은 청백색이다. 전체 화면은 청·백이 분명하여 청신하고 시원한 느낌을 준다. 반 내에만 그림이 있고 반 외는 흰 무문 상태로, 원 청화반 중에 유일무이한 장식을 하고 있다.

③ 국화문 : 장수를 상징하며, 또한 사람의 불요불굴한 기개를 표현하는데 사용된다. 당·송 이래 점차 중국회화나 공예품의 장식예술 중에 비교적 유행하는 소재가 되었다. 국화가 그려지는 것은 대략 오대에 시작되며, 송인이 그린 국화는 비교적 적으며, 원대에 들어 회화 중에 매·난·국·죽의 '사군자' 소재가 출현하기 시작하였다. 원대 청화자기 상의 국화문은, 주문양도 되고 종속문양도 된다. 수도박물관 소장의 '청화출극고'의 복부에 그려진 국화송이(사진 54)와 청화탁잔의 외벽 및 탁연상에 그려진 국당초문(사진 37), 일본 동경 후지富士미술관 소장의 '청화옥호춘병'은 복부의 화창 내에 국화봉문을 그렸다. 일본 야마가타 테키수이고우게이칸山形掬粋巧藝館에 '청화봉황초충문팔각표형병' 1점이 있는데, 역시 복부의 화창 내에 국화봉문을 그렸다. 특히 영국 브리타니아박물관 소장의 고30.5cm의 '청화국당초문옥호춘병'은 별격으로, 구연에서 굽에 이르기까지 전체에 국당초문을 꽉 차게 그렸는데, 국화송이가 매우 크고 화판이 만개하며 줄기와 잎이 무성하여 생기가 충만하고 독특한 화의를 갖고 있다. 이들 국화문은 주문양으로도 하고 종속문양으로도 하는데, 모두 선조를 유창하게 표현하고, 자태가 다채롭고 생기발랄하여 호감이 가게 한다.

원대 국화문은 대부분 국당초문(그림 16)으로 그렸으며, 국화가 만개한 것도 있고 반쯤 핀 것도 있고 아직 꽃봉오리인 것도 있다. 원대 청화자기상의 국화문은, 큰 꽃과 큰 잎으로 그린 것이 많은데, 쌍구로 된 화판에 색을 다 채우지 않고

**그림 16** 국화당초문

**그림 17** 나선형 화심花心

**사진 54** 청화 국화문 출극고菊文出戟觚,
원, 고15.3cm

주변을 희게 남긴 것이 많다. 또 굵은 필치 하나로 구륵으로 그린 꽃송이도 있는데, 전체가 희게 드러나지는 않는다. 화심은 망격網格 모양의 능화형이나, 안에서 밖을 향해 돌아가는 나선문(사진 7, 그림 17)으로 그린 것이 많다. 잎사귀는 표주박형의 5개의 갈퀴잎을 하여, 원 청화 국화문의 특색을 보여 준다. 국화는 단층 화판이 많고 쌍층은 비교적 적게 보인다. 특히 거론할 만한 것은, 민간에서 사용한 원 청화자기에 그린 국화문으로, 간단한 사의 화훼로 화면이 간소하고 선조가 유창하여 마치 쾌속으로 그린 것 같고 매우 생기가 넘친다. 동남아에 수출한 작은 기명 같은 것들이, 바로 간필의 국화문 위주로 되어 있다.

④ 송죽매문 : 송죽매는 중화 민족이 숭배하는 3종의 식물이다. 소나무는 "의지가 강건하고, 불요불굴하다"는 품격이 있고, 대나무는 "허심虛心이 향상하고, 풍도風度가 소쇄하다"하여 인격이 높고 절개가 곧음을 가리킨다. 매화는 "빙기옥골冰肌玉骨(살결이 맑고 깨끗한 미인의 비유)에, 홀로 천하에 봄이다"하여 봄과 다

투지 않는 고귀한 개성이 있다. 3자를 결합하여, 사람들은 '세한삼우'라고 찬양한다. 원조元朝에서 몽고인 통치하의 한인들은 자신의 정절을 표시하기 위해, 송죽매로 자신의 정조를 많이 표현하였다. 그 최초의 것이 원대 청화자기의 그림 속에서 출현하였다. 원 청화자기에 그려진 송죽매의 특징은 다음과 같다.

▶ 소나무는 굳센 줄기와 구불한 가지로 표현하는데, 소나무는 굽어 있고, 중묵으로 소나무의 윤곽을 그리고, 가운데는 희게 비워두며, 솔가지는 솔잎들이 원형圓形을 띠면서 모여 있는 형태로 표현되었다. 어떤 솔가지의 솔잎들은 부채 모양으로 그려지기도 한다. 소나무 줄기의 곁줄기는 약간 휘어지게 누른 것이 많다.

▶ 대나무는 영준하고 견고하게 표현하는데, 잎들이 뻗어 있어 죽엽은 꺾임이 없고, 측면은 끝이 뻗어 있으며, 5옆이 1조를 이루고 죽간은 미미하게 굽어 있다.

▶ 매화는 횡으로 비스듬히 성글고 마르게 표현하였는데, 매화 줄기가 휘고 많이 꺾어져 '女' 자형을 이루며, 줄기에는 반드시 가시나무의 가시 같은 짧은 가지가 보인다. 매화는 핀 것도 있고 다물고 있는 것도 있으며, 만개한 것은 5개의 원권을 띤다. 화판은 먼저 윤곽을 그린 다음 색을 채웠는데, 종종 색을 다 채우지 않고 주변을 공백으로 남겨두어 입체감을 강화하는데 이용한다.

북경 고궁박물원 소장의 '청화송죽매문쌍이삼족로'(사진 55), 수도박물관 소장의 '청화송죽매문능구반'(사진 30), 강서성 고안高安의 원대 저장혈에서 출토한 '청화고족배', 강서성 파양현波陽縣 출토의 '쌍이병', 요녕성박물관 소장의 '청화팔각호', 강서성 파양현 출토의 청화호(사진 9) 등은, 모두 주문양이 송죽매문이다. 그려진 청송은 번다한 가지들이 무성하고, 취죽翠竹은 태도가 소쇄하며, 매화는 활짝 피어 난만하다. 그림은 고아하면서 힘이 있으며 자연스레 분방하다.

⑤ 월매문月梅文 : 월매문은 원대 자기의 독특한 문양으로, '월영매月影梅'라고도 한다. 일반적으로 매화 한 가지와 초승달 하나를 그린 것으로, 매우 간결하고 질박하다. 화법은 간결한 필치로 초승달을 그리고, 달의 한쪽 측면이나 아래에 매화 한 줄기를 두는데, 몇 개의 필치로 입신의 경지에 들었다. 원 청화자기의 월매

**사진 55** 청화 송죽매문 쌍이삼족로, 원, 전고31.4cm

**사진 56** 청화 참외포도죽문 능구반瓜竹葡萄文菱口盤, 원, 구경45cm

문은 비교적 많이 보이며, 강소성 진강시박물관과 하북성박물관 소장의 월매문 고족배(사진 34, 35), 광동성박물관에 소장된 높이 15cm의 '청화월매문산두병' (사진 17) 등이 있다.

　청화자기의 주문양으로 하는 식물문은 상술한 것 외에, 대나무(죽석)·포도·참 외·동백 등의 화과문花果文이 있다. 상해박물관 소장의 '청화참외포도죽문능구 반'(사진 56)은, 반심에 파초·포도·죽석·참외 등을 가득 펼쳤는데, 파초잎은 흰색 의 경맥이 뚜렷하고 줄기 양 옆에 청료로 칠하였으며 농담이 있어 매우 사실감 이 강하다. 타원형의 넝쿨달린 참외와 줄줄이 달린 포도는, 풍성한 전원풍경을 방불하게 그려내었다. 대만 홍희미술관 소장의 '청화죽석화과문능구대반'(사진 27)은, 반심에 죽석과 화과를 그렸는데, 3뿌리의 우뚝 솟아 약간 굽은 대나무에 무성한 죽엽이 달렸으며, 죽엽은 뾰족하고 장단이 서로 다르다. 태호석과 대나 무 주위에 여러 넝쿨달린 참외·연꽃·나팔꽃 등을 가득 그렸다. 이는 원 청화대반 의 전형적인 작품이다.

## (2) 동물문

① 용문 : 용은 상고시대 씨족의 토템으로 중화 민족이 조상신으로 받들어 존 숭하였다. 때문에 기물상에 흔히 용이 장식되었으며, 후에 와서 봉건제왕의 권 위의 상징이 되었다. 전설에 용은 비늘달린 고기의 수장이고, 4신령 중의 하나 로, 능히 하늘을 오르고 깊은 못에 들어가며 구름을 불러 비를 내린다고 한다. 그 래서 항상 상서로운 구름과 파도와 함께 운룡문이나 용도문을 조성하여, 기후가 순조롭고 천하가 태평함을 상징한다.

선진先秦 이전에는, 용은 파충류 동물과 같아서 사지와 발가락이 없었다. 진·한 시기에, 용은 비록 사지와 발가락이 있지만 비늘갑옷은 없어, 형태가 짐승모양 을 한다. 송·원 이후 점차 정형화되었다.

고도자기 중에, 일찍이 육조시기의 청자에 이미 양각의 용문대호가 출현하 며, 수·당시기의 용병봉두호龍柄鳳頭壺와 쌍룡준 모두가 유명하다. 송대 용문장식 의 기물은, 어느 것이나 모두 궁정전용으로 바쳐졌을 뿐이다. 원 청화자기의 용 문장식도 매우 특색이 있는데, 청화해수백룡·청화운룡·청화독룡 및 양각용·인화 용 등이 있다. 전국시대에서 당에 까지, 자기의 용문은 퇴첩을 사용한 것이 많으 며, 손으로 빚거나 틀로 찍어 입체형의 용을 만들어, 기물의 주구·손잡이·목·어깨 등의 부위에 장식하였다. 당 이후, 각획·인화·회화 등의 수법을 사용하기 시작하 여, 용의 평면 문양인 용문을 만들어서 기물의 주요 부위를 장식하였다. 송 이전 의 용은 짐승형으로 만들어, 몸과 꼬리의 경계가 분명하고, 용머리에 뿔은 있으 나 두 가닥의 수염은 없으며, 용의 발가락은 일반적으로 3개였다. 송 이후, 용을 뱀 모양으로 만들어 몸체가 점차 가늘어 지고, 용머리에 쌍각이 있고 두 가닥 수 염이 처음 나오며, 용 발가락은 3·4·5개로 같지 않으나 3·4개가 많이 보인다.

용문은 원 청화자기에 비교적 많이 보이며, 원 청화자기의 주요한 문양 중의 하나이다. 원 청화자기 용의 특징은, 몸체가 뱀 같이 세장하고 머리는 작고 편장 형扁長形을 띠며, 상하 입술이 비교적 길고, 윗입술은 현저히 크고 뾰족하다. 입

에 긴 혀를 내뻗고, 뿔은 뒤로 뻗치는데 단각
이나 쌍각이며, 녹각 모양이다. 입을 열고 이
빨을 드러내며, 양 눈은 탐닉하듯 살피며, 세
장한 목에 성근 머리카락, 척추가 있으며, 4
다리는 가늘면서 힘이 있고 힘줄이 울퉁불퉁
하고, 발가락은 3개나 4개가 많은데 각기 뻗
으면서 힘이 있으며, 뱀꼬리나 화염형꼬리를
한다. 비늘의 화법은 남지백방격린藍地白方格鱗
(방격형 비늘)과 남지백삼각호변린藍地白三角弧
邊鱗(삼각형 비늘)이 있으며 청화로 전신을 선
염한다. 더불어 항상 긴 꼬리가 있는 버섯형
의 구름송이(그림 18)나 화염형의 긴 꼬리가
있는 구름을 배치하여 운룡문을 만든다. 『원
사元史』에 명확히 기록하기를, 민간에서는 쌍
각이나 5조룡의 사용을 금하고 있어, 때문에
원 청화 중에 5조룡을 그린 기물은 매우 드물
다. 원 청화자기에서 용문(그림 19)을 주문양
으로 하는 기물로, 병·편호·호·완·반·고족배 등
이 있다.

· **청화 운룡문 연엽개호**(사진 57) : 연엽형
의 개면에는 뉴를 중심으로 돌아가는 엽맥문
을 그리고, 4면으로 나누어 쏘가리·게·잉어·메
기를 그렸는데, 조형이 독특하고 화면이 생동
활발하다. 목에는 구슬문대가 돌아가고, 어깨
에는 모란당초문이, 복부에는 주문양으로 쌍

**그림 18** 마고장미운문蘑菇長尾雲文

**그림 19** 원대 용문

**사진 57** 청화 운룡문 연엽개호雲龍文荷葉蓋罐,
원, 전고36cm

**사진 58** 청화 운룡문 세구병雲龍文洗口瓶,
원, 고44.5cm

룡문을 베풀었다. 용은 목이 가늘고 꼬리가 공모양이며, 방격형의 비늘에, 수염은 짧고 횃불모양이다. 뾰족한 입술은 위로 처들고 입을 벌려 이빨을 드러내고 혀를 내밀며, 다리와 발가락은 굳세고 힘이 있다. 밑동에는 변형연판문을 돌렸다. 청료의 발색은 청취색靑翠色이며, 약간 흐릿함이 있고, 청료가 짙은 곳은 어두운 반점이 凹하게 들어간 것이 분명하게 보인다.

· **청화 운룡문 세구병**(사진 58) : 병의 통체에 해수용문이 그려졌다. 해수는 물결이 용솟음쳐 오르고 파도 머리는 높게 말려 있으며, 4조룡은 구름 속에서 춤추며 날고 있는데, 기세가 드높다. 용의 목은 가늘고 몸체가 길며, 비늘은 삼각호변을 이룬다. 편두에 미골이 높고, 두 눈은 둥글게 뜨고 전방을 직시하며, 윗입술은 넓고 커서 위로 말리고, 아래 입술은 아래로 약간 굽어 있다. 혀를 내밀고, 쌍각에, 넓은 척추가 있고, 발가락은 4개고, 4다리는 가늘고 굳세며 강경하여 힘이 넘친다. 어깨에는 모란당초문대와 잡보문대를 그렸다.

원 청화자기의 용문도안은 운룡·행룡行龍·해수룡·용봉·단룡團龍(둥글게 튼 용) 등 다양한 형식이 있다. 그중 운룡이 가장 많이 보이며 단룡은 비교적 드물다. 1976년 하북성 위

82

장현圖場縣 원묘 출토의 청화대반(사진 59)과 1970년 북경 구고루대가의 원대 저장혈에서 출토한 청화반과 완(사진 32) 등은, 모두 건강하고 힘찬 단룡을 그려 장식하였는데 매우 진귀하다.

② 봉황문鳳凰文 : 중국 고대 신화 속의 사신방은, 청룡·백호·주작·현무인데, 봉은 주작이 변화하여 된 것이다. 예로부터 봉황은 서조로, 백조의 왕으로 존숭 받았다. 봉문은 원 청화자기에 상용된 문양의 하나이다. 송대에 봉은 암수로 나누어지기 시작하여, 수컷은 '봉', 암컷은 '황'이라 하였다. 봉과 황의 구별은 봉 머리의 관형물冠形物의 유무에 있고, 봉의 꼬리가 황보다 현란하다. 당·송 시기의 자기상에, 봉문은 대부분 장족長足(긴 다리)·사두蛇頭(뱀머리)·조취鳥嘴(새부리)·거미巨尾(큰 꼬리)로 그려졌다. 자기상에 모란문이 출현한 후에, 종종 봉천모란鳳穿牡丹(봉이 모란꽃들 사이를 뚫고 난다. 모란봉문牡丹鳳文) 혹은 봉함모란鳳銜牡丹(봉이 모란을 입에 물다) 등으로 화면을 구성하였다. 송대 자주요·요주요·정요 등 허다한 자요들이, 모두 화畵·획·각·인·소塑 등의 다양한 기법으로 봉문을 자기상에 표현하였으며, 가장 상견되는 것은 봉천화문鳳穿花文(혹은 화중봉문花中鳳文이라고도 함) 도안이다.

원 청화자기의 봉문은, 일반적으로 닭 머리에 매 부리로 그리고, 몸에는 가는 물고기 비늘이 있고, 부리의 상부가 하부보다 길다. 꼬리는 화미花尾가 많은데, 꼬리 가닥이 1개에서 5개 까지 다양하다. 각 꼬리는 우모羽毛나 굵은 선 모양을 하며, 꼬리 끝이 약간 안으로 말리고 봉 눈동자는 원형으로 그리거나 그리지 않는다. 청화자기 상의 봉문은, 봉국문 혹은 봉천모란문(모란봉문)으로 그려진 것도 있으며, 용과 기린이 함께 그려진 것도 있다. 일룡일봉으로 된 용봉문은, '용봉정상龍鳳呈祥(용봉이 상서로움을 띤다)'의 의미가 있다.

**사진 59** 청화 용문반, 원, 구경35cm

제3장 원대 청화자기

· 청화 봉황초충문 팔각표형병(사진 60) : 병의 상부에는 모란봉문이 그려졌는데, 봉이 머리를 돌려 날개를 펴고 비상한다. 봉의 앵무머리는 성근 머리카락에 목이 가늘고, 몸에는 방격형 비늘을 장식하고 한 가닥의 구불구불한 화미가 있으며, 자태가 우아하고 멋스럽다. 하부는 한 쌍의 봉황이 국화 사이에서 나는 모습을 그렸는데, 봉은 하부에서 위로 향하고 황은 상부에서 아래로 마주하여, 날개를 펴고 나는 모습을 하며, 봉미는 두 가닥으로 안으로 말리고 황미는 4 가닥의 화미이다. 자연스럽고 활발하게 서로 희롱하며 화목하고 금슬이 좋다. 상하의 빈 곳에는 4층의 변형연판문대를 베풀었는데, 연판 내를 잡보나 화훼로 채웠다. 연판은 크기가 일정치 않다. 기물 전체의 문양은 번다하게 밀집되어 있으나, 층차가 분명하고, 화려하고 아름다우며, 색택이 명쾌하여, 원 청화 중의 보기 드문 가품이다.

1973년 하북성 정흥현定興縣 원대 저장혈에서 출토한 고9.5cm의 고족배는, 외벽에 두 마리 비봉을 그렸는데, 간결하고 시원하다. 일본 마쯔오까松岡미술관 소장의 '청화쌍봉문능구반'은, 반심에 두 마리 봉이 국화 사이에서 나는 모습을 그렸는데, 몸체가 서 있는 자세로 한 마리는 위로 날고 한 마리는 아래로 난다. 날개를 편 모습과 비늘문은 비교적 복잡하게 그렸지만, 머리와 목과 긴 쌍 꼬리는, 모두 매우 간단명쾌하게 그렸다. 날개를 펴고 비상하는 입체감이 풍부한데, 이런 화법은 많이 보이지 않는다. 그 바깥으로 잡보문대·모란당초문대·당초문대가 돌아가 있다. 정미한 예술품이라 칭할 만하다(사진 61). 터키 토프카프박

**사진 60** 청화 봉황초충문 팔각표형병鳳凰草蟲文八棱葫蘆甁, 원, 고58.1cm

물관 소장의 '청화비봉화초문반'(사진 28)은, 무성한 꽃들 사이에서 비상하는 단봉單鳳을 베풀었는데, 꼬리부분에 나뭇잎이 달려 휘날리는 화미를 하고 있어, 비교적 특수하다.

1980년 강서성 고안의 원대 저장혈에서 출토한 '청화용봉문유개매병'(사진 62)은, 복부에 운룡문을 주문양으로 하여 그렸고, 어깨에는 모란봉문을 그렸는데, 화법이 모두 원 청화자기의 용·봉의 전형적인 화법이다. 특히 복부의 주문양대의 위와 아래를 크게 공백으로 남긴 작법은, 과거에 많이 보지 못한 것이다.

③ 기린문 : 기린은 전설 중의 사슴과 비슷한 동물로, 온순선량하고 상서로운 짐승이다. 그 특징은 사슴머리에 독각이 있고, 말 꼬리에, 소 발굽을 한다. 기린문은 전국시기에 이미 출현하였으며, 원 청화자기의 기린문이 가장 돋보인다. 터키 토프카프박물관 소장의 기린문대반은, 구경이 46.5cm인데, 반심과 상부는 나팔꽃을 그리고 반신 좌하방에는 연잎 줄기의 수박을 그렸으며 우면은 석죽화초를, 반 중앙의 잘 보이는 위치에는 내달리는 기린을 그렸다. 반 전체가 동식물이 교직하여 이루어졌으며, 극히 생생하다.

**사진 61** 청화 쌍봉잡보문 능구반雙鳳琛寶文菱口盤, 원, 구경47cm

**사진 62** 청화 용봉문 유개매병龍鳳文帶蓋梅瓶, 원, 전고48.5cm

제3장 원대 청화자기

기린문을 주제로 하는 청화자기는, 북경고궁박물원 소장의 '청화기린상봉문翔鳳文대반'과『원대자기』란 책에 수록된 '청화기린봉황문옥호춘병'과 '청화기린모란문매병'(사진 44) 등이 있다.

④ 어조문魚藻文 : 도자상의 어문 형상은 신석기시대 앙소문화 채도에 이미 출현하였다. 당·송시기에 이르러, 자기상에 자주 어문을 장식문양으로 삼았는데, 사실적인 것이 많고 형상이 생동활발하다. 원 청화자기에 그려진 어문은 진실로 생동하면서, 길상의 뜻을 부여한다. 대다수 연엽·연봉·수초와 함께 한다. 수초(혹은 수조水藻)는 뿌리가 가늘고 잎이 크며, 배열이 질서정연하다.

· 청화 어조문 반(사진 63) : 반 내저의 상하 양측에 각기 한 묶음의 무성하게 떠서 움직이는 수초와 부평초를 그렸는데, 수초와 부평초 사이에 한 마리 살찐 몸으로 유동하는 큰 물고기가 있다. 입은 약간 튀어나오고, 아래 입술이 위 입술보다 길며, 둥근 눈에, 지느러미를 약간 펼치고 등에는 넓은 지느러미가 있으며, 꼬리는 둥글다. 고기의 몸체는 청료로 칠하였고, 아래 배 부분은 희게 드러내었는데, 활발하고 건강하며 소담스럽다.

이외에 반 내에 쌍어가 그려진 것도 있다. 일본 마쯔오까미술관 소장의 '청화어조문절연반'은, 반심에 두 마리 평행하게 노니는 물고기를 그렸다. 호남성박물관 소장의 '청화쌍어련문반'(사진 64)은, 반심에 역시 두 마리의 수초 중에 노니는 물고기를 그렸는데, 서로 반대 방향으로 가는 모습으로 그려져 있다.

원 청화어조문대호에, 4마리 유어를 그린 것이 많은데, 일반적으로 잉어·메기·쏘가리·붕어가 연꽃·수초와 함께 도안을 이룬다. 어문은 물론이고, 보조하는 연화·연

**사진 63** 청화 어조문 반魚藻文折沿盤, 원, 구경39.2cm

엽·수초도 모두 세심하게 공을 들여, 살아있듯이 생생하고 의취가 넘쳐난다. 일본 오사카시 동양도자미술관, 북경고궁박물원, 일본 이데미쯔미술관 소장의 '청화연지어조문호'(사진 65) 등은, 모두 이런 문양의 정품들이다.

**사진 64** 청화 쌍어련문 반雙魚蓮文切沿盤, 원, 구경45cm

원 청화자기의 동물문은 상술한 것 외에도, 여러 가지가 있다.

⑤ 사자문 : 사자희구문獅子戱球文으로 그린 것이 많다. 하북성박물관 소장의 '청화사자문팔각병'(사진 14)도, 정원의 사자를 소재로 한 것이다. 홍콩 서씨예술관 소장의 '청화정원사자문반'(사진 66) 등도 있다.

⑥ 공작문 : 공작천모란문孔雀穿牡丹文(모란공작문)으로 만든 것은, 꼬리를 끌면서 머리를 돌려 일어서서 날개를

**사진 65** 청화 연지어조문 호蓮池魚藻文罐, 원, 고27.8cm

활짝 펴려고 하는 모습을 하는데, 영국 대영박물관 소장의 '청화공작모란문호'(사진 67)가 있다. 또 봉황이 날개를 펴고 모란화 속에서 비상하는 모습으로 한 것도 있는데, '청화화중공작문사이편호'(사진 23)와 일본 마쯔오까미술관 소장의 '청화모란공작문사이편호' 및 청화화중공작문병(사진 68)이 있다.

⑦ 꿩문 : 터키 토프카프박물관 소장의 '청화남지백화꿩모란문능구반' 등이 있다.

⑧ 옥토문 : 이 문양은 드물게 보는 것으로, 현재 안휘성 청양현靑陽縣 문물관리소에 소장된 '청화토끼문대좌병'(사진 6)이 있다.

이외 사슴문·해마·금조초충문禽鳥草蟲文 등이 있으나 잘 보이지 않는다.

제3장 원대 청화자기

사진 66 청화 정원사자문 반盤院獅子文盤, 원, 구경46.5cm　　사진 67 청화 공작모란문 호孔雀牡丹文罐, 원, 고30.5cm

## (3) 인물문

　　원 청화자기의 문양은, 식물과 동물을 소재로 한 것 외에, 또한 인물고사를 소재로 한 것이 있는데, 선도仙道고사·애정고사·유명한 역사고사 등을 포괄한다. 사회적 주체가 되는 '인간'은, 바로 인류 스스로가 가장 익숙하고 가장 상견하는 사물로, 역대 예술품상에 그려진 것도 가장 많다. 일찍이 신석기시대의 채도 중에 사람 형상을 장식한 것도 적지 않다. 예컨대 유명한 반파半坡의 인면어문 장식의 '채도분' 등이 있다. 자기상에 인물장식 소재가 출현하는 것은, 지금 최초로 보는 것은, 남경시박물관 소장의 삼국 오吳 시기의 '청유채회지절우인쌍이유개반구호青釉彩繪持節羽人雙耳有蓋盤口壺'일 것이다. 약간 뒤의 것으로 장사시 문물공작대 소장의 당대 장사요의 '칠현인물호七賢人物壺'가 있다. 송대에 이르러, 남북 자요 중에, 그리거나 각획, 모인한 각종의 영희도嬰戲圖(아이들이 노는 그림)가 매우 성행하여 새로운 풍조를 이룬다.

　　원 청화자기의 인물 소재의 작품은 비록 기타 문양의 것보다 적고, 현재 불완전한 통계로 국내외에 단지 10여 점이 있지만, 모두 매우 높은 예술적 가치를 지

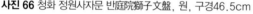

니고 있다. 그의 출현은 원대 희곡 소설과 판화의 발달과 밀접한 연관이 있다. 특히 역사고사 소재의 것이 더욱 성행하였는데, 다른 시대와는 아예 비교가 안 된다. 원대 경덕진의 도공들은, 희곡과 관련된 장면을 청화자기 상에 그림으로 그렸는데, 상당히 의취가 있으며, 이로써 하나의 새로운 예술경지가 출현하였다. 남경박물관 소장의 초·한 상쟁시에 소하蕭何가 월하月下에 한신韓信을 쫓아가는 고사를 소재로 한 매병과, 호남성 박물관 소장의 진나라 대장군 몽념蒙恬이 군대를 주관하는 고사를 소재로 한 옥호춘병 및 미국 보스톤미술관의 유비劉備의 삼고초려를 소재로 한 매병, 당조의 대장군인 위지공尉遲恭이 단편單鞭으로 주군을 구한다는 고사를 소재로 한 대호, 민간전설의 팔선의 하나인 여동빈呂洞賓의 고사를 소재로 한 옥호춘병 등이 있다.

원 청화자기에 인물을 소재로 한 것에 고사도高士圖가 있는데, 무한시武漢市 문물총국 소장의 '사애도四愛圖매병'과 강서성 상요시上饒市 출토의 '주돈이周敦頤애련도옥호춘병' 등이 있다. 또 정원사녀도가 있는데, 1992년 일본의『중국명도전中國名陶展』중에 수록된 '청화정원사녀도호'(사진 69)가 그 예이다. 또 다른 원 청화자기의 인물 소재로, 영

**사진 68** 청화 화중공작문 병孔雀穿花文玉壺春瓶, 원, 고29.5cm

**사진 69** 청화 정원사녀도 호庭院仕女圖罐, 원, 고27.5cm

희도 같은 소재의 것이 출현하였다.

상술한 인물소재의 도안은, 모두 진·한에서 수·당 시기에 이르는 유명한 역사 인물고사와 문학작품 및 도교의 팔선인물 등이다. 이런 도안은 비록 정신과 형체를 겸비하지만, 종내는 다소 희극화하고 도식화하여, 살아 움직이는 느낌이 다소 적어졌다. 원 청화자기의 인물은 곧추선 붓으로 위아래로 선염하여 착색하는데, 농필로 윤곽선을 한 내부를 옅은 색으로 칠하거나 의문衣文을 희게 남겨둔다.

· **청화 소하월하추한신도 매병**(사진 70) : 병은 입이 작고, 어깨와 복부는 둥글며 복부 아래는 졸아들고 평저이다. 복부에 주문양으로 한대의 고사인 '소하월하추한신(소하가 월하에 한신을 쫓다)'을 그렸는데, 함께 매화·대나무·소나무·파초·산석을 보조문양으로 그려 인물고사를 받쳐준다. 소하는 머리에 각이 뻗친 두건을 쓰고 마음이 화급하여 기마에 채찍을 휘두르며, 말은 네 발굽으로 질주하여 한신을 뒤쫓고 있는데, 한신은 강기슭에서 주저하고 있다. 정경이 자연에 핍진하고, 인물은 표정이 생동하며, 경물은 적절히 포치되어, 당시 장인의 높은 회화적 기예를 보여준다. 어깨에는 변형연판문대와 모란절지문대를 그렸는데, 연판 안은 잡보로 채웠다. 밑동에는 당초문대와 변형연판문대를 베풀었다. 전체 기면을 5층으로 장식하였는데, 층수가 많아도 혼란하지 않고 화면의 주종이 분명하고 혼연일체를 이루며 자질구레하고 쓸데없는 감이 없다. 청화발색은 짙푸르게 짙은 색이고, 아름다움이 감동적이다. 전체 조형이 단정하고 신중하며, 태질은 새하얗고 치밀하다. 성형·회화·시유·번조 등 모든 방면에서 이미 매우 높은 경지에 도달하였다.

· **청화 몽념장군도 병**(사진 71) : 병은 나팔구에 목이 길고 가늘며, 복부는 둥글고 굽은 외반한다. 복부에 5인을 그렸는데, 깃발 아래 똑바로 앉은 인물이 진秦의 대장군 몽념蒙恬이고, 그의 뒤에 칼을 허리에 찬 졸병이 양 손으로 깃발을 쳐들고 서 있는데, 기에는 '몽념장군'의 4자가 써져 있고 바람에 휘날린다. 몽념 장군 전방에 활을 가진 무사가, 왼손으로 뒤를 향해 장군을 향해 땅에 부복한 문관

을 가리킨다. 화면은 생동감 있게 묘사되어, 사람들의 자태가 살아있듯이 생생한 것이 한 폭의 빼어난 예술작품이다. 병의 구연 안에 9송이의 여의운문을 그리고, 굽 외면에 당초문대를 그렸다. 전체 화면은 주종이 분명하고 선조가 유창하다. 이 병은 장식화법면에서 다른 몇 점의 인물고사기명과 다르다. 즉, 몇 점의 인물고사가 있는 호나 병은, 복부에만 주문양인 인물고사도를 그리고, 목과 어깨, 굽에는 원 청화자기의 전통적인 장식문양인 해도문·변형연판문·모란문 등을 종속문양으로 그렸다. 그러나 이 병의 문양장식은, 구연에서부터 그대로 저부까지 그림을 그리고, 기타 문양을 부가하지 않았다. 이는 원 청화자기 중 드문 경우이다. 화면에 문자로 그림명을 쓴 것도 이 한 점뿐이다.

**사진 70** 청화 소하월하추한신도 매병蕭何月下追韓信圖 梅瓶, 원, 고44.1cm

· **청화 사애도 매병**(사진 72) : 복부에 주문양으로, 4개의 능형 화창 안에 '왕희지 애란王羲之愛蘭(왕희지의 애란)'·'주무숙애련 周茂叔愛蓮(주돈이의 애련)'·'맹호연애매孟浩然 愛梅(맹호연의 애매)'·'임화정애학林和靖愛鶴 (임포의 애학)'의 4애도를 그렸다. 화창 사이에는 상하 대칭의 여의 모양의 당초문을 그렸으며, 인물 형상이 생동하고, 짙은 생활정취를 갖고 있다. 어깨에는 위에 당초문

**사진 71** 청화 몽염장군도 병蒙恬將軍圖玉壺春瓶, 원, 고20cm

제3장 원대 청화자기

을, 아래에는 금지전문錦地錢文을, 중간에는 모란봉문을 그렸다. 봉머리는 목이 구불하게 앞으로 뻗고, 꼬리는 두 가닥의 오색테이프 같이 뒤로 휘날리며, 날개는 펴서 꽃 사이에서 춤추며 날아가는 모습을 한다. 밑동에는 변형연판문대를 그리고, 당초문대로 복부와 격리시켰다. 전체 장식 회화는 정채하고 도안이 독특하며, 국내외 원 청화자기 중 드물게 보는 가품이다. 중국의 청화자기의 기술이 원대에 이미 상당히 높은 수준에 도달했음을 보여 준다.

비교적 대표성을 갖는 청화인물문 기물로 꼽을 수 있는 것으로, 일본 이데미쯔미술관 소장의 '청화왕소군출색도호'(사진 73), '청화주아부둔군세류영도호'(사진 74), 미국 보스톤미술관 소장의 '청화위지공단편구주도호'(사진 75)와 '청화삼고모려도호'(사진 76) 및 '청화서상기도호'(사진 77) 등이 있다. 이들 화면을

**사진 72** 청화 사애도 매병四愛圖梅瓶, 원, 고37.8cm

전개하면, 매 장면이 한 통의 두루마리와 흡사하여, 그 내용을 쫓아가기 바쁘게 한다. 화면은 모두 인물을 중심으로 하고, 산석파초山石芭蕉·송죽매란·대편운大片雲을 곳곳에 이용하여, 한 폭마다 매우 아름다운 화권畵卷을 이룬다.

원 청화자기 중, 시문으로 장식소재로 삼은 것이 극히 드물게 보인다. 강서성 고안의 원대 저장혈에서 출토한 '청화국당초시문고족배'(사진 78) 1점만 있는데, 배 안에 초서로 "인생백년장재취人生百年長在醉, 산래삼만육천장算來三萬六千場"이라 썼다. 필치가 호쾌하고 유창하여, 장식소재로 할 만하며, 기물의 용도도 가리켜준다. 원대 청화자기 중 얻기 힘든 가품이다.

중국의 청화자기

**사진 73** 청화 왕소군출색도 호王昭君出塞圖罐,
원, 고28.4cm

**사진 74** 청화 주아부둔군세류영도 호周亞夫屯軍細柳營徒罐,
원, 고27.7cm

**사진 75** 청화 위지공단편구주도 호尉遲恭單鞭救主圖罐,
원, 고27.8cm

**사진 76** 청화 삼고모려도 호三顧茅廬圖罐, 원, 고27.6cm

**사진 77** 청화 서상기도 호西廂記圖罐, 원, 고28cm

**사진 78** 청화 국당초시문 고족초菊纏枝菊試文高足碗,
원, 고9.8cm

## 2. 종속(보조) 문양

① 연판문(그림 20) : 원 청화자기에서 자주 사용된 종속문양의 하나이다. 호·병·고瓠·완·이匜의 목·어깨·밑동 및 반의 외벽에 많이 그려졌다. 청화능구대반(사진 79)은, 반심에 한 줄의 위가 넓고 밑이 좁은 연판문대를 베풀었는데, 내부는 잡보로 채웠다. 또 봉국문鳳菊文의 능구대반(사진 61)은, 반심에 아래가 터져 있는 납작한 연판문대를 한 줄 그려서 돌렸는데, 내부는 역시 잡보로 채웠다. 연판문의 특징은, 형태가 직변直邊·방견方肩인 것이 많고, 각 판의 사이에 윤곽선을 공유하지 않고 중간에 공백을 남기며, 안쪽 윤곽선은 단구로 그리고 바깥 윤곽선은 폭이 넓고 남료를 칠하였다(개별로 도색하지 않은 것도 있고, 쌍구로 윤곽선을 한 것도 있다). 연판 내부에는 항상 각종의 화훼·잡보·소용돌이문 등을 채웠다. 당·송 시기의 청자나 백자에 베풀어진 연판문과는 형식과 내용이 크게 변화하였기 때문에, "변형연판문", 혹은 "변체연판문"이라고도 부른다.

② 여의운두문(그림 21) : "여의운견문"이라고도 부르며, 원 청화자기의 주요한 종속문양 중의 하나이다. 병·호·편호 등의 어깨에 많이 장식되며, 원·명 양대에 성행하고 청대에는 점차 쇠퇴하였다. 여의운두문 내부를 채운 문양은, 한 종

중국의 청화자기

류는 청화해수문을 바탕으로 그리고 백색의 문양을 노출시킨 것이고(사진 80), 또 하나는 백지에 청화문을 그린 것(사진 81)이다. 전자가 많고 후자는 적게 보인다. 여의운두 안을 화훼·해마·단봉·쌍봉문으로 채웠다.

③ 초엽문蕉葉文(그림 22) : 초엽문은 원 청화자기에 많이 보이는 종속문양 중의 하나이다. 병·호·주자·고 등의 목·어깨·뚜껑 등에 많이 그려졌다. 그것은 청동기의 장식수법을 차용한 것으로, 송의 정요와 용천요에서 이미 이런 문양을 이용해 자기를 장식하였으며, 원·명이 이를 이었다. 초엽문은 파초잎으로 문양대를 조성한 것으로, 초엽은 세장하고 가운데 굵은 줄기는 청료를 채웠고, 윤곽선은 치형齒形으로 넓게 그리며, 가는 엽맥은 위를 향한 사선을 무수히 그어 나타냈다. 초엽은 단층과 쌍층이 있으며 쌍층이 많다. 수도박물관 소장의 '청화고'(사진 54)와 대만 홍희미술관 소장의 '청화연화수금문극이병'(사진 15)의 목 부분에 이런 문양이 장식되어 있다. 극이병과 상이병象耳瓶 등은 모두 목에 쌍층 초엽문을 그렸다. 고와, 홍콩 천민루天民樓 소장의 '청화절지화훼문팔각병'은, 단층 초엽(사진 82)으로, 각 초엽 사이에 일정한 공간이 남아 있다.

④ 해수문(그림 23) : "해도문海濤文"이라고

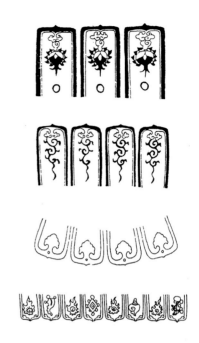

**그림 20** 연판문

**그림 21** 여의운두문如意雲頭文

**사진 79** 청화 화훼팔보문 능구반花卉八寶文菱口盤,
원, 구경45.8cm

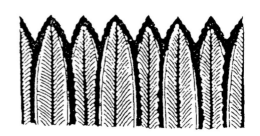

**그림 22** 초엽문蕉葉文

**사진 80** 청화동채 화창문 유개호釉裏紅開光鏤花蓋罐,
원, 전고41.2cm

**그림 23** 해수문

중국의 청화자기

도 부르며, 원 청화자기의 주요 종속문 중의 하나이다. 비교적 굵은 선으로 파도의 외연을 그린 다음, 굵은 선상에 세밀한 곡선으로 파도를 그렸는데, 매우 세밀하고 생동감이 넘친다. 파도의 머리는 크고, 그 사이에 물보라와 소용돌이가 있어 파도가 용솟음치는 듯하다. 물보라는 머리와 꼬리가 있는 벌레 같은 것이 물 위에 떠 있는 것 같으며, 청화색이 짙은데, 와선문을 띤 것도 있고 고기비늘 모양을 한 것도 있다. 파도는 한 굽이는 좌로 한 굽이는 우로 한 것이 많고, 물보라는 첨세하고, 강아薑芽(생강싹) 같다 하여, "해수강아"라고도 부른다.

**사진 81** 청화 쌍봉초충문 팔각매병雙鳳草蟲文八棱梅瓶, 원, 고44.5cm

⑤ 팔보문 : '잡보'라고도 부르며, 원 청화자기의 중요한 종속문 중의 하나이다. 어깨와 밑동의 변형연판문 내부를 장식한 것이 많으며, 대반의 내저의 변형연판문에 잡보문을 장식한 것도 있다. 팔보문은 쌍각雙角·은정銀錠·서각犀角·화주火珠·화염火焰·산호珊瑚·법라法螺·화륜火輪·쌍전雙錢을 말한다. 그러나 고정된 격식이 없으며, 중복 출현하기도 하여, '잡보'라 부르기도 한다.

⑥ 권초문卷草文(당초문)(그림 24) : '권지문卷枝文'이라고도 부르며, 당대唐代에 매우 성행하였다. 권초문은 부드러운 반파단선半波斷線과 절원切圓을 조합한 것이다.

⑦ 금문錦文 : 원 청화자기의 종속문양 중의 하나로, 일반적으로 병·호·반·완 등의 구연이나 어깨를 장식하였다. 각종 기하학 도형을 연속으로 구성한 것

**사진 82** 청화 절지화훼문 팔각병折枝花卉文八棱玉壺春瓶, 원, 고26.1cm

**그림 24** 권초문卷草文

**그림 25** 회문回文

으로, 능형금문·구갑문·운문·십자금문·卍자문, 수구금繡球錦(비단공)·고전금古錢錦(옛 동전) 등이 있다.

⑧ 회문回文(그림 25) : 최초로 상·주의 청동기에 출현하였다. 회문은 일찍이 원시청자의 주요 장식문양 이었으며, 송 이후 자기의 종속문양으로 많이 사용하고, 원이 그를 이었다. 회문은 짧은 가로세로선을 에워싸서 '回'자형을 한 것으로, 그 구성단위가 원대에는 방형을 띠는데, 정반正反으로 서로 이어져 한 쌍의 단위가 되어, 이것이 연속하여 끊어지지 않는 띠를 이룬다. 원 청화자기에 비교적 많이 보이는 종속문양의 하나이다.

## 제6절 원 청화자기의 관지款識

관지는 도자기에 각刻·획劃·인印·서書 등으로 기물의 연대·용도·장인이나 수장자의 이름 등을 표시하는데 사용된 표지를 가리키는 것이다. 또한 길상을 기구하는 길어吉語 등도 있다. 관지는 때로 '명문'이라 부르기도 한다. 자기는 일찍이 후한시기에 청자에 획각관지가 출현하였다. 명·청 양조에 이르러, 자기의 관지가 하나의 풍조를 이루었다. 그러나 원 청화자기에 관지가 있는 것은 극히 드물다. 현재 도록에서 보이는 것으로는 아래와 같다.

· "대원지원무인유월임인길치大元至元戊寅六月壬寅吉置" 명이 있는 '청화유리홍탑식유개호'와 "후지원무인오월後至元戊寅五月"명이 있는 '청화동채(유리홍)누각곡

창'이 있다. 무인년은 후지원 4년, 즉 1338년이다.

· 청화로 쓴 "지정칠년치至正七年置"의 5자 해서관지가 있는 청백유개호가 있다.
지정7년은 1347년이다.

· "무자년戊子年 □ □"명이 있는 '청화당초영지문호'가 있다. 무자는 지정 8년,
1348년이다.

· 지정11년(1351)명문의 '청화운룡문상이병' 1쌍이 있다.

강서성 평향시萍鄕市박물관 소장의 원 '청화쌍봉문고족배'는, 배의 내심에 청화
로 "복福"자를 써 놓았다. 이런 길어명은 원에서 그대로 명·청까지 이어지며, 민
요청화자기 중에 크게 보편화된다.

엽패란葉佩蘭 여사가 쓴 『원대자기』에서 기술하기를, 1996년 홍콩 경매에 나온
원 청화모란문호는, 저부 옆면에 음각으로 "주거이월조朱詎二月造" 5자 명문이 있
는데, 드물게 보는 것이라고 하였다. 같은 책에서, 이란 아부데빌신궁 소장의 원
청화자기의 저부에 아랍문자로 표기한 것이 남아 있는데, 그 내용은 이란 압바
사 왕이 헌사를 한 내용이며, 압바사 왕의 이름을 쓴 것도 있다고 한다. 헌사의
대체적인 의미는, "압바사 만성지군萬聖之君의 노복이, 아랍국왕의 신묘神廟에 이
를 헌증함"이다. 압바사왕이 16세기후반에 이란을 통치할 때 사파웨이 신묘(아
르데빌 신묘)를 중건하면서 정미한 중국자기를 신묘에 헌납한 것이 신궁에 소장
된 것이다.

# 제7절 절강성과 운남성의 원 청화자기

원대에는 경덕진에서 생산한 청화자기 외에, 절강성 강산요江山窯와 운남성의 몇 자요에서도 청화자기를 생산하였다. 두 성은 모두 청료를 생산하였는데, 절 강성의 '절료浙料'와, 운남성의 '주명료珠明料' 혹은 '토청료土青料'라 하는 것이다.

절강성에서 청화자기를 번조한 자요는 주로 강산현의 강산요에 세워졌다. 강 산요는 오래된 도자 기지로, 원시사회의 도기와 상·주의 원시자기에서부터 그대 로 현대에 까지 이르고 있다. 송대에 청백자로 이름을 떨쳤으며, 원·명 양대에는 민간용 청화자기를 구웠다. 기본적인 특징은, 태토가 거칠고 태색이 회백색이며, 유색도 다소 거칠어 청회색을 띠고, 시유가 저부까지 미치지 않는 것도 있다. 기 형은 둔중하며 완·반의 일상기명이 많고 문양은 간략하다. 절강성박물관에 소장 된 원말명초의 다호茶壺에는 굴원屈原의 산귀도山鬼圖가 그려졌는데, 고월古越 문화 의 영향을 받은 것이다. 이 박물관에서 소장하는 또 다른 원말명초의 청화자기 인 '어초경독문로漁樵耕讀文爐'는, 청화가 회갈색을 띠며 화필이 간략하고 아취가 있고 조형이 무던하다. 그런데 절강성 용천현 송대의 금사탑기에서 청화편이 출 토하여, 절강성에서 이미 북송시기에 청화자기를 번조하였음을 말해준다. 원말 명초에는 발전시기에 진입하였고, 그대로 민국까지 이어졌다.

운남성에서 원대에 청화자기를 번조한 주요한 곳은, 건수요建水窯·옥계요玉溪 窯·녹풍요祿豊窯이다. 운남지구는 강서성 경덕진 다음으로 청화자기를 생산한 곳 이다. 조형과 문양장식의 시대적 특징의 연구에 따르면, 운남지구의 청화자기는 원대 후기에 시작되어 명대 중기에 끝나, 약 백여 년의 역사를 갖고 있다.

원대 운남지구의 청화자기의 제자기술은, 지금의 사천성 남부의 회리 녹강요 會利鹿廣窯로 부터 전입된 것이다. 회리지구는 한당漢唐 시기부터 줄곧 남조국南詔國 과 대리국大理國의 영지였으며 원대에도 운남지구에 속하였지만, 근대에 와서 금 사강金沙江을 경계로, 금사강 이북의 회리가 사천성 경내로 편입되었다.

회리 녹광요는 원대 후기에 청화자기를 생산하기 시작하였는데, 사용한 청화 코발트료의 발색은 흑색을 띤 남색이며, 기형은 완·반·발·접시 위주이다. 태토는 회백색이며, 유색은 투명하고 표면에 바늘 같은 가는 구멍이 많다. 문양 소재는 화훼 위주이고, 용필은 사의적이고 분방하여, 경덕진 원 청화자기의 정교한 화면과는 분명히 다르다. 굽바닥은 노태에 무유이고 하트모양을 하며, 굽은 높고 외반한 것이 많다. 일반적으로 완과 반은 삽권첩소법澁圈疊燒法(환형으로 모래 등을 깔아 받침눈을 하고 겹쳐 굽는 법)을 사용하고, 소량은 점병墊餠을 받쳐 구웠다. 대체로 회리 녹광요에서 번조한 청화자기는 오래지 않아, 이런 기술이 남하하여 운남성 옥계요와 건수요에 전입되었다. 옥계요와 건수요의 초기 제품은 역시 완과 반 등 일용품 위주이다. 원말명초에 이르러, 운남지구 청화자기의 제작은 하나의 정점에 도달하였으며, 이런 기술은 홍하곡紅河谷을 거쳐 월남에 전입되어, 생산에 크게 영향을 주었다.

1950년부터 운남성의 청화자기는 곤명昆明·대리大理·검천劍川·하관下關 등지에서 먼저 발견된 후, 1993년 까지 출토한 원말명초의 청화자기는 400여 점에 달한다. 그중 청화개호의 수량이 가장 많아 약 150여 점인데, 모두 각지의 화장묘에서 골회를 담는데 사용된 것이다. 이외 옥호춘병·표형병·고족배·완·반·호 등이 있다. 대만 봉갑逢甲대학교 유양우劉良佑 선생은 저서『중국역대도자감상』에서, 운남지구 청화자기의 특징에 다음과 같이 논하였다.

첫째, 일반적으로 기물은 사저砂底에 무유이다. 태색은 회황색이고 흙에 모래를 많이 함유하며, 노태된 곳은 황갈색 피부를 보인다. 태 속의 함철량이 측정에 의하면 3%정도이다.

둘째, 대형호는 얕은 바닥에 넓은 굽이거나 평저를 하며, 일반 기물은 윤형굽이거나 와족臥足(굽이 없음)이다.

셋째, 유 속에 석회석 함량이 매우 높아, 약 22% 정도이며, 소성 후의 수축율이 매우 크고 빙열이 일반적이다. 또 함철량이 2% 정도이고, 나트륨과 칼륨의 함량이 매우 낮아, 때문에 유가 청량하지 못하며 청록색을 띠지 않고 황색기를 띤다.

넷째, 청화 코발트료 중, 망간과 철의 비례가 모두 비교적 높으며, 소성된 색택은 남색 중에 자갈색紫褐色을 띤 것이 많다.

다섯째, 성형 수법은, 동 시대의 경덕진 및 용천요와 기본적으로 일치한다. 같은 종류의 기물 중에, 원대 작품은 후중하고 명초 작품은 비교적 얇고 가볍다.

여섯째, 일반적으로 말해, 원대 기물의 문양은 조밀하게 그린 것이 많고, 명대 기물은 비교적 활달하고 사의적으로 그렸다. 원대 문양의 소재는 당초화문·모란·어조·용봉·해파 및 잡보 도안이 많다. 명대 문양은 절지화훼가 가장 특색을 갖고 있다.

· 청화 어문 병(사진 83) : 병은 옥계요 제품이며, 태질이 회백색이고 유색은 청색 속에 황색기를 띤다. 주문양은 평탄하게 칠하는 기법을 사용해, 복부 양면에 두 마리 대칭되는 물고기를 그렸으며 필법은 시원스럽다. 사의식의 수파문으로 떠받치게 하고, 유어의 물에 대한 동작을 살아 있듯이 생생하게 묘사하였다.

**사진 83** 청화 어문 병魚文玉壺春瓶, 원, 고24.2cm

목에는 3조의 초엽문을 그리고, 목 아래에서 어깨까지 매화·모란·연화·화과 등의 4조의 절지화를 그렸다. 목과 복부 사이에 1줄의 수파문대를 베풀었으며, 복하부는 변형연판문을 하였다. 전체 화면을 5층으로 나누었는데, 포치가 간결하고 명쾌하여 번잡함을 느낄 수 없다.

이 청화자기는 청유靑釉 유하채청화로, 경덕진의 청백유 유하청화와는 달라, 별격을 보인다. 청유는 황기를 띠어, 유하의 남색을 어두운 회색으로 보이게 한다. 이는 운남 청화자기의 유약원료가 전통적인 초목회와 석회수를 혼합한 것을 채용하였기 때문으로, 유색이 그렇게 희고 윤기가 있지 않으며, 옅은 회색과 옅은 청색을 띠게 하여, 운남 청화자기의 독자적인 풍격을 형성하였다. 그러나 문양면에서 보면, 그는 명백히 경덕진 청화자기의 영향을 받은 것이다. 예컨대 경덕진 원 청화자기에서 상견되는 초엽문·해수문·어조문·변형연판문 등이, 이 병에서 모두 볼 수 가 있다. 다만 화법상 경덕진 청화자기에 비하면 뚜렷이 대강대강 하였는데, 이들이 바로 옥계요 원 청화자기가 경덕진 원 청화자기와 다른 점이다. 비록 그렇다 해도, 이 병의 그림을 보면, 예인이 청화료의 농담의 변화를 능숙하게 운용한 특징이 있고, 허실이 적당하며, 또한 전체 화면이 상당히 부드럽고 자유로워 수묵화 같은 느낌을 주어, 충분히 중국 고대 민간 예인의 난숙한 예술기교와 재능을 보여준다.

· **청화 인물모란문 유개호**(사진 84) : 이 호는 녹풍요祿豊窯 제품일 가능성이 크다. 복부의 주문양은 모란과 인물의 2조의 도안으로 조성하였다. 모란은 만개하고 지엽이 무성하며 생기가 넘친다. 모란 사이에는 운두문이 있으며 그 내부는 망격문으로 채웠다. 각 면의 인물들은 땅에 앉아 있는데, 한쪽 다리를 세워 손을 무릎 위에 올려놓고 옷깃을 풀어헤쳐 가슴을 드러내었다. 넓은 도포는 소매가 크고 행태가 태연자약하여 한가한 선비의 풍도를 갖고 있다. 주위는 수목화초를 곁들여, 인물을 아름다운 대자연 속에 몸을 둔 것처럼 하였다. 견부에 복합覆合 초엽문을 그렸는데, 초엽은 짧고 넓으며 엽맥이 분명하다. 밑동에 변형연판문을 장식하였는데, 연판이 각지면서 약간 호형을 띠며 연판 사이에 공백이 없다. 이런 작법은 경덕진 원 청화자기의 일반적인 변형연판문과는 차이가 있는데, 시대는 약간 늦어, 원말명초가 될 것 같다. 뚜껑에 변형연판문·모란문·쌍층초엽문을 장식하였는데, 연판은 쌍선구륵으로 그리고 청료를 칠하였으나 내부는 희게 두었다. 형식이 비교적 특수하다. 초엽문은 넓

**사진 84** 청화 인물모란문 유개호人物牡丹文蓋罐, 원, 전고28.4cm

**사진 85** 청화 쌍사자희주문 호雙獅戲珠文罐,
원, 고35cm

고 납작하며 가운데 줄기도 색칠하지 않고 희게 두었다. 이런 두 종류의 문양은 간단하고 투박하여, 경덕진 생산의 원 청화자기에 그려진 변형연판문과 초엽문의 전통화법과는 차이가 있어, 지방자기가 갖는 시대적 특색을 보여 준다.

1974년 운남성 녹풍祿豊의 원묘에서 출토한 '청화쌍사자희주문호'(사진 85)는, 유태·청료·문양·제작기술이 모두 상술한 호와 같다. 특히 진귀한 것은 이 묘에서 '지정 26년(1366)'명 묘지 1매가 출토하여, 이 유형의 호의 생산연대를 증명해 준다.

녹풍요 청화자기는 호로 대표되며, 문양의 층차가 분명하고, 초엽·모란·연판·어조魚藻·인물 등이 많이 그려졌다. 이 점은 경덕진의 원 청화자기와 유사하다. 그러나 녹풍요 청화는 태질이 거칠어 회백색을 띠고 유색은 청색기가 은은한 백색이며, 청화색조가 짙은 흑색이고 그림이 조방하여 지방 특색이 풍부하다.

녹풍요 청화자기는 옥계요 청화자기와 더욱 비슷하지만, 조형에서 약간 다르다. 전자는 호 위주로, 반·완이 매우 적을 뿐 아니라, 내면에 받침흔이 없고, 회화 소재가 풍부다양하다. 그러나 후자는 호가 보이지 않고, 반과 완 내에 받침흔이 있는 것이 많고, 회화 소재는 단조로우며, 청화색조는 흑색 중에 암회색을 띠며 밖으로 퍼져 나간다. 옥계요와 녹풍요의 코발트료는 모두 현지산이다.

중국의 청화자기

# 제8절 원 청화자기의 수출

중국 자기의 수출은 대략 당대에 시작되었으며, 송·원시기의 자기 수출은 품종과 수량이 당대에 비해 발전되고 확대되었다. 원대 초기의 수출자기는 주로 절강성 청자와 강서성 경덕진 청백자(백자포함)로, 이는 1976년 한국의 신안 앞바다 해저침몰선에서 출수된 자기들이 이를 증명한다. 이름이 널리 알려진 청화자기는, 원대 후기부터 무역 행렬에 동참하며, 명·청대를 거쳐 지금까지 오래 쇠퇴하지 않고 성행한다.

원 조정은 경제를 발전시키기 위해, 해외무역을 확대하고 국외 시장을 개척하였는데, 자기의 수출에 대해 매우 중시하고 크게 의식하였다. 힘써 자업을 발전시키고 적극적으로 해외무역을 확대한 것은, 원의 경제에 중요한 의의를 가진 것이고, 정부 재정을 증가시키는 중요한 수단 중의 하나였기 때문이다. 원 정부는 경제상으로 대외 개방정책을 실행하였을 뿐만 아니라, 대외 무역을 중시하고 그에 상응하는 조치를 취할 것을 제창하였다. 예컨대 항구에 무역관리 기구인 '시박사市舶司'를 건립하고, 정부에서 사절단이나 사자를 해외에 파견하여 외국상인을 권유하거나 무역에 앞서 각국 상인을 초대하였으며, 일련의 장려법을 채용하는 등, 외국 상인을 격려하여 대외무역의 확대를 촉진시켰다. 바로 이런 원 정부의 대외무역의 제창과 중시로 인해, 원조의 해외무역(민간무역 포함)은 매우 발달하였다. 자기의 수출은 품종·수량·품질을 막론하고 송대에 비해 대폭 증가하고 향상되었다.

원대의 자기 무역의 상황에 관하여, 원인 왕대연汪大淵의 『도이지략島夷志略』에 상술되어 있다. 책 속에 중국 수출자기가 미친 국가와 지방이 50여 곳 기록되어 있는데, 금일의 일본·필리핀·인도·말레이시아·인도네시아·태국·방글라데시·이란 등에 속한다. 무역용 자기를 언급한 것은 44개 곳이 있다. 기록된 자기의 명칭은 번잡한데, 주요한 것으로, "청자"·"청백자"·"청백화자青白花瓷"·"처주자處州瓷"의 4

종류로 귀결된다. "청자"와 "처주자"는 용천요 청자가 위주이며, 절강성과 복건성 연해지구의 용천요를 모방한 제품도 포함된다. "청백자"는 강서성 경덕진을 위주로 하며, 동남연해지구 자요의 제품도 포함한다. 이 3 종류가 가리키는 바는 매우 명확하다. 그러나 "청백화자"가 가리키는 것이 어떤 자기인가 하는 문제는, 오랫동안 서로 다른 견해들이 존재해왔다. 크게 두 가지로 나눌 수 있는데, 하나는 태토상에 그림을 각획한 청백자라는 설이고, 다른 하나는 유하채의 청화자기라는 것이다. 나는 "청백화자"가 주로 유하채의 청화자기를 지칭하는 것으로 인식하고 있다. "청백"은 자기의 유색이고, "화자"는 자기 상에 그려진 문양을 가리키는 것이기 때문에 그를 "청백화자"라 부르는 것이다. 원대 중, 후기가 바로 청화자기가 발전하고 성숙하는 시기로, 경덕진 청화자기는 이미 수출의 가능성을 구비하고 있었다. 그래서 동아시아·동남아·남아시아·북아프리카·북아프리카 동해안 지구에서 출토하거나 전세하여 소장된 많은 완전한 원 청화자기 및 파편들이, 바로 이때 적지 않은 청화자기들이 이들 지역에 수출되었음을 명확하게 설명해 주고 있다.

터키 이스탄불의 사라이박물관과 이란 테헤란고고박물관은, 세계에서 원 청화자기를 가장 풍부하게 소장한 두 개의 박물관이다. 원 청화자기는 해외에 약 200여 점이 소장되어 있는데, 사라이박물관 내에 약 80여 점이 진열되어 있고, 이란 고고박물관에도 37점이 진열되어 있다. 매병·대반·발 등 대형기물이 많다. 그 유색은 청백색으로 밝고 윤택하며, 수입된 '소니발' 청료로 그림을 그렸는데, 발색은 남색이 선명하고 흑색의 철녹반점이 있으며, 짙고 아름답다. 문양은 모란·국화·송죽매·파초·참외·지당유어·산수인물 및 권세를 상징하고 길상과 행복을 뜻하는 용봉·기린 등의 동물문양이 있다. 문양은 정미화려하여, "세상의 보물"이라 부를 만하다. 이들 청화자기 중에서, 다량의 대형 기명과 문양장식이 모두 수출용 수요에 적응하기 위해 생산된 것이다. 예컨대 상견되는 청화 능구와 원구의 절연대반은, 그 용도를 보면, 바로 명의 마환馬歡이 지은 『영주승람瀛洲勝覽』 중에 언급한 "그 나라 사람들은 …… 반을 이용해 밥을 가득 담고, 수유(소, 양 젖으로 만든 기름)와 탕즙을 끼얹고, 손으로 집어 입에 넣고 먹는다. 연회 시에 모두 큰 분盆에 누런색이면서 향미가 풍부한 요리를 채우고, 지상의 연회석 가운데 펴 두고 …… 손으로 집어 먹는다. 國人……用盤滿盛其飯, 澆酥油湯汁, 以手撮入口中而食. 宴會時皆以大盆盛姜黃色而富于香味之飯肴, 置于敷在地上之席中, ……以手撮而食之."고 한 내용으로 보아, 이런 대반은 바로 현지인들이 먹는 '육반肉飯(위구르족이 즐겨먹는 양고기를 넣은 밥)'의 풍습의 수요에 맞추기 위해, 전적으로 수출을 위해 번조한 것임을 알 수 있다.

필리핀과 말레이시아 등지에는, 국산 청료로 그림을 그리고 문양이 간단하고 포치가 시원한 소형의 원 청화자기도 있다. 연엽형유개호·표형소호·반·완·병 등이 있다. 특히 국화절지문을 그린 쌍이소호(사진 86) 종류는, 조형과 문양이 경덕진 호전요 발굴품과 완전히 같다.

실제로, 원 청화자기는 먼 외국에 팔려나가, 『도이지략』에서 가리키는 그런 국가와 지역에 그치지 않고, 동아프리카 연안 같은 국가의 고대 유적에서, 원 청화자기의 완제품이나 파편들이 발견되었다. 또 아프리카 이집트의 후스타트 유적에서도, 일찍이 비교적 많은 원대 청화자기나 파편이 출토되었는데, 주요한 것으로 용문옥호춘병·운룡연판문병의 파편·연지원앙문완의 파편·남지백화반 파편 등이 있다. 아프리카 동해안에서 2리 떨어진 키르와섬의 도시 유적에서도, 대량의 14세기 전, 중기의 봉황과 만초문이 그려진 청화자기가 발굴되었다. 완전한 기물로, 운룡하엽문매병·봉황기린화훼문옥호춘병·기린화훼문완·화중봉문주자 등이 있다. 동아프리카 연안의 기타 고대 유적 중에서 원대 청화자기가 출토하는 일은 자

**사진 86** 청화 국화문 쌍이소호菊文雙系小罐, 원, 고5.4cm

주 보이며 드문 것이 아니다.

동아프리카 이슬람 지역에서, 경덕진의 청화자기는, 일상적인 생활용품 외에, 또한 궁전·사원의 장벽·천장판 및 기둥모양의 묘표墓標상에 상감하는데 사용되었는데, 주옥과 보석을 영구불후의 기념물로 상감하는 것 같이 동일하게 본 것이다. 케냐의 게이디와 컬푸와의 주묘柱墓 근방에서 일찍이 원대 유리홍병과 원대 청화용문병 각 1점이 발견되었으며, 16세기의 묘장을 장식하는 데 사용되었다. 이들은 모두 중국 청화자기가 동아프리카 사람들의 생활에 끼친 영향과 작용을 보여주는 것이다.

종합해서 말하면, 원대 청화자기를 수출한 주요한 4개 지역은, 북아프리카와 서아시아·동아프리카 및 아라비아 반도의 연해지구·남아시아·동남아와 일본이다.

중국의 청화자기

# 제4장
# 명대 청화자기

# 제1절 개설

명조(1368~1644)는 중국 자기제작의 전성시대이며, 그 빼어난 공헌은 중국 도자사상 극히 중요한 지위를 차지하고 있다. 명대 청화자기는 원대의 기초 위에서 새로운 창조와 발전을 하였다. 명대 자업이 이렇게 중대한 공헌을 할 수 있었던 원인은 다음과 같다.

첫째, 장인들이 자기제작의 경험을 풍부하게 쌓아 기술 수준이 전면적으로 발전되고 향상되어, 공예 기술이 노화순청爐火純靑(난로의 불이 파랗게 타오르는 경지로, 예술이나 기예가 최고에 이르렀음을 뜻함)의 경지에 도달하였다

둘째, 전국의 제자중심이 된 경덕진은, 질이 우수한 자토와 유료가 풍부하고, 충분한 연료와 왕성한 수리水利자원을 갖고 있어 운송이 편리하여, 고품질의 자기를 번조하는데 유리하였다.

셋째, 명대에 대외 교통이 발달하고 해외무역이 흥성하여, 자기는 이미 중요한 하사품과 무역 물품이 되어 생산이 급증하였다.

넷째, 명 정부는 자업의 생산을 매우 중시하여, 홍무조에 처음으로 경덕진에 어기창御器廠을 설치하고, 황실과 귀족 소용의 자기를 전소하였으며, 감독관을 파견하여 지휘하고 번조를 감독하였다.

명대는 청화자기의 생산이 하나의 피크를 이루어, 청화자기의 생산이 최고 수준에 도달하였을 뿐 아니라, 색유청화와 청화가채의 신품종을 창출하였다.

색유청화는, 바탕유가 모종의 색택을 띠고 있는 청화로, 예컨대 황유청화나 녹유청화 등이다. 그들은 모두 청화와 유상채釉上彩가 결합한 품종이다. 황유청화는, 명대 선덕시기부터 생산이 시작된 것 같으며, 홍치·정덕 시기에 성숙한 단계에 도달하였다.

청화가채는, 소성된 청화자상에 문양을 그린 다음, 다시 요에 넣어 구워 낸 것이다. 그 특징은 유하청화와 유상채가 서로 어울려 아름다운 운치를 더한 것으로, 청화홍채·청화오채 등이 그러하다. 청화오채기는 원대에 최초로 보이며, 선

덕시기에 이르러 성숙한 단계에 도달하였다. 티베트 지구에서 발견된 2점의 '선덕청화오채연지원앙문완'은, 유하청화는 '소마리청'료를 사용해 그림을 그렸으며, 유상채로 원앙·갈대·자고·부평초 등을 그렸다. 기물이 아름답기 짝이 없어, 희세의 보물이다.

명대 선덕 이전에, 유하청화와 유상홍채의 기술은 일찍 성숙되어 있었지만, 모두 단독으로 존재하였다. 선덕시기에 양자를 결합한 신기술을 창조하였는데, 즉 청화홍채이다.

명대 홍무부터 청화자기가 관요와 민요로 나눠지기 시작하였다. 관요청화자기는 정심하여, 색조가 순정하고 문양이 규범적이며, 선덕시기에 제왕의 연호를 낙관한 것이 많아지기 시작하여 쉽게 감별이 된다. 민요청화자기는 기형이 풍부하고 색조가 여러 가지이며, 문양에 변화가 많고 제작이 조잡하다. 일반적으로 제왕연호가 없어 시기구분이 어렵다.

명대 경덕진에 어기창을 설치한 연대에 대한 견해들은 일치하지 않는데, 홍무2년(1369), 홍무26년(1393), 건문建文4년(1402)의 3가지 설이 있다. 필자는 홍무2년설이 비교적 합리적으로 보는데, 그 이유는 청 남포藍浦의 『경덕진도록景德鎭陶錄』에, "홍무2년에 진鎭의 주산珠山에 어요창을 두고 관에서 번조와 북경으로 호송하는 것을 감독하였다.洪武二年就鎭之珠山御窯廠, 置官監督燒造解京." 라고 기술되어 있다. 또 건륭2년(1742) 이천덕李涛德과 왕훈汪勛이 합찬한 『부량현지·건치경덕진창서浮梁縣志·建置景德鎭廠署』조에서 이르길, "어기창을 주산 남쪽에 건립하였는데, 홍무2년에 창을 설치하고 도기를 제작하여 상방尙方(황제가 사용하는 물건을 만드는 기관)용으로 바쳤다.御器廠建于里仁都珠山之南, 洪武二年設廠制陶以供尙方之用."라 하였기 때문이다. 이 두 개의 기록은 모두 경덕진 어기창이 홍무2년에 건립된 것임을 명확히 보여 준다. 이외, 근래에 경덕진 명대 어기창 유적의 발굴에서도, 이를 방증하는 자료들이 제공되었다.

경덕진 어기창 유적 발굴시, 2점의 매우 중요한 실물이 출토하였는데, 하나는 고19.5cm, 직벽평저에 "관갑官匣"의 2자가 있는 갑발이다. 또 하나는 장38cm, 폭

27cm, 두께2.5cm의 큰 자기기와로, 그 상반부에 철사안료로 "수자삼호, 인장 왕사명, 시유 번도명, 풍화 방남, 작두 반성, 갑수 오창수, 감공 부량현승 조만초, 감조 제학 주성, 하연도.壽字三號, 人匠王士名, 澆油樊道名, 風火方南, 作頭潘成, 甲首吳昌秀, 監工浮梁縣丞趙萬初, 監造提擧周成, 下蓮都." 등을 써 놓았다. 강희 21년(1682) 『부량현지』권5, 「관제·홍무현승官制·洪武縣丞」의 기록에 의하면, 조만초趙萬初는 섬서성 함양인咸陽人으로, 현승으로 출임한 시기는 홍무 초기이다. 상술한 바에 의하면, 명대 어요창의 창건연대를 홍무 2년으로 정하는 것이 비교적 합리적이라 할 수 있다.

비록 만당·오대에 이미 어용관요를 설치하기 시작하였지만, 관요는 직접 황실을 위해 통제하여, 번조한 자기 전부를 어용자기로 하고 상품으로 시장에 유입될 수 없게 하며, 좋지 않은 제품은 반드시 폐기하여 버린다. 그러나 원 이전의 역대 궁정용 자기는, 주로 각지의 유명한 자요로 하여금 백에서 하나를 고르는 방법을 취하여 정품을 선별한 뒤 황실에 공급하고, 그 나머지는 민용자기로 시장에 유입되었다. 명대 경덕진 어요창은, 황가에서 파견한 환관과 공부工部 관원이 창에 주재하면서 번조를 감독하였으며, 당시 경덕진 요장의 최고 기술의 장인들이 집중되어 우수한 질의 원료를 점용하였으며, 제품은 다만 정치함을 추구하였고 시간과 원가를 계산하지 않았다. 따라서 번조된 자기는 양이 많을 뿐만 아니라 질도 우수하고 매우 정미하여, 당시 경덕진 요장 중의 으뜸이었을 뿐 아니라, 전국 내지 전 세계에서 독보적인 위치를 차지하였다.

명대 민요의 청화자기 역시, 중국 고도자 중의 보배이다. 그들은 민영 수공 작업장에서 생산되어, 주로 민간이 사용하기 위해 공급된 것을 가리킨다. 특히 명대 후기에, 자본주의 요소의 발생과 발전으로, 민요 청화자기의 생산이 급증하여, 자기 장인들이 집중되고, 자기 상인들이 모여들었다. 가정21년(1542), 경덕진에는, 자업에 종사한 장주場主와 고공雇工들의 수가 10만여 명에 달하였다. 민요는 각종 규제와 제한을 받지 않고, 또한 부단히 개혁을 진행하여, 당시 민요 생산이 오히려 뚜렷하게 우월성을 많이 보여주었다. 제품은 민간 생활의 정취가 깃들어 비교적 활달하고 자유로우며, 관요의 판에 박힌 듯 생경함에 비해 활력을 갖고 있다. 민요 작업장에서는 '관탑민소官搭民燒(관요에서 민요에 하청을 주어 제작)'의 조치를 실행한 후에, 국내외 시장의 보편적인 수요의 일반 제품을 생산하는 외에도, 매우 고급의 정세자기를 생산하여 황실 및 귀족 소용의 것으로 공급하였다.

명대 관요의 발전은 민요 생산을 선도하고 자극하여, '관민경시官民競市(관요와 민요가 시장을 다투다)'의 번창하는 국면이 출현하면서 명대 자업을 크게 발전시켜, 각종 자기가 모두 높은 수준에 도달하였다.

명대 청화자기의 발전은, 유태·조형풍격·회화·청화안료 등의 방면을 고려하여, 대체로 전·중·후의 3기로 나눌 수 있다.

　　　전기 : (1) 홍무洪武

　　　　　　(2) 영락永樂, 선덕善德

　　　중기 : (3) 정통正統, 경태景泰, 천순天順

　　　　　　(4) 성화成化, 홍치弘治, 정덕正德

　　　후기 : (5) 가정嘉靖, 융경隆慶, 만력萬曆

　　　　　　(6) 태창泰昌, 천계天啓, 숭정崇禎


## 제2절 홍무洪武 청화자기


홍무(1368~1398)시기의 청화자기는 근래 도자 연구의 쟁점이다. 과거 오랫동안 홍무자기에 대한 인식이 비교적 모호하여, 항상 홍무 청화를 원 청화 혹은 영락 청화의 반열에 두었다. 1964년, 남경의 명 고궁유적에서 여러 점의 자기가 출토하였는데, 그중의 일부는 영락이나 선덕보다 빠르고, 원대의 전형적인 자기와는 다른 파편들이 있었다. 때문에, 이 부분의 것들이 홍무자기임을 알게 되었다. 그러나 이 견해는 국내외 학계에 완전하게 인정되지는 않았다. 이후, 1980년 대 초, 경덕진 어기창 유적에서, 적지 않은 홍무자기 파편들이 발굴되었다. 층위의 중첩 관계 및 공반 유물을 분석한 결과에 의해, 그 시대가 명초의 홍무시기임을 확정할 수 있었다. 1994년, 강서성 경덕진 도자고고연구소가 경덕진 주산의 명 어기창에서 발굴을 진행하여 대량의 홍무 청화자기 자료가 출토하였다. 수복 과정을 거친 결과, 화구와 평구의 절연반·능구절연잔탁·각종 완·주자·연엽개과형 호 등이 있다. 이렇게 신 자료가 끊임없이 발견되고 연구가 심화됨에 따라, 홍무 청화자기에 대해 진일보한 해석과 인식을 갖게 되었다.

현존하는 홍무 청화자기는 동채(유리홍釉裏紅) 자기보다 훨씬 적으며, 완전한 것은 더욱 적다. 그러나 대량의 자료로 대비해 보면, 청화자기의 기형과 동채(유리홍)자기 기형은 비슷하다. 홍무 청화자기는 대부분 약간의 원대 청화자기의 유풍을 간직하면서, 또한 창신한 일면을 보여, 승전개후承前開後의 과도기에 놓여 있다. 홍무 청화자기가 간직하는 일정한 원대 유풍을 보면,

첫째, 조형면에서, 원대 청화자기 같은 크고 웅건하며 고박중후한 풍격이 남아 있다. 문양면에서도, 원대 청화자기 같이 문양이 가득하고, 밀집되며, 층차가 많고, 여백을 적게 남기는 풍격을 갖고 있다. 수도박물관 소장의 '청화화훼문과형유개호'(사진 87)는, 태체가 후중하고 기형이 매우 큰데, 전체 높이가 65.6cm에 달하며, 전면에 16층의 문양장식대가 있다. 그 조형과 문양장식이 완전히 같은 것으로, 1994년 경덕진 주산에서 출토한 고66cm의 대호가 있다. 수도박물관 소장의 또 하나의 홍무 '청화동채(유리홍)화훼문능구탁반'(사진 88)은, 전면에 5층으로 가득히 베풀어진 문양이 있는데, 반의 테두리는 당초문이고, 내벽에는 각종의 화훼절지를 장식하고, 내저에는 국화당초를 그렸다. 반심에는 연화문을 그리고, 연화문 바깥 둘레에 돌대를 만들어 잔의 받침대로 삼았으며, 대의 바깥은 연판문을 장식하였다. 외벽에는 다시 연판문을 베풀었다. 청화는 회남색에 자색을 약간 띤다. 문양은 조밀하고 가득하며 층차가 많은 것이 원 청화자기의 장식풍격을 잘 보여 준다.

**사진 87** 청화 절지화훼문 과형유개호折枝花卉瓜棱形蓋罐,
명·홍무, 전고65.6cm

**사진 88** 청화동채 화훼문 능구탁반釉裏紅花卉文菱口托盤,
명·홍무, 구경19.5cm

**사진 89** 청화 화훼당초문 잔탁纏枝花卉文盞托,
명·홍무, 잔구경9.2cm, 탁구경19.5cm

　　1994년 경덕진 주산에서 출토한 '청화화훼문능구절연탁반'은, 조형과 문양장
식이 전자와 같다. 동시에 출토한 또 하나의 청화당초영지문직구배는, 이것을
탁 위에 놓으면 딱 들어맞아(사진 89), 이들은 완전한 한 세트의 잔탁이다. 대북
홍희미술관 소장의 고33.2cm의 '동채(유리홍)화훼문옥호춘병', 1994년 경덕진
주산 출토의 구경42cm의 '청화당초모란문직구대완' 및 구경 59cm의 '청화호석
사계문湖石四季文절연반' 등은, 원 청화자기처럼 조형이 크고 웅건하며, 질박하고
중후한 작품을 명확히 간직하고 있다. 문양면에서도 원 청화자기 같이 층차가
많고, 문양이 가득한 풍격을 보인다.
　　둘째, 1964년, 남경의 명 고궁 옥대하玉帶河 유적에서 홍무관요 '청화운룡문반'

의 일부가 출토하였다. 외벽은 청화운룡문을 하고, 내벽은 인화양각운룡문을 하며 중심에 3송이 여의운문을 그렸다. 이렇게 기물 안에 인화양각문을 베풀고, 기물 외벽에 청화로 장식하는 작법은, 원대 청화장식 수법의 연속이다.

셋째, 1980년, 북경 대기창 시정부원臺基廠市政府院 내에서 홍무 '청화복福자문절요완'이 출토하였다. 외벽 하부에는 2줄의 선문을 장식하고, 가운데는 연화절지문을 장식하였으며, 내저에는 청화로 '복福' 자를 썼는데, 조형은 원 추부樞府자기와 극히 유사하고 태체도 원 자기와 같아, 원 자기의 조형을 계승하고 있음을 잘 보여준다.

## 1. 태와 유

홍무 청화자기는, 유태와 문양 및 조형면에서 일정하게 원 청화자기의 유풍을 보유하고 있는 외에, 역시 자신의 특색과 풍격을 보여 준다. 조형면에서는 점차 원 청화자기의 후중하고 투박한데서 벗어나고 있는데, 체형이 커다란 풍격에서, 수려하고 우아함으로 유명한 영락 청화자기의 조형으로 향하는 과도적인 모습을 보인다. 태체는 전체적으로 보면, 원대의 동류의 기물에 비해 얇아져, 두께가 겨우 2mm의 완도 있지만, 원기圓器(완·반 등의 소형기)의 허리 이하는 아직 두터운 편이다. 태골은 대부분 백색이며 자질이 세밀하지만, 영락 청화자기에 비해, 아직 거칠고 푸석하며, 부분적으로 소결이 잘 안되고 황갈색을 띤다. 태토의 가소성이 비교적 좋아, 탑저塌底(굽의 중심이 대부분 아래로 주저앉음)·협편夾扁(납작해지거나 찌그러짐)·교릉翹棱(평평한 물체가 변형되어 구부러지는 현상)의 병폐가 거의 없다. 옥호춘병·주자 및 완류는, 일반적으로 굽바닥에 백유액을 솔로 칠하였는데, 얇은 곳은 황색을 띠고 두터운 곳은 유백색이나 청백색을 띠며, 크고 작은 빙열과 두께가 일정치 않게 솔질한 흔적도 있다. 대반과 대완의 바닥이 무유인 경우, 별점 모양이나 큰 조각의 화석홍반을 볼 수 있다. 화석홍반의 형성

원인은 두 가지인데, 하나는, 태체 본신에 있는 철분이 소성과정을 거치면서 산화철이 되어 자연스레 형성된 것이다. 원대부터 많이 보이기 시작하여, 명대를 거쳐 청대까지 그대로 이어지다가 건륭 이후에 소실된다. 화석홍반이 짙으면 짙을수록, 기물의 제작시기가 빠르다. 또 하나는, 장인이 의도적으로 칠한 것인데, 홍무 청화자기에 이런 자홍색의 인공으로 만든 액체안료를, 무유의 사저에 베푼 것이 많으며, 유 아래에 바른 것도 있다. 이런 자홍색 유액은, 홍무 청화자기의 특징이다. 홍무 청화자기의 원기圓器 종류의 구연은 모두 적유積釉 현상이 있어, 1줄의 뚜렷한 후순厚脣(두터운 입술) 모양을 자연스레 형성한다. 완에는 굽 끝을 평절하게 하는 새로운 특징이 나타나는데, 이런 기물의 처리방법은, 이후 영락·선덕 청화자기에 계승된다.

홍무 청화자기의 유색은 청백색으로 색조에 차이가 있으며, 유면은 윤택하고 매끈하며, 유층은 원 청화자기에 비해 명확히 두텁다.


## 2. 청료

홍무 청화자기 문양의 색료는, 주로 국산 청료를 사용하였다. 이런 종류의 고망간저철의 국산 코발트료는, 발색이 일반적으로 청색 속에 암회색을 많이 띠어, 색조가 원 청화와 영락·선덕 청화의 푸른 색이 짙고 아름다운 것과는 차이가 난다. 일부 홍무 청화자기에 원대에 남겨진 수입청료를 사용한 것도 있는데, 흑갈색을 띤다.


## 3. 조형

· **옥호춘병** : 대, 소 2종이 있다. 큰 것은 고30cm 정도이며, 외반구연에, 중간이 좁아든 긴 목, 경사진 어깨, 둥근 복부를 하며, 굽이 있고 바닥까지 시유되었

다. 원 옥호춘병에 비해 튼실하게 생겼다.

· 매병 : 직구 혹은 외반구에 말린 입술을 하고, 목이 짧고 어깨가 풍만하다. 복 하부가 졸아들다 밑동 부분에서 밖으로 벌어지며, 굽은 평절한데 외측면은 비스듬하게 깎았다. 사저砂底는 중심이 약간 凸하고 부분적으로 화석홍이 보인다. 조형은 원대의 미끈하고 수려한 데서, 땅땅하고 풍성하게 변한다. 상해박물관 소장의 '청화운룡문춘수春壽명매병'(사진 90)은 기신에 운룡문을 그렸는데, 입에 화구火球를 물고, 5조를 펼쳐 운해 사이를 뛰어 넘고 있다. 운문은 긴 꼬리가 달린 버섯모양을 하는데, 원대 회화의 유풍이 있다. 어깨에 전서로 '춘수春壽'라 썼는데, 홍무 청화자기 중 유일하게 정연한 전서명을 쓴 작품이다. 같은 유형의 '춘수'명 병은 전세하는 것이 4점뿐인데, 2점은 국내에, 2점은 일본과 영국에 있다.

**사진 90** 청화 운룡문'춘수春壽'명 매병,
명·홍무, 고37cm

· 완 : 2종이 있다. 하나는 구경 40cm 정도로, 굽이 크고 무유이며, 다른 시대에는 잘 보이지 않는다. 1994년 경덕진 주산에서 출토한 '청화연당초문완'(사진 91, 92)은, 직구에 기벽이 비스듬하고, 굽이 낮으며, 사저에는 화석홍흔이 있다. 외벽 구연에 국당초문을 그렸고, 복부에는 8송이의 정면형과 앙면형의 두 가지 형태의 연당초를 그렸는데, 연화는 만개하였다. 밑동에 변형연판문대를 장식하고, 굽에는 회문을 그렸다. 내벽의 구연에 당초문대를, 복부에 국당초문을, 완심에는 회문대를, 내저에는 국화절지와 운견문 각 4송이를 그렸는데, 여의견문의 내부는 국화절지를 채우고 중앙에 연판문을 배치하였다. 문양은 색다른 맛이 가득하며, 완 외벽의 국당초문은 홍무 자기 특

유의 것이다. 경덕진 주산 출토의 대완은, 또한 내면 구연에 영지문을 그리고, 내저에는 회문 내에 모란절지를, 외벽 구연에는 해도문을, 복부에는 모란당초문을 그렸다.

다른 하나는 중형완이다. 구경이 20cm 정도가 많고, 심·천深·淺 2종으로 나뉜다. 심완은 또 직구와 외반구의 2종이 있고, 천완은 직구 한 가지만 있다. 양 완의 굽은 내부에 모두 유가 있으며, 태벽이 비교적 두텁고, 굽을 매우 얕게 파내었는데, 이것이 주요한 특징이다. 상해박물관 소장의 '청화국당초문완'(사진 93)은, 직구·천복에 굽이 낮다. 태질은 희고 견치하며, 유층은 비후하다. 내면에는 절지의 치자·국화·석류·모란을 그렸다. 외벽 구연 및 굽에 모두 회문을 그리고, 복부에 국당초문을 그렸다. 홍무 청화자기에 그려진 국화는 원과 다른데, 홍무의 국화 형상은 약간 납작하고 선조가 반듯하며, 화심과 국판 사이에 한 줄의 공백의 경계선이 있는 것이 많다. 이런 편국화문은 강렬한 시기적 특징을 갖추고 있다.

**사진 91 · 92** 청화 연당초문 완纏枝蓮文直口碗, 명 · 홍무, 구경41cm

**사진 93** 청화 국당초문 완纏枝菊文碗, 명 · 홍무, 구경20.3cm

· **잔탁**盞托 : 구부는 능형菱形에 절연折沿이고, 호벽은 화판형을 띠며, 굽이 낮고, 사저이다. 탁심에 돌출한 테가 있어 작은 잔을 얹을 수 있다. 잔탁의 전 부분

은 원대와 영락시기의 것에 비해 두터우며, 탁의 변벽邊壁에 한 줄의 정연한 회문이 그려졌는데, 이런 변벽 회문 장식 수법은, 이전이나 이후의 동류의 기명에는 보이지 않는다.

· 반 : 절연능구와 절연평구의 2종이 있다. 능구반은, 넓은 판연板沿에, 얕은 호복弧腹은 화형의 凸릉을 하며, 굽이 있고 바닥에 화석홍흔이 있다. 1994년에 경덕진 주산 동문두東門頭에서 출토한 '청화석류화문능구반'(사진 94)은 절연과 벽이 16출 능판형이다. 반의 내벽에 절지연화를, 내외의 절연에는 공히 해수문을 그렸다. 반심에 석류 한그루를 그리고 대나무와 돌로 꾸몄으며, 사저에는 화석홍유를 바른 흔적이 있다. 도안은 청신하고 시원하며, 유색은 곱고 윤이 나며 반짝거리고, 청화는 선명하고 명쾌하다.

평구반은, 조형이 능구반과 기본적으로 같으나, 다만 입이 평구이다. 경덕진 주산 출토의 '청화육출화창호석지죽문반'(사진 95)은, 절연에 기벽이 호형이며

**사진 94** 청화 석류화문 능구반石榴花文折沿菱口盤, 명·홍무, 구경45.8cm

**사진 95** 청화 육출화창호석지죽문 반六出開光湖石芝竹文折沿盤, 명·홍무, 구경47.4cm

굽이 있고, 바닥에는 쌀죽 같은 것이 있다. 구연에 당초영지문을 베풀고, 내벽에는 당초 형식으로, 동백꽃·매화·모란·부용·연화를 한데 이어서 그리고, 반심에는 6출 수운垂雲을 '화창'식으로 그린 다음, 그 안에 호석·영지·죽엽을, 밖에는 연화 절지를 그렸다. 외벽은 연당초문을 그리고, 아래는 연판문을 장식하였다. 유색은 아황색을 띠며 청화는 검은 색을 띠는데, 소성과정 중에 환원분위기가 부족했기 때문이다.

1994년 강서성 경덕진 주산 동문두에서 적지 않은 수량의 절연능구와 절연평구의 대반이 출토하였는데, 이들 대반에서, 홍무 청화반이 원대 유풍이 있으면서, 창신함도 갖고 있음을 명쾌하게 볼 수 있었다. 대반의 조형과 주변 장식으로 그려진 당초문·해도문·변형연판문 및 능형금지문菱形錦地文이나 수구금지문綉球錦地文 등은, 모두 원 청화자기의 유풍을 간직하고 있다. 그러나 비록 그 주문양(당초나 절지 화훼가 많다)과, 주변장식문양은 기본적으로 원대 풍격을 보유하지만, 이미 약간의 변화가 보인다. 예컨대 변형연판문은 원대에 비해 작고 연판 사이에 공백이 없으며, 여의운두문은 반심盤心을 장식하는 일부분이 되지만 납작하고 길어졌다. 해도문은 파도머리가 작아져서 생강싹 같이 변하며, 국화는 납작한 모양을 하는 등, 이들은 모두 홍무 청화자기에서 새로 나온 모습들이다. 문양의 구도면에서는 비교적 꽉 차고 밀집되어 흰 바탕을 작게 남기는데, 이는 확실히 여전한 원대 유풍의 반영이다.

홍무 청화반은 원대에 비하면 약간 두터운 편이다. 그리고 원대의 반의 굽바닥이 무유이고 태색이 새하얀데 비해, 홍무반은 태토면에 모두 매우 얇은 1층의 귤홍색층이 있다. 이런 요홍窯紅은, 경덕진도자고고연구소의 유신원 소장의 분석에 의하면, 입요시 날그릇 아래에 받침을 한 내화가루의 함수량이 비교적 높아서, 고온 아래에서 2차 산화가 나타나 형성된 것이라고 한다. 이렇게 홍무 청화반의 굽바닥은 귤홍색의 현상을 보이며, 이것은 홍무 청화반의 하나의 특징이다.

· **과형연엽개호**多棱形荷葉蓋罐 : 어깨가 풍만하고, 긴 복부의 아래가 졸아드는데, 복부는 12줄의 참외형을 하며, 밑동 부분이 좁아지고 굽이 있다. 사저에는 화석홍이 있다. 연엽형개호는 원대에도 생산되었지만, 원대 개호는 체형이 낮고 통통하며 개뉴는 굽어진 잎줄기 모양이다. 홍무 개호는 호리호리한 편이고, 연엽개뉴가 보주형을 하여, 전체 조형이 더욱 조화롭다. 개호는 형체가 클 뿐만 아니라, 원대에 비해 우미하다.

· **주자**執壺 : 주구가 길고, 손잡이가 만곡한 것이 많으며, 뚜껑은 보탑형 보주뉴를 한다. 주구와 목 사이의 연접판을 유운형流雲形으로 한 것이, 원대에 많이 나타나는 '∽'형과 다르다. 만곡한 호의 손잡이에는 양면 모두에 당초문을 그렸는데, 원 및 이후 청화주자의 손잡이에 외면에만 그리고 안에는 그리지 않는 작법

**사진 96** 청화 송죽매문 주자松竹梅文執壺, 명·홍무, 전고38cm

과 다르다. 이런 내외 쌍회수법은, 홍무 청화주자의 특유의 것이다. 1994년 경덕진 주산 동문두에서 출토한 많은 주자들은, 조형은 완전히 일치하지만 문양은 각기 다르다. '청화송죽매문주자'(사진 96)는, 복부의 한 면에 호석과 매죽을 그리고, 또 한 면에 호석과 송죽을 그렸다. 주구는 연당초문을 장식하고, 손잡이 내측에는 당초를, 외측에는 치자화당초문을 장식하였다. 복부의 상부에 운견문을, 목에는 동백당초문·회문·초엽문을 각 1줄씩 그렸다. 저부에 변형연판문을 그리고, 굽에는 당초문을 장식하였다. 이 주자에 그려진 송죽매문은 원 청화문과 비슷

하지만, 원대에 비해 시원스럽다. 영락문양과 비교하면, 홍무의 소나무는 가지가 꼬불꼬불하고 굳세며, 영락의 줄기와 가지는 곧고 수려하다. 특히 그 부채모양의 솔잎은 영락의 공모양 솔잎과는 확연히 다르다.

## 4. 문양

홍무 청화의 문양과 원 청화 문양을 비교하면, 우선 소재가 원대에 비해 격감한다. 문양은 기본적으로 당초와 절지화훼가 위주이고, 다음으로 운룡문이며, 소수의 정원소경류도 있다. 소재가 원대에 비해 단순하고, 동물문이 대량 감소하며, 역사인물고사가 극히 드물다. 문양대 역시 원대에 비해 뚜렷이 감소하나, 홍무 이후에 비해서는 많다. 공백을 많이 남기는 추세로 나가, 구도가 청신하고 활달하게 변하며, 주제가 선명하게 부각된다. 주요 문양을 보면,

① 주문양 : 절지화문이 상견되는데, 모란·국화·동백·석류·연화·영지 등이 있다. 당초로는 모란·국화·연화의 3 종만 있다. 정원소경에는 죽엽호석과 파초난간호석 및 비교적 느슨한 송죽매문둥을 그렸다.

② 종속문양 : 당초·회문·인동초·여의운견문·초엽·변형연판문·해수문 등이 있다.

홍무 청화자기에 상견되는 문양은 원 청화문양과 비교하면, 다음과 같은 변화들이 있다.

· **연당초문**(그림 26) : 화판은 맥립형麥粒形이나 변형맥립형이며, 화심은 석류형이나 원형인데, 연주형聯珠形으로 그린 것도 있다. 연엽은 크고 나선형을 띤 것이 많으며, 설령 표주박형이라 해도, 원대 같이 단정하게 그리지 않는다. 원대는 대화대엽大花大葉이 많지만, 홍무시에는 뚜렷하게 작아진다.

그림 26 연당초문

그림 27 편국문扁菊文

그림 28 국화당초문

그림 29 모란화문

· **국당초문**(그림 28) : 타원형을 한 편국화문扁菊花文(그림 27)을 사용한 것이 비교적 많다. 화심은 쌍선구륵 후에 사망격문斜網格文을 그렸다. 쌍층 국판은, 내층은 선으로 묘사하나 외층은 색을 채우거나 희게 둔다. 국화문은 일반적으로 3종이 있다. 즉, 1종은, 화심이 망상網狀을 띠며, 화심 밖은 백색의 작은 화판이, 다시 밖에는 흰 테를 둔 큰 화판이 있으며, 꽃은 3층이고 잎은 표형瓢形을 띤다. 2종은 화심이 나선상을 띤다. 3종은 화심이 쌍선으로 희게 둔 망상을 하며, 화심 밖은 흰 테를 둔 화판을 하고, 꽃은 2층이다.

· **모란문**(그림 29) : 꽃송이는 원 청화자기의 화판 테두리를 작은 연주문으로 장식하여 희게 노출하는 수법과는 다르다. 즉, 구륵으로 윤곽선을 잡은 후에, 전부를 칠하지 않고 윤곽선 내에 흰 노출 부분을 남겼다. 그래서 흰 테두리가 원대 것에 비해 또렷하게 구분이 되며, 화판의 테두리는 원대의 작은 화판식에서 호선형으로 변하였다.

· **연판문**(그림 30) : 홍무 청화자기의 변형연판문은, 원 청화자기의 그것에 비해, 변화가 비교적 크다. 형체는 원대의 직변방각에서 직변호각으로 변하고, 프레임들이 함께 붙어 있어 중간에 틈새를 두지 않으며, 또한 색을 채웠다(색을

중국의 청화자기

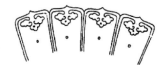

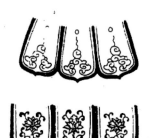

**그림 30** 연판문

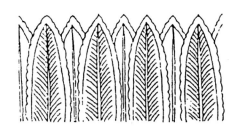

**그림 31** 초엽문

**그림 32** 회문

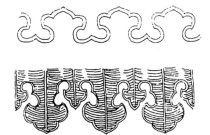

**그림 33** 여의운견문

채우지 않은 것도 있다). 연판 내부에는 보상화 등의 간단한 문양을 그려 넣었다. 연판 내의 보상단화나 여의운두문은 홍무 청화자기의 특유의 것이다.

· 초엽문(그림 31) : 잎 끝이 약간 둥글며, 테두리가 거치형鋸齒形을 하고, 가운데 줄기를 쌍선으로 그려서 색칠하지 않고 희게 남겼다. 양 초엽 사이에 다시 한 조각 초엽을 중첩시켜, 쌍층초엽문을 이룬다.

· 회문(그림 32) : 원 청화자기의 회문은 동향同向 회문이 많은데, 홍무 청화자기의 회문은, 정반正反하는 두 개가 1조를 이룬다. 형태는 서주 청동기의 절곡문窃曲文과 같으며, 정반의 방향으로 그렸다.

· 여의운견문(그림 33) : 원 청화자기의 여의운견문에 비해, 홍무 시기 것은 명확히 가늘고 작고 간단하게 변하였다. 큰 여의운견문은 절연반 1예에서 보일

뿐이다. 운견 내부는 단지 절지화나 엽맥문 등 간단한 문양을 그렸다.

· **산석**山石**문** : 원 청화자기는 먼저 짙은 청료로 윤곽을 그린 다음, 묽은 청료로 칠해, 농·담의 2개 층차가 출현한다. 홍무 것은 먼저 산석의 윤곽을 구륵으로 그린 후, 석 내에 흰 테를 남기고 다시 산석의 윤곽을 따라 평평하게 칠해, 산석에 음양면이 생겨서 입체감이 증강한다. 이런 화법은 곧장 영락·선덕 시기까지 계속된다.

· **파초수문**芭蕉樹文 : 원 청화자기의 파초잎은 파쇄상破碎狀(산산조각난 모양)을 띠며, 중간 줄기를 희게 남기고 엽심은 꽃망울모양을 하며, 잎은 대칭하여 일반적으로 2조를 이룬다. 홍무 시기의 파초잎도 역시 파쇄상이고, 잎줄기도 희게 남기나, 엽심이 나선상을 하고 잎이 대칭하여 일반적으로 2~4조 정도를 이룬다.

· **해도문**(그림 34) : 홍무 청화자기의 해도문은, 먼저 비교적 굵은 선조로 중간에 불규칙하게 연속하는 곡선을 그리고, 파도 사이에 몇 개의 소원권이나 원점을 꾸며 물방울을 표시하고, 곡선 양측을 나누어 비교적 짧은 수직선으로 파도를 표시하였다. 형식상으로 보아, 그것은 명백히 원 청화자기의 해도문을 탈피한 것이지만, 원대와 같은 풍부한 동감은 없다. 해도문에는 파도머리가 생강싹 모양 같이 그린 다음, 그 양측에 짧은 선조로 수파문을 그린 것도 있다. 이런 화법을 '해수강아海水薑芽'라고도 한다.

· **운룡문** : 홍무 청화자기의 용의 자태는 원대의 웅건하고 흉맹함이 없으며, 비늘은 작은 호형을 하거나 흰 테를 남기고 색을 채워 입체감이 강하다. 발가락은 3~4개이고, 5조용은 경덕진 청화자기에서 가장 많이 보이는데, 5조의 발톱 끝이 이어져 하나의 둥근 테를 이룬다. 용과 함께 배치된 운문(그림 35)은 '표대飄帶(댕기) 여의운'이라 하며, 운각雲脚은 원대에 비해 짧고 굵으며 한쪽으로 휘어져 있다. 원대의 올챙이구름은 많이 보이지 않는다. 홍무 청화자기의 운문에는, 3송이의 유운을 '品'자형으로 배열한 것도 있다. 이 '품'자형 여의운문(그림 36)은, 정덕연간까지 많은 변화 없이 계속 사용되었으며, 가정·만력시기에 이르러 비로소 큰 변화가 있게 된다.

## 5. 민요 청화자기

홍무시기의 민요는, 전반기에는 일용자기로 무문의 백유·청백유나, 난백유의 각화·인화 자기를 많이 생산하고, 청화자기는 민요의 주요 제품이 아니었다. 홍무 후반기가 되어, 민요는 비로소 청화자기를 대량으로 생산하였다. 홍무 민요 청화자기의 기본적인 특징은 다음과 같다.

**그림 34** 해도문

첫째, 백색태(미회색이나 황색의 것도 있다)에, 자화 정도가 비교적 좋으며(태질이 조잡한 것도 따로 있다), 태질이 단단하다. 태토는 '이원배방二元配方', 즉 자석瓷石과 고령토를 섞은 것을 사용하였다.

**그림 35** 운문

둘째, 유색은 담유청색淡乳靑色이 주로이고, 소수가 회청색을 하며, 유층은 얇고 투명하여 청백자와 흡사하다. 오래되어 자연스레 생긴 가는 빙열문이 있는 것도 있으며, 질이 좋은 것은 구연에 갈유를 씌웠다.

**그림 36** '品'자형운문

셋째, 청화 발색은 일반적으로 청색 중에 암회색을 띤 것, 즉 짙은 남청색(인디고 블루)을 띤 것이 비교적 많으며, 소성이 과하게 되면 청화가 퍼진다. 시험에 의하면, 청료 중에 산화망간 함량이 높고, 삼산화이철 함량이 낮아, 원 청화자기에 쓰인 청료의 저망간고철과는 확연히 상반되며, 국산코발트토광에 속한다.

넷째, 상견되는 기물은 완·반·배 등의 일상기명들이다. 기물은 태체가 중후하고, 굽이 얕고 굵고 평절하며, 굽 안 바닥 중앙에 유정형乳釘形 돌기가 있고, 굽벽은 두텁다. 굽 끝은 '붕어등' 모양을 하며, 사저이다. 홍무 청화자기의 굽은 변화가 비교적 큰데, 굽은 작은 데서 크게, 굽 벽은 두터운 데서 얇게, 굽안 파기는 얕은 데서 깊게, 굽벽의 절삭은 경사진 데서 곧바르게 변한다. 또 가벼운 데서 무겁게, 바닥면의 유정乳釘 돌기는 큰데서 작게, 또한 사저砂底에서 유저釉底로 변하였다.

다섯째, 청화문양은 '일필점화'로 한 것이 많으며, 특징은 둥근 호형선이 많고 기법이 숙련되고 법칙에 구애받지 않는다. 묘사와 색칠의 용필이 뜻 가는대로 이루어져, 용비봉무龍飛鳳舞한 것이, 마치 광초狂草로 쓴 것 같다. 선조는 조·세의 변화가 뚜렷하고, 문양이 거칠 것 없이 분방하다. 문양에는 난초·모란·국화·연화·수초·송죽매·나비·소라·곰·물고기·운룡·산수·고사 및 초서 '복福'·'수壽'자와 화탁花托(꽃이 밑을 받침)의 '복福'자 등이 있다. 주변은 간단한 기하문 등으로 꾸몄다.

여섯째, 가마 내의 장소량(재임량)을 높이기 위해, 원대의 '삽권澁圈첩소법'을 계속 사용하여, 기물 내저에 약 1cm 넓이의 담홍색을 띠는 둥근 테 모양의 노태 부분이 있는데, 속칭 '삽권 澁圈(꺼칠꺼칠한 테)'이라 한다.

현재까지, 아직 관요청화자기에 홍무연호가 있는 것이 발견되지 않는다. 단지 매병 어깨에 청화로 쓴 '춘수春壽'란 전서체 길상어명만 보이는데, 필력이 강하고 힘이 있다. 민요 청화자기 역시 연호명은 보이지 않고, 단지 청화로 쓴 '복福'·'수壽' 명이 있다. 강서성 옥산현玉山縣 발견의 "홍무칠년(1374)이월칠일조차洪武七年二月七日造此"라는 기년명이 있는 청백자호는, 명확한 홍무년 관기를 가진 드물게 보는 기물이다.


## 제3절 영락永樂·선덕宣德의 청화자기

영락·선덕 청화자기는, 전통의 기초 위에서 커다란 발전을 이루었다. 기형의 종류가 많아지고 생산량이 증대하였으며, 제품은 궁정과 민간용의 일상 수요를 위해 공급하는 외에도, 증물 및 상품이 되어 대량 해외로 나갔다. 이 시기의 청화자기는, 유태가 정세하고, 색조가 아름답고, 조형이 다양하고, 문양이 정미하여 오랫동안 명성을 떨쳐, 중국 청화자기의 전성기 혹은 황금기로 불리고 있다.

## 1. 영락 청화자기

영락(1403~1424)기의 청화자기는, 소위 "안료가 모두 훌륭하며, 청화가 가장 귀하다.諸料悉精, 靑花最貴"는 견해가 있으며, 그 성취는 "일대에 미증유의 기묘함을 열었다.開一代未有之奇"고 칭송되었다. 영락 청화자기는 점차 원대 유풍을 탈피하여, 조형과 문양상에서 새로운 풍격이 출현하였다. 일반적으로 말해, 영락 청화자기는 우미하고 준수하며, 두께가 적절하고, 기형이 유연하고, 색택이 아름답고, 문양이 활달한 특징이 있다.

### (1) 태와 유

영락 청화자기는 태토가 원 청화자기에 비해, 선별과 수비에 더욱 주의를 기울였다. 좋은 원료를 선택하고 수비를 정세하게 하여 태질이 곱고 희며, 벽이 비교적 얇아 기물이 가벼워서, 원 청화자기의 태체의 후중한 작법을 개선하였다. 자태면에서 영락과 홍무를 비교하면, 영락 자태가 곱고 얇으며 백도白度가 홍무에 비해 크게 향상되었다. 홍무 청화자기는 태토 입자가 굵고 기벽도 비교적 두텁다. 영락 청화자기는 성형에 주의를 기울여, 정세하게 손질하였다. 병과 호의 복부에서는 접합처의 흔적이 그다지 나타나지 않는다. 태색은 대체로 백태와 장태漿胎(풀죽같은 느낌의 연질태)의 두 종류가 있는데, 백태는 색이 희고 태질이 섬세하고 잡질이 적다. 장태는 색이 백색 중에 약간 황색을 띠며, 태가 섬세하나 단단하지 않아 소성온도가 부족한 것 같은 느낌을 준다.

영락 청화자기는 유색이 백색에 청색기를 약간 띠며, 어떤 바닥유는 백색인데 유즙은 정세하고 유층이 얇다. 총체적인 특징은, 비후하고 윤택하고 밝게 반짝이며 매끈하다. 기면이 윤택하여 빙렬이 매우 적다. 영락 청화자기는 대반과 편호 등의 소수의 대형기를 제외하고, 많은 기물의 저부가 시유되었는데, 이 또한 매우 중요한 시대적 특징이다.

## (2) 청료

영락 청화자기의 청료는, 일반적으로 수입한 '소마리청'료 만을 사용하였다. 이 청료의 색은 아름다운 청취색으로, 농처는 뭉쳐져 은흑색의 결정반을 띠고, 자연스런 훈산暈散(퍼짐) 현상도 있다. 이런 자연스런 퍼짐의 특징으로, 인물의 면모를 흐리게 하기 때문에, 영락 청화자기의 문양에는 인물 묘사가 매우 적다. 반면 화훼는 남다른 좋은 효과를 얻는다. 이런 청료는 자기에 그리면, 짙기도 하고 옅기도 하여, 농담이 분명하다.

명 만력연간에 왕세무王世懋가 지은 『규천외승窺天外乘』에, "아조에서 부량현의 경덕진에 전문기구를 설치하고, 영락·선덕 간에 내부內府의 것을 번조한 것은 지금까지 귀한데, 그때 머리털 같은 구멍이 있는 첨백유를 한 것이 일반적이고, 소마리청으로 장식하며, 선홍색으로 한 것이 진귀하다.我朝則專設于浮梁縣之景德鎭, 永樂, 善德間內府燒造迄今爲貴, 其時以鬃眼括白爲常, 以蘇麻離靑爲飾, 以鮮紅爲寶"라고 명확히 영락·선덕 청화자기에 소용된 청료가 '소마리청'임을 기록하고 있다.

국내외 과학자들이, 수입 '소마리청'료에 대해 실험 분석한 결과, 소마리청료는 망간 함량이 적고, 철과 코발트 함량이 비교적 높으며, 특히 철의 함량이 상당히 높다고 발표하였다. 이런 청료는 고온의 환원분위기에서 소성하면, 짙푸른 남색으로 발색하는데, 유동성이 비교적 크고 자연스럽게 퍼지는 '료훈料暈'이 발생한다. 농처에는 흑색 결정반점이 있고, 은색의 석광錫光이 반짝이며, 색이 짙은 곳은 태골을 파고들어 응집된 결정반점을 형성하여, 손으로 쓰다듬어 보면 요철감을 느낀다. 소마리청 청료로 그린 문양은, 소성 후 색조가 질박하고 침착하며, 여러 갈래로 나타나고, 화면은 기운생동하고 꾸밈없이 자연스러우며, 화려함을 발하는 것이, 중국회화의 '묵바림채' 같은 자연스러운 예술적 효과를 취득하였다.

### (3) 조형

영락 청화자기는 전대보다 품종이 다양하고, 기종이 다종다양해지며, 조형은 수려하고 준수해지고, 두께가 적절하며, 체태體態가 우아하다. 일반적으로 대형 기물은 적은 편이고, 굽이 낮으며, 구연을 얇게 깎았다. 분盆과 완의 바닥 중심은 약간 안으로 들어가거나 밖으로 나온다. 굽 외면은 직선이고 내면은 경사지며, 굽 끝이 평절한데 홍무보다 넓다. 대반과 편호 등 소수의 대형기의 저부는 색이 역시 홍무와 다른 바가 있다. 홍무 대반은 함철량이 비교적 높은 갑발용 진흙으로 도지미를 만들며, 자태도 입요 시 완전히 마르지 않아 소성 시 그릇 바닥의 함수량이 비교적 높기 때문에, 자기가 완성될 때 지소물과 접촉한 바닥이, 2차 산화되면서 1층의 매우 얇은 귤황색층을 형성한다. 그러나 영락 청화자기는 순 고령토로 만든 도지미를 사용하고, 날그릇의 건조 시간도 길기 때문에, 완성된 후에는 노태된 바닥이 희고 섬세하며 고운 사저를 이루어, 손으로 만지면 찹쌀가루 같은 느낌을 줄 정도로 곱고 매끈하다. 미세질 사저에 작은 철반덩이가 있는 것도 있다. 성형 시 복부를 잘 다듬어 태체 접합이 거의 보이지 않는다.

영락 청화자기의 주요한 기형으로, 완·접·반·병·호·주자·편호·배·향로·분·준尊·화요花澆(꽃에 물 주는 용기) 등이 있다.

① 압수배壓手杯(그림 37) : 영락시기 경덕진 어요창에서 번조한 신품종이다. 손 안에 잡으면 매우 편안하게 붙어, 손아귀에 꼭 맞다하여 얻어진 이름이다. 이것은 명대 자기 중에 유일하게 문헌 기록과 부합되는 실물 중의 하나이다. 현재 북경고궁박물원에 소장된 압수배(사진 97)는, 입이 외반하고 복부가 깊으며 약

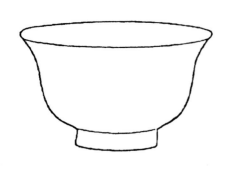

**그림 37** 압수배壓手杯

**사진 97** 청화 연당초문 압수배纏枝蓮文壓手杯,
명·영락, 구경9.2cm, 고4.9cm

간 불룩하고, 사족활저砂足滑底이다. '사족'은 번조할 때 지소한 갑발 안에 모래를 채워서 굽 부분에 모래흔이 남아 있기 때문에 '사족'이라 부른다. '활저'는 굽 안에도 시유하여 외부에 비해 매끄럽기 때문에 '활저'라 부른다. '사족활저'는 청화 압수배의 뚜렷한 특징이다. 이 배의 바깥 구연에는 매화점문과 현문이 그려졌으며, 복부에는 섬세한 연화당초문이, 굽 외측에는 당초문과 현문이 그려졌다. 명 곡응태谷應泰의 『박물요람博物要覽』중에 기록하기를, 압수배는, "중심에 두 마리 사자가 공을 굴리는 것을 그리고, 공 안에 전서로 '대명영락년제'의 6자 혹은 4자를 썼는데, 가늘기가 쌀알 같으며, 이것을 상품上品으로 하고, 원앙심이 다음이고, 화심은 또 그 다음이다. 배 외면의 청화는 짙푸르며, 모양이 정묘하고, 전세가 오래되어, 가치 또한 심히 높다.中心畵雙獅滾球, 球內篆書'大明永樂年制'六字或四字, 細若米粒, 此爲上品. 鴛鴦心者次之, 花心者又次之也. 杯外靑花深翠, 式樣精妙, 傳世可久, 價亦甚高."라 하였다. 북경고궁박물원 소장의 이 압수배는 화심에 '영락년제' 4자관지가 있으며, 현존하는 영락 청화자기 중에 유일한 기년관을 가진 자기로, 때문에 그 진귀함이 배가된다.

② 완 : 계심鷄心완·와족臥足(무굽)완·돈식墩式완·창구敞口(외반구)완·직구완 등 여러 종류가 있다.

중국의 청화자기

· 계심완(그림 38) : 입이 벌어지고 구연이 약간 내만하며, 복부가 깊고, 굽이 작으며, 굽 바닥의 중심이 뾰족하게 튀어나온 모양이다. 완 바닥 안에 이런 계심형(하트형)의 돌기가 있어 얻은 이름으로, 영락시기에 창소된 신제 품이다. 대·소 2종이 주로 보인다. 수도박물관

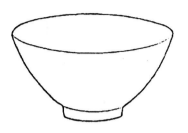

**그림 38** 계심완鷄心碗

소장의 '청화화훼당초문계심완'(사진 98)은, 내벽 구연에 1줄의 해수문대를, 복부에는 6송이의 화훼당초문을, 완심에는 비파절지문을 그렸다. 외벽 구연에는 회문을, 복부에는 길쭉한 연판문을 그렸는데, 이런 길쭉한 변형연판문은 명초 청화자기에서 처음 보인다. 그것을 계심완에 장식하는 것은, 완의 형식변화에 부합하고 또 문양 자체의 풍채를 더하는 것으로, 영락시기에 두드러진 청화자기의 시대적 특징이다. 영락과 선덕 계심완의 구별은, 영락완은 가볍고 굽이 낮으며 연판은 1개가 세장하고 청화색이 짙다. 선덕완은 몸체가 무겁고 굽이 높고 연판이 다층에 짧고 넓은 것이 많다. 계심완의 조형은 미관이 시원시원하고 몸체가 가볍고 기벽이 얇으며, 문양이 활달하고 명쾌하여, 원대의 외반 입과 낮은 복부에, 문양이 조밀한 형태를 개변시켰다.

**사진 98** 청화 화훼당초문 계심완纏枝花卉文鷄心碗, 명·영락, 구경20cm, 고10.4cm

**사진 99** 청화 페르시아문 와족완波斯文臥足碗, 명·영락

· **와족완** : 입이 벌어지고, 복부가 얕고 호형이며, 바닥이 약간 凹한 안굽형을 한다. 전체 모양이 만두 같아, '만두심완饅頭心碗'이라고도 부른다. 홍콩 천민루天民樓 소장의 '청화페르시아문와족완'(사진 99)은, 내벽 구연에 해수문을 1줄 그리고, 벽에는 여의운두문과 당초문을 그렸으며, 저심에는 화훼당초문을 그렸다. 외벽 구연에는 1줄의 페르시아문을 돌렸는데, 뜻은 "진주眞主께서 주신 복에 감사"이다. 구연 아래에 여의운두문과 당초문을 그리고, 저부에도 전지轉枝 화훼문대를 그렸다. 태색은 희고 유는 청색기를 띠며, 청화는 흑갈색반점이 많은데 구연의 청화가 퍼져 있다. 이 완은 영락시기에 이슬람 국가와 경제적·문화적인 교류를 보여 주는 진귀한 증거품이다.

· **창구(외반구)완** : 입이 벌어지고, 복부가 얕으며, 굽이 낮다. 대북 홍희미술관 소장의 '청화정원영희문완'(사진 100)은, 외벽 한 면에는 정원의 널따란 누각 안에 손에 부채를 들고 단정히 앉아 있는 사녀가 있는데, 모습이 편안히 한가로우며 마치 시원한 바람을 쐬고 있는 것 같다. 다른 한 면에는 두 아이가 땅바닥에서 놀고 있는데, 모습이 활달하고 귀엽다. 화면이 청신하고 활달하며 화의가 생동하고 상쾌하다. 한 폭의 훌륭한 정원 정취를 잘 보여주는 완미한 작품으로, 영락 청화는 인물을 주제로 한 것이 적은 편이어서 더욱 귀하다. 선덕시에도 이런 소재의 완이 있지만, 태골이 영락 것보다 후중하고 청화색이 짙고 무겁다.

**사진 100** 청화 정원영희문 완庭院嬰戱文碗, 명 · 영락, 구경19.4cm

· **직구완** : 직구에 복부가 깊고 호벽을 이루며 굽이 낮고 굽 안은 무유이다. 1994년 경덕진 주산에서 청화운룡문과 화훼문의 직구완이 출토하였다. '청화운룡문직구완'(사진 101)은, 외벽에 쌍룡희주문을 그렸는데, 입을 벌려 혀를 내밀고 입술을 쳐들고, 머리 꼭대기 뒤로 머리카락이 휘날린다. 턱 아래 수염은 뒤로 날리며, 등날은 예리하고, 목은 원대에 비해 굵다. 몸체 역시 살이 쪘고, 세발가락은 힘이 있으며, 화염주를 쫓아 놓고 있는데, 명초 용의 전형적인 화법이다. 내벽 구연에는 작은 꽃송이를 그리고, 벽에는 화훼당초를 그렸으며, 완심면에는 석류절지를 그렸다. 이 유형의 직구완은 홍무 청화대완에서 발전된 것으로, 명초에 상견되는 기형이며, 원 청화자기에는 그다지 보이지 않는다.

③ 반 : 렴구斂口(구연이 내만한)반·절연능구菱口반, 절연평구平口반, 별구撇口(구연이 외반한)반 등 여러 종류가 있다. 문양은 절지와 당초 화훼문·운룡문·화조문 등을 많이 그리며, 굽은 원대에 비해 크다.

· **절연능구반** : 원 청화대반의 형식을 이은 것이지만, 문양은 변화가 있다. 예컨대 수도박물관 소장의 '청화포도문절연능구반'(사진 102)은, 구연이 연판형인데, 넓은 판이 연화형으로 12개의 호형을 이루며, 저부가 약간 아래로 凹하고 기

**사진 101** 청화 운룡문 직구완雲龍文直口碗,
명·영락, 구경34.7cm

**사진 102** 청화 포도문 절연능구반葡萄文切沿菱口盤,
명·영락, 구경45cm

제4장 명대 청화자기

**사진 103** 청화 연초문 절연반蓮草文折沿盤, 　　　　　　　　**사진 104** 청화 송수소경문 렴구반松樹小景文斂口盤,
　　　　 명 · 영락, 구경44.3cm　　　　　　　　　　　　　　 명 · 영락, 구경41cm

벽이 얇다. 평저에 낮은 굽이 있는데, 백색의 사저에는, 소량의 화석홍 반점이 있다. 태골은 단단하고 희며, 유질은 비후하여 매끄럽고 윤이 나며 희다. 청화색은 아름답고 고우며 결정반점이 있고, 짙게 뭉친 곳은 흑색을 띤다. 구연에는 양방 연속의 전지화를, 복부에는 각 1개의 원호 속에 국화·영지·연화 등을 그렸다. 반 중심에는 한 줄기 포도를 그렸는데, 포도넝쿨은 굵고 견실하며 가는 줄기들이 휘감고 있다. 포도잎은 정면과 측면이 있고, 넝쿨잎 사이는 혼수법混水法(흐린 묵법)을 사용해 잘 익은 포도를 그렸다. 외벽에는 12송이의 서로 다른 절지의 연화·국화·동백·모란 등을 그렸는데, 구도가 교묘하고 선조가 유창하다. 결구가 치밀하고 시원하고 분명하며, 필치가 호방하여, 원 청화의 구도의 풍모를 개변시켰다.

　　· **절연평구반** : 절연에 복부가 얇고 굽이 있으며, 사저에는 화석홍반이 있다. 대북 홍희미술관 소장의 '청화연초문절연반'(사진 103)은, 절연에 용솟음치는 해도문을 그렸는데, 남색의 해수 위로 높이 말아 올라간 흰 물보라가 있으며, 물보라는 불수佛手모양이다. 내벽에는 모란당초문을, 반심에는 3중 현문 속에 속파련束把蓮(연꽃다발문) 하나를 그렸다. 명초 경덕진에서 파련문을 장식한 청화자기

는, 선덕 대반에서 더욱 많이 보인다.

1988년과 1994년에, 경덕진 주산에서 이런 절연평구반이 많이 출토하였다. 내벽 구연에 당초문·해수문·절지화과문·연당초문 등을 그린 것이 많다. 내벽에 그려진 문양은 절지나 당초의 화과문이 많은데, 동백·모란·연화·치자·월계·국화·작약·석류·복숭아·비파·앵도 등이 있다. 반심에는 절지나 당초의 모란·국화·연화·동백·영지·넝쿨 달린 박과 병체련并蒂蓮(한 줄기에 나란히 핀 연꽃 한 쌍을 그린 것. 화목과 금실을 상징)이 많은데, 어떤 것은 문양 밖에 6출 혹은 8출의 화창을 그렸다. 절연반은 태가 중후하고 질이 순백하며, 백유는 청색기를 띤다. 청화는 짙은 것도 있고 옅은 것도 있으며, 짙은 곳에는 흑갈색 결정반점이 있고, 사저에 화석홍반이 있다.

· 렴구(내만구)반 : 이란 테헤란의 신묘神廟에 이런 유형의 반이 10여점 소장되어 있는데, 큰 것은 구경이 40여 cm에 달하며 작은 것도 30cm 정도이다. 대북고궁박물원·동경국립박물관·홍콩 서씨예술관 등 국내외 박물관에도 소장되어 있다. 1994년 경덕진 주산에서 이런 대반이 수점 출토하였는데, 문양장식이 극히 풍부하다. 구연에는 꽃송이와 당초문을 그린 것이 많다. 내벽에는 절지나 당초의 화과를 그린 것이 많은데, 연화·국화·모란·동백·작약·복숭아·비파·감·석류 등이 있다. 반심에는 절지나 당초의 모란·국화·여지·복숭아·포도·치자 등의 문양을 많이 그렸다. 또한 송죽매·호석화초·호석소나무 등의 소원 경관 혹은 해랑백룡문과 '품'자 구름송이문을 그린 것도 있다. 특히 '청화송수소경문렴구반'(사진 104)의 문양은 별격의 참신함이 있어, 한 폭의 정미한 화훼도권이라 부를 만하다.

영락 시기는 대외교류가 매우 넓어졌는데, 특히 이슬람지역에서 중국도자기가 환영을 받았다. 이런 대반은 주로 이 지역을 위해 번조된 것으로, 문양도 이 지역 문화의 일정한 영향을 받은 것이다.

④ 병 : 주요한 것으로 매병·옥호춘병·천구병天球瓶 등이 있다.

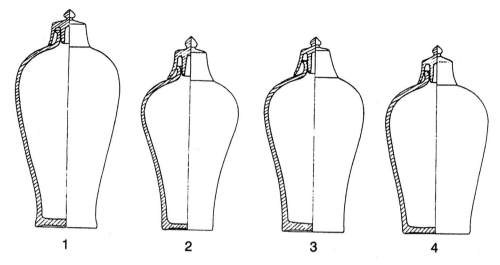

**그림 39** 매병변화도 (1)원대 (2)홍무 (3)영락 (4)선덕

**사진 105** 청화 도죽매문 매병桃竹梅文梅瓶,
명 · 영락, 전고41.5cm

**사진 106** 청화 절지화과문 병折枝花果文玉壺春瓶,
명 · 영락, 고30.5cm

중국의 청화자기

· **매병**(그림 39) : 매병은 명대에 상견되는 기형이다. 명초의 매병은 원대의 마르고 길며 수려한 데서, 통통하고 풍만하게 변한다. 때문에 "구경이 작아 매화의 수골瘦骨(마른 가지)과 어울릴 뿐이다"라고 하여, "매병"이라 불렀으며, 꽃꽂이용의 병이다. 그러나 상해박물관 소장의 송대 백지흑화매병은, 기신에 '청고미주淸沽美酒'란 명문이 있어, 매병이 술을 담는 용이라 할 수 있다. 명묘에서 출토한 뚜껑 있는 매병은, 뚜껑 때문에 대체로 꽃꽂이에 부적합하다. 때문에 아마 술을 담는데 쓰인 것 같다.

1970년 북경 옹정부雍王府 명묘에서 출토한 '청화도죽매문매병'(사진 105)은, 입이 작고 목이 짧으며 어깨가 풍만하고 평저이다. 요령 모양의 뚜껑에는 연봉형 꼭지가 있다. 어깨에 여의운두문대를 그리고 안에는 화훼절지를 채웠다. 복부에는 대나무와 벽도碧桃를, 밑동에는 영지당초문을 그렸다. 청화 발색은 농염한데, 태골에 스며들며, 짙게 몰린 곳은 청화가 퍼지는 현상이 있다. 이 매병을 보면, 조형이 이미 원대의 질박하고 자연스런 풍격에서 개변하였고, 소재도 원대에 상견되는 모란당초·운룡문·용봉문의 작법에서 개변하여, 화과문으로 변하였다. 도안 포치 역시 시원하고 청신한 쪽으로 나아갔다. 여의운견문이 비록 원말명초의 운치를 갖고 있지만, 테두리를 3조 평행선으로 고쳐서 표시하고 있어, 구륵으로 테두리선을 그리고 다시 청료를 바르는 것과는 다르다. 이런 화법은 다른 수도박물관 소장의 영락청화대호에서도 볼 수 있다.

· **옥호춘병** : 명초의 옥호춘병은 병목이 원대에 비해 짧고 굵으며, 복부가 크고 굽이 두텁다. 상해박물관 소장의 '청화절지화과문병'(사진 106)과 일본 이데미쯔出光미술관 소장의 '청화사계화훼문병' 등은, 모두 영락 청화옥호춘병의 걸작이다. 특히 1994년 경덕진 주산의 어요창 유적의 발굴에서, 수점의 옥호춘병이 출토하여 옥호춘병 연구를 풍부하게 하였다. 이들 병은 병목에 절지매화와 여의운두문을 그린 것도 있고, 화훼당초문과 초엽문을 그린 것도 있다. 어깨 부분에는 화창 안에 화훼절지문을 그리거나, 국당초문과 여의운두문을 그린 것도 있다. 복부에는 주문양으로 커다란 연당초와 절지추규秋葵문을 그렸다. 밑동에는

제4장 명대 청화자기

**사진 107** 청화 용도문 천구병龍濤文天球瓶,
명·영락, 고43.5cm

변형연판문이나 초엽문을 그렸다. 문양이 풍부하며 다채롭고, 선명한 시대적 특징을 갖추고 있다.

· **천구**天球**병** : 명 영락시기에 처음 만들어진 것으로, 직구에 목이 길고 복부는 똥그랗다. 사저는 약간 凹하며, 복부가 공과 비슷하여 이름을 얻었다. 현재 일본 동경 가메야마龜山기념관에 소장된 '청화용도문천구병'(사진 107)이 곧 청화천구병의 전형작이다. 구연에 당초문이 장식된 외에, 몸 전체에는 용솟음치는 파도 속에서 유희하는 2마리 거룡이 베풀어져있다.

용은 백색이고 파도는 남색인데, 문양의 제작이 참신하고 별격이다. 제작기술은 성형한 날그릇의 태토에 먼저 용문을 각출하고, 연후에 용문 이외의 부분에 청료로 파도를 그려, 용과 물보라는 희게 남겨두고, 다시 투명유를 씌워 소성하였다. 남색과 백색이 서로 어울려 색다른 정취를 보인다. 이런 바탕색의 변화를 이용한 장식수법은, 원대에서 시작되어, 영락·선덕시기에 이르러 더욱 정미해졌다. 영락 천구병은 그대로 청대에 영향을 주어, 옹정·건륭시에 다시 청화동채(유리홍)와 분채 등의 천구병을 번조하였다. 이 병의 용문은 전형적인 영락 문양이다. 영락 용문은 원대의 몸체가 가늘고 머리가 작고 목이 가는 형태를 개변시켜, 형체가 굵고 비대하여 위풍당당하고 흉맹스럽게 변한다.

⑤ 기타 호 : 삼이호三系壺(삼이주자)·집호執壺(주자), 편호 등으로 나뉜다.

· **삼이호(삼이주자)**(그림 40) : 이 호는 대북고궁박물원 소장의 '청화화중봉문주자'(사진 108)가 가장 전형적이다. 호신은 편원형을 띠고, 입이 작고, 어깨가

140

**그림 40** 주자三系把壺

**사진 108** 청화 화중봉문 주자鳳穿花三系把壺,
명 · 영락, 저경20cm

경사지며 평저이다. 복부 한편에 만곡한 짧은 주구를 달고, 다른 1곳에는 죽절형
의 손잡이가 있다. 어깨에 3개의 고리형의 작은 귀가 있고, 뚜껑면이 편평하다.
태는 섬세하고 유는 청백색이며, 청화는 짙고 아름답다. 복부 전후에 각 1마리
씩 날개를 펴고 비상하는 단봉을 그렸는데, 꽃 속에서 놀고 있는 중이다. 봉의 목
이 세장하고, 1봉은 5화미花尾이고, 다른 1봉은 긴 화미를 말아 올렸다. 뚜껑 윗면
에 단봉을 그리고, 뚜껑 벽면에도 화중봉문을 그렸는데, 꼬리가 앞의 두 마리와
다르게 엽상화미葉狀花尾를 한다. 이런 청화소호는 남아있는 것이 극히 적고 매우
진귀하다.


· **집호(주자)** : 2식으로 나눠진다.

a. 주형注形 집호(주자) : 호신은 옥호춘병과 같고, 한쪽에 만곡한 긴 주구가 있
으며, 주구 저부가 호신의 하부 가까이 만들어져 있어, 보다 쉽게 물(술)을 따를
수 있다. 주구와 목 사이에 길쭉한 구름모양 판을 연접시켜, 주구를 안정되게 하
였다. 다른 한 쪽에는 납작띠 모양의 높은 손잡이가 있으며, 손잡이 상단에 작은
고리가 있어 끈으로 뚜껑과 잇는데 사용하였다. 기형은 은기를 방하여 힘차면서
단정하다. 중국역사박물관 소장의 '청화화과문주자'(사진 109)가, 바로 이런 조
형이다. 이 호의 복부의 양면에는 해당식의 화창 안에, 1면에는 절지비파를, 1면

에는 절지복숭아를 그리고, 화창 사이는 절지화훼로 공간을 메꾸었다. 목 상부에는 단층 초엽문을, 하부에는 연당초문을 그렸다. 밑동에는 변형연판문을, 굽에는 당초문을 그렸다. 전체 문양은 시원하고 명쾌하며, 청화는 색이 짙고 아름다우며 퍼짐이 있다.

비파를 문양으로 한 것은, 영락·선덕 시기 관요청화자기의 한 특징이다. 1994년 경덕진 주산에서 청화주자가 여러 점 출토하였는데, 그중 반구盤口 주자가 중국역사박물관 소장의 이것과 조형은 물론 문양도 완전히 같다. 또 한 종류의 주자는, 입이 나팔상인데, 목에 절지복숭아와 초엽문을 그리고, 복부에 국화문을 그려, 전자와는 다른 점이 있다. 문양이 약간 다른 기물이 일본 오사카 만노萬野미술관과 대북 홍희鴻禧미술관 등에 소장되어 있다.

b. 장경長頸방형주구 주자 : 입이 작고 입술이 말리며, 목이 길고 어깨가 둥글다. 어깨의 목 가까이에 한 줄의 돌기가 있으며, 복부가 깊고 길며 굽이 낮다. 구연 아래에 방형의 짧은 주구가 있는데 약간 위로 향하고, 주구의 입 부분은 표주

**사진 109** 청화 화과문 주자花果文執壺, 명·영락, 고26.1cm

**사진 110** 청화 화훼당초문 주자纏枝花卉文執壺, 고32.6cm

박형을 한다. 반대쪽의 구부와 어깨 사이에 넙적한 손잡이가 있다. 형태가 참신하고 정교하며, 일종의 외래 영향을 받은 기형으로, 아랍인들은 이것을 손을 씻거나 꽃에 물 주는데 상용한다. 영락시에는 백유기로 만들었으며, 이후에 비로소 청화자기에 출현하였다.

대북 홍희미술관의 '청화화훼당초문주자'(사진 110)는, 전체에 6층의 문양대가 있는데, 구연에는 회문이, 목에는 화훼문과 와문이, 어깨에는 변형연판문이, 굽에는 당초문을 그렸으며, 복부에는 주문양으로 화훼당초문을 그렸는데, 꽃은 크고 줄기는 굵으며 잎은 작은데, 문양이 청신하고 담아하다. 이 호가 특히 진귀한 것은, 주구 상방에 페르시아문으로 "A Z Jahangir Shan Akbar Shan, 1035, 20"란 명문이 있는 점이다. 뜻은 "Jahangir 왕의 아들 Akbar Shan 20년 된 기물, 회교년 1035년."이다. 즉 1625년에, 이 기물이 당시에 오로지 수출하기 위해 번조된 것임을 증명하는 것이다. 대북 고궁박물원·상해박물관·일본·중동에 유사한 품종들이 소장되어 있다.

영락 '청화장경방형주구주자'는 선덕의 동류의 기형과 다른 점이 있는데, 영락 것은 주구 입이 장방형이고, 주구와 손잡이가 구부를 넘어 높으며, 손잡이를 보다 부드러운 호선으로 만들었다. 선덕 것은 주구의 입이 표주박형이고, 손잡이가 보다 평직하고 딱딱하다.


· **편호(편병)** : 5종의 형식이 있다.

a. 산두구 수대편호蒜頭口綬帶扁壺 : 산두(통마늘)형의 입에, 속경束頸(중간이 졸아든 목)이며, 복부가 편원형이고 굽은 외반한다. 구연 하부측면과 어깨 양측을 잇는 여의형 편이扁耳가 각기 있는데, 수대(비단끈)와 비슷하다하여 이름을 얻었다. 조형은 서아시아 금속병에서 취한 것이다. 홍콩 천민루 소장의 '청화화훼당초문편호'(사진 111)는, 몸 전체에 화훼당초문을 베풀고, 굽에는 운두문을 그렸다. 문양이 생동하고 수려하며, 청화발색이 농염청취하고, 자연스런 퍼짐이 있다. 대북 홍희미술관 소장의 '청화산두구수대편호'는 조형이 이것과 완전히 같지

**사진 111** 청화 화훼당초문 편호纏枝花卉文蒜頭口綬帶扁壺,
명·영락, 고29cm

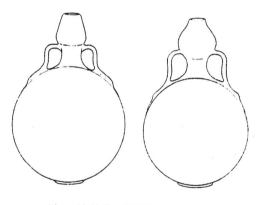

**그림 41** 영락(좌)·선덕(우) 호로구수대편호
葫蘆口綬帶扁壺 비교도

만, 전체에 그려진 것이 더욱 풍부하고 화려한 금문(사진 132)이어서, 더욱 희소하고 진귀하게 느껴진다. 현재 알려진 바로, 산동성 연대시烟台市박물관에도 이것과 극히 유사한 편호 1점이 소장되어 있으며, 높이가 약간 높아 25cm이다.

b. 호로구 수대편호葫蘆口綬帶扁壺(그림 41) : '포월병抱月甁' 혹은 '보월병寶月甁'이라고도 부른다. 홍무시에 이미 이런 편호를 번조하였으며, 영락시기에 계속 만들었다. 영락 호로구 수대편호는 입이 세장하고, 굽이 비교적 작고, 양변의 수대의 상단이 목에 있으며, 문양이 섬세하고 또렷하다. 선덕 호로구 수대편호는 입이 비교적 짧고 둥글며(예외도 있다) 넓고 크며, 굽도 크다. 양변의 수대의 상단은 호로(표주박)의 저부에 위치하며, 문양이 굵직하고 힘이 있다. 북경고궁박물원·대북고궁박물원·홍콩 천민루·일본의 박물관 등에 소장되어 있다. 복부의 문양은 운룡문(사진 112)과 보상륜화寶相輪花(불화佛花라고도 한다) 2종이 있다(사진 113).

c. 직경直頸쌍이편호 : 입이 작고 목이 길며, 여의형 쌍이가 달리고, 복부는 편

중국의 청화자기

**사진 112** 청화 운룡문 편호雲龍文葫蘆口綬帶扁壺,
명 · 영락, 고25.8cm

**사진 113** 청화 보상윤화문 편호寶相輪花文葫蘆口綬帶扁壺,
명 · 영락, 고25.5cm

**사진 114** 청화 호인무악도 편호胡人舞樂圖雙耳扁壺, 명 · 영락, 고29.7cm

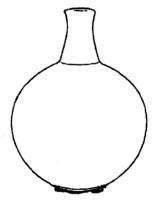

**그림 42** 직경편호直頸扁壺

원형이며 낮은 굽이 있다. 상견되는 문양에는 화훼문과 화조문 등이 있다. 가장 진귀한 것은 대북고궁박물원 소장의 '청화호인무악도편호'(사진 114)인데, 화면은 5인의 가무주악하는 호인胡人들로 조성되어 있다. 그중 1인은 북을 두들기고, 1인은 피리를 불며, 3인은 박자에 맞춰 나풀나풀 춤을 추고 있다. 인물은 청화선을 이용해 구륵으로 그렸으며, 문양이 청신하고 자연스럽고 유창하다. 중국 수묵화의 운치를 갖추고 있다. 명초 청화자기의 화면에 인물도를 그린 것은 극히 드물어, 더욱 진귀함을 느낀다. 같은 기물이, 터키 이스탄불의 토프카프박물관에 1점 소장되어 있다.

　d. 직경편호(그림 42) : 입이 작고 직경이 약간 안으로 휘며, 복부는 편원이 약

**사진 115** 청화 운룡문 편호雲龍文直頸扁壺,
명·영락, 고45.5cm

**사진 116** 청화 화훼당초문 편호纏枝花卉文扁平大壺,
명·영락, 고38.7cm

중국의 청화자기

간 볼통하고, 낮은 굽이 있다. 바닥은 편평하고 무유인데 화석홍을 띤다. 남경박물관 소장의 '청화운룡문편호'(사진 115)는, 목에 2층의 화훼당초문대를 그리고, 복부에는 구름 사이에 비무하는 거룡을 그렸는데, 용은 목이 굵고 몸체가 비육하며, 발가락이 3개(3조)이고 흉포하게 생겼다. 이런 운룡문의 청화대편호는, 대북고궁박물원에도 소장되어 있다. 북경고궁박물원과 경덕진 도자고고연구소에서도 '청화해도백룡문편호'가 소장되어 있다. 대북고궁박물원과 경덕진 도자고고연구소 소장의 이런 편호 중에, 주문양으로 화훼당초문을 그린 것도 있다.

　e. 편평대호扁平大壺 : '와호臥壺(자라병)'라고도 부르는데, 영락시기에 새로 나온 품종이다. 대북고궁박물원에 단지 1점이 소장되어 있다(사진 116). 전체가 원형인데, 1면은 가운데가 볼통하지만, 반대면은 평저를 이루고 무유이며 중심에 凹한 배꼽이 있다. 호의 한 측면에 통형의 짧은 주구가 있는데, 주구에 작은 고리가 있으며, 어깨 양측에 凸한 꽃송이나 쌍으로 움직이는 링을 장식하였다. 몸 전체에 화훼절지문을 그렸으며, 중앙의 약간 볼록한 곳에는 해수문을 그렸다. 용도는 미상이다.


　⑥ 호(관罐) : 2 종류가 있다.


　・ **쌍이유개호**雙系蓋罐(그림 43) : 영락·선덕시기에 유행하였다. 작은 입은 약간 벌어지고, 어깨가 풍만하고 복부는 둥글며 굽은 외반한다. 평저는 무유(유가 있는 것도 있다)이다. 어깨에 고리모양의 작은 쌍이가 있으며, 보주형뉴의 뚜껑이 있다. 복부에는 청화절지 혹은 당초화훼문을 그렸다.

　・ **직구고복호**鼓腹罐 : 직구에 목이 짧고, 어깨가 경사지며, 볼통한 복부는 아래가 좁아들며, 바닥은 얕고 편평하며 무유이다. '청화절지화과문호'(사진 117)는, 전체 문양대가 3층뿐인데, 어깨에 여의운견

**그림 43** 쌍이개호(관)雙系蓋壺(罐)

문을 그리고 내부는 절지연화를 채웠다. 복부의 문양은 각종의 절지화과문이고, 밑동에는 화훼당초문을 그렸다. 이런 호의 조형은 원 청화호 중의 왜비형호(관)를 이은 것이지만, 문양은 이미 원대의 그런 번밀하고 층차가 많은 그림형식에서 변화하여, 주제를 돌출시키고 시원하고 청신한 풍격을 보인다. 뿐만 아니라 주문양은 화훼절지문을 많이 사용하는데, 이는 명초 청화자기 그림 소재 중의 한 특징이다.

　1994년 경덕진 주산에서 '청화절지화훼문유개호'(사진 118) 1점이 출토하였다. 조형은 비교적 신선하고 드물게 보는 것이다. 순구脣口에 몸체는 편원형인데, 복부가 볼통하고 굽은 낮으며, 보주뉴개가 있다. 복부 및 개면에 각기 화훼절지 6송이를 그렸다.

　⑦ 화요花澆 : 꽃에 물을 주기 위한 호로, 영락·선덕 시기에 비교적 유행하였다. 손잡이는 서아시아 지역의 황동이나 백옥제의 화요를 본 따서 만들었다. 포르투갈 리스본의 꾸본장박물관에, 원대의 백옥용병화요와 엇비슷한 1점이 있는 것이 그 증거이다. 화요는 입이 크고 목은 곧바르며, 복부는 둥글고 바닥은 凹하다. 구연에서 복부까지 곡병曲柄이 달려 있다. 대북고궁박물원 소장의 '청화화훼문용

**사진 117** 청화 절지화과문 호折枝花果文罐,
명·영락, 고25.6cm

**사진 118** 청화 절지화훼문 유개호折枝花卉文帶蓋小扁罐,
명·영락, 동경25.8cm

병화요'(사진 119)는, 조형이 정세하고 독특하며, 문양이
풍부화려하다. 이는 가치가 매우 높은 예술품이다.

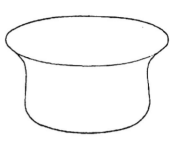

영락 청화화요와 선덕 청화화요의 구별은, 영락 화요
는 목이 길고 복부가 둥글며 손잡이가 용형이고, 문양은
목에 항상 해수문을 그리고 복부에는 가는 줄기에 잎이
달린 연당초문을 그렸는데, 문양이 섬세하고, 관지가 없

**그림 44** 절연분折沿盆

으며, 유개이다. 선덕 화요는 목이 짧고, 복부가 납작하고, 손잡이는 넓적한 띠
모양이며, 문양은 목에 항상 두 종류의 다른 변형연판문을 그리고, 복부에는 당
초화를 그렸다. 문양이 호방하고, 관지가 있고 뚜껑이 없으며, 관지는 복부 상단
에 쓴다.


⑧ 절연분(그림 44) : 시리아의 채회분彩繪盆과 이란의 황동절연분 형식을 본
따 만든 것으로, 영락·선덕시기에 유행하였다. 구연이 외반하고 절연은 넓으며,
분신의 상부는 약간 좁고 하부는 약간 넓으며, 벽은 거의 수직에 가깝고, 평저이
다. 영락 청화절연분은 대·소 2종이 있다. 북경고궁박물원 소장의 '청화화훼당초
문절연반'은 소품이다(사진 123). 안쪽 절연에는 해수문을, 내벽에는 6송의 사계

**사진 119** 청화 화훼문 용병화요花卉文龍柄花澆,
명 · 영락, 고9.2cm

**사진 120** 청화 운룡문 세雲龍文十棱洗,
명 · 영락 구경15.7cm

149

제4장 명대 청화자기

화가 달린 당초문을 그리고, 내저에 3층의 문양대를 그렸는데, 중심에는 도안식의 단화문團花文을, 중간에는 교직한 여의운두문과 연판문을, 바깥은 해수문을 그렸다. 외부 구연에는 절지화 8송이를 그리고, 외벽에는 8송이 사계화가 달린 당초문을 그렸다. 태골이 후중하고, 청화색은 짙은 남색을 띠는데, 농염한 곳에는 철결정반을 띤다. 대북고궁박물원, 홍콩 천민루와 일본 동경 우매자와梅澤기념관 등에 동류의 기물이 소장되어 있다.

⑨ 어루준魚簍尊 : 입이 내만하고, 구부 아래가 점차 넓어져, 복 하부가 비대하다. 바닥은 둥그스름한 환저여서 평면에 두면 흔들거리며, 한 줄의 노태부분이 있고, 미끈하게 만들었다. 서아시아의 황동 어루(물고기 담는 바구니, 어롱)준 형식을 본 따 번조한 것으로, 영락·선덕시기에 유행한다. 복부에 당초의 연화·국문을 그렸는데, 문양이 섬세하다. 태체는 얇고 가벼우며 기형이 수려하다.

⑩ 반좌盤座 : "무당준無擋尊"이라고 부르는 것으로, 서아시아 지구의 황동반좌 형식을 본 따 만들었으며, 영락·선덕시기에 유행한다. 태가 얇아 몸이 가볍고, 위 아래에 모두 넓은 절연이 있으며, 몸체는 직통하는 통모양을 하는데, 몸 중간에 凸한 돌대가 1줄 있다. 선덕 것은 영락 것과 대체로 같지만, 청화문양이 약간 굵고 호방하다. 북경고궁박물원 소장의 청화아랍문반좌(사진 130)는, 입과 저부의 절연에 국화판을 그리고, 기신에는 3층의 문양대를 두었는데, 상하층에는 아랍문자 및 단형團形도안을 하고 중간에는 앙복변형화판문을 돌렸다. 각 층의 문양은 소소밀밀한 것이 운치가 있으며, 청화는 농염한데 검은 얼룩반점이 있다. 유층이 두텁고 매끈하여, 청화가 깊이 잠겨 함축적으로 보이게 하며, 진중한 느낌을 준다.

⑪ 세洗 : 10릉형을 띠며, 외반구연의 얕은 복부에 평저이다. 태는 얇고 희며 가볍고, 유색은 매끈하게 광택이 좋고, 청화색은 산뜻하면서 퍼짐이 있다. 수도

박물관 소장의 '청화운룡문세'(사진 120)는, 내저에 너울지게 춤추며 날아가는 5조의 단룡團龍을 그리고, 공간에는 구름송이를 깔아 놓았다. 외벽의 10릉의 칸에는 각각 구름 속에서 비무하는 5조 단룡을 그렸다. 그림은 굵고 가는 선을 겸용하고, 농·담이 지게 표현하였다. 대북고궁박물원 소장의 '청화절지화과문화식세는', 문양이 절지화를 한 외에는 조형이 이것과 완전히 같다.

## (4) 문양

영락 청화자기의 문양은 유창하고, 대자연에서 소재를 취하여 다양하고 생동적이어서, 원 청화자기의 문양대가 다층이면서 복잡풍부한 특징에서 일변하여, 대체로 시원스럽고 수려하며 공백을 많이 남긴다. 구도는 신중하고 필치는 자연스러운데, 굵은 것도 있고 가는 것도 있으며, 굵고 가는 것을 겸용한 것도 있다. 이를 이용해 청화자기의 색택의 농담을 차이지게 표현하였다. 설색設色이 짙고 옅은 것을 막론하고, 도안 효과가 모두 극히 현란하고 산뜻하며 또렷하고 명쾌하다.

① 주문양

· **화훼문** : 절지와 당초 화훼문을 위주로 하지만, 홍무시기에 비해 풍부하며, 절지화가 당초화보다 많이 보인다. 홍무시기의 화훼는, 꽃은 있되 과실은 없다. 영락시기는 서과문瑞果文, 즉 포도·여지·수도壽桃(장수 복숭아)·참외·감·석류·은행·앵두·비파 등을 대량으로 사용하였다. 홍무 청화자기 상의 화훼문은, 모란·국화·연화·동백·연꽃·부용·영지·석류·백합 등 몇 종류뿐이다. 영락 청화자기는 위의 것을 제하고도, 나팔꽃·월계화·아욱·계수나무꽃·추초화 류 같은 것이 증가하였다.

· **금지문** : 금지錦地(비단무늬바탕)도 영락 청화자기의 시대적 특징이다. 방법은 편호의 복부 양면에, 6방·6각·경쇠형磬形 등의 도안을 이용해, 이어 붙여서 도안 효과를 갖게 한 금문장식이다.

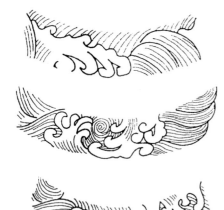

**그림 45 해도문**

**그림 46 연판문**

**그림 47 당초문**

· **용봉문** : 영락 청화는 새 문양과 용봉문을 그린 것도 있다. 화조문은 편호의 양면 및 대반과 고족배의 내면에 많이 보인다. 용문은 반·편호·호·천구병天球瓶 등의 기물에서만 보인다. 용의 몸은 여전히 긴 몸에 가는 목을 한 소수의 것을 제하고는, 몸이 통통한 용이 출현하고, 또한 머리카락을 평평하고 바르게 풀어헤친 것과 수직으로 풀어헤친 것, 두 종류가 있다. 발가락은 튼실하고, 3·4·5개 모두 있다. 두 마리 용의 중간에는 卍자 운문을 장식하였다. 특히 유행한 것은 상비삼조룡象鼻三爪龍으로, 그 특징은, 위로 뒤집어 올라간 코, 튀어나온 눈과 내뻗은 혀, 다섯 묶음의 긴 머리카락이 뒤쪽 위로 파도 모양으로 휘날리며, 용의 다리는 장대하고 발가락이 3개인데, 모두 뒤를 향한다. 가슴 앞에 화대火帶 하나가 나부끼며, 매우 위맹하고 웅장하다. 봉문은 삼이파호三耳把壺에서만 보인다.

· **인물문** : 영락 청화자기에 인물문을 그린 것은 비교적 적으며, 영희를 소재로 한 것이 많다. 현존하는 '청화호인악무도편호'는, 영락 청화자기 인물도의 백미이다.

② 종속(보조)문양

초엽문·회문·여의운견문·해도문·타화문朵花文(꽃송이문)·정반산자문正反山字文·변형연판문 등이 있다.

· **초엽문** : 가운데 줄기는 비교적 굵은 두 선으로 그리고, 잎 끝은 서로 모이지 않고 삼각형을 띤다. 가운데 줄기의 공간은 색을 채우지 않았으며, 잎 둘레의 거치鋸齒가 굵고, 단필 세선으로 윤곽을 이루었다.

· **꽃송이문** : 5개 화판의 매화로 조성된 것이 많다.

· **해도문**(그림 45) : 홍무 시기에는 굵은 선으로 그린 파도 머리와 세선으로 그린 수파를 상용하였는데, 굵은 선이 둥근 테두리를 가로 질러, 파도머리와 수파에 사용된 선조들이 매우 조화롭지 못하다. 영락 청화자기의 파도머리는 수파 사이에 끼어 있으며, 파도머리는 희게 많이 남기고, 수파는 흰 부분을 적게 남겨, 소밀의 대비가 선명하고 선조의 변화가 극히 풍부하다. 해수 파도머리는 불수佛手 모양으로 꼬부라져 있는데, 어떤 것은 불수상의 물보라 속에 나선형의 소용돌이를 포함하고, 가는 파도선은 길고 성글다. 원과 홍무 시기의 해도문에 비해, 비교적 큰 변화가 있다.

· **연판문**(그림 46) : 각 판변 테두리는 쌍구선으로 하고 색은 채우지 않는다. 각 판 사이의 간격은 극소수를 제하고, 나눠지지 않고 상호 이어져 빈 틈새가 없다. 어떤 것은 연판문의 형태가 이미 원과 홍무 시기의 것과 크게 다르다.

· **회문** : 홍무시기에 2개의 상반된 回형문이 1조를 이루고, 다시 1조 1조를 기물의 구연에 배열함으로, 일종의 약간 불연속적인 감각을 주었다. 그러나 영락 시에는 연접하여 둘러싼 것이 보다 조화롭다.

· **당초문**(그림 47) : 원과 홍무시의 단순하게 그린 당초문의 화법이 남아 있는 외에, 또한 쌍구로 그린 작법이 출현할 뿐 아니라, 점차 주요 형식으로 되어 간다. 당초절원唐草切圓형식은, 쌍구선의 휘 굽은 화형으로 대체되었다.

청화 그림의 주요한 필법적 특징은, 도안화문이 쌍구에 전색塡色(색을 채운 것)한 것이 많다는 점이다. 전색시 작은 붓으로 칠하는데, 과거 큰 붓으로 한 번에 칠하는 것과는 다르며, 때문에 종종 매우 옅은 필획흔이 나타난다. 이것이 영락에서 시작되어 성화 전기의 청화자기에게 까지 보이는 가장 두드러진 공통된 특징의 하나이다.

## (4) 관지

명대 이전에는, 경덕진 자기에 연관年款을 쓴 것이 많지 않았다. 명초 경덕진에 어요창을 설치하고, 관부가 그 존엄과 민요와의 구별을 표시하기 위해, 영락 때부터 시작하였으며, 일반적으로 관요기에 본조의 연호를 쓰기 시작하였다. 전세하는 영락 청화자기에 연관을 쓴 것은 극히 적으며, 지금까지 알려진 바로는, 단지 명말 곡응태谷應泰의『박물요람』에서 다룬 청화압수배 뿐이다. 이 배는 북경고궁박물원에 3점이 소장되어있을 뿐인데, 모두 단화團花 무리 속에 '영락년제'의 4자 전서관篆書款을 써 놓았다. 책에서 비록 6자전서관의 것을 언급하였지만, 지금까지 실물은 보이지 않는다. 관지의 글씨체는 쌀알같이 가늘며, 그 특징은, 필획이 꾸밈없고 융통성이 있으며, 기필과 낙필한 곳이 뾰족하고, 절각부분에서 둥글게 꺾었다. 자체의 결구는 신중하여 힘 있고 굳세며, 소마리 청료로 글씨를 써, 청료가 퍼져, 글자 주위에 몽롱한 운무가 있는 것 같다. 후세의 방작은 필선이 생경하며, 꺾임에 부드럽고 온화한 감이 없다.

## (5) 민요 청화자기

영락 민요청화자기의 태색은 대부분 희고 순정하나, 개별적으로 회색을 띤 것도 있으며, 자화 정도가 비교적 좋아 자질이 견치하다. 다만 일부 자화 정도가 좋지 않은 것도 있다. 유색은 백색 중에 청색기를 띠며, 유질은 매끈하며, 소량에 담난청유淡卵靑釉를 시유하여, 투명하면서도 가는 빙열이 있다. 대다수의 기물에 축유縮釉 현상이 있어, 가는 굴피문이 있다. 청화색은 홍무 것과 비슷한데, 주로 국산청료를 사용하여 남색 중에 회색기를 띤다. 또 함철량이 비교적 많은 수입 '소마리청'료를 사용한 것도 소량 있는데, 흑색반점이 있다. 기물의 조형은 홍무 민요청화자기와 계승관계가 있으며, 완·반·배·잔·호 등 일상용품이 많은데, 사저砂底(무유바닥)가 많고 유저釉底(시유된 바닥)는 적게 보인다. 굽은 일반적으로 깊은 편이며, 굽이 높고 비교적 크다. 내벽과 저면은 수직이거나 90도에 가깝게 약간 내경하는데, 홍무시기의 굽의 내벽이 경사진 모양을 한 것과는 다르다. 굽 끝은 끈으로 편평하게 절단하고 노태상태이며, 홍무 것에 비해 넓다.

영락 민요청화자기의 문양은 간결·생동·유창하다. 소재는 화초와 동물 등 자연물 위주이고, 송죽매·연당초·울타리국화문·단화문團花蓮·매월문·영지·파초·비금주수飛禽走獸·결대수구結帶綉球(리본 맨 비단공)·인물 등이 있다. 길상어인 '복福'·'록祿'·'수壽'자가 보통 완의 내심에 장식되는데, 초서체 위주이며, 행서와 초예草隸·초전草篆도 있다. '祿'자는 모두 '礻' 방변이 없이 '彔'만으로 쓴다. '壽'자는 전부 초서로 쓰고, 밖에 쌍권을 둘렀다. 또 범문梵文과 '아미타불' 4자로 장식한 것도 있다.

## (6) 영락 청화자기의 방품

영락·선덕시기의 청화자기는 제작이 뛰어나, 상품의 질이 좋고 값도 비쌌다. 고로 명 중, 후기에 곧 방제가 시작되었고, 청대 강희·옹정·건륭에 이르러 특히 심하였다. 방품을 원작과 비교하면, 조형에서 문양까지 모습이 유사하여, 매우 높은 수준을 구비하고 있으며, 어떤 것은 진품과 혼란케 하는 정도여서, 일정한 정도에서 제자공장들의 창조적 재능과 탁월한 공력을 보여주었다. 방품에는 방제한 기물에 써진 연관을 그대로 베껴 쓴 것도 있고, 방제한 시기의 연관을 쓴 것도 있고, 연관을 쓰지 않은 것도 있다. 연관이 없는 것이 가장 식별하기 어렵다. 몇 가지 예를 든다.

· **옹정방영락 청화 국판문 완**(사진 121, 122)

방품은 진품에 비해 약간 작은데, 방품은 구경10.1cm, 고5.8cm이고, 진품은 구10.3cm, 고6.2cm이다.

방품은, 진품에 비해 태질이 단단하고 태체는 얇으며 유색은 보다 희지만, 유질은 진품의 비옥함이 없다. 진품은 굽 안의 계심(하트)형돌기가 방품에 비해 높다.

방품이 비록 진품의 국판문을 방하여 국판을 역시 9개로 하였지만, 종속문을 소홀히 하였는데, 예컨대 진품의 회문은 크고 화법이 자연스러운데 비해, 방품의 회문은 훨씬 작고 지나치게 반듯하다. 또 진품의 밑동의 앙복仰覆 '山'자문은 비교적 활달하게 8개를 그렸지만, 방품은 보다 밀집되게 12개를 그리고, '山'을 너무 붙여서 그렸다.

진품의 청화는 퍼짐이 있고, 농염 침착하고 철 결정반이 있지만, 방품의 청화는 퍼짐이 없고, 색이 약간 연하고 겉날리며, 철결정반이 없다.

· 옹정방영락 청화 화훼당초문 절연분(사진 123, 124)

청 옹정·건륭시기에, 영락·선덕 청화절연분을 방제했는데, 핍진하다. 공문서에 기록되기를, 건륭3년(1738)에 당영唐英이 지시를 받들어 청화양모세青花洋帽洗를 번조하였다는데, 즉 청화절련분을 방하였다. 방품은 본조의 관지를 쓴 것도 있고 관지가 없는 것도 있다.

영락 청화절연분은 대·소가 있다. 북경고궁박물원 소장의 것은 소형인데, 구경 26.6cm, 고12.1cm이다. 대북고궁박물원 소장의 것은 대형인데, 구경34.7cm, 고 15.4cm이다. 옹정 방품은 양자 사이의 크기로, 소형에 비해 현저히 크고, 대형에 비해 약간 작아, 구경34cm, 고14.5cm이다.

**사진 121** 청화 국판문 계심완菊瓣文鷄心碗, 명 · 영락, 구경10.3cm

**사진 122** 청화 국판문 계심완菊瓣文鷄心碗, 청 · 옹정, 구경10.1cm

진품은 유태의 교접처에 화석홍을 띠고, 내저가 평탄하고 주저앉은 흠집이 없지만, 방품은 유태 교접처에 진품 같은 화석홍색이 없으며, 내저는 평탄하지만 손으로 만지면 凹凸을 느낄 수 있다. 방품의 유층도 진품 같은 후·박이 없지만, 유색은 진품에 비해 희다. 방품의 구연부 유층은 기포가 있긴 하지만, 진품 같이 밀집되지는 않다.

진품은 외벽의 절연처에 절지화 8송이를 그렸는데, 방품은 6송이만 그렸을 뿐만 아니라 문양도 같지 않다. 진품의 외벽에는 사계화四季花 8송이가 달린 당초를

**사진 123** 청화 화훼당초문 절연분纏枝花卉文切沿盆,
명 · 영락, 구경26.6cm

**사진 124** 청화 화훼당초문 절연분纏枝花卉文切沿盆,
청 · 옹정, 구경34cm

**사진 125** 청화 화훼당초문 쌍이유개호纏枝花卉文雙系蓋罐,
명 · 영락, 전고6cm

**사진 126** 청화 화훼당초문 쌍이유개호纏枝花卉文雙系蓋罐,
청 · 옹정, 전고6.5cm

그렸는데, 잎이 5각 별모양이지만, 방품은 다만 사계화 6송이가 달린 당초를 그렸고, 잎은 운두형雲頭形이다.

진품은 수입 '소마리청'료를 사용해, 색이 농염하고 깊은 남색을 하며 결정반이 있고 퍼짐이 있지만, 방품은 국산 청료를 사용해, 발색이 진품같이 염려하지 않고 겉날리며, 일부 작품에 비록 함철량이 높은 청료로 점을 찍어 진중한 반점을 나타내 보지만, 유면을 凹하게 파고 든 자갈색 결정반을 형성하지 않는다.

· 옹정방영락 청화 화훼당초문 쌍이유개호(사진 125, 126)

방품이 진품에 비해 약간 크다. 방품은 고6.5cm, 구경2.8cm, 굽경 5.9cm이고, 진품은 고6cm, 구경2.5cm, 굽경5.4cm이다.

방품은 굽이 얕고, 평정개는 면이 약간 볼록하고 개벽이 곧바르다. 진품은 평저에 무유이고 보주뉴개에 개벽은 약간 외반한다.

방품은 밑동에 화훼절지를, 어깨와 굽 근처에 초엽문을 그리고, 평정한 개면에는 절지화를 그렸다. 개벽에는 쌍층의 복연판문을 그리고, 바닥에 '대명성화년제'의 환형 관지를 썼다. 진품은 전면에 연화 6송이를 단 당초문을 그리고, 개면 중앙에 동전문을 그리고, 사이에 꽃송이문을 그렸으며, 개벽에 꽃송이 8매를 그

**사진 127** 청화 당초연탁팔보문 쌍이유개호纏枝蓮托八寶文雙系蓋罐, 청·옹정, 전고9.7cm

중국의 청화자기

리고, 관지는 없다.

수도박물관 소장의 옹정쌍이유개호(사진 127)는, 역시 보주뉴개이고, 복부에 연탁팔보문을 그렸다. 개뉴 주위에 연판문을 그리고, 개벽에는 당초문을 그렸다. 진품과는 문양상에 다른 바가 있다.

### · 옹정방영락 청화 절지화훼문 쌍이편호(사진 128, 129)

청대 강희·옹정시기에, 경덕진 어요창에서 이런 영락·선덕 청화쌍이편호를 방제하였다. 특히 옹정 방품이 매우 높은 기예를 보여, 조형과 문양 모두 성공적으로 원작을 모방하였으며, 자세히 관찰하지 않으면 판별하기 매우 어렵다.

방품은 진품에 비해 크며, 방품은 고30cm, 구경3.8cm, 굽경12.5cm이고, 진품은 고 24.9cm, 구경3cm, 굽경10cm이다.

방품은 진품에 비해 목이 굵고(직경이 0.8cm 크다) 높으며, 굽은 2.5cm 넓고, 타원형의 굽의 접지면이 보다 뾰족하며, 진품은 보다 둥글다.

**사진 128** 청화 절지화훼문 쌍이편호折枝花卉文雙耳扁壺, 명 · 영락, 고24.9cm

**사진 129** 청화 절지화훼문 쌍이편호折枝花卉文雙耳扁壺, 청 · 옹정, 고30cm

방품은 목에 절지죽문을 그리고, 진품은 목에 당초문을 그렸다. 방품은 어깨와 저부에 모두 여의운두문을 그렸지만, 진품은 단지 어깨에 28매의 초엽문을 그렸다. 방품은 복부에 절지해당을 그렸고, 진품은 절지동백을 그렸다. 방품은 쌍이에 세선으로 그림을 그리고, 진품은 굵은 선으로 그림을 그렸다. 방품은 국산청료를 사용해 묽고 겉날리며, 진품은 수입청료를 사용해 색이 농염하고 침중하다.

방품은 양 측면 중간에 한 줄의 수직선의 접합흔이 있는데, 진품은 복부 중간에 한 줄의 횡으로 난 접합흔이 있다. 고로 "명대는 횡접橫接이고, 청대는 수접竪接"이라는 말이 있다.

· **건륭방영락 청화 아랍문 반좌**(사진 130, 131)

방품은 진품에 비해 약간 작은 데, 방품은 고17cm, 구경17.1cm, 굽경16.5cm 이고, 진품은 고17.2cm, 구경17.2cm, 굽경16.6cm이다.

방품은 조형과 문양이 진품과 기본적으로 같으며, 단지 청화색조와 화법으로

**사진 130** 청화 아랍문 반좌阿拉伯文盤座, 명·영락, 고17.2cm

**사진 131** 청화 아랍문 반좌阿拉伯文盤座, 청·건륭, 고17cm

구별한다.

진품의 유면은 두텁고 윤택하고, 자연스런 청백색을 띠며, 백색 속에 청색기를 비치어 속칭 "량청유亮靑釉"라 한다. 수입 '소마리청'료를 사용해 그린 아랍문은 맑고 푸르게 아름다우며, 농담이 달라서 손으로 쓰다듬어 보면 凹凸을 느낀다. 방품은 유면이 순정하고, 청색기를 띠는 정도가 진품같이 명확하지 않으며, 국산청료를 사용하기 때문에, 그림에 인위적인 적묵積點방법을 채용해 점염點染을 의도하지만, 뚜렷이 생경하게 만들어져 흑색반점이 진품 같이 태골에 깊이 파고들지 않고 유면에 떠 있어, 손으로 쓰다듬어도 凹凸을 느낄 수 없다.

방품의 그림은 섬세하고 문양이 또렷하며 선조가 유연하다. 진품은 용필이 굳세고 선조가 유창하며 작풍이 호방하고, 청화가 퍼져 문양이 그다지 또렷하지 않다.

건륭방영락 '청화아랍문반좌'는, 건륭자기 중의 정예품이다. 일반적으로 반좌 안에 돌릴 수 있는 동섬銅膽(쓸개모양 동호)과 세트를 이루게 하며, 상하에 구멍이 있어 청 궁궐의 향로나 꽃꽂이용으로 만들었다.

· 옹정방영락 청화 금지문 편호(사진 132, 133)

방품은 진품에 비해 약간 크다. 방품은 고26.1cm, 구경3.4cm, 굽경8.1cm이고, 진품은 고23.4cm, 구경3.4cm, 굽경7.5cm이다.

방품은 조형과 문양 모두 진품과 극히 비슷하며, 다만 문양의 화법상에 약간 변화가 있다. 예컨대, 진품의 굽변의 수엽垂葉이 권엽식의 "ᅇ"을 채용하였는데 비해, 방품이 채용한 것은 3침엽의 화법인 "Y"이다. 구부의 여의운두문 중의 꽃송이를, 진품은 치밀하게 그리고 방품은 성기게 그렸다. 여의운두 내와 목 부분의 문양은, 진품과 방품의 화법이 일치하지 않는다. 특히 진품은 기물이 꺾이는 곳의 유색이 청백색을 띠고 평면인 곳에 비해 짙은데, 이는 유 속에 혼합한 유와 회의 비율이 달라서 생긴 효과이며, 역시 방품은 전혀 미치지 못하는 점이다.

진품에 그려진 청화는, 푸른 보석 같은 아름다운 색택을 보이며, 흑색반점이 있고 그 분포가 고르지 않아, 손으로 쓰다듬으면 요철을 느끼는데, 방품은 이런

**사진 132** 청화 금지문 편호錦地文蒜頭口綬帶扁壺,
명·영락, 고23.4cm

**사진 133** 청화 금지문 편호錦地文蒜頭口綬帶扁壺,
청·옹정, 고26.1cm

효과가 없다.

이정중李正中, 주유평朱裕平 선생이 쓴『중국청화자』책에, 영락 청화자기를 감정하는 관건으로 3개 방면을 제시하였다.

▶ 청료 : 홍무는 국산 청료를 쓰고, 영락 청화는 주로 수입한 '소마리청'료를 사용하였다. 이 청료는 산화망간과 산화코발트의 함량이 비슷하고, 산화철의 함량이 높다. 때문에 청료상에 종종 석광색錫光色이 보이며, 짙은 곳은 흑갈색 반점을 띠어 침착한 느낌을 주며, 자연스런 퍼짐이 있다.

▶ 조형 : 영락 청화자기의 기형은 청수하고 원숙하며 날렵하다. 동시에 이 시기의 대외적인 수요를 위해, 조형면에 외래적인 색채를 흡수한 기형도 있다. 예컨대, 무병無柄(손잡이없는)편호·수대綬帶(비단띠장식)표형병·주자·이부개호(귀달린유개호)·무당준無擋尊·화요花澆 등이 그러하다.

▶ 굽 : 영락 청화자기에 상견되는 굽에는, 높고 깊으며 외반한 굽·내부벽이 외반한 얕은 굽·내경한 직선굽·제평식齊平式 굽(가지런히 삭평한 굽)·외저변에 각이

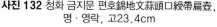

중국의 청화자기

약간 돌출한 제평식 굽이 있다.

## 2. 선덕 청화자기

선덕(1426~1435) 년간은 명대 청화자기의 전성시기로, 유태가 정세하고, 청화가 농염하며, 조형이 다양하고, 문양은 우미하여 세상에 이름을 떨쳤다. 바로 주염朱琰이 『도설陶說』에서 칭찬한 바와 같이, "이 명요가 극성일 때는, 재료의 선택, 성형제작, 그림그리기, 관지가 정치하지 않은 것이 없었다.此明窯極盛時也, 選料, 制樣, 畫器, 題款無一不精," 라 하였다. 고로 "선요宣窯(선덕요)는 청화로 승하고, 성요成窯(성화요)는 오채로 승하다."라는 설이 있다. 선덕 청화자기는 수량이 많고 질도 좋다. 태는 섬세하고 희며, 유색은 맑게 빛나고 비후하고, 청화색은 아름다운 것이, 선덕청화자기의 주요한 특징이다.

### (1) 태와 유

경덕진 관요는 원대에 시작되며, 어요창에서 번조한 자기는, 관요 전용의 어토를 채용하여 자기 원료로 삼았다. 명대는 어토를 '관토' 혹은 '마창관토'라 불렀는데, 산지가 신정 마창산新正麻倉山에 있었기 때문에 그리 불렀다. '마창토'는 가정에 이르러 점차 고갈되어, 만력 이후부터 점차 고령산의 점토(즉 고령토)로 대신하였다. 관토는 오직 공어용供御用이어서 사취가 불가능하였다. 마창토는 가소성이 높고 질이 견치하여, 고온하에서 쉽게 변형되지 않는다.

선덕 청화자기의 태토는 수비를 거쳐 더욱 정순해져, 태질이 희고 섬세하며, 소결 후에 더욱 견치하여져 자화 정도가 높다. 태체는 일반적으로 얇고 가벼우며, 유일하게 영락기와 비교해 약간 후중하다. 기물의 저부는 유저釉底 위주이고, 다만 매병·천구병·대반 같은 대형 기물과, 심복원세深腹圓洗·삼족로·화요 등의 소형기물은 바닥이 무유이고 사저砂底인데, 손으로 쓰다듬으면 극히 섬세하고 매끄럽게 느껴진다. 자세히 관찰해 보면, 바닥에 미세한 성형흔과 함께 화석홍반이 있음을 볼 수 있는데, 어떤 것은 옅은 홍색의 태를 보호하는 즙액을 베풀었다. 병과 호의 태체는 분단해서 횡접한 것으로, 비록 태체를 접합한 곳을 정세하게 가공하였지만, 자세히 관찰하거나 손으로 만져보면 미세하게 凸한 느낌이 있다. 굽은 일반적으로 좁고 비교적 얕으며, 대다수가 접지면을 편평하게 깎아, 영락시의 약간 둥글게 삭평한 굽이나 이후의 명·청 관요의 '미꾸라지 등(니추배泥鰍背)'같이 둥굴둥글한 굽과는 판이하게 다르다. 굽은 높고 낮은 것과 좁고 넓은 것으로 나뉘고, 대체로 직벽이며, 소수의 반·완류에 가끔 외벽이 내만하거나 내벽이 외반하는 정황이 있다. 굽 끝이 모서리 모양을 하고 있어, 손으로 꽉 잡고 들기가 어렵다.

선덕 청화자기의 유질은 곱고 윤이 나며 비후하지만, 영락의 비후함에는 못 미친다. 유의 두드러진 특징은 유면에 희미하게 귤피문이 출현하는 점인데, 유층에 비교적 많은 기포를 함유하고 있기 때문이다. 유색은 백색 중에 청기를 띠며, "량청유亮靑釉"라 부른다. 호의 구연 및 굽 외벽의 유가 뭉친 곳은 수록색水綠色을 띤다.


(2) 조형


영락·선덕시기의 청화자기의 조형에는 그 시대적 특징이 있다. 일반적으로 말해, 영락 청화자기는 우미하고 준수하여, 두께가 적절하고, 기형이 비교적 작다. 선덕 청화자기는 돈후진중하고, 제작이 정치하며, 기형이 비교적 크다. 완·반·접·세·병·매병·주자·호·두·사두渣頭(타호)·고족배·로 등이 가장 많이 보인다. 이외에도 표형구편호·절연반·화요·관이병·연적·등·수성水盛·실솔호蟋蟀壺(귀뚜라미호) 등이 있다.

· 반(그림 48) : 절연반·렴구斂口(내만구)반·창구敞口(외반구)반의 3종으로 나

사진 134-1 청화 비파조문 능구반枇杷綬帶鳥文菱
口盤, 명·선덕, 구경57.2cm

사진 134-2 청화 화과문 반花果文盤, 명·선덕, 구경57.5cm

뉜다.

① 절연반 : 다시 절연능구와 절연평구로 나뉜다. 수도박물관 소장의 '청화비
파조문능구반'(사진 134-1)은, 반구가 능화형의 절연을 하며 구연과 벽이 12판을
한다. 낮은 복부와 굽은 원말명초에 유행한 형식이다. 문양 포치는 활달 명쾌하
고, 화문은 당초나 절지 위주이며, 원대 능구반과는 명확한 구분을 이룬다.

② 렴구(내만구)반 : 벌어진 입이 약간 내만하고, 호벽의 복부는 얕고 굽이 있
다. 이런 유형의 기물은, 수도박물관 소장의
'청화화과문반'(사진 134-2)과 1993년 경덕진
주산에서 출토한 '청화파도용문렴구반'(사진
135)등이 전형적인 것이다. 이런 대반은 굽
이 얕고, 굽 아래가 약간 내경하며, 바닥에
흰 모래를 깐 것이 많고, 또한 화석홍반점이
있다.

③ 창구반(외반구반) : 입이 벌어지고 구
연이 약간 밖으로 말리며, 복부가 얕고 굽이
있다. 대북고궁박물원에 소장된 '청화연화
용봉문반'이 바로 이런 조형의 반이다. 구경

사진 135 청화 파도용문 렴구반鬧潮龍文斂口盤,
명·선덕, 구경30.7cm

제4장 명대 청화자기

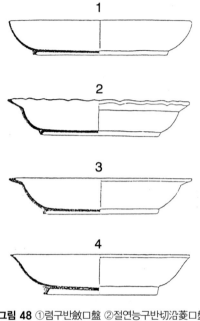

**그림 49** 돈식완墩式碗

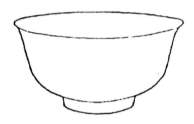

**그림 50** 별구(외반구)완撇口碗

**그림 48** ①렴구반斂口盤 ②절연능구반切沿菱口盤
③절연평구반切沿平口盤 ④창구반敞口盤

20cm. 굽의 노태부분은 희고 고우며, 유저이고, 가운데 '대명선덕년제'의 6자 청화해서관이 있다.

대반 외에, 각종의 소반이 있는데, 조형은 대반과 대체로 비슷하다.

· 완 : 크기가 다르고, 형태가 다양하며, 다음과 같이 여러 종류가 있다.

① 돈식완墩式碗(그림 49) : '직벽완'이라고도 한다. 홍무 시기에 상견되며, 선덕 것은 굽이 약간 높고 문양의 변화가 많다. 둥근 직구에 복부가 깊고 평저이며, 낮은 굽에 유저이고, 굽밑은 노태이다. 대북고궁박물원 소장의 '청화모란절지문화과문돈식완'(사진 136)이 대표적이다.

**사진 136** 청화 모란절지화과문 돈식완牡丹折枝花
果文墩式碗, 명·선덕, 구경27cm

② 별구완撇口碗(외반구)(그림 50) : '궁완宮碗'이라고도 한다. 구연이 외반하고, 입술이 얇고 약간 절연을 이루며 호벽이 깊고 굽이

중국의 청화자기

있다. 노태된 곳은 희고 섬세하며, 유태경계선은 귤색을 띤다. 대북고궁박물원소장의 '청화연화용문궁완'(사진 137)이 이런 조형의 전형작이다.

**사진 137** 청화 연화용문 궁완龍穿蓮文宮碗, 명·선덕, 구경27.5cm

③ 절요완折腰碗(그림 51) : 입이 벌어지고, 복부가 깊고, 기벽이 내만하여 하부에 이르러 안으로 꺾여 거의 평평해진다. 평저에 낮은 굽이 있다. 태골이 약간 두텁고, 완의 내저는 미미하게 凹하여 밖으로 돌출하며, 둥근 면의 뚜껑에는 유두상乳頭狀의 꼭지가 있다. 굽과 뚜껑의 노태된 곳은 태질이 희고, 유태 사이가 연한 귤색을 띠면서 미세한 철질반점이 있고, 유저이다. 대북고궁박물원에 여러 점의 청화와 청화묘홍描紅절요완이 있으며, 1993년 경덕진에서도 이런 절요완이 출토하였는데, 조형이 새롭고 별격이며 정세품의 가작이다.

④ 앙종식완仰鐘式碗 : 대북고궁박물원에는 청화·백유·제청霽青청유로 된 앙종식완 수점이 있다. 1993년 경덕진 주산에서도

**그림 51** 절요완切腰碗

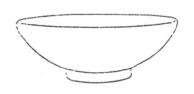

**그림 52** 렴구(내만구)완斂口碗

몇 점의 이런 완이 출토하였다. 앙종식완은 선덕시기에 성행하며, 형태가 종을 엎어놓은 것 같다하여 이름 지었다. 굽의 노태부는 엷은 귤색을 띠며, 유태 사이에 철질반점을 띠고, 유저이다.

⑤ 렴구(내만구)완(그림 52) : 북경고궁박물원·수도박물관·대북고궁박물원·대북 홍희미술관·홍콩 천민루 등에 이런 유형의 완이 소장되어 있는데, 선덕 청화

제4장 명대 청화자기

자기에 비교적 많이 보이는 기형이다.
벌어진 입이 약간 내만하고, 경사진
기벽이 약간 호형이며, 평저에 낮은
굽이 있다. 태질은 순백으로 섬세하
고, 노태부는 옅은 귤색을 띤다(사진
138). 대북고궁박물관에는 일종의 높
은 굽의 렴구완(사진 139)이 소장되어
있는데, 굽이 일반적인 완굽보다는 높
지만, 고족완의 족병보다는 낮다. 굽
경 역시 넓으며, 심히 보기 어렵다. 북
경문물연구소 소장의 이런 형식의 '높
은굽완'은, 1993년 북경의 한 명묘에
서 출토한 것이다. 조형은 물론 문양
도 모두 대북고궁박물원 소장의 '청화
연탁팔길상문고권족완'과 같다. 굽 안
에 '대명선덕년제' 6자해서관을 쓰고,
바깥에 쌍곽을 하였다. 유태나 문양
모두 수작이라 할 만 하다.

⑥ 와족완臥足碗(그림 53) : 입은 벌
어지고 입술은 둥글며, 호벽은 얕고
저부가 凹하며, 내심이 만두 같이 솟
아있어 "만두심완"이라고도 부른다.
와족완형은 페르시아 금속기에 기원
하며, 문양도 그 영향을 받았다. 영락
시기에 처음 번조하며 문양이 거의 같
다. 오직 영락 와족완만이, 구연 아래

**사진 138** 청화 운룡문 완雲龍文碗, 명 · 선덕, 구경29.4cm

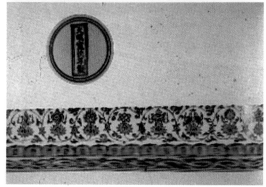

**사진 139** 청화 연탁팔길상문 완蓮托八吉祥文高圈足碗,
명 · 선덕, 구경15.4cm

**그림 53** 와족완臥足碗

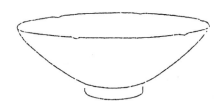

**그림 54** 규구완葵口碗

**사진 140** 청화 화훼문 와족완花卉文臥足碗,
명 · 선덕, 구경15.2cm

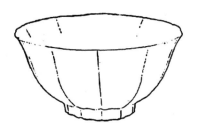

**그림 55** 규식완葵式碗

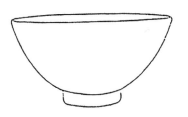

**그림 56** 계심완鷄心碗

**사진 141** 청화 절지화과문 규구완折枝花果文葵口碗,
명 · 선덕, 구경22.5cm

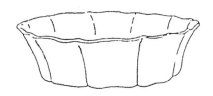

**그림 57** 규식세葵式洗

169

에 보통 아랍문자를 한 줄 써 놓았다. 대북고궁박물원 소장의 '청화화훼문와족완'(사진 140)이 즉 이런 기물의 전형이다.

⑦ 규구(해바라기입)완葵口碗(그림 54) : 수도박물관과 북경, 대북고궁박물원에 이런 유형의 완이 소장되어 있다. 수도박물관의 '청화절지화과문규구완'(사진 141)은, 입이 외반하고 6판규화형을 띠고, 굽벽이 경사지며, 굽안바닥이 평평하다. 굽의 노태부는 곱고 희며 엷은 귤색을 띠고, 유저이다. 완의 내외를 나누어 절지국화·모란·연화·비파·복숭아·해당·여지 등을 그렸으며, 문양 포치가 활달하고 전아하다. 청화색은 짙푸르게 아름답고, 조형은 우미하고 진중하다. 굽 안에 '대명선덕년제' 6자해서관을 썼다.

⑧ 규식(해바라기형)완葵式碗(그림 55) : 영락시기부터 시작되었다. 입이 벌어지고 복부가 깊으며 낮은 굽을 하고, 입·기벽·굽에 이르는 완 전체가 10호弧5판瓣 규화형을 하고, 내외벽이 각 凹凸한 10개의 능각을 이룬다. 태골이 약간 두텁고 질이 견치하며, 유저이고, 굽 노태부는 엷은 귤색을 띤다. 이런 규식완은 물레성형 후에 다시 틀에 눌러 만든 것으로, 일반적으로 태골이 약간 두텁다.

⑨ 계심완鷄心碗(그림 56) : 직구에 둥근 입술이며, 호벽이 깊고 굽이 작다. 완심은 凹하게 첨저형을 띠고, 굽바닥이 약간 凸한 것이 계심(하트)모양이라 하여, 붙은 이름이다. 또 완의 형태가 연방蓮房과 비슷하다하여, '연자蓮子완'이라고도 부른다. 계심완은 영락에서 시작되었으며, 기형과 문양이 대체로 같다. 영락 계심완은 외벽에 좁고 긴 다층의 연판문을 그린 것이 많은데, 몸체가 가볍다. 첨저의 계심이 선덕에 비해 또렷하게 돌출하며, 조형이 선덕기에 비해 가늘고 길며, 굽이보다 낮고 약간 작다. 선덕 계심완은 외벽에 단층의 좁고 긴 연판문 외에, 쌍층의 연판문을 그린 것도 있다.

· **규식세葵式洗(그림 57)** : 입이 벌어지고, 기벽이 얕으며 내저심이 약간 볼록하다. 굽은 얕으며, 외저면이 약간 凹하고 유저釉底이다. 구부와 기벽이 10판의 능화형을 띠며, 기벽의 태골은 고르나 저부는 약간 두텁다(사진 170). 북경과 대

**사진 142** 청화 운룡문 고족배雲龍文高足碗,
명·선덕, 고8.7cm

**사진 143** 청화 화창봉황문 규식고족배菱邊鳳凰文葵式高足碗,
명·선덕, 고11.2cm

북고궁박물원, 수도박물관 등에 소장되어 있다. 1993년 경덕진 주산에서도 이런 세가 출토하였다.

· **고족완(배)** : 창구와 규식의 2종이 있다.

① 창구고족완(배)(그림 58) : 창구에 호벽은 깊고, 고족은 약간 외반하며 가운데는 비어 있다. 굽 노태부는 희고 질이 견치하다. 이 종류의 고족완(배)이 비교적 많이 보이는 형식이다. 수도박물관 소장의 '청화운룡문고족배'(사진 142)는 이런 형식의 대표작이다.

② 규식고족완(배) : 벌어진 입에 벽이 깊고, 고족이다. 구부·기벽·고족이 통체로 10호5판의 규화형을 띠며, 내외벽에 각 凹凸한 10개의 골이 있다. 태질은 희고 고우며, 굽 노태부는 옅은 귤색을 띤다. 대북고궁박물원에 이런 형식이 많이 소장되어 있다(사진 143).

선덕 청화고족완(배)은 원대의 형식을 계승하지만, 조형상에 약간의 변화가 있다. 주요한 것은 고족이 원대에 비해 낮고 굵게 변한 점으로, 원대에 상견되는 죽절형 고족은 선덕시에 매우 적다. 그러나 능화형 고족완(배)은 새로 나온 형식이다. 청화의 능형화창 내에 비금飛禽과 초충 등의 문양을 그린 것은 원대의 병과 호에 상견된다. 영락시

**그림 58** 창구(외반구)고족완
敞口高足碗

제4장 명대 청화자기

기부터 그것을 단화團花로 전환하여 완·세·고족완(배)에 장식하기 시작한다. 문양은 원대처럼 번밀하지 않고, 겨우 절지화과·운룡·용봉 혹은 봉무 등 뿐이다. 대북고궁박물원 소장의 수점의 청화능형고족완(배)는, 그려진 문양이 이런 단화형식에 속한 것이 많으며, 명초 청화장식소재의 한 특징이다.

· 고족배 : 위는 배형인데, 입이 외반하고 복부가 깊으며, 복부 아래가 약간 부풀어 풍만하고 아래에 고족이 있다. 족 하부가 외반하여 나팔상을 한다. 수도박물관 소장의 청화절지연화문고족배(사진 144)가 대표작이다.

· 두豆(그림 59) : 내만하는 둥근 입에, 복부가 풍만하며, 높은 굽다리가 있다. 족 하단은 외반하고 속이 비었다. 두는 고대의 용기로 역대 모두 번조하였고, 그 중 명대 선덕조의 경덕진에서 번조한 청화자기 두가 가장 유명하다. 대북고궁박물관 소장의 '청화화훼당초문두'는, 보주형뉴가 달린 볼록한 뚜껑이 있다. 그래서 뚜껑이 없는 수도박물관 소장의 동종의 청화두(사진 145)에 비해 더욱 귀하고 가치가 있다.

· 호(관) : 비왜형矮肥形·수고형瘦高形·출극형出戟形·장관壯罐의 여러 형식이 있다.
① 왜비형호(관) : 원과 명초의 조형을 이은 것이다. 직구·짧은 목·풍만한 어깨·둥근 복부·평저를 한다. 전형적인 기물은 수도박물관 소장의 '청화연당초문호'(사진 165)이다. 1982년과 1993년에 경덕진 주산에서 출토한 수점의 청화호도 이 종류이다.
② 수고형호(관) : 역시 원대 조형을 이은 것이다. 이후 명대 대호의 조형은, 기본적으로 이런 수고형이다. 즉 큰 입·풍만한 어깨·졸아드는 복부·평저를 한다.
③ 출극형호(관) : 직구·풍만한 어깨·넓은 평저를 하며, 어깨에 8개의 장방형의 평면판수平面板手가 돌기한다. 뚜껑면의 조형은 티베트에서 칭하는 '만다라'의 공양기와 유사하여, 개면이 아래로 움푹 패여 있다. 『건륭상고도乾隆賞古圖』속에 이

**사진 144** 청화 절지모란문 고족배折枝牡丹文高足杯,
명 · 선덕, 고19cm

**사진 145** 청화 화훼당초문 고족두纏枝花卉文高足豆,
명 · 선덕, 고10.3cm

**사진 146** 청화 금문 유개호錦文蓋罐,
명 · 선덕, 전고22.7cm

**그림 59** 두표

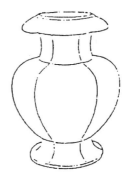

**그림 60** 석류준石榴尊

**사진 147** 청화 영지문 석류준靈芝文石榴尊, 명·선덕, 고18.5cm

**사진 148** 청화 권초사격망문 어루준卷草斜格網文 魚簍尊, 명·선덕, 고13.5cm

기명이 그려져 있는데, 조형이 특이하여, 역대 자기에서 보기 드물다(사진 187).

④ 장관(장호) : 선덕시의 창작품이다. 직구·경사진 어깨·직벽을 하며, 전체가 높은 통형을 띠며 굽 근처에서 졸아들고 굽이 있다. 원형뉴가 달린 뚜껑이 있다. 이런 기형은 드물게 보이며, 북경고궁박물원에 1점 소장되어 있을 뿐이다(사진 146).

· 준尊 : 석류준과 어루준魚簍尊 2종이 있다.

① 석류준(그림 60) : 형태가 석류와 유사하여 이름을 얻었다. 직구에 넓은 절연이 아래로 쳐졌다. 짧은 목·경사진 어깨·볼통한 복부에 높은 굽은 나팔상을 띠고, 몸체는 6판과형이다. 수도박물관과 대북고궁박물관 등에 이런 기물이 소장되어 있는데, 조형과 문양이 완전히 같다. 수도박물관 소장의 '청화영지문석류준'(사진 147)은, 목에는 각 구역 안에 3연환문連環文을 그리고, 연면·어깨·밑동·굽에는 각기 커다란 앙복연판문대를 그렸다. 복부의 주문양은 6송이 절지영지문이다. 기물이 후중하고, 굽의 노태부는 옅은 귤황색을 띤다. 태질은 희고 고우며, 청화는 짙고 무거운데 여러 곳에 철갈색 결정반이 나타나 있다. 기형이 전아하고 장중하며 전세품이 극히 드물다.

② 어루준 : "개관蓋罐" 혹은 "발鉢"이라고도 부른다. 영락·선덕시기에 유행하며, 서아시아 동기의 조형을 모방한 것이다. 태체가 얇고 가벼우며, 기형이 수미하다.

중국의 청화자기

대북고궁박물원 소장의 '청화당초사격망문개관'이, 즉 어루준이다. 현재 알려진 이 유형으로 문양 있는 것은 단 3점이 있는데, 대북고궁박물원 소장 것 외에, 다른 2점은 수도박물관 소장(사진 148)과 경덕진 주산 출토가 있으며, 애석하게 이 2점은 뚜껑이 없다. 때문에 대북고궁박물원 소장의 유개어루준이 더욱 귀하다. 이 준에 베풀어진 사격망문은, 아마 중앙아시아에서 연원하는 것 같으며, 극히 드물게 보는 진귀품이다. 바닥에 '대명선덕년제'의 6자해서관이 써져 있다.

· **사두**渣斗**(타호)**(그림 61) : "준尊"이라고도 칭한다. 입이 크고 외반하며, 넓고 곧은 목은 안으로 약간 휘어들며, 복부는 편원형이다. 굽은 외반하고, 평저는 3계단식을 띤다. '청화파도초엽문사두'는, 대북고궁박물원 소장품(사진 149)으로, 전세하는 단 1점이어서, 진귀함이 배가된다. 상해박물관에 역시 사두 1점이 소장되어 있는데, 문양이 청화백룡문이고, 상술한 기형과 비교하면, 목이 짧고 복부가 둥글고 굽이 높다(그림 62). 원인元人의 기록 중에, "송 말기에 명문거족들이 연회를 차릴 때, 긴 테이블 사이에 반드시 근병筋甁인, 사두를 사용하였다. 宋季 大族設席, 几案間必用筋甁, 渣斗"라 하였다. 그 용도가 연회석의 탁자에 놓고 고기뼈나 생선가시를 담는 용구임을 알 수 있다.

그림 61 사두(타호)渣頭(唾壺)

그림 62 청화 백룡문 사두(타호)

그림 63 승모호僧帽壺

· **기타 호** : 승모호僧帽壺·편호·집호(주자)·이형호梨形壺(배모양 주자) 등이 있다.

① 승모호(주자)(그림 63) : 원대에 처음 만들었으며, 영락·선덕시에 모두 번조하였고, 스님의 모자 같다하여 이름 지었다. 호는 구연이 3단으로 점차 높아지며, 곧은 목이 약간 안으로 경사져, 위가 굵고 아래가 가는 모양이다. 편원형 복부에, 굽이 달리고, 한 측면에 뽀족한 부리 모양의 주구가 있으며, 한 측면의 구연과 복부 사이에 납작한 손잡이가 있다. 뚜껑에는 보주형뉴가 있다. 원대의 기형은 튼실하고 유면이 청백색이며 뚜껑 모서리가 짧게 위로 쳐들고 있다. 명대 영락 것은 기신이 원대보다 약간 작고, 하복부가 점차 좁아들며 주구는 가늘고 길며 준수하다. 선덕기는 영락에 비해 목이 넓고, 하복부가 약간 풍만하다. 청화자기 외에, 백유·홍유·제남유霽藍釉로 된 것도 있다. 대북고궁박물원과 티베트 라사 브린카에 소장되어 있고, 경덕진 주산에서도 출토하였는데, 조형이 완전히 같다. 3곳의 화중용문승모호는 모두 뚜껑이 없으며, 단지 경덕진 출토의 다른 1점의 청화연탁팔보문승모호는, 오리혀 모양에 보주형뉴의 뚜껑이 있는데, 주구와 붙어 있어 각별히 진귀하다.

② 편호(그림 64) : "편병"이라고도 한다. 표주박형 입에 비단띠를 귀로 장식한

**사진 149** 청화 파도초엽문 타호波濤蕉葉文渣頭,
명 · 선덕, 고14,8cm

**사진 150** 청화 송죽매문 주자松竹梅文梨形壺,
명 · 선덕, 고11.3cm

형식(綬帶雙耳式)은 영락·선덕시기에 유행하며, 조형과 문양이 모두 서아시아 문화의 영향을 받았다. 북경과 대북고궁박물원·일본 동경 도구리戶栗미술관·터키 토프카프박물관에 소장되어 있고, 경덕진 주산에서도 출토하였는데, 조형이 완전히 같다. 문양은 보상윤화가 많이 보이며, 보통 구연아래에 횡서로 "대명선덕년제"의 6자해서관을 써 놓았다.

③ 이형호梨形壺(배모양 주자) : 조형이 원대 것과 유사하다. 1993년 경덕진 주산에서 여러 점이 출토하였는데, 조형은 완전히 같으며, 문양은 각기 운룡문·송죽매문·연탁팔보문을 그렸다. 작고 깜찍하며 참신하고 독특하다. 뚜껑은 없다(사진 150).

· 병 : 선덕 청화병류는 조형이 다양한데, 주요한 것으로 천구병天球瓶·옥호춘병·관이병貫耳瓶·왜각방병倭角方瓶 등이 있다.

① 천구병 : 둥근 입에, 곧은 목은 상부가 약간 벌어지고, 복부는 둥글며, 평저는 무유이고 약간 凹하다. 천구병은 모양이 공이나 하늘의 성구星球(천체)와 비슷하다 하여 얻은 이름이다. 영락·선덕시기에, 천구병이나 편호 등을 대형기로 번조하는 것이 성행하였는데, 천구병은 선덕년간에 크게 성행하였다. 문양은 운룡문·파도용문·화훼문 등이 가장 많이 보인다. 선덕의 이런 대형기에 관지가 있

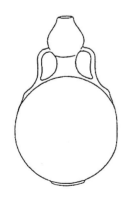

**그림 64** 편호

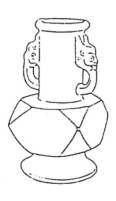

**그림 65** 왜각방병倭角方瓶

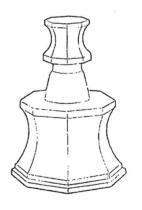

**그림 66** 촛대燭臺

는 것이 극소수여서, 영락 것과 구분하기 어렵다.

② 왜각방병(그림 65) : 대북고궁박물원과 홍희미술관에 소장된 것(사진 151)은 선덕청화 중에 매우 특색 있는 기물이다. 직구에 말린 입술을 하고, 목이 길며 목의 양측에 코끼리 머리나 용머리의 쌍이를 장식하고 복부는 방형추 모양이다. 높은 굽다리는 외반한데, 저변은 계단식이다. 태골이 후중하고 굽 노태부는 옅은 귤색을 띠며, 태질은 희고 고우며 유저인데, 백유에 청색기를 띤다.

③ 관이병(투호) : 한대 동기인 '투호投壺'를 방한 것이다. 대북홍희미술관 소장의 '청화화훼당초초엽문관이병'(사진 152)은, 목이 길고 약간 추켜든 어깨에 졸아든 복부를 하고, 밑동은 약간 외반한다. 목 양측에 관이를 붙였다. 전면에 6층의 문양대를 그렸는데, 목에는 중간에 회문대를 둔 해도문을, 어깨와 밑동 부분에는 초엽문을, 복부에는 주문양으로 화훼당초문을 그렸다. 초엽과 화당초문 사이에 공백을 남겨, 화훼당초의 주체적 지위를 교묘하게 돋보이게 한다.

· 촛대(그림 66) : 영락·선덕시기에 국외시장의 요구에 따라 생산된 것이다. 때문에 기형이 당시 특유의 것으로, 이슬람 금속기를 방하였다. 상해박물관 소장의 '청화절지화훼문팔각촛대'(사진 153)는, 삽구부와 대좌부를 8각대 모양으로 만들되, 위가 작고 아래가 크며, 가운데는 척추 같은 기둥을 두어 삽구와 대좌를 연결한다. 대좌벽은 안으로 휘어들며, 대좌 바닥면이 촛물을 받을 수 있게 凹하며, 삽구가 비교적 깊어 심지달린 양초를 꽂는데 사용된 것임을 알 수 있다. 촛대의 양초모양 삽주는 항상 유실되는데, 현존하는 것은 청 건륭보다 후대의 것이 많다. 영락 것은 무관이고, 선덕 것은 6자횡관이 있는데, 노반의 꺾어진 가장자리에 썼다. 1988년 경덕진 주산에서도 이런 촛대가 출토하였는데 조형과 문양이 비슷하다. 특히 청화장식이 번밀하되 어지럽지 않은데, 문양대가 구부에서 바닥까지 11층에 달한다. 극히 드문 것이다. 굽은 무유이며, 촛대 내저에 직경 6.7cm의 둥근 받침흔이 있어, 이것을 가마에 재임할 때 중간에 기둥형 도지미를 두었든 것을 알 수 있다. 이는 소성시 목 부분의 삽좌가 무거워 아래로 주저앉는

**사진 151** 청화 나팔꽃문 쌍이왜각방병牽牛花雙耳倭角方瓶, 명·선덕, 고14.2cm

**사진 152** 청화 화훼당초초엽문 관이병纏枝花卉蕉葉文貫耳瓶,
명·선덕, 고19.3cm

**사진 153** 청화 화훼당초문 팔각촛대纏枝花卉文八角燭臺,
명·선덕, 고29.8cm

제4장 명대 청화자기

것을 방지하기 위함으로, 그 기술이 영락의 같은 기물에 비해 선진한 것이며, 이 흔적이 영락과 선덕 촛대를 구별하는 표지가 될 수 있다.

· 필합筆盒 : 일본 야마가타 테키수이고우게이칸山形揀粹巧藝館 소장의 '청화화훼당초문필합'(사진 154)은, 장조타원형으로 내부에 충격판이 있는데, 투공을 이용해 물을 담는다. 바닥에 '대명선덕년제'관이 있다. 1984년 경덕진 주산에서 '청화유리홍매죽문필합'이 출토하였는데, 조형이 이것과 기본적으로 같아, 선덕청화필합의 근원이 된다.

· 화요花澆 : "파배把杯"라고도 부른다. 기형은 이슬람 금속기에 근원하며, 문양 역시 페르시아의 영향을 받았다. 영락·선덕시기에 유행한다. 상해박물관과 대북고궁박물원 등에 이런 화요가 소장되어 있으며, 경덕진에서도 출토하였다. 둥근 입에 목이 곧바르며, 목 아래에 한 줄 돌대가 있고, 어깨는 경사지며 복부가 크다. 평저인데 저면이 얕게 凹하며, 여의형의 손잡이가 붙어 있다. 태골은 무겁고, 백유는 청색기를 띠며, 청화는 농염하고, 기형은 단정하다(사진 155). 문양은 화훼문이 많다.

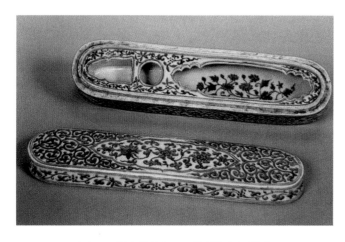

**사진 154** 청화 화훼당초문 필합纏枝花卉文筆盒,
명·선덕, 장31.8cm

**사진 155** 청화 연당초문 화요纏枝蓮文花澆,
명·선덕, 고13.5cm

중국의 청화자기

· 등(그림 67) : 대북고궁박물원에 1점 있을 뿐이다
(사진 194). 상반신은 호형壺形으로 만들었는데, 둥근
입에 짧은 목, 원형의 복부에 긴 굽다리가 있으며, 아래
에 절연반의 받침이 연접되어 있다. 복부 한 곳에 굵은
관상 주구가 있고, 주구 입은 삭평하였다. 맞은 편에 긴
손잡이가 있는데, 그 끝과 호의 어깨에 작은 아치형 귀

**그림 67** 등燈

가 있다. 복부의 좌우에 유정이 하나씩 장식되어 있다. 조형이 참신하며, 굽 노태
부는 옅은 귤색을 띠고 굽 안에도 시유되었다. 주구 위쪽에 '대명선덕년제'의 해
서관을 옆으로 썼다.


· 로 : 기형은 한대 청동준형기靑銅樽形器에 근원한다. 직통형 기신에 구연이
넓고, 평저에 3족이 달렸다. '청화연당초문삼족로'는 대북고궁박물원 소장품이
다(사진 156). 전면에 7줄의 돌대가 있고, 외벽에 6송이 연화를 단 당초문을 그
렸으며, 내벽의 백유는 청색기를 띤다. 청화는 농염하고 퍼짐이 있으며, 짙은 곳
에는 철갈색결정반이 있다. 삼족과 저부는 노태이다. 구연 아래에 횡으로 '대명
선덕년제'의 6자해서관을 썼다.


· 누두漏斗(깔때기)(그림 68) : 대북고궁박
물원 소장의 '청화연판문누두'는 매우 정치하
여(사진 157), 선덕 청화자기 중에 특히 가치
높은 기물이다. 외반 입은 구연이 연판형이
고, 깊은 호벽에는 한 줄의 돌대가 있으며, 바
닥에는 6개의 구멍(여과작용을 한다)이 나 있
고, 아래에 긴 관이 연결되어 있다. 관이 접합
하는 곳에 작은 굽이 있으며 긴 관은 위가 굵

**사진 156** 청화 연당초문 삼족로纏枝蓮文三足爐,
명·선덕, 고12.5cm

**그림 68** 누두漏斗(깔때기)

**사진 157** 청화 연판문 깔때기蓮瓣平文漏斗, 명·선덕, 고17cm

고 아래가 가늘다. 태골은 약간 두텁고, 접관된 곳의 굽의 노태부는 옅은 귤색을 띤다. 구연의 두 줄의 연판문 안에 여백을 두고 청화로 '대명선덕년제'의 1행6자 해서관을 썼는데, 관지의 청화가 모호하고 분명하지 않다. 영락·선덕시기에 모두 제작하였는데, 선덕의 관筽은 백유상태이나, 영락 관은 빙열이 많은 가유형哥釉型이다. 접관부분이 선덕 것은 무유이나, 영락 것은 시유되어 있어, 양자를 구분한다. 의료용기로 만들었다고 전한다.

**사진 158** 청화 모란당초문 군지纏枝牡丹文軍持,
명·선덕, 고21.7cm

· 군지軍持 : 반구·장경·경사진 어깨·타원형 복부를 하며, 기저는 나팔형의 높은 굽다리를 한다. 복부에 곧게 뻗은 긴 주구가 있고, 하복부에 돌대가 한 줄 있다. 조형의 곡선이 유창하고 정교하게 만들었다. 1993년 경덕진 주산에서, '대명선덕년제' 해서관이 있는 '청화모란당초문군지'(사진 158)가 출토하였는데, 이것이 전형적인 대표작이다. 군지는 "군지君持", "군아가捃雅迦"라고도 하며, 범어 "Kundika"의 음역이다. 불교 승려들이 물을 마시거나 손 씻을 때 사용한 기물이다.

중국의 청화자기

**사진 159** 청화 화훼문 석류형쌍련조식관花卉文石榴形雙聯鳥
食罐, 명·선덕, 고5.8cm

**사진 160** 청화 화훼문 죽절쌍련조식관花卉文竹節雙聯鳥食罐,
명·선덕, 장10.1cm

**사진 161** 청화 화훼문 조식관花卉文鼓腹鳥食罐, 명·선덕, 고4cm

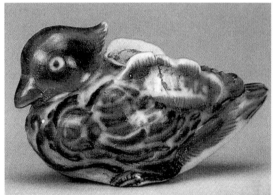

**사진 162** 청화 원앙형연적, 명·선덕, 고5.4cm

· **조식관(호)**鳥食罐(壺) : 다양한 형식이 있는데, 석류형(사진 159)·죽절형(사진
160)·섬형蟾形 및 고복형鼓腹形(사진 161) 등이다. 새장 속에 새를 키우는 것은 한
대에 처음 보이지만, 송 이전에 조롱 속에 두는 조식관(새 모이담은 관)은 기형
이 간단하고 유색도 단일하다. 경덕진에서 청화조식관을 번조하는 것은 원대에
처음 보이며, 선덕 시에 대량 출현한다. 품종이 전에 비해 크게 풍부해지는데, 이
들 실물들은 선덕황제의 취미를 반영한 측면도 있다.

이외에도, 선덕 청화자기에는 모양이 참신하고 독특한 것들이 있는데, 투공화
훈透孔花薰(그림 69)은, 내만한 입에 타원형 복부를 하고, 바닥이 凹하여 물을 담
는다. 두꺼비나 원앙 모양을 본 딴 연적(사진 162)과 각종의 실솔(귀뚜라미)관
(사진 163) 및 과롱過籠(사진 164)도 있다.

제4장 명대 청화자기

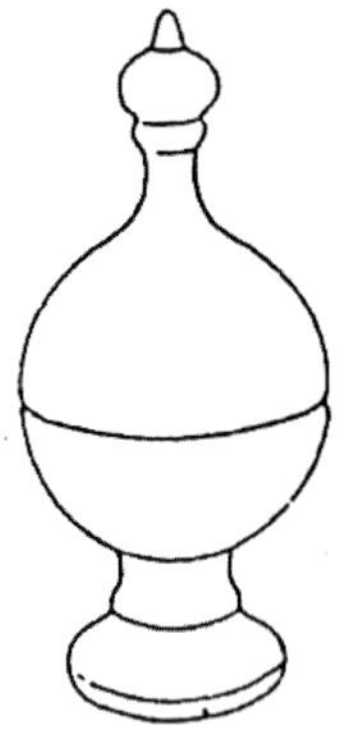

**그림 69** 화훈花薫

### (3) 문양

    선덕 청화자기의 문양은 비교적 풍부다양하며, 화공의 회화적 기교는 능숙하여 화의가 호방하고 생동하다. 필법이 상쾌·소쇄·유창할 뿐만 아니라, 소재는 영락시기에 비해 더욱 범위가 넓어졌다. 문양 포치를 보면, 영락시기에 비해 번밀하며, 대범함과 섬세함을 함께 한다. 문양 안배와 여백을 두는 것을 매우 주의하여, 화면이 더욱 활달하고 청신하다. 청화는 주제문을 그릴 때 사용할 뿐만 아니라, 색지色地(바탕색)를 만들거나 뒷받침하는 작용을 하는데도 사용하였다. 이는 남겨진 공백이 도안의 주체가 되게끔 하여, 청화 바탕에 공백문양이란 특수한 장식을 만들었으며, 이후 각종의 색지를 층층히 장식하는 새로운 길을 개창하였다. 이런 지색의 변화를 이용한 장식수법은 원대부터 시작되어 선덕시에 더욱 정미해졌다.

    선덕 청화자기의 문양은, 기본적으로 필법이 두 종류이다. 즉 섬세한 소문양은 일필로 구성한다. 그리고 면적이 비교적 큰 문양은, 구륵 후 전채(색 메움)한다. 전채는 소필로 칠하여, 농담 사이로 필흔이 남는다. 청화로 문양을 그리는 것

**사진 163** 청화 백로꾀꼬리문 귀뚜라미호白鷺黃鸝蟋蟀罐, 명·선덕, 고9.5cm

**사진 164** 청화 화훼문 과롱花卉文過籠, 명·선덕, 장8.1cm

외에, 인화·음양각 등의 장식방법도 사용한다.

선덕청화자기의 문양은 대체로 4종류가 있다.


① 제1류, 초목화과草木花果

각종의 당초와 절지 화훼문이다. 동백·모란·작약·도화·석류·월계·연화·나팔꽃·국화·아욱·죽석竹石 등이 있다. 절지과실류는 석류·감·포도·연밥·비파·앵도·영지 등이 있다. 화훼과실은 길상장수의 상징이다. 선덕시의 초목화과문은, 비록 홍무와 영락 관요를 많이 답습하지만, 교묘하게 변화를 시키고 종류도 이전보다 많아졌다. 선덕 초목화과문의 많은 것은, 필시 예술을 사랑하고 시를 읊고 그림을 그린 선덕황제와 유관하다. 이런 문양이 청화자기 중에 가장 많이 보인다.


· **청화 연당초문 호**(사진 165) : 목에는 당초문을, 어깨에는 변형연판문을, 복부에는 주문양인 연화당초문을 그렸다. 연화는 대소 12~15개 판으로 만개한 한 송이 꽃을 이루며, 각 꽃송이는 넝쿨로 서로 연결되어 있다. 밑동에는 변형연판문이 돌려져 있다. 어깨에 횡으로 '대명선덕년제'의 6자해서관을 썼다. 연꽃송이는 매우 크며, 당초넝쿨은 굵직하여 크게 휘굽어져 있으며, 잎은 작고 활달하다. 전체 화면이 그렇게 밀집되게 보이지 않고, 청신하고 명쾌한 느낌을 준다. 변형연판은 넓고 크게 그렸으며, 배열이 긴밀하여 판과 판 사이가 한 몸으로 이어졌고, 연판 테두리는 구륵의 선조가 없으며 청화채로 처리하였는데, 색은 무거우면서 선염하다. 판심만 겨우 희게 노출되고, 연판은 쌍층을 하며, 안쪽 층의 연판은 작고 뾰죽한 끝만 간신히 보여, 약형취신略形取神(형태를 간략해 그 정신을 취한다)이라 할 만 하다. 조형은 원대 및 명초의 풍격을 이었지만, 규격이 현저히 우수하여, 원

**사진 165** 청화 연당초문 호纏枝蓮文罐, 명 · 선덕, 고35.3cm

185

말명초의 그런 후중함과는 다르다.

· **청화 절지화과문 규구완**(사진 141) : 완 내면 구연 아래에 절지화훼를 한 줄 장식하고, 그 상하에 2줄의 청화선을 돌렸다. 내벽에는 절지 모란·국화·월계 등을 각 한 송이씩 그렸다. 내심에는 3선원권 속에 절지 복숭아를 그렸다. 외벽에는 2단의 문양대를 그렸는데, 상층은 절지의 복숭아·여지·포도·석류·비파·감 등의 과실을 그리고, 하층은 절지의 국화·동백·해당·모란·월계·연화 등 화훼를 그렸다. 굽에는 당초문대가 돌아가며, 청화는 깊게 가라앉은 농염한 색이다. 바닥에 '대명선덕년제'의 2행6자해서관이 있고, 바깥에 쌍선의 원권을 돌렸다.

· **청화 화훼당초문 유개두**(사진 166) : 두의 구연에는 엽형 문양대를 장식하고, 복부에는 원추리문(백합문이라 하는 사람도 있다)을 그렸는데, 꽃은 6판이며 화심은 흰 원점으로 남기고 화판 테두리 둘레로 단선들이 뻗어있다. 줄기와 잎은 청화로 구륵의 테두리 없이 넓게 그렸다. 그 아래에 망치모양의 단층 국판문대(혹자는 연판문이라 한다)를 그렸는데, 각 판 사이에 공간을 남겼다. 굽다리의 목부위는 상하에 쌍선을 돌리고, 저면에는 장조형 국판문대와 점문대를 장식하였다. 내저에는 절지모란 하나를 그렸다. 보주형뉴가 있는 볼록한 뚜껑면에는 4능형문대와 연판문대가 장식되었는데, 연판들은 사이에 공간이 있다. 뚜껑 주변에는 원점대와 쌍선을 그렸다. 외벽의 원추리꽃 위에 횡으로 '대명선덕년제'의 6자해서관을 썼다. 태골은 후중하고, 바닥에도 백유를 시유하였으며, 굽 노태부는 귤황색을 띠고 미세한 철질반점이 있다. 태질은 섬세하고 견치하며, 백유는 청색기를 띤다. 문양은 활달 호방

**사진 166** 청화 화훼당초문 유개두纏枝花卉文帶蓋豆, 명·선덕, 고10.3cm

하고, 청화색은 검푸른 남색인데, 코발트료의 함철량이 높아 청화색에 자연스레 흑반이 나타나며, 농염한 청남색과 서로 어울려 청화자기의 예술적 매력을 증강시켰다. 1993년 경덕진 주산에서 출토한 유개두는 조형과 문양이 이것과 같다. 수도박물관 소장의 청화두는 뚜껑은 없지만, 조형과 문양이 위의 두 점과 같다.

· **청화 절지모란문 고족배**(사진 144) : 배의 내면 구연에 여의운두문을 그렸는데, 이런 구연 문양은 선덕 청화자기에서 처음 보인다. 배의 내저에는 화훼절지를 장식하고, 외벽 및 고족에는 모란절지와 변형연판문을 그렸다. 외면 구연에 횡으로 '선덕년제'의 4자해서관을 썼다. 조형이 단정하고 장중하며 대범하고, 문양은 번밀하나 난잡하지 않으며, 청화색은 농염하고 자연스런 퍼짐이 있다.

· **청화 화훼절지문 팔각촛대**(사진 153) : 전체 기면에 10층의 문양대가 있어, 풍만무성하다. 주문양은 받침대의 벽면의 면마다 화훼절지를 하나씩 그렸는데, 한 줄기 휘굽은 굵은 줄기에 두 송이 큰 꽃이 달려 있다. 삽구부의 외벽에는 파초엽과 단층변형연판문대를 그렸는데, 각 판 사이에 일정한 공간을 남겼다. 받침대 상면에는 변형연판문대를, 삽구와 받침대 사이의 기둥에는 금문과 국당초문을 그렸다. 도안이 풍부하고 다채로우며, 번밀하나 난잡하지 않다. 청화는 청취색으로 아름답다. 1988년 경덕진 주산에서도 팔각촛대가 출토하였는데, 조형이 이와 완전히 같고, 문양은 약간 차이가 있는데, 삽구의 외벽 그림은 여의운두문·변형연판문·엽형도안문이고, 중간 기둥에는 화초와 모란당초문을 그렸다. 2점의 촛대는 선덕 청화자기 중의 희유한 기물들이다.

· **청화 나팔꽃문 쌍이왜각방병**(사진 151) : 이 병은 구연 아래에서 복부까지 나팔꽃당초문을 그렸다. 구연 아래 및 굽에는 각 청화선이 한 줄 돌아가고, 수이獸耳는 청료를 발랐다. 나팔꽃은 만개하여 아름다움을 토하는데, 꽃도 크고 잎도 크며, 줄기는 굵고 둘러싸며, 꽃송이와 화심은 구륵 테두리선이 없이 직접 칠했다. 문양은 활달·청신·명쾌하고, 청화색은 짙고 아름다우며, 흑갈색 반점이 있다. 바닥에 '대명선덕년제'의 6자2행해서관이 쌍권 안에 써져 있다. 대북고궁박물원과 일본 이데미쯔出光미술관 등지에 유사한 작품이 소장되어 있다.

청화나팔꽃문의 사용은, 원대에는 보통 대반에 다른 화문과 함께 장식되었는데, 단독으로 한 면에 나팔꽃이 있는 것은 명초 관요에 처음 보인다. 틀림없이 페르시아 문화의 영향을 받은 것이다.

· 청화 당초연탁팔보문 절요완(사진 167) : 완의 벽과 뚜껑면에 모두 연당초문을 그리고, 그 위에 불교 8길상문을 올렸으며, 밑동에 연화와 잎(각자 1화 1엽으로 독립적임)을 돌렸다. 뚜껑면 중심에 꽃 한 송이를 그리고, 문양대 사이와 굽에 청화선을 돌렸다. 완 내면과 뚜껑 내면에 모두 '대명선덕년제'의 6자2행해서관이 써 있고, 완 내면 관지에 쌍권을 가했다.

대북고궁박물원에 동류의 완이 여러 점이 있는데, 벽과 뚜껑에 절지의 모란·연화·월계·국화·동백·석류 등 6절지가 그려져 있다. 또 운룡문이나 연당초문 및 번련蕃蓮당초문을 그린 것도 있다. 특히 진귀한 것은 청화로 그린 '청화묘홍운룡문절요완'으로, 기벽과 뚜껑의 유약 위에 반홍礬紅으로 쌍용을 그리고, 청료로 용의 눈과 구름송이 및 완 내저의 해도문을 그렸다. 선덕시 유하청화와 유상홍채의 극상품으로, 문양과 유채 모두 정절하다.

· 청화 송죽매문 완(사진 168) : 고 11.8cm·구경31.2cm이며, 대북고궁박물원 소장이다. 완의 외벽에는 송·죽·매 세한삼우를 각 2조씩 6그루를 그렸다. 밑동에는 변형연판문대를, 굽에는 해도문을 베풀었다. 기내는 무문이고, 백유는 청색기를 띤다. 청화는 선명하게 아름다우며, 간혹 철

**사진 167** 청화 당초연탁팔보문 절요완纏枝蓮托八寶文折腰碗, 명·선덕, 구경17.1cm

중국의 청화자기

갈색결정반이 있다. 송죽매 세한삼우
는 명 청화에 상견되는 문양으로, 완
외에, 주자·호·반·고족배 등에도 있다.
매화는 5판 꽃송이로 많이 그리며, 간
혹 1개의 작은 원주만 그려 아직 피지
않은 꽃망울을 표현하였다. 소나무 가
지는 침엽이 원형으로 모인 형태로 그

**사진 168** 청화 송죽매문 완의 펼친 문양, 명 · 선덕

린 것이 많다. 죽엽은 예리하여 별 모양 같으며, 5엽이 많다.

② 제2류, 서수서금瑞獸瑞禽

제왕의 지존한 권력을 상징하는 용봉문이 위주이다. 용문은 행룡行龍·운룡·입
룡立龍·단룡團龍·해도운룡·화중룡花中龍·쌍룡희주雙龍戲珠 등이 있다. 이 시기의 용의
화법은, 원대의 가늘고 긴 목에 마른 몸집을 한 형태에서, 살이 찌고 건장하게 변
성하고, 머리카락이 산발이거나 위로 올라가거나 앞으로 나부끼거나 하며, 현저
히 흉포하다. 5조爪(발가락)는 이어져서 둥글게 원을 그리는 것이 많다. 이때 익
수룡翼獸龍(날개달린 용)과 폐취룡閉嘴龍(입을 다문 용)이 출현한다. 익수룡은 두
종류로, 하나는 반어반룡의 어룡문으로, 전반은 용모양인데, 대머리에 양 날개가
있다. 또 하나는 짐승 몸에 화미花尾('향초룡香草龍', '함화룡銜花龍'이라고 한다)를
하는데, 꼬리는 권초형卷草形이고, 양 날개가 있으며, 수족에는 발가락이 있고(앞
발가락만 있다), 긴 코는 높이 들고, 입에서 화염화火焰花를 토하고 있다. 폐취룡
은 선덕 후기에 출현하며, 그 특징은 수염과 머리카락이 앞으로 휘날리고, 입을
다물고 혀를 내밀지 않으며, 몸체가 가늘고 길다. 발에는 5조가 있으며, 그중 4조
는 뒤로 1조는 앞으로 하고 있다. 전체 결구가 매우 둥근 것이 회전하는 차바퀴
같다. 화중룡은 구도가 송대의 화간행룡花間行龍에 기원하는 것으로, 단지 선덕시
기에 송대의 여러 종의 꽃을 뚫고 가는 것을, 단일한 꽃으로 바꾼 것뿐이다.

봉문은 운봉·봉황·쌍봉·용봉·화중봉·단봉團鳳 등이 있다. 반·완·세·병·고족배 등

의 기명에 많이 그려졌다. 선덕 전기의 봉문은 모두 발가락이 드러나지 않으며, 후미의 긴 꼬리는 3가닥을 넘지 않는다. 선덕 후기가 되면, 봉에 발가락을 노출한 것이 많고, 후미 꼬리가 5가닥인 것이 많다. 용봉을 잘 조합한 도안도 이 시기에 출현하였다.

이외에도, 해비상海飛象·해수海獸·원앙·쌍사희구雙獅戲球·연당어조문 등이 있다.


· 청화 연화용문 궁완(사진 137) : 완 내벽의 주문양은 연당초 사이를 질주하는 1쌍의 교룡蛟龍이다. 용은 몸이 살찌고 목이 굵으며, 주둥이를 닫고 위로 쳐든 것이, 돼지주둥이 같다. 양 눈은 동그랗게 뜨고 앞을 주시하며, 머리털은 앞으로 휘날리고 수염은 뒤로 말려 있다. 몸에 비늘이 있고, 사지는 굵고 건장하며 힘이 있다. 5조인데, 발톱은 갈고리 같이 뾰족하며, 전후의 다리들은 모두 한 다리는 앞으로 한 다리는 뒤로 향하며, 용은 씩씩하고 힘차며 흉맹한 기세가 넘치게 그렸다. 다른 한 마리는 목을 구부리고 주둥이를 벌리며 혀를 내민 형상이다. 자태가 각기 달라 또 다른 정취가 있다. 다리 둘레에 여의운두문을 그렸다. 내면 구연에 연당초를, 내저에는 쌍원권 내에 연화 반룡蟠龍을 그렸다. 바닥에 청화로 '대명선덕년제'의 6자2행해서관을 쓰고, 바깥에 쌍권을 둘렀다. 청화는 고르게 농염하고, 간혹 철갈색결정반점을 띤다.

대북고궁박물원에 '남지백화藍地白花화중용문완'이 있는데, 조형은 전자와 같지만 문양 기법이 정반대로, 남지백화 기법으로 문양을 장식하였다. 작법은 외벽의 태토가 마르기 전에, 먼저 모란당초 사이를 날아가는 쌍룡을 음각하고, 완 내심에는 쌍권 내에 연당초 속의 용을 새겼다. 절연구에는 화훼당초를, 굽에는 매화 10송이를 새긴 다음, 문양은 희게 남기고, 섬세한 각문 및 백룡문에만 청화로 점정點睛하고, 빈 곳에 청료를 가득 베풀었다. 이런 장식은 원대에 시작되었으며, 선덕시기에 더욱 성숙 세련되었다. 문양은 남색과 백색이 분명하고, 생동감이 넘치고 활발하다. 경덕진 청화자기의 일대 창신이다.

· 청화 해도용문 고족배(사진 169) : 완의 내벽에 두 마리의 인화 행룡문이 있

고, 외벽에는 남색의 해수를 바탕으로, 색깔이 농염하여 돋보이는 용을 그렸다. 수염갈기가 휘날리며 발톱이 날카롭고 군센 교룡이, 파도가 용솟음치는 망망대해와 신선산 위로 춤추며 날아오르고 있다. 태질은 얇고 가볍고 고우며 기벽은 반투명하고, 유색은 백색 중에 청색기를 띠며 매끈한 광택이

**사진 169** 청화 해도용문 고족배海濤龍文高足碗, 명·선덕, 고10.5cm

있다. 이 완은 수입 소마리청료를 사용해 두 마리의 수미首尾가 잇따르는 5조爪의 유희룡을 그리고, 연하고 섬세한 해수문은 국산 청료로 그려, 색조의 대비가 강렬해졌으며, 용의 생동하는 형상이 더욱 돌출되어 보인다. 이렇게 한 기물상에 두 종류의 청료를 사용해 문양을 그리는 작법은 난이도가 비교적 크며, 그래서 이것은 극히 진귀한 예술품이다. 내저심에는 쌍권 안에 '대명선덕년제'의 6자2행해서관이 써져있다.

· 청화 능화창운룡문 규식세(사진 170) : 세의 외벽 구연과 바닥에 청료로 쌍선을 돌리고, 각 능판 내에 쌍선능화창을 그린 다음, 그 안에 운룡문을 그렸다. 내저에는 쌍권 안에 운룡문을 그렸는데, 용문은 선덕 청화자기의 전형적인 화법으로 그려졌다. 즉 용체는 굵고 살찌고 비늘이 있으며, 주둥이는 다물고 위로 쳐들고 있고, 머리털은 서 있으며, 5조에, 구름송이가 있다. 바닥에는 청화 쌍권 내에 '대명선덕년제'의 6자2행해서관이 써져 있다. 대북고궁박물원에도 세의 내심에 용봉문을 그리고, 외벽에는 단용봉團龍鳳을 그린 규식세가 소장되어 있다. 또한 경덕진에서는 일종의 어조魚藻문세가 출토되었는데, 세 중에서 많지 않은 것이다.

청화 능화창 내에, 비금과 초충 등의 문양이 있는 것은 원대의 병과 호 등에 상견되는데, 영락시기부터 단화團花로 바뀌어, 완·세·고족배류에 상견된다. 문양은 역시 원대의 번욕함을 따르지 않고, 절지화과·운룡·용봉·봉황 등만 있으며, 원대의 능화창 초충문은 다시 출현하지 않는다.

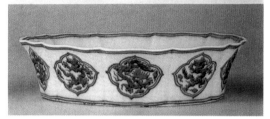

**사진 170** 청화 능화창운룡문 규식세菱邊雲龍文葵式洗,
명·선덕, 구경18cm

**사진 171** 청화 화중봉황문 완穿花鳳凰文仰鐘式碗,
명·선덕, 구경15.4cm

· **청화 화중봉황문 완**(사진 171) : 완 외벽에 한 쌍의 용봉이 연당초 사이에서 비상하는 모습을 그렸다. 봉은 새머리에, 목이 가늘며 양 날개를 펴고, 두 가닥의 긴 화미를 늘어뜨리고 비상하는 모습을 하는데, 자태가 차분하고 생동한다. 청화는 짙으며 흑갈색 반점을 많이 띤다. 외벽 밑동에 2층앙 연판문대를 그렸는데, 1층 연판은 넓고 크고 비후하며, 다른 1층 연판은 판 끝만 뾰족이 보인다. 내벽 구연에는 당초문대를 돌리고, 저심에는 연화봉황문을 그렸는데, 청화는 청색기 있는 백유로 인해 돋보여져, 더욱 아름답고 풍부한 색채를 드러낸다. 바닥에 '대명선덕년제'의 6자2행해서관을 썼다.

청화자기에 그려진 봉문들은 대체로 비슷하며, 단지 꼬리부분의 화법에 약간 구별이 있다. 예컨대 '청화연화봉황문고족충高足盅'은, 봉미가 매우 굵은 여러 개의 굽이진 긴 꼬리(이런 문양의 봉을 기봉夔鳳이라고도 한다)로 그렸다. 그리고 '청화능화창봉황문화형고족완'은 봉미를 5가닥의 화미로 그렸는데, 이런 화법은 비교적 많이 보인다. '청화연화쌍봉문반'은, 봉미를 2가닥의 거치형 긴 꼬리로 그렸다.

· **청화 연화용봉문 반**(사진 172) : 반의 내벽 구연 아래에 당초문대를 그리고, 내저심의 쌍권 안과 외벽에 모두 용봉이 연화가 무성한 속을 날아가는 모습을 그렸다. 청화는 고르고, 흑갈색반점을 많이 띠며, 바닥에 청화로 '대명선덕년제'

의 6자2행해서관을 썼다. 바깥에 쌍권을 둘렀다.

이런 외반구연반은, 내벽에 문양을 그리지 않고 일반적으로 인화 암화문(음각문)을 장식하는데, 선덕 인화문은 홍무·영락에 비해 얕기 때문에, 소홀히 하기 쉽다. 이런 인화와 청화의 독립된 수법을 한 기물에 두는 것은 홍무시기에 가장 많이 보이며, 영락자기 중에는 매우 드물게 발견된다. 선덕시기에도 이런 품종을 계승하였지만 수량은 역시 적은 편이다.

· **청화 비파조문 능구반**(사진 134-1) : 반의 절연에 연당초문을 그리고, 내벽에는 16개의 절지 비파를, 반 내저면에는 쌍권 내에 비파 한 줄기를 그렸다. 큰 잎은 뾰족하고 주변은 치형을 하며, 동그란 비파는 크기가 일

**사진 172** 청화 연화용봉문 반龍鳳穿蓮文盤, 명 · 선덕, 구경20cm

정치 않고 밀집하여 꼬치를 이루며, 가지 위에 한 마리 작은 새가 고개를 돌려 과일을 물고 있다. 화면은 간결하면서 생동하며, 시원 명쾌한 것이 한 폭의 송인이 그린 화조화와 흡사하다. 태질은 곱고 윤택하며, 유색은 백색 중에 청색기를 띠고, 청화색은 침중하게 아름다운데 철녹반점이 있다. 반의 조형은 원에서 명초에 유행하는 형식이며, 기형은 크고 반듯하며, 문양은 선명한 시대적 특징을 갖고 있다. 이런 문양의 대반은, 전세품으로 겨우 3점이 보인다.

· **청화 파도코끼리문 고족배**(사진 173) : 배 외벽의 주문양은 두 마리 코끼리가 날개를 펴고 파도와 구름 사이에서 하늘로 비등하는 모습이다. 배의 저부와

**사진 173** 청화 파도코끼리문 고족배波濤雙象雲文高足杯,
명·선덕, 고8.8cm

고족부에는 파도문을 그렸다. 코끼리의 몸체는 살찌고 굵고 크며, 등에 양 날개를 펴고, 구부러진 굵고 긴 코에 두 개의 상아는 위로 뻗치고, 전면의 우측 발가락은 날카로운 발톱을 단 용의 발가락으로 그렸다. 나머지는 곰발바닥 같으며 기린의 꼬리를 한다. 그중 코끼리 한 마리는 고개를 돌린 모습이다. 청화는 농염하고 흑갈색반점을 띠며, 내저면에 '대명선덕년제'의 6자2행해서관을 쓰고 바깥에 쌍권을 돌렸다.

영락부터 자기상에 각종의 해수海獸를 그리기 시작하는데, 선덕시기에 영락의 유풍을 이어받아, 파도해수문을 완·반·고족배 같은 기명에 많이 장식하였다. 쌍익 코끼리를 주제로 한 것은, 선덕자기 특유의 것이다. 쌍익코끼리문은 용솟음치는 파도 속에 놀고 있으며, 구름 사이를 비등하는 것도 있는데 수량이 극히 적으며 매우 진귀하다. 이 배는 양익코끼리 한 쌍을 그린 것으로, 특히 선덕청화자기 중의 걸작이다.

· 청화홍채 해수어파문 고족배(사진 174) : 완 외벽에서 굽 까지, 청화로 파도문을 그리고, 홍채로 파도 속에 유희하는 각종 해수들을 그렸다. 대북고궁박물관 소장의 '청화묘홍해수파도문고족배'는, 전자의 조형과 완전히 닮았으나, 문양은 같지 않다. 청화로 12마리 해수 및 4좌의 신선산을 그리고, 주홍을 사용하여 용솟음치는 파도문을 그렸다. 내저에는 쌍선을 돌리고 그 안에 '대명선덕년제'의 6자2행해서관을 썼다. 청화홍채고족배는 남아 있는 것이 많지 않고 극히 진귀하다. 북경고궁박물원 소장의 '청화홍채파도용문완'(사진 175)도, 청화로 용문을 그리고 홍채로 파도문을 그렸는데 이런 채자 중의 걸작이다.

청화홍채는 유하청화와 유상홍채가 결합한 채자 품종이다. 명 선덕 이전, 유하청화와 유상 홍채의 기술은 모두 일찍이 성숙하였지만, 단독적인 존재였다.

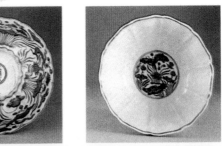

**사진 174** 청화홍채 해수어파문 고족배紅彩海獸魚濤文高足
碗, 명 · 선덕, 고9cm

**사진 175** 청화홍채 파도용문 완紅彩海濤龍文碗,
명 · 선덕, 구경15.7cm

**사진 176** 청화 연당어조문 규식완蓮塘魚藻文葵式碗,
명 · 선덕, 구경18.4cm

선덕 시기에, 비로소 양자가 결합한 새로운 공예를 창조하였다. 청화는 진중하
고 홍채는 심후하여, 강렬한 시대적 특징을 갖고 있다.

· 청화 연당어조문 규식완(사진 176) : 외벽에는 무성한 연꽃 속에서 놀고 있
는 4마리의 통통한 물고기를 그렸는데, 사실적인 운치가 강하다. 완심에는 쌍원
권 속에 세 무리의 연화와 유어 3마리를 그렸다. 내벽은 무문이고, 유색은 청색
기가 많다. 바닥에 '대명선덕년제'의 6자2행해서관을 썼다.

규식완 계통은 물레성형 후에, 다시 틀로 찍어 만든다. 일반적으로 태골이 약
간 두텁고, 이런 완은 영락시기에 시작되었다. 대북고궁박물원에도 남지백연당

어조문의 반과 완 등이 소장되어 있다. 바닥을 백유로 한 것을 제하고는, 전부 제청靑 바탕을 베풀었다. 작법은, 백니퇴선으로 연당어조문을 장식하였는데, 퇴선이 凸하고, 고기 눈은 청화점으로 장식하였다. 백색문양은 입체감이 풍부하고, 남색 바탕이 이를 돋보이게 하며, 남·백이 분명하여 더욱 청신한 풍격을 보인다. 선덕의 남지백화기법은 능숙하여, 원대 및 이후 각 시기 것이 이에 못 미친다. 바닥에 청화로 쌍권 내에 '대명선덕년제'의 6자2행해서관을 썼다.

청화자기에 연당어조문을 장식한 것으로 1993년 경덕진에서 출토한 앙종식완仰鐘式碗·반·규식세(사진 177)가 있다.

· 청화 쌍사자문 반(사진 178) : 반의 외벽에 5마리의 사자가 희구戱球하는 모습을 그리고, 공간에는 은정銀錠·산호 등의 잡보를 그려 넣었다. 반심에는 희구하는 사자 한 쌍을 그리고, 공간에 은정과 산호 등의 잡보를 그려 넣었으며, 내벽은 순백의 무문이다. 백유는 청색기를 띠며, 청화는 농염한데 여러 곳에 흐릿하게 퍼짐이 있다. 바닥에는 쌍권 안에 '대명선덕년제'의 6자2행해서관이 써져 있다.

· 청화오채 연지원앙문 완(사진 179) : 완의 외벽 구연에 운룡문을 그리고, 복부에는 원앙연지문을 그렸으며, 그 중간에 청화 쌍선을 돌렸다. 원앙은 서로 따라 가는데, 형상이 핍진하고 자태가 자

**사진 177** 청화 어조문 규식세菱邊魚藻文葵式洗,
명·선덕, 구경18cm

**사진 178** 청화 쌍사자문 반雙獅戱球文盤,
명·선덕, 구경17.7cm

연스럽다. 홍채로 연화를, 녹채로 연잎을 그리고, 원앙은 홍·녹·자채를 칠하고 윤곽은 청화로 하여, 색채가 산뜻하고 아름다우며 선조가 유창하다. 굽에는 청화해수문을 돌렸다. 내면 구연에 청화로 티베트문자를 한 줄 썼는데, 내용은 "주畫길상, 야夜길상, 정오正午길상, 주야晝夜길상, 삼보三寶길상"이다. 바닥에 청화쌍권 안에 '대명선덕년제'의 6자2행해서관을 썼다. 원 청화자기의 연지蓮池는, 화엽이 번밀하고 화면이 비교적 혼잡하다. 이 완은 총총하게 만발한 연화와 갈대가 서로 간격을 두되, 혹은 가깝게 혹은 멀게 들쑥날쑥하여, 시원하고 정취가 있다. 원앙도 일정한 간격을 두고 있어, 수면이 아득하고 광활하게 보인다.

선덕시기에 유하청화와 여러 가지 유상채가 상호 결합한 신기술인, '선덕오채'를 개창하였다. 1985년 티베트 르까쩌시의 싸자사薩迦寺에서 진귀한 선덕 어요창 생산의 '청화오채연지원앙문완' 2점을 발견하였다. 전술한 것이 바로 2점 중의 하나이다. 1988년 11월, 경덕진 주산 어요창에서 선덕 '청화오채원앙연화문반'(사진 180)이 출토하였는데, 주문양은 싸자사 소장의 것과 대체로 같다. 이 3점의 기물의 안쪽 구연부에 티베트문을 한 줄 써놓았다. 오채반은 어쩌면 싸자사의 2점완과 함께 선덕제가 싸자사에 하사한 규정된 기물일지도 모른다. 오채반은 하자가 있어 선별되지 못하고 깨트려져 파기한 것이다. 이들 청화오채기의 출현은, 『박물요람博物要覽』에서 말하는 "선덕요의 오채, 두텁게 쌓여있

**사진 179** 청화오채 연지원앙문 완五彩蓮池鴛鴦文碗,
명·선덕, 구경16.4cm

**사진 180** 청화오채 원앙연화문 반五彩鴛鴦荷花文盤,
명·선덕, 구경21.5cm

197

다.宣窯五彩, 深厚堆垛"가 결코 허위가 아님을 실증하는 것이다. 이들 청화오채기에는 매우 두드러진 특징이 있는데, 즉 국부적으로 투채鬪彩기술을 채용하였는데, 이는 곧 투채의 발명연대를 성화에서 선덕으로 앞당긴 것이다.

### ③ 제3류, 인물

인물은 영락시에는 극히 적게 청화문양으로 쓰였지만, 선덕시기에는 크게 증가하였다. 그중 산수사녀도의 문양은, 인물을 산수누각과 결합시킨 것으로 변화가 많다. 선덕 청화자기에 상견되는 인물도는, 선산仙山인물·산수사녀·영희도 등이 있다. 선녀기학仙女騎鶴(선녀가 학을 타다)·사녀분향배월仕女焚香拜月(사녀가 향을 사르고 달에 절하다)·사녀상월仕女賞月(사녀가 달을 감상하다)·선인승봉仙人乘鳳(선인이 봉을 타다)·사녀초엽제시仕女蕉葉題詩(사녀가 파초잎에 시를 적다)·사녀수사납량仕女水榭納凉(사녀가 물가 정자에서 더위를 식히다)·사녀영희仕女嬰戱(사녀와 노는 아이들)·영희십육자嬰戱十六子(16명의 노는 아이들) 등이 그런 것이다.

자기에 역사인물이나 신선고사를 그린 것은, 이미 원대 청화자기에서 상견되지만, 영락·선덕 청화자기의 것은, 포치가 시원하고 화의가 청아하여, 전혀 원대와 비교되지 않는다. 그려진 인물은 여자가 많고 남자가 적어, 때문에 세칭 "원대는 사람이 적고, 영락은 사람이 없고, 선덕은 여자가 많고, 남자는 적다.元代人少, 永樂無人, 宣德女多男少"라 하였다. 그려진 사녀는 고귀하고 우아하며, 정숙하고 청아하여, 송대의 부녀자와 보다 가깝고, 명대 화가가 그린 풍만한 여성과는 거리가 있어, 응당 궁정이나 선경의 사녀이다.

· 청화 '추석'시의사녀도 완(사진 181) : 완의 외벽에 정원경물을 그리고, 한 사녀가 정자 앞에 앉아 있으며, 세 시녀 중 하나는 향을 사르고, 하나는 개똥벌레를 쫓아가고, 하나는 물건을 받들고 실내에서 걸어 나오고 있다. 실내는 홍촉이 높이 비추고, 병풍을 가운데 두었다. 정원에는 난간·산석·화초수목을 두고, 먼 산·별·채운이 이를 받쳐준다. 바닥에 쌍권 안에 '대명선덕년제'의 6자2행해서관

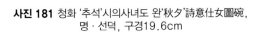

사진 181 청화 '추석'시의사녀도 완'秋夕'詩意仕女圖碗,
명·선덕, 구경19.6cm

사진 182 청화 정원사녀도 완庭院仕女圖碗,
명·선덕, 구경19.7cm

을 썼다. 이 완의 소재는 당인唐人 두목杜牧의 시인 '추석秋夕'의, "은촛대 가을빛은 그림병풍에 차가운데, 비단부채로 떠다니는 반딧불을 치는구나. 궁궐의 밤공기는 물처럼 차가운데, 앉아서 견우성직녀성을 바라본다. 銀燭秋光冷畵屛, 輕羅小扇撲流螢. 天階夜色凉如水, 坐看牽牛織女星"의 시의를 구도로 삼았다. 하늘에 3개와 2개의 원점을 선으로 연결한 것은 견우와 직녀성을 상징한다. 시녀는 반딧불을 쫓고, 향을 사르며, 사녀는 별을 바라보고, 병풍과 촛대를 설치한 것 등은, 모두 시의에 부쳐 그린 것으로, 이는 한 폭의 매우 볼만한 산수인물화권이다.

· 청화 정원사녀도 완(사진 182) : 완 외벽에 한 폭의 우미한 정원사녀도를 그렸다. 정원의 정자 안에서 두 사녀가 마주보고 앉아 있는 것이, 바람을 쐬며 한담하는 것 같으며, 자태가 소쇄하고 태연자약하고 표정이 편안하다. 한명의 동자가 막 계단을 밟고 정자로 올라가며, 다른 한 곳에는 마주보며 가는 두 시녀가 있다. 정원 안에는 난간과 산석을 두고 재배하는 풀과 수목을 공교하게 배치하였다. 전체 도안의 포치가 합리적이고 생동하며, 인물의 자태가 핍진하다. 청화색은 농염하되 퍼짐이 있어, 문양 세부는 더러 명확하지 않다. 바닥에 청화 쌍권 안에 '대명선덕년제'의 6자2행해서관을 썼다.

· 청화 사녀영희도 완(사진 183) : 완의 외벽에 정원호석초류도庭園湖石蕉柳圖를 그렸는데, 한 사녀가 부채를 들고 정자 안에 앉아서, 두 동자가 초지草地의 꽃 사이에서 노는 것을 바라보고 있다. 한 아이는 땅을 기어가고 한 아이는 땅에 쪼그

199

제4장 명대 청화자기

리고 앉아 마주보며 놀려 하는 것이, 활발하고 귀엽게 보인다. 바닥에는 쌍권 안에 '대명선덕년제'의 6자2행해서관을 썼다.

명대 청화사녀·영희문은 전대에 비해 증가하며, 선덕 이전에 영희도는 정원영희가 많아 아이들이 정원 내에서 활동한다. 인물은 비교적 사실적이고 그림도 깔끔하다. 선덕 이후에는, 교외영희가 많아, 아이들이 집 밖에서 놀며 인물은 비교적 추상적이어서 변화가 뚜렷하다. 영락·선덕시기 영아들의 특징은, 작고 통통하며 머리가 크고 앞가슴이 특히 크며, 동글동글한 얼굴에 이마에는 몇 가닥 앞머리가 있다. 몇 명의 아이들이 함께 노는데, 낚시 하거나, 목마를 타거나, 새와 놀거나, 공을 차거나, 오리를 뒤쫓거나, 나무를 타고 오르거나 한다. 붓을 많이 대지 않아 정취가 넘치며, 아이들 수도 점차 많아져 가장 많이는 16명에 이른다.

④ 제4류, 길상도안

각종의 길상을 뜻하는 문양으로, 송죽매·세한삼우·연탁팔보蓮托八寶·장수를 뜻하는 영지·송학도 및 티베트문·범문 등의 길상문자 등이 있다.

**사진 183** 청화 사녀영희도 완仕女嬰戱圖碗, 명·선덕, 구경19.3cm

· **청화 연탁팔길상문 완**(사진 184) : 완의 외벽에 주문양으로 연화절지와 상탁上托 8길상으로 하고, 밑동에는 변형연판문을 돌리고, 굽에는 매화송이문을 그렸다. 기내는 무문으로, 백유는 청색기를 띤다. 청화색은 짙고, 철질반점을 띤다. 구연 아래에 횡으로 '대명선덕년제'의 6자1행해서관을 썼다.

8길상 문양은 티베트 라마교에서 유래된 것으로, 원에서 시작되어 명·청에 유행한다. 8길상의 배열은 시대에 따라

**사진 184** 청화 연탁팔길상문 완蓮托八吉祥文碗,
명·선덕, 구경31.4cm

**사진 185** 청화 티베트문 고족배藏文高足碗,
명·선덕, 고11.9cm

약간 다르지만, 명초에 법륜을 으뜸으로 삼기 시작하여, 이하 7종을 순서대로, 법라法螺·보산寶傘·백개白蓋·연화·금어金魚(쌍어雙魚)·보병寶瓶·반장盤長이다. 이런 문양을 한 대완의 관지는 일반적으로 법륜의 위에 썼다.

· 청화 티베트문 고족배(사진 185) : 배의 외벽에 티베트문을 한 줄 썼다. 해석문은, "낮평안, 밤평안, 밝은 빛 널리 비쳐 모두 평안, 낮밤 영원히 크게 평안, 삼보(불·법·승)보우 영세 평안.日平安, 夜平安, 陽光普照皆平安, 日夜永遠平安泰, 三寶(佛, 法, 僧)護佑永平安."이다. 밑동은 쌍층 앙연판문대를 장식하고, 굽의 저변에 당초문을 그렸다. 외벽 및 높은 굽다리의 상하에 모두 쌍선을 돌렸다. 내벽에는 외벽과 같은 티베트문을 새겼는데, 백유층이 두터워 알아보기 쉽지 않다. 내심에는 쌍권 안에 '선덕년제'의 4자전서관을 새기고, 인화연판문대를 돌렸다. 태질은 곱고 희며, 백유는 투명하고 맑다. 굽의 노태부는 옅은 귤색을 띤다. 대북고궁박물원 소장의 '청화연화쌍룡티베트문고족배'는, 내벽에 한 줄의 티베트문을 쓴 것 외에, 내저심에도 청화로 쌍권 안에 범자 한 자를 썼다.

티베트문자를 써서 자기의 장식소재로 삼는 것은, 명의 영락·선덕시기에 시작되며, 내용은 주로 경문의 주문어나 기도길상문 종류이다. 불교사원의 공양기로 많이 만들었다. 티베트문관회 소장의 청화고족배는, 배심에 3개의 범자를 모태로 문양을 조성하였는데, 6자 대명주의 "옴唵, 마嘛, 니呢, 반叭, 메咪, 훔吽" 중의

"옴, 반, 훔"의 3자를 축약해 썼다. 6자대명주는 장전불교藏傳佛敎(티베트불교)의 근본 진언이다. '삼보길상'은 현대 티베트어 중에 '신에 대한 서약'의 의사로, 당연히 종교적 축사이다.

선덕 관요의 전서관은 매우 희소하다. 따라서 이것과 경덕진 주산 출토의 수 점의 불완전한 청화4자전서관은 드문 예이다.

·청화 티베트문·연탁팔길상문 승모호(사진 186) : 호의 구연 및 주구에 관지 영지串枝靈芝문을, 목 부분에 번련탁蕃蓮托팔보문을 장식하고, 어깨에는 여의운두 문을 그리고 그 안에 절지연화를 채웠다. 복부에 주문양으로 한 줄의 티베트문 을 썼는데, 그 뜻은 앞의 고족배와 같다. 굽에는 당초문을 그리고, 밑동에는 연판 문을, 구부 안쪽에 관지연화문을 그렸다. 여러 층의 문양대는 구도의 소·밀이 적 당하고 주제가 돋보여서 전체적인 효과는 청신전아하다. 바닥에 청화쌍권 안에 '대명선덕년제'의 해서관을 썼다.

이들 티베트문 길상문을 장식한 기명은, 동시기의 관요청화고족배와 티베트

**사진 186** 청화 티베트문·연탁팔길상문 승모호藏文蓮托八吉
祥文僧帽壺, 명·선덕, 고22.6cm

싸자사, 경덕진 주산 출토의 '청화오채 연지원앙문완'과 반의 티베트문과 완전 히 같다. 이들 기물에 담긴 특징 및 『명 실록』의 기록에 근거하여 추측해 보면, 그들은 응당 동시기에 번조한 동일한 세 트를 이루는 기명이며, 전하기를, 선덕2 년(1427)에 태감을 보내 티베트의 법왕 들이 법회를 거행하는 종교용품을 내렸 다는데, 바로 그것일 지도 모른다.

·청화 남사체범문藍查體梵文 출극유개 호(사진 187) : 복부의 주문양으로 남사 체 범자문을 한 줄 장식하였는데, 밀종密 宗 불상과 연계된 종자種子 글자이다. 어

중국의 청화자기

깨와 밑동에 범문 8자를 썼고, 어깨의 자간에 연탁8길상문을 그리고, 밑동 자간에는 연화문을 그렸다. 납작판 모양의 손잡이들에는 절지화훼를, 바닥 근처에는 연판문을 그렸다. 뚜껑면에도 남사체 범문을 장식하고, 그 사이에 운문을 넣어 격리시키고, 뚜껑벽에 파도문을 그렸다. 유색은 청백색으로 윤택하고, 청화색은 농염하고 명쾌하다. 호의 내저심에는 횡으로 '대덕길상장大德吉祥場'의 전자篆字를 썼는데, 내용은 주문어이며, 뚜껑 내면에도 같은 모양의 문자를 둥글게 썼다. 불가용구로 전세하는 희귀한 예이다.

호의 3층의 범자문 도안은 밀종의 신봉자들이 "법法만다라"라 부르는 것으로, 어떤 곳에 이런 종자자를 쓰면, 그곳이 곧 종자자를 대표하는 불보살이 있어, 이들 글자와 접촉하는 기물이나 거주하는 사람이 곧 어려움이 소멸되어 버리고 만사여의해진다고 믿는 길상문이다(경보창耿寶昌 선생의 『명조자기감정』 46쪽 참조).

선덕 청화자기의 문양 중에, 일부 상당히 서아시아적 풍격을 가진 것이 있다. 이런 문양은 명대 이전에 보이지 않던 것으로, 응당 명초에 중동 제국과 왕래가 빈번하고 문화교류가 있었기 때문에 생긴 것이다. 예컨대 어루존의 사격문, 서등書燈의 화훼문, 연자蓮子완의 8판도안문, 화요의 원점문, 표형구수대편호의 보상윤화(불화佛花) 등등이, 모두 이슬람 지역의 금·은기나 도기에 상견되는 문양이다.

#### ⑤ 종속(주변) 문양들

선덕 청화자기의 주변 장식 문양대로, 당초문·해도문·회문·정반산자문正反山字文·여의운두문·타화문朶花文(꽃송이문)·초엽문·변형연판문 등이 있다. 이들 문양들은 전대에 비해 매우 큰 변화가 있다. 선덕 이전에 주변문양대는 통상 당초문 1종 뿐으로, 변화도 크지 않다. 선덕시기

**사진 187** 청화 남사체범문 출극유개호藍査體梵文出戟蓋罐, 명·선덕, 고28.7cm

203

의 주변장식문은, 당초문 외에, 사계절화의 변화를 그 속에 혼합시켰는데, 과거에 그다지 볼 수 없던 것이다.

· **변형연판문**(그림 70) : 원말명초의 형식을 완전히 개변하여, 연판의 상부는 대부분 '圭'형을 띠며, 변이 약간 호형을 그린다. 안쪽은 쌍구선으로 돌리고, 쌍층 연판의 안층연판은 종종 뾰족하게만 그려 뜻만 보인다. 각 판 사이의 배열이 치밀하고 정연하다.

· **여의운두문** : 작게 변하고, 내부를 문양으로 채우지 않고 청화채로 처리하였다.

· **초엽문**(그림 71) : 전체 형상이 비육하게 변하며, 중간의 엽맥을 양 수직선으로 표시하고, 청료를 채우지 않고 공백으로 두며, 상단은 서로 교차하게 변한다.

· **당초문**(그림 72) : 선덕시기 청화자기의 중요한 주변장식 문양대의 하나이다. 그려진 당초문은, 원대에 유행한 반파선半波線과 절원切圓을 조합한 문양과 영락시기에 처음 나온 쌍구선 화형의 문양대 외에, 또한 파선波線상에 "ΦΦ"형문을 그린 문양대가 출현한다.

· **회문** : 여전히 2방연속을 사용하는 외에, 다수가 전체를 연속한 것이다.

· **해도문**(그림 73) : 원과 홍무시기 것과 약간 구별이 있는데, 선덕 청화자기의 해도문은 파도머리가 크고, 불수佛手 모양을 닮은 것이 많으며, 수파가 작고 파문의 선조가 길다.

## (4) 청료

선덕 청화자기의 청료는 3종이 있으며, 정색에 각자의 특징이 있다. 즉, 수입된 '소마리청'료는, 남색에 녹색기를 띠어 짙푸르고 농염하다. 색이 깊은 곳은 흑갈색을 띠고, 색이 뭉쳐진 곳은 은흑색 반점이 있다. 이 청료를 사용해 그린 문양이, 선덕시기 청화자기의 특유의 색조를 이룬다. 국산 청료는 '평등청平等靑'료라 부르며, 산지가 강서성 낙평현 피당樂平縣 陂塘에 있어 '피당료'라고도 한다. 정색이 산뜻하고, 색깔은 회색을 띠며, 색 중에 짙은 색반점이 없어 우아하고 사랑스

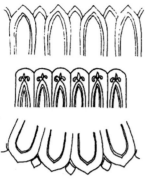

**그림 70** 연판문

**그림 72** 권초문

**그림 71** 초엽문

**그림 73** 해도문

럽다. 어떤 기물은 수입료와 국산료를 함께 사용하였는데, 정색은 대체로 수입료의 특징을 갖지만, 다만 짙푸른 정도가 수입료에 못 미친다. 이것도 선덕시기 청화자기의 특유의 색조를 이룬다.

### (5) 관지

선덕시기에 자기상에 제왕연호의 관지를 쓰는 것이 유행하기 시작한다. 연호관의 글씨체는 명나라인들이 심도 있게 쓰는 것으로, 초당初唐의 서예가에 근원을 둔다. 선덕시기에 연관을 쓴 청화자기가 크게 증가하여, 예전에 "영락관은 적고, 선덕관은 많고, 성화관은 비후하고, 홍치관은 수려하며, 정덕관은 공손하고, 가정관은 잡다하다."고 평하였다.

선덕관지를 쓴 위치는 서로 달라서, 대부분 반·완·접시의 바닥에 썼지만, 종종 원기圓器(완·반류의 둥근 그릇 종류를 말함)의 내저나 입 주변, 혹은 탁기琢器(입체적인 큰 기형을 말함)의 입·어깨·굽 일대에도 써서, "선덕관은 기신에 두루 미쳐있다"고 말하기도 한다. 선덕관은 해서도 있고 전서도 있지만, 해서가 절대 다수이다. 6자도 있고 4자도 있지만, 6자 위주이다. 6자를 쌍권 속에 수직으로 쓴 것도 있고(사진 188), 6자가 한 줄인데, 종·횡 모두 있다(사진 189). 6자는 '대명선덕년제'이고, 4자는 한 줄 횡서 혹은 두 줄 종서의 '선덕년제'이다. 관지 형식은 모필로 쓴 것이지만, 새긴 것도 있다.

선덕관지는 비록 많지만, 한 가지 공통된 특징이 있는데, 즉, 자체가 굳세고 힘이 있으며, 필법이 대부분 반듯하고, 청수하고, 굳세고, 시원시원하다. 단지 일부 약간 대강대강 분방하게 쓴 것은, 결구가 조화롭지 못하다. 해서체의 '德'자는, '心' 위의 횡획이 없으며, 어떤 관은 '㡀'와 '心' 거리가 과대하여, 기세가 이어지지 못한다. '年'자는 제4획이 일반적으로 우측으로 기우는데, 전세품 중에, '年'자의 제4획이 우측으로 기울면 기본적으로 진짜이고, 짧고 수직으로 쓴 것은 진짜도 있고 가짜도 있다. '製'자의 아래 '衣'자는 시작하는 점획이 있기도 하고 없기도 하며, 어떤 관은 제1획인 점과 제3획의 삐침을 한 필획으로 썼다.

손영주孫瀛洲선생은 선덕관지를 정리하여 4구의 노래를 지었다. "선덕연관은

**사진 188** '大明宣德年製' 6자해서관

**사진 189** '大明宣德年製' 6자횡관

기신에 두루 미쳐 있는데, 해서인화와 전서각획은 음양의 분별이 없고, 가로세로 한 줄로 꾸민 것은 쌍권이 없으며, 진·당의 소해가 가장 잘 어울린다.宣德年款遍器身, 楷印篆刻暗陽陰, 橫竪花單雙圈無, 晉唐小楷最合群."라고 하였다. 그는 또 관지의 진위를 식별하는 방법을 소개하는데, 8배 이상의 확대경으로 강한 빛 아래 비쳐 보면, 관지색이 어두운 안개가 가라앉은 것 같은 것이 많고, 기신과 구연 내면, 굽 안의 유가 얇은 곳은 명확히 상아색을 띠며, 유가 몰린 곳은 담청색을 띤다. 이 3가지 특징을 구비한 것은, 비록 유면에 귤피문 종안棕眼이 없더라도, 의심할 바 없는 진품이다.

선덕 청화에 대한 역대의 평가가 매우 높아, 후대에 방하는 자가 끊어지지 않았다. 그러나 관지색이 모두 산만하고 연하거나 유약 위에 떠 있고, 필법의 연하고 굳센 것이 고르지 않아, 너무 연하지 않으면 곧 너무 굳세다. 결구는 너무 단정하거나 너무 초솔하며, 더욱 소홀히 한 것은 해서 '德'자의 '心' 위의 '一'획을 그대로 두고 있어, 비록 정교한 것이 진짜와 거의 혼동할 정도이나, 자세히 보면 일체의 방품은 극복하기 힘든 몇 곳의 방품의 특징이 나타나 있다. 후대의 방품은 송체宋體(책을 판각한 자체)를 방에 이용하여 조금도 서사체書寫體의 필의가 없으며, 비록 서사체로 해도 필획이 경직되어 있다. 청 강희시의 방선덕관의 '大', '年', '製'는 종종 강희관지의 자체와 비슷하다.

선덕민요에도 초서나 예서의 '복福', '수壽'자가 있는데, 그릇 내저에 많이 썼다. 또 '대명선덕년조大明宣德年造'의 관을 쓴 것도 있다.

## (6) 선덕 청화자기의 방품

선덕 청화자기는 제작공예상에서 최고의 수준에 올라, 명 중기에 이미 방제가 있었으며, 청초의 강희·옹정·건륭 3시기에서 방품이 대량 출현하였다.

선덕 청화자기를 방제한 것은 일반적으로 민요에서 나온 것이 많아, 거칠고 덜렁댄 것이 많으며, 기물의 조형과 문양도 불완전하여 선덕제품과 같지 않다.

선덕관지를 방한 것은 정덕시에 시작되며, 이후 만력·천계·숭정에 모두 있는데, 천계에 많다. 관지는 '선덕년제'·'선덕년조'·'선덕년치'·'대명선덕년제'·'대명선덕년조'의 5종이 있다. '조造'와 '치寘'자는 진짜 선덕 관요청화자기에는 없는 것으로, 일견하여 방품임을 알 수 있다.

청초의 선덕 방품은 조형·문양·청화색 방면에서 진짜 선덕과 일치하기를 힘써 추구하였다. 전체적으로 보아, 강희 전·중기의 방품은 태체가 후중하고 질이 치밀하며 청화색이 안정적이다. 강희 후기에서 옹정 것은, 청화에 퍼짐이 있으며 유면은 굴피이고, 흑반은 붓으로 점을 찍어 만들었다. 청초의 방품을 선덕의 원래 것과 비교하면, 첫째, 방품은 청화흑반에 가유법加釉法을 사용해 번조했지만, 선덕 청화자기의 수입 소마리청료를 사용하여 자연스레 태골을 凹하게 파고 들어 생긴 흑철반과는 다르다. 둘째, 방품 중에 대반은 바닥에 물레 깎은 흔적이 있는데, 진품은 연마하여 매끈하다. 방품 대반의 기벽 내외면은 바닥까지 수직이지만, 진품은 외면은 내경하고 내면은 외경하여 쐐기형을 이룬다. 방품반의 굽은 '미꾸라지 등' 같이 둥글게 다듬었지만, 진품은 능각이 있다.

① 매병 : 강희·옹정·건륭 3시기 모두 선덕 매병을 방하였다. 그려진 문양에는 심우도·죽석파초·절지과·연당초·화조 등이 있다. 북경고궁박물원에 소장된 '선덕 청화절지화과문매병'(사진 190)과 옹정방품(사진 191)의 차이를 보면,

첫째, 방품이 진품에 비해 약간 작고, 복부가 진품에 비해 약간 홀쭉하다. 방품은 고31cm, 구경5.6cm, 굽경12.3cm이다. 진품은 고35cm, 구경6.6cm, 굽경14.5cm이다.

둘째, 방품의 어깨부분에 그려진 연판 내에는 3송이 불꽃같은 꽃잎을 채웠지만, 진품은 양 날개를 편 새 같다. 방품의 연판은 단선으로 윤곽을 그리고 그 안에 다시 쌍선으로 테두리를 하였는데, 쌍선과의 사이는 희게 두었으며 쌍선의 내부는 담청색으로 칠하면서 인위적인 흑점을 가하여 진품의 흑반점을 방하였다. 동시에 연판도 진품보다 약간 크게 그렸다.

**사진 190** 청화 절지화과문 매병, 명·선덕, 고35cm　　　　**사진 191** 청화 절지화과문 매병, 청·옹정, 고31cm

셋째, 그려진 화과문은 과실도 작고 꽃도 작으며 화면에 여백이 많다.

넷째, 저부의 쌍층 초엽문은 1층은 높고 1층은 낮은데, 진품은 양 층이 일반적으로 높다. 초엽의 저변은 방품이 진품보다 좁다.

다섯째, 청료의 사용이 달라서, 진품의 청화색은 곱고 침중하며 철녹반점이 있지만, 방품은 담아하고 또렷하며 문양이 과분하게 정확하고 세밀하고 변화가 결여되어 딱딱하게 보인다. 방품 청화문양의 퍼짐 속의 반점은, 인공점의 흔적이다.

② 옥호춘병 : 강희·옹정·건륭 3시기에 모두 방품이 있다. 그려진 문양은 선덕 매병의 문양과 같다. 강희 방품은 섬세하고 정미함에서 옹정 같지 않고, 대부분 태가 가볍고 유질이 무른 편이며, 유면이 흐릿하고 고르지 않다. 북경고궁박물원에 '선덕청화죽석초엽문병'(사진 192)과 옹정 방품(사진 193)이 소장되어 있다. 선덕진품과 옹정 방품의 구별은,

209

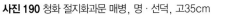

제4장 명대 청화자기

**사진 192** 청화 죽석초엽문 병竹石蕉葉文玉壺春瓶,
명·선덕, 고32.8cm

**사진 193** 청화 죽석초엽문 병竹石蕉葉文玉壺春瓶,
청·옹정, 고28cm

첫째, 방품은 고28cm, 구경7cm, 굽경10cm이고, 진품은 고32.8cm, 구경8.2cm, 굽경10.8cm이다. 방품이 약간 작다.

둘째, 방품의 목이 뚜렷하게 짧고 굵게 변하며, 복부가 아래로 쳐지고 굽은 외반하고 비교적 크며, 미세하게 좁고 길다. 진품은 넓고 크며 둥글다.

셋째, 방품이 비록 진품의 량청유亮靑釉와 귤피 종안을 방하지만, 진품의 희미하게 보이는 것과는 달리, 지나치게 정연하게 밀집되어 있다.

넷째, 방품의 문양은 진품과 같지만, 자세히 관찰하면 차이가 있다. 즉, 방품의 초엽문은 진품에 비해 가늘고 길며, 목 부분의 당초문대가 진품에 비해 넓다. 여의운두문은 진품에 비해 약간 크며, 진품의 산석은 구륵법으로 그리고 옅은 색으로 메꾸지만, 방품은 전채하지 않는 점 등등이다. 그러나 가장 분명하게 쉽게 구별되는 것은 청화문양의 묘사에 있는데, 양자의 풍격이 완전히 다르다. 진품은 비교적 자연스런 활발함이 있고 생기가 넘치지만, 방품은 방제 효과에 치우쳐 생경하고 활기가 없으며, 방정함이 지나쳐 기운이 전혀 없다.

중국의 청화자기

다섯째, 진품은 수입 소니발청료를 사용해 색이 농염하고, 짙은 곳에는 흑남색의 철녹반이 있는데, 그 색은 태골을 파고들어 가라앉았다. 그래서 흐르는 듯이 퍼지는 현상이 있게 번조하는 것은 쉽지 않다. 방품은 국산 청료를 사용해, 안정성이 좋고 짙푸르게 농염하여, 소니발청료와 아름다움을 다툴 수 있지만, 함철량이 낮아 흑색결정반점의 침전이 없어, 진품의 효과를 위해 인위적으로 붓으로 점을 찍었다. 건륭시에는 이런 인공점을 넣는 현상이 더욱 심해졌다. 조형은 더욱 낮고 굵어지고, 그림은 더욱 도안화되고 규격이 통일되어, 선덕 진품과는 완전히 얼토당토않다. 그러나 이런 풍격은 그대로 청말까지 영향이 계속되었다.

③ 청화 화훼문 서등書燈 : 선덕청화 서등은 대북고궁박물원에만 소장되어 있어(사진 194), 매우 진귀하다. 북경고궁박물원에 옹정방품(사진 195)이 있는데, 조형과 문양이 모두 극히 비슷하다. 주요한 구별은, 첫째, 방품은 진품에 비해 약간 크다. 방품의 통고는 14.7cm, 등의 구경은 3.2cm, 탁반 구경은 11.6cm, 탁반굽경은 6.2cm이다. 진품의 통고는 10.7cm, 등 구경은 3.8cm, 탁반 구경은 10.2cm, 탁반 굽경은 4.6cm이다.

둘째, 방품은 승반에 수평으로 뻗은 오리부리 모양의 주구가 있지만, 진품에는 없다.

셋째, 방품은 등과 반 사이의 기둥이 진품에 비해 뚜렷이 가늘고 길지만, 진품은 위가 좁고 아래가 넓으며 나팔형이다. 방품의 등 부리는 위로 뻗치는데, 진품은 수평으로 뻗었다. 방품의 호구는 진품에 비해 작고, 호신은 진품에 비해 약간 높으며, 뚜껑 형태는 서로 구별이 있다.

넷째, 방품은 등주에 2줄의 수초문을 그렸지만, 진품은 하부에 한 줄의 수초문만 그렸다. 방품은 반의 복부에 1줄의 수초문을 그렸으나, 진품은 구륵 연운문蓮雲文을 그렸다. 양자의 수초를 그린 법은 같지 않은데, 방품의 수초잎이 밀집되고 꽃송이가 없지만, 진품은 수초잎을 비교적 시원하게 그리고 꽃송이를 달고 있다. 방품의 뚜껑 윗면에는 수초문을, 진품에는 복연판문을 그렸다.

**사진 194** 청화 화훼문 서등花卉文書燈, 명·선덕, 전고10.7cm　　　**사진 195** 청화 화훼문 서등花卉文書燈, 청·옹정, 전고14.7cm

다섯째, 방품의 반연盤沿은 정반면 모두 단일사선으로 분격하고, 격내에 원반圓斑을 점찍었지만, 진품은 반연 정면에 쌍직선으로 분격하고, 격내에 원반을 점찍었다.

여섯째, 진품의 청화발색은 짙고 깊지만, 방품은 옅고 떠다니는 것 같다.

일곱째, 진품의 주구 위쪽의 어깨면에 우에서 좌로 횡으로 '대명선덕년제'의 6자해서관을 썼고, 방품은 바닥에 '대청옹정년제'의 6자2행해서관을 썼다.

④ 청화 단용봉문 규식세 : 세는 문방구로 만든 것으로, 선덕시기에 매우 유행하였다. 이는 아마 선덕황제가 서예를 좋아한 것과 관계가 있는 것 같다. 선덕시기에 경덕진 어요창에서 생산한 규식세는 종류가 많은 편이며, 북경고궁박물원 소장의 '청화단雙봉문규식세'·'청화절지석류문규식세'·'청화용봉문규식세'(사진 196)등이 있다. 옹정시기에 명 청화에 대한 숭상이 그치지 않았다. 이 '옹정방선덕 청화단용문규식세'(사진 197)가 곧 그중의 일례이다. 방품과 진품의 차이를 보면,

첫째, 방품은 진품에 비해 약간 크다. 방품 높이4.5cm, 구경17.8cm, 저경14.7cm이다. 진품은 고3.6cm, 구경15.8cm, 저경12.5cm이다.

중국의 청화자기

<table>
<tr><td>사진 196 청화 단용봉문 규식세團龍鳳文葵式洗,<br>명·선덕, 구경15.8cm</td><td>사진 197 청화 단용문 규식세團龍文葵式洗,<br>청·옹정, 구경17.8cm</td></tr>
</table>

둘째, 방품은 규화 8판구이고, 내저 중앙이 약간 움푹하다. 진품은 규화 10판구이고, 내저 중앙이 약간 볼록하다.

셋째, 방품은 내저에 정면용을 한 마리 그리고, 외벽에 8조의 단룡團龍을 그렸다. 진품은 내저에 쌍권 내에 용봉문을 그렸으며, 외벽에 단용봉 10조를 그렸다.

넷째, 방품의 용문은 창로하여 힘이 없고, 정면용은 구륵으로 그리고 청료를 칠했다. 이 특징으로 청대 방품으로 정하기 충분하다. 진품은 용봉문이 정정하고 준수하다.

다섯째, 방품의 청료는 암회색으로 옅은 편이다. 진품의 청료는 짙고, 결정반이 있으며, 햇빛 아래에서 광채가 눈부시다. 용의 비늘과 봉의 깃털이 극히 생생하다.

여섯째, 방품의 관지는 청화의 쌍권 안에 '대명선덕년제'의 6자해서관을 썼지만(사진 198), 필법이 진품과 분명히 다르다. 진품의 관지는 웅건하고 힘이 있으면서 다소 수려한 점이 있지만, 방품은 쌍권이 진품보다 약간 크고, 필획이 정연하다.

⑤ 청화 송죽매문 반 : 송·죽·매를 문양소재로 한 청화자기는 원대에 가장 먼저 성행하고, 명·청 이래 관요와 민요에서 광범위하게 사용하였는데, 화법상에 각기 특징이 있다. 청 건륭년간에, 경덕진 관요에서 '방선덕청화송죽매문반'을 번조하

**사진 198** 옹정 방선덕청화단용문 규식세 관지

**사진 199** 청화 송죽문 반, 명·선덕, 구경21.4cm

였다. 그중 대부분은 바닥에 6자전서체의 건륭년관을 썼으며, 일부 '정아고완精雅古玩' 관이나 선덕관지를 방한 것도 있다. 청 건륭청화송죽매문반은, 곧 건륭시에 선덕진품을 방한 걸작이다(사진 199, 도200). 둘의 차이를 살펴보면,

첫째, 건륭방품은 진품에 비해 약간 작다. 방품은 고4cm, 구경18cm이고, 진품은 고 4.2cm, 구경21.4cm이다.

둘째, 건륭방품은 진품과 비교하면 조형과 문양이 극히 비슷하지만, 다만 선덕반이 채용한 것은 장식성이 매우 강한 공예도안으로, 시원하고 명쾌하다. 방품은 청대 회화기법을 흡수하여, 정연하고 딱딱하다.

셋째, 진품에 그려진 산석의 튀어나옴이 괴이하여, 선인장 모양같이 뻗쳐 있고 몇 줄의 공백을 남긴 선묘로 돌의 결을 표현하며 앞뒤를 구분하지 않았다. 방품은 산석이 꼿꼿하고 굳세 보이며 석회암 질감이 있다. 회화의 준법으로 돌의 빛나는 듯한 효과를 표현하였다.

넷째, 진품에 그려진 소나무는 줄기가 우뚝 솟아있고, 가지와 송엽이 풍만하다. 방품은 소나무 줄기가 굵고 통통하며 만곡되어 있고, 凸하게 나온 노수의 옹이들이 있다. 지엽은 드문드문 하고 끝머리에 마른 가지가 있어, 늙었으나 굳센 기세를 보여준다.

다섯째, 진품에 그려진 매화는 산석에 가려져, 양 줄기가 '女'자를 이루며, 청수하고 우아하여, 송·원의 풍모가 자못 있다. 방품은 매화나무를 돌의 한 측면에

중국의 청화자기

그렸는데, 필법을 강조하여 생기를 잃어버렸다. 전체 도안 비례는, 진품이 방품보다 크다.

여섯째, 진품은 반 내저의 유가 청백색으로 빛나는데, 빛을 받아 자세히 보면 귤피 종안이 있다. 방품은 없다.

일곱째, 진품은 반 바닥에 '대명선덕년제'의 6자2행해서관을 쓰고, 밖에 쌍권을 돌렸다. 방품은 '대청건륭년제'의 6자3행전서관을 썼다.

**사진 200** 청화 송죽문 반, 청 · 건륭, 구경18cm

⑥ 청화 금문 유개호 : 청 건륭시기의 청화자기는, 명 영락·선덕청화자기의 영향을 깊게 받고, 또 강희·옹정시기의 구제를 이어받아, 양 방면을 결합하여, 영永·선宣 청화자기의 풍취를 재현하였다. 방제 기물에는 영락시의 무당존과 별구완, 선덕시의 옥호춘병·매병·송죽매문반·금문유개호 등이 있다. '건륭방선덕청화금문개호'는 "장관壯罐"이라고 하는데, 선덕시의 신품종이다(사진 146, 201). 방품과 진품의 주요 구별은,

첫째, 건륭 방품이 진품에 비해 약간 크다. 방품은 전고28cm, 구경16cm, 저경11cm이다. 진품은 전고22.7cm, 구경12cm이다.

둘째, 방품의 문양은 진품보다 섬세하게 그렸으며, 윤곽선이 선명하고 줄기의 맥선이 또렷하지만, 굴곡지고 분방한 운동감은 결핍

**사진 201** 청화 금문 유개호錦文蓋罐, 청 · 건륭, 전고28cm

215

되어 있다.

셋째, 방품의 청화색조는 침중하고, 깊고 옅은 변화와 자연스런 퍼짐 효과가 없다.

넷째, 방품의 바닥은 평탄하지만, 그 백유의 질이 무른 편이어서, 일정한 정도의 '파랑문波浪文' 현상이 나타난다. 진품은 굽 안의 중심에 돌기가 있고, 유면은 고르고 말끔하다.

⑦ 청화 화훼당초문 발항鉢缸 : 발은 고대의 저장기로, 일찍이 신석기시대의 배리강裵李崗과 자산磁山문화 등의 도기 중에 이미 발형 기물이 출현하였다. '발鉢'자는 본래 불가의 용어로, 불교가 중국에 들어온 후 승려들이 그것을 많이 사용하여, '발'의 명칭이 사용되었다.

'강희방선덕 청화화훼당초문발항'(사진 202, 203)을 비교해 보면,

첫째, 방품이 진품보다 약간 작다. 방품은 고7.5cm, 구경7.5cm, 저경3.7cm이며, 진품은 고7.6cm, 구경6.9cm, 저경3.8cm이다.

둘째, 방품은 입술이 작고, 입 아래의 문양이 구연에 바싹 붙어 있으며, 배열도 비교적 성기게 하고, 표현수법은 사실을 위주로 한다. 진품은 입술이 크고, 입 아

**사진 202** 청화 화훼당초문 발항纏枝花卉文鉢缸,
명 · 선덕, 고7.6cm

**사진 203** 청화 화훼당초문 발항纏枝花卉文鉢缸,
청 · 강희, 고7.5cm

래 문양이 구연과 일정하게 거리를 두며, 배열은 비교적 조밀하다. 표현수법은 변형이 위주이다.

셋째, 방품은 선덕기의 장식적 특색이 풍부한 연판문을 빼버리고, 관지가 없다. 진품은 발의 저부에 연판문대를 돌리고, 연당초문 위쪽에 횡으로 '대명선덕년제'의 6자해서관을 썼다.

넷째, 방품의 복부의 주문양은 질서정연한 배열에 주의하였으며, 색은 회색기를 띤다. 진품은 문양 자태가 자연스레 분방하고, 색이 짙으며, 흑갈색의 철녹반이 있다.

## (7) 민요 청화자기

선덕 민요의 청화자기는, 태체를 자석瓷石과 고령토를 섞은 이원배방으로 만들어, 희고 깨끗하며 자화정도가 양호하다. 그러나 역시 태질이 무르고 조잡하며, 영락 민요와 비교하면 태체가 얇아졌다. 유색은 옅은 난청색卵靑色을 띤 것이 많고, 유질은 윤택하고 밝게 빛나며, 유면에 기포와 귤피종안이 있다.

청화 안료는 수입과 국산의 2종이 있으며, 전자는 색이 청남색을 띠고, 흑갈색 결정반이 있다. 후자는 비교적 회색을 띠며 결정반이 없다. 일부 기물은 청화발색이 극히 흐리다.

선덕 민요 청화자기의 품종은 일용기명 위주로, 완·반·병·호·분 등이 있다. 완의 수량이 가장 많고, 바닥은 사저와 유저 두 종류가 있는데 유저가 많다. 바닥면은 평탄하고, 굽은 힘이 있고 낮은 편이며, 화석홍반이 있다. 굽 외벽은 내경하며, 내벽은 수직이지만, 내벽과 바닥면이 맞물리는 곳을 깎은 것이 영락기 만큼 깔끔하지 않다. 홍무·영락의 민요 청화완과 비교하면, 완신과 굽이 낮은 편이고, 기벽·바닥·굽벽이 보다 얇다. 반심에는 여전히 유정乳釘이 있지만, 작은 편이다.

선덕 민요 청화자기의 주문양은 홍무·영락시기보다 간단하고, 선조가 튼실하며, 화당초문을 위주로 한다. 청화자기의 연화당초는, 화심의 배열이 정연하며,

기본적인 특징은, 줄기가 나선형의 선과 같고, 잎은 비조飛鳥 모양이고, 화판은 튼실한 볍씨 모양이다. 화법은 원 청화의 '일속련一束蓮' 연판과 비슷하다.

주문양은 연당초 외에, 당초연탁팔보문도 있다. 선덕 때 창시한 것으로, 이후 명 중기에 이를 상용하여 장식도안을 만든다. 도교색채를 띤 문양이다.

해수파도문도 이 시기에 상견되는 문양의 하나로, 내용은 이방연속문양으로 한다.

완의 내저에 장식되는 문자는, 홍무·영락시기에 많이 보이던 '수壽'자는 보기 힘들고, '복福'자 1종만 보인다. 예서와 전서의 2종류의 자체가 있는데, 예서가 많다.

선덕 민요 청화자기의 주변 장식문양으로, 구연에 돌리는 1, 2줄의 현문이 있는데, 내면에 위치한다. 또 회문·중십자능형문重十字菱形文·범문 등도 있다. 범문을 이용해 완의 내벽을 장식하는 것은 선덕에서 시작한다.

선덕 민요 청화자기에는 연호관지가 보이지 않는다. 정덕에서 시작된 이후, 명대 각 왕조에 모두 선덕관을 쓴 것이 있으며, 그중에 천계시기에 가장 많다. 때문에 선덕연호가 있는 민요청화자기는 기본적으로 모두 명 중기 이후의 제품이다.

장포생張浦生 선생은『청화자기감정』이란 책에서, 영락과 선덕 청화자기를 비교하는 작업을 하였는데, 양자를 감별하는데 유익한 점이 매우 많아, 이를 소개한다.

▶ 양조의 기물의 공통점은 반의 내벽과 바닥과의 맞물리는 곳을, 손으로 만져보면 매끈하지 않고, 한 줄 미세하게 凹한 모서리가 있음을 느낄 수 있다. 속칭 "월량저月亮底"이다. 이곳과 굽의 내벽 뿌리 둘레가 연두색을 보이는데, 유가 약간 두텁기 때문이다.

▶ 영락 청화자기는 정색이 선염하고, 철녹의 흠이 심하지만, 그 문양은 선덕 것에 비해 활달하다.

▶ 영락기는 전반적으로 첨백유甛白釉이고, 청화는 순백자에서 조형적인 우수한 요소의 영향을 받아, 영락 청화자기의 조형은 선덕에 비해 수秀(수려하고)·교巧(정교하고)·경輕(가볍고)·박薄(얇다)하다. 전기는 수출 수요에 맞춰 대형기이고,

후기는 대형기가 적다. 그러나 선덕 청화자기는, 문양에 편중하고 조형에는 깊이 주의하지 않아, 조형이 영락처럼 수미秀美하지 않다. 선덕청화는 수량이 커지고, 품종이 많으며, 영향도 커서, "청화는 선덕을 으뜸으로 친다"는 말이 있다. 같은 문양과 기형의 기물이라도, 선덕은 영락같이 교묘하지 못하고, 태가 두터워 촉감이 무겁다.

　▶ 영락관지는 적고, 선덕관지는 많다. 영락청화는 압수배 외에는 제왕연호관이 없으며, 단지 2례의 가짜관이 있으며, 유저기釉底器 역시 가짜다. 선덕은 전기 지층地層에는 4자전서관이 있고, 후기 지층에서 출토한 기물에는 전부 제왕연호관이 있다. 때문에 전세품 중에, 영락·선덕과 같은 문양과 기형을 한 청화는, 관지가 없는 것과 있는 것의 2종류가 있는데, 일반적으로 무관의 것을 영락으로 본다.

　▶ 특수 기형으로, 큰 국자·깔대기·이형호梨形壺(배모양호)·편호·배식호背式壺(배낭모양호)·화요(꽃에 물주는 기물)·직경방세호直頸方洗壺·승모호 등이 있다. 이들은 모두 한漢 문화의 전통 기형이다.

　▶ 선덕기명 중에 티베트문이 있는 청화자기가 비교적 특수하다. 청화티베트문출극관, 청화티베트문·운룡문투채연지원앙문완, 청화티베트문정수완 등이 북경과 대북고궁박물원, 티베트 샤자현 샤자사에 소장되어 있고, 다른 곳에서 보지 못한다. 티베트문 내용은 대체로 일치하는데, "주길상, 야길상, 주야길상, 삼보길상"이다. 이것은 황실의 특명으로 선덕 어요창이 선덕5년(1437)에 북경에 온 대보법왕大寶法王 우사장烏斯藏 상사尙師 하리마哈里麻가 법회를 거행하기 위해 만든 종교법기[필자주; '선덕5년(1437)'은 아마 선덕2년(1427)일 것이다]로, 그것은 명 조정과 티베트와의 관계를 반영한 것이다.

　결론하여, 영락·선덕 청화자기의 가장 기본적인 구별은, 영락 청화자기는 태가 얇고 몸체가 가벼우며, 바탕유는 희고 윤택하고 문양은 섬세하며, 광채를 발산한다. 선덕 청화자기는 태체가 비교적 무겁고, 바탕유가 백색에 청색기를 띠고 귤피종안이 있으며, 문양은 색이 농염하고 튼실하고 호방하여 그림 맛이 뛰어나다.

# 제4절 정통正統 · 경태景泰 · 천순天順 청화자기

정통·경태·천순의 3조는 30여 년 동안에 3개의 조가 교체되는데, 황실의 장기간의 권력쟁탈로 인해 내우외환이 매우 심해져 백성들이 재난을 심하게 받았다. 사회경제는 크게 파괴를 당하였고, 자업도 자연히 재난을 면키 어려웠다. 특히 직접 황실을 위해 봉사한 관요자기는 더욱 심대한 영향을 받았다. 문헌에 정통 초기의 어요창의 정소停燒에 대한 기록이 있다. 때문에, 과거 고도자계는 정통·경태·천순관의 관요자기에 귀속하는 것이 매우 드물었으며, 이 3조의 자기에 대한 이해가 부족하고 문헌 기록도 부족하여, 이 시기를 명대 도자사의 '공백기'라 불렀다. 설령 그렇다 하더라도 백성이 생존하고 생활해야 하고, 사회도 발전과 전진을 해야 하여, 자업 생산(관요나 민요)도 결코 완전히 정지할 수 는 없는 일이다.

근래 수 십 년 동안, 도자계는 이 시기 청화자기의 연구에 주의를 기울여왔다. 일본의 후지오까藤岡了 선생은 1970년대에 이들 도자에 대해 초보적인 탐구를 실시하였다. 남경박물관의 왕지민王志敏선생은, 1964년 남경 옥대하玉帶河의 명 고궁유적지에서 출토한 대량의 파편에 대한 비교 분석을 통하여, 정통·경태·천순 3조의 청화자기의 기본 특징을 밝히는 작업을 처음으로 시도하였다.

1950년대 이래, 정통·경태·천순 3조의 기년이 있는 묘에서 약간의 청화자기가 발견되었는데, 그중 중요한 것으로, 강서성 신건현新建縣 정통2년(1437) 명 영헌왕寧獻王 주권朱權의 장자 주반불朱盤烒 묘 출토의 5점의 '청화연당초문개호', 강녕현 우수산江寧縣牛首山 홍각사弘覺寺 정통7년(1442) 탑기 출토의 4점의 청화 화창잡보문과 화훼당초문이 있는 과형개호, 강소성 소주蘇州 정통13년(1448) 시처사柴處士(맹부孟膚) 부부합장묘 출토의 청화개호 2점, 강서성 경덕진 경태4년(1453) 엄승嚴升묘 출토의 청화쌍이병·로·완·접시 등, 경태7년(1456) 원용정袁龍貞묘 출토의 '청화권운난초문완'·'당초봉팔보문접시'·'극이방병'·'대좌방이소로' 등, 광주 동완東莞 천순3년(1459) 라경신羅京信묘 출토의 청화호 5점 등이 있다. 매우 중요한 편년자료들이다. 전세품 중에 '정통원년(1436)'명이 있는 백유산형필가, 광동성박물관 소장의 '정통8년(1436)' 백유산형필가와 산서성박물관 소장의 '천순3년(1459)대동마씨조大同馬氏造'명의 청화아랍문로, 북경고궁박물원 소장의 '천순년' 해서관이 있는 아랍문삼족로(사진 204), 홍콩예술관 소장의 '천순5년(1461) 허원문許愿文'명 '청화모란당초문·반이용문병'(사진 205) 등이 있다. 특히 경덕진 도자고고연구소가 개최한 <경덕진 주산출토 원명궁자기 전시회> 중에, '청화화당초4릉쌍이병'·'청화해도문백룡반'·'청화당초연탁팔보문완' 등 9점의 정통 지층에서 출토한 청화자기들을 전시하였다. 상술한 기명들은, 정통·경태·천순 3조의 청화자기를 인식하고 연구하는데 매우 중요한 근거자료가 되고 있다.

현재 실물들을 보면, 정통 청화자기는 안료 사용과 번조기술에서 선덕의 동류 기물과 비슷한 점이 더욱 많다. 그러나 천순 청화자기의 조형과 문양은 담아淡雅함으로 나아가, 성화에서 시작되는 중기 제자의 일부 특징을 배태하고 있다. 때문에 이 시기의 청화자기는, 앞을 계승하고(선덕) 뒤를 열어주는(성화)의 하나의 과도기라 할 수 있다.

명 고궁 출토의 청화자기 파편과 전세자기 및 기념묘 출토의 자기들은 모두 민요 조질 자기가 주로이다. 그래서 정통·경태·천순 3조 청화자기의 서술은, 민요청화자기의 특징에 대한 것이 많다.

**사진 204** 청화 아랍문'천순년'관 삼족로'天順年'款阿拉伯文三足爐, 명 · 천순, 구경18cm

**사진 205** 청화 모란당초문 · 반이용문 병 纏枝牡丹文盤螭龍文瓶, 명 · 천순

221

# 1. 정통 청화자기

① 태와 유 : 정통(1436~1449) 청화자기의 태질은 정세한 것도 있고 조질인 것
도 있다. 정세한 것은 희고 고우며, 조질은 희되 곱지 않다. 유는 얇고 색은 백색
중에 청색기를 띠며, 밝게 빛나고 투명하지만, 영락과 선덕 같은 기름지고 윤택
하지는 않다.

정통 청화자기 중에 일부 연호는 없지만 제작이 훌륭한 것은 응당 궁정용자에
속한다. 이런 자기는 태질이 견치하고 순백색이며, 유층이 얇고 투명하고 유 표
면에 극히 미세한 귤피문이 있고 빙열이 없다. 유는 수청색이 많으며 극소수가
순백색이고, 구부에 갈유를 가한 것도 있다.

② 청료 : 정통 청화자기의 정색제는 국산 청료 위주이고, 간혹 '소니발' 청료를
섞은 것을 보는데, 청화가 농염청신하고, 짙은 곳은 凹凸의 흑갈색반점이 있다.
소량의 것이 비교적 옅은 청회색을 발하지만 여전히 또렷하고 명쾌하다. 상품上品
의 청화자기는 수입 청료를 사용해 정색이 영락·선덕 청화자기와 비슷하다.

③ 조형 : 정통 청화자기의 원기圓器의 굽은, 외벽은 직선이나 내벽은 약간 외반
하며, 바닥면과 이루는 교각이 대략 90도이다. 전기의 제품은 굽 깊이가 굽 높이
와 같거나 작은데, 후기 제품은 굽 깊이가 굽 높이보다 약간 크다. 굽 접지면은 평
절하고 노태이다. 어떤 것은 굽 접지면을 얇게 시유하여, '장호저漿糊底(풀칠한 것
같은 바닥)'를 이룬다.

정통 청화자기의 기형으로 완·접시·반·로·호·병 등이 있으며, 완과 반이 많이
보인다. 소형의 탁기琢器 병과 호는 틀로 찍어 접합해서 만들어, 절단 자국이 많
고 뚜렷하다. 안쪽은 손질 없이 무유가 많다. 고족병의 굽과 고족배의 손잡이는
모두 유접釉接하여, 원대의 니접泥接과 구별된다.

④ 문양 : 정통 청화자기의 문양은 선덕의 늠름하고 웅장함에서, 성화의 섬세함으로 변해 가는 시기에 처해 있다. 문양 포치는 번밀하고, 반과 완의 양면에 모두 그렸다. 도안은 회화가 많고 인물은 적다. 상견하는 문양으로 모란당초·연당초·당초연탁팔보·국당초·송죽매·산석송죽파초문·호석모란공작문·어조문魚藻文·사자반구獅子盤球·이수異獸·권운卷雲인물문 등이 있다. 그중 가장 광범위하게 응용된 것은 연당초문이고, 다음이 모란당초이며, 화훼소재가 화법상에서 완전 도안화되었다. 회화는 용필이 시원시원하고, 소탈분방하며, 선조가 경·중과 조·세의 변화가 뚜렷하다. 정통과 경태·천순 간의 구별은, 대체로 전자는 필치가 준수하고, 문양이 정치하고 수려하여 선덕 풍격에 보다 접근하나, 후자는 둥글고 부드러워 흡사 양털붓으로 그린 것 같다.

정통 청화자기의 주변문양(종속문양)은, 상견되는 당초문·초엽문·해도문·연판문 외에, 석문席文(절연반의 구연면에 그린 것이 많다)·전도착열품자심顚倒錯列品字心삼각형문·연속人자문·십자능형문(반과 완의 구연내벽에 많이 그려짐) 등이 있다. 구연 외면에는 대부분 쌍현문을 돌렸다. 문양별 특징을 보면 다음과 같다.

▶ 연화도안 화법은, 정면 연화 1줄기, 연엽 뒤에 높이 자란 여귀 1그루, 아래로 늘어진 이삭 한 쌍, 두 송이 만개한 연화로 그렸다.

▶ 당초련탁팔보문의 법륜은, 상첨하원의 폐쇄도형으로 만들었다. 연당초와 모란당초문은 그 잎이 비슷하며, 올챙이형·콩깍지형·복숭아형·곡선형이 있다.

▶ 연판문(그림 74, 75)은 청화자기에 상견되는 주변 문양이다. 정통 청화자기의 연판문은 연판 상부에 따라, 첨형·평호형·첨호형 등의 여러 형식으로 구분된다. 첨형과 첨호형의 연판의 내부를, 전자는 다층 호선을 그려 채웠고, 후자는 여러 줄의 수직선을 그린 것으로 과거에는 거의 보이지 않았다. 연판은 대부분 쌍층이고, 단층 연판은 아직 보지 못했다. 쌍층연판문의 안쪽 연판은 화판의 첨두만 그렸다. 청화자기에 나사모양 연판문이 있는데, 정통 청화자기 특유의 것이다. 보통 뚜껑의 상면의 뉴좌 부분이나 그릇 밑동에 그렸다.

▶ 초엽문은 짧고 통통하며, 잎 테는 농필로 넓게 하였다.

**그림 74** 연판문          **그림 75** 도형나사상연판문桃形螺絲狀蓮瓣文

▶ 송죽매는 선덕 유풍을 이어받은 것이며, 전기 소나무는 솔잎이 둥근 공 같으나, 후기는 솔잎모양이 타원형을 띤다. 매화는 가지에 반개한 작은 매화 및 꽃망울을 달지만, 후기 매화는 작은 꽃송이 사이에 2, 3송이의 만개한 큰 매화를 두었다. 죽엽은 잎 끝이 백합화 같이 위로 배열되어 있고, 후기에는 실선 1필로 죽간을 그리고 죽엽은 사실적으로 처리하였다. 주문양의 송죽매문도 산석이나 지피금地皮錦의 배치가 없으며, 후기에 지피금이 나온다.

▶ 금수문에는, 머리를 들어 앞을 우러러 보는 서우망월도犀牛望月圖·입에서 연화를 토하는 향초룡香草龍·연지원앙도·비룡출수도·공작모란도 등이 있다.

▶ 인물화는 정통 후기에 보이며, 선산 승경의 남극노인도·영희도·누대정각인물도가 있다. 누대는 종종 운무 속에 위치하며, 인물은 코가 뾰족하게 나왔다. 버들가지는 끊어졌다 이어졌다하는 우점雨點 같이 처리하였다.

▶ 범문은 외벽 장식 외에, 완심의 문양으로도 있는데, 쌍선원권의 바깥을 8개의 연판으로 두르고 각 범문 1자씩 썼다.

· 청화 연당초문 유개호(사진 206) : 1958년 강서성 신간현新干縣 정통2년(1437) 주반불 묘에서 모두 5점이 출토하였다. 뚜껑의 보주형뉴 둘레에 양층 연판문을

두르고, 주변에 2줄의 선문을 돌렸다. 어깨에 복연판문을 그리고, 복부에는 연당초문을 장식하였는데, 연잎은 표형瓢形을 하여 원대의 유풍이 남아 있다. 밑동에 쌍층 앙련문을 장식하였다. 뚜껑·어깨·밑동에 그려진 연판문은, 모두 정통 특유의 복숭아형 나사상螺絲狀 연판문이다. 문양은 정치하고 수려하며, 전면 시유지만 굽은 노태이다. 태는 얇은 편이고 질은 새하얗고 청화는 농염하고 청신하다.

1986년 4월, 소주蘇州 시처사柴處士(맹부孟膚) 부부합장묘에서 2점의 청화개호가 출토하였는데, 문양이 전술한 것과 동일하다.

· **청화 누각인물문 호**(사진 207) : 호는 광구가 약간 내만하며, 풍견·원복에 복부 아래는 좁아들며, 평저이고 화석홍반이 있다. 목에 중십자능형문을 장식하고, 어깨에는 용솟음치는 해도 속에 노는 해수를 그렸고, 밑동에도 해도문을 그렸다. 해도문은 정통시의 특색을 구비하고 있다. 복부의 주문양은 누각인물도이다. 2층 누각에서 주인은 난간에 엎드려 멀리 바라보며, 좌우에 소동이 한 명씩 서 있다. 운무가 몽환적으로 누각을 둘러싸고, 늘어진 버들은 우점 모양인데, 모두 정통 청화자기 특유의 것이다. 화면은 사실적이고 생동하며, 청화색은 선덕 후기의 농갈색에 가깝다. 이 호의 조형과 화의는 북경고궁박물원 소장의 '정통청화공작모란문호' 및 '정통청화월영삼우대호'와 '청화팔선대호' 등과 모두 매우 비슷하다(경보창선생의 『명청자기감정』의 도123B, 125, 126).

· **청화 용문 매병과 봉문 매병**(사진 208, 209) : 1964년 호북성 무창시 명 8왕묘군에서, 매병·대호·고족배·반·완 등의 청화자기들이 여러 점 출토하였다. 용문 매병과 봉문 매병도 여기서 출토하였다. 매병은 둥근 구연

**사진 206** 청화 연당초문 유개호纏枝蓮文蓋罐,
명·정통, 전고19.5cm

225

**사진 207** 청화 누각인물문 호樓閣人物圖大罐,
명·정통, 고33.8cm

에 목이 짧고, 어깨가 풍만하며 복부는 좁아
들고 저부가 살짝 외반하며, 바닥은 편평한
사저이다. 목에는 둘 다 당초문을 그렸다. 한
점은 어깨에 연당초를, 복부에 주문양인 구
름 속을 나는 봉을 그렸고, 밑동에 소용돌이
모양의 해수가 암초에 부딪치는(즉 강아姜芽:
중첩된 산 모양) 모습을 그렸는데 강산의 사
직을 상징한다. 다른 한 점은 어깨에 운봉문
을 그렸는데, 봉은 날개를 펼치고 비상하며,

3줄기 치형화미가 구름 속에 나부낀다. 복부의 주문양은 등룡騰龍으로, 입을 다
문 것이 돼지주둥이 같다. 두 눈을 둥글게 하여 전방을 주시하고, 머리털은 풍성
하여 높이 날리고, 턱 밑의 수염은 성글어 앞으로 날리며, 몸은 비육하고 비늘이
있다. 발가락은 4개이고 굳세고 힘이 있다. 저부에는 해도문을 그렸다. 태질은
견실중후하고, 조형은 질박하고 단정하다. 청화는 흑남색이고, 용필이 웅혼하다.

무한시박물관에 소장된 명 8왕묘군 출토의 여타 기물에, '청화연화원앙문개호'
등이 있다. 이들 수점의 정통시기 기물들을 보면, 조형이 웅혼함은 물론, 문양이
굵직하고 호방하며 청화색이 농염하다. 그 풍격은 선덕 후기의 동류의 청화자기
에 가깝다. 그러나 문양면에서, 매병의 해수 중에 선 강아가 도치된 삼각형을 이
루고, 해안 절벽에 부딪쳐 오르는 파도가 맴돌면서 커다란 소용돌이를 이루는 모
습이나, 원앙문개호의 목에 '器'자형으로 사각에 배열하여 중심의 십자형영지운
문을 부각시키고자 하는 올챙이 모양의 부운(경보창선생의『명청자기감정』그림
120 참조)이나, 약동하는 용머리 앞의 커다란 화주火珠와 주위에 토해진 무수한
화설火舌 등등, 모두가 선덕청화 중에 보이지 않던 것으로, 정통시기 문양의 풍격
을 가진 것이다.

문헌기록에 의하면, 무창의 명 8왕은, 명 태조 주원장의 여섯째 아들인 주정朱
楨의 여덟 아들이다. 주정은 홍무3년(1370)에 초왕楚王으로 봉해져, 14년(1381)에

226

중국의 청화자기

무창의 번왕이 된다. 아홉 아들이 있는데 그중 여덟 아들이 계속 이곳에서 왕으로 봉해져 "8왕"이라 부른다. 8왕 및 그 가속 대부분은 정통시기에 졸하였다.

소주박물관 소장의 '청화남극노인선교도절연반'은, 고5.2cm, 구경27.3cm이다. 둥근 입술에 절연이고, 호벽의 복부는 깊고, 밑동이 졸아들어 내경한 굽을 하며 바닥까지 시유하였다. 반 내면에는 남극노인(수성) 선교도宣敎圖를 그렸다. 두광을 한 수성은 산에서 서서, 손으로 사슴을 가리키며 도의 뜻을 강의하고 있다. 동자가 지팡이를 들고 그 뒤에 서 있고, 맞은편의 여자 시동은 손에 꽃다발을 받쳐 들고, 앞에 선 돌 위에서 학에게 먹이를 줄 모양으로 급히 걸어가고 있다. 돌 아래에는 학 한 마리가 천천히 걸으며 머리를 돌려 위를 쳐다본다. 내벽에는 자잘한 잎의 당초모란를 장식하고, 외벽에는 올챙이 꼬리를 단 가위모양 잎의 당초모란을 장식하였다. 밑동에는 나사 보조개모양의 연판문을 그렸다. 연전문連錢文·올챙이꼬리 가위잎형 연판문·나사 보조개형 연판문 등은, 정통시기 청화자기 문양의 특징이다. 고로 이 반도 응당 정통민요 제품이다(『경덕진도자』3권 1, 2기 53쪽 참조).

⑤ 관지 : 아직까지 정통연관이 있는 관요 청화자기는 발견되지 않고 있다. 그러나 광동성

**사진 208** 청화 운봉문 매병雲鳳文尊, 명·정통, 고36cm

**사진 209** 청화 운룡문 매병雲龍文尊, 명·정통, 고35.5cm

제4장 명대 청화자기

박물관에 정통8년(1443) 관지가 있는 '백자산형필가'(고7.7cm, 폭12.3cm) 1점이 소장되어 있다. 돌기한 5봉식으로, 가운데가 비어 있고, 1봉의 측면과 필가 뒷면에 각 1공이 있어, 물을 담는 데 쓸 수 있다. 청료로 3층의 중첩된 산봉우리를 그리고, 주봉 뒷면에 '정통팔년正統八年'의 해서관을 썼다. 유는 비후하고 백색에 황색기를 띠며, 번조 결함으로 유면에 가는 빙열이 퍼져있고, 문양과 글씨는 흑갈색이며 필획은 굵고 묵직하다. 절대연대가 있기 때문에, 이것은 정통년간의 표준기물이며 정통기물을 연구하는데 귀중한 참고실물이다.

다른 1점은 정통원년(1436) 백자산형필가로, 산형의 윤곽을 하며, 흑갈색으로 유하에 첩첩한 산봉우리들을 그리고, 배면에 '정통원년正統元年'명을 썼다. 자체의 크기가 일정치 않다.


## 2. 경태 청화자기

경태(1450~1456) 조는 시간이 매우 짧은데, 주기옥朱祁鈺은 '토목지변土木之變' 후에 홀연히 등장하여, 재위 겨우 7년이었다. 이 시기는 내우외환이 끊이지 않았고, 경덕진 자업도 극대한 영향을 받아 정소 되거나 감산하였다. 이 때문에 경태년간의 자업생산은 '공백기'로, 3조 중 가장 하락한 시기였다. 그 작품은 선덕 후기의 돈후하고 호탕한 격조의 연속이며 새로움은 없다.

① 태와 유 : 경태 청화자기의 유층은 정덕 것보다 두터우며, 유색도 깊은 편이어서 대부분 중후한 수청색이다. 담청색도 약간 있으며, 유층이 두터워 옥 같은 질감을 보이는 것도 있으며, 기름덩이처럼 부드럽고 매끄러운 것도 있다. 기물 내외 시유는 기본적으로 일치하지만, 안과 밖, 바닥 모두 한 것은 많지 않다. 구부에 갈유를 입힌 것도 있다.

② 조형 : 경태 청화자기의 주요 기형으로 반·완·접시·호·로 등이 있다. 반은 렴구(내만구)반이 가장 많고, 절연반은 적으며, 화구(화형구)반은 보이지 않는다. 반의 바닥은 시유되어, 담난청색淡卵靑色을 띠는 것이 많으며, 바닥이 크고 얕은 편인 것이 많다. 굽은 깊이와 높이가 비슷한 것이 많으며, 굽 깊이가 높이보다 큰 것도 있지만 소수이다. 반과 접시는 굽 내벽이 내경하는 것이 나타나기 시작하며, 굽 접지면이 편평한 것이 많고, 유정 있는 것은 적은데, 유정이 작다. 완의 바닥유는 몸체의 유보다 얇으며, 담청색과 분백색의 두 종류인데, 분백색이 많다. 유면에 굴피문이 있다. 완의 굽은 반과 약간 다른데, 대부분 굽벽이 바닥면과 수직이고, 굽 깊이가 굽 높이보다 크거나 같다. 바닥면은 편평하며, 굽태의 노태선露胎線을 원숙하게 마연하여, '등심지燈草梗' 모양을 한다.

③ 문양 : 경태 청화자기는 유층이 두터워 가는 기포가 있으며, 고로 문양의 필촉이 또렷하지 못하고 느슨하고 몽롱한 느낌이 있다.

경태 청화자기의 문양적인 특징은, 회화적 내용이 증가하고, 기하도안은 상대적으로 감소하며, 인물소재가 많아진다. 회화소재는 현실생활에서 온 것이 많고, 장식 설계는 한 면만 하는 추세로 간다. 화훼당초는 경태 청화자기의 주문양이며, 모란당초·국당초·연당초의 3종이 있다. 이들의 특징을 살펴보면 다음과 같다.

▶ 모란당초의 잎은, 국화잎 같은 것이 가장 많이 보인다.

▶ 국당초의 화심은, 세밀한 방격문으로 하거나 가는 점을 조밀하게 찍은 원권문으로 하였다. 국당초는 일반적으로 완 내벽 문양으로 사용되어, 모란당초와 서로 표리를 이룬다.

▶ 연당초의 도안을 보면, 정통시는 명금明錦 중의 보상화와 비슷하고, 경태시는 화심을 나선형으로 하고, 화판은 억새 이삭처럼 한 것이 많다. 연엽은 굵고 짧으며, 이파리는 복숭아와 콩깍지를 닮은 것도 있고, 원대의 표형을 유지한 것도 있지만, 작은 것은 올챙이를 닮았다. 연탁팔보문은 정통시보다 간단하며, 잎은 물건을 가리키는 손 같이 생겼다.

▶ 절지서과瑞果와 당초(혹은 절지)동백은, 정통 초에는 사실적인 것이 많으나, 경태시에는 사의적으로 된다. 3과가 1과로 간략화 되며, 화판은 임의로 '쉼표' 모양의 점을 찍었고, 나뭇가지와 잎이 어지럽게 퍼지며, 변화가 자유자재이다.

▶ 구연 장식문양은 적은 편으로, 일반적으로 완과 반에는 단지 쌍선현문만 돌린다. 구연 외면의 문양에는, 쌍중구갑문·연속회문·우측 꼬리달린 여의운문·주변을 선염한 초엽문·국엽형수파엽문菊葉形水波葉文 등이 있다. 구연 내면에는 중십자능형문·갈고리형 당초문·연호문蓮弧文 등이 상견된다.

▶ 인물 소재의 도안은 경태 청화자기 중 가장 돋보이는 문양이다. 소용된 청료는 국산청료 위주이고, 선조가 또렷하다. 금기서화·고사·선인·영희·삼국고사 등이 있다.

▶ 역사인물고사도 중의 버드나무는 연속人자문으로 표시한다. 인물화의 배경은, 항상 큰 조각이 좌우로 펄럭이는 쇠사슬모양이나 용수철 모양의 권운卷雲으로 이루어지며, 우의적인 가공의 선경仙境과 인물의 모양이나 표정이 생동하고, 선조가 매우 유창하다.

**사진 210** 청화 팔선조성도 호八仙朝聖圖罐, 명 · 경태

▶ 고사도는 항시 예모禮帽(중절모) 모양의 화초를 동반한다. 신선과 불상은 머리 뒤에 광륜이 있으며, 영희도는 아이들의 용모가 건장하고 이목구비가 얼굴 복판으로 몰려 있고 정수리의 변발이 달떠서 이마 앞으로 비스듬한데 모양이 돼지꼬리를 닮았다.

▶ 송죽매문은, 속이 찬 죽간에 죽엽은 종려나무잎 모양으로 한다. 매화는 작은 송이이고 큰 송이 매화는 보이지 않는다. 솔잎 덩이는 타원상이고 한쪽 끝이 뾰족하고 한쪽 끝은 둥근 것도 있다.

중국의 청화자기

▶ 지표地表는 간단한 꺾인 선과 구불한 선으로 나타내고, 다시 청료로 선염하고 그 위에는 무성한 부들줄기들이 모여 있다. 지표 경물로 태호석이 출현한다.

▶ 수금문에는 원앙희수문·사자반구도·연화백로도·해수비어도海水飛魚圖·비룡출수도 등이 있다.

· **청화 팔선조성도 호**(사진 210) : 직구에 둥근 입술이고 목은 짧고, 경사진 어깨에 어깨 아래는 풍만하고, 복부는 졸아들며 평저이다. 목에는 2방 회문이, 어깨에는 화훼당초문이, 저부에는 변형연판문이 장식되었다. 복부의 주문양은 8선조성도로 하였다. 8선이 출렁이는 물결 위를 발로 밟고 가며, 손에 각자 보물을 들고, 하늘에는 뭉글뭉글한 권운이 떠다닌다. 푸른 하늘에는 높이 북두칠성이 걸려 있고, 소나무에는 무성한 타원형의 솔잎덩이들이 붙어 있다. 태질은 돈후하며, 한 폭의 정치한 인물화권이다.

· **청화 사녀유춘도 호**(사진 211) : 직구에 둥근 입술이며, 목이 짧고 어깨가 경사지고 복부는 약간 볼통하고 아래로 좁아들며 저부 끝이 약간 외반한다. 평

**사진 211** 청화 사녀유춘도 호仕女遊春圖罐, 명 · 경태

**사진 212** 청화 절지연탁팔보문 완折枝蓮托八寶文碗, 명 · 경태–천순, 구경15cm

제4장 명대 청화자기

저이다. 어깨와 저부에 변형연판문을 그렸는데, 문양형식이 이전과 구별된다. 어깨에는 넓은 연판 1개와 좁은 연판 1개가 차례로 배열되며, 직변 직각이고 서로 한 몸으로 연결된다. 저부는 백색이 노출된 직변 직각의 연판을 제외하고, 모두 청료를 칠했다. 문양이 비교적 특수하다. 복부의 주문양은 사녀유춘(봄놀이) 그림으로 하였는데, 도안이 간결청신하고 여백이 많다. 지표는 호형을 하고 청료를 칠했으며, 그 위에 여러 포기의 긴 부들과 잡초가 있다. 인물 사이는 원추리를 채워, 생활의 정취가 매우 풍부하다.

· **청화 절지연탁팔보문 완**(사진 212) : 외반 구연에, 복부는 깊고 호벽인데, 굽이 있다. 내면 구연에는 변형 '井'자 모양 문양을 그리고, 각 '정'자문 사이는 쌍점문을 장식하였다. 완 내벽에 화훼당초와 범문을, 바닥에는 속파연화탁범문束把蓮花托梵文 하나를 그렸다. 외벽에는 절지연탁팔보문을 그렸는데, 연잎이 올챙이 같으며, 문양은 모두 간단명쾌하게 그렸다. 태질은 섬세한 편이며, 유색은 백색 중에 깊은 청색의 광택을 띤다. 그릇 하부에 빙열이 있고, 그림 작업은 정세하며, 청화색조는 약간 어두컴컴하고 미세하게 흑색을 띤다.

④ 관지 : 경보창선생의 『명청자기감정』 책에서, 영국 런던 소더비사의 경매도록에 실린, 1점의 '경태청화수부연문水浮蓮文호'를 소개하였다. 고10.8cm에, 둥근 입술에 목이 짧고, 경사진 어깨에 좁은 복부를 하며, 굽이 있고 사저이다. 목과 어깨에 연당초를, 복부에는 푸른 물결 위에 큰 송이의 백문의 연판을 가진 만개한 연꽃을 그렸고, 굽 근처에 앙련문대를 한 줄 그렸다. 바닥에 청화로 '경태이년 세차신미사월길일립景泰二年歲次辛未肆月吉日立'의 기년관을 썼고, 아래에 '正'형의 압문이 있다. 이것은 기년과 압문이 있는 경태 청화호로 매우 가치 있는 기물임에 틀림없으며, 경태 청화자기 중에 드물게 보는 것이다.

# 3. 천순 청화자기

영종英宗(정통) 초에 즉위 즉시 명하기를, "자기를 번조하는 것은……남김없이 모두 정파하라燒造盜器……悉皆停罷"(『명실록·영종실록』)하였다. 또 정통3년(1438) "도찰원에 고시를 내려 명하기를, 강서의 자기요장에서 각처에서 매매하거나 관원의 집에 선물로 보내는 것을 위해 관양의 청백지 자기를 번조하는 것을 금하게 하라. 위반한 정범자는 사형에 처하라. 命都察院出榜, 禁江西盜器窯場燒造官樣靑白地盜器于各處貨賣及饋送官員之家, 違者正犯處死"라 하였다. 이런 금소령은 20여년이 흘러, 천순 정축(1457)에 이르러, 비로소 "중관에 번조를 위임한다.委中官燒造."라 하였다. 그러나 천순년관이 있는 관요청화자기는 아직까지 보이지 않는다.

천순(1457~1464) 청화자기의 조형과 문양은 담아하고 정치함으로 나아가고 있어, 명 중기 성화 청화의 일부 특징을 띠고 있다.

① 태와 유 : 천순 청화자기의 태는 새하얗고, 자화 정도가 양호하다. 유질은 고르고 윤택하며, 유의 함철량이 적어 유색의 백도가 높으며, 대체로 옅은 오리 알청색을 하거나, 혹은 약간 청색기를 띤다. 기물의 내면·외면·바닥의 유질과 유색은 일치하며, 바닥 유색이 일반적으로 약간 옅은 편으로 극히 연한 청색이거나 백색이다. 반과 완 모두 유저釉底이다.

② 청료 : 천순 청화자기에 쓰인 청료는, 관요의 상품上品에 사용된 수입 '소니발' 청료 외에, 나머지는 모두 국산 청료이다. 이의 발색은 남청색이 주로이고, 농담의 구별이 있다.

③ 문양 : 천순 청화자기의 문양 풍격은 담아한 데로 나가며, 포치는 시원하고, 문양 종류도 경태보다 더욱 풍부다양하다. 주문양은 의연히 당초화·절지화·단화團花 등이 위주이고, 특히 각종 단화團花는 천순 청화자기 특유의 문양이다. 이 시

기 문양의 특징을 보면 다음과 같다.

▶ 당초화에서 상견되는 것은, 연화와 모란인데, 연화가 많다. 화형은 단판과 복판이 있으며, 주엽은 과장되고, 주변 잎은 번다한데, 잎 끝은 단선으로 연장시켜, '편모鞭毛' 모양 같다. 모란당초는 흐린 청화선으로 문양을 구획하고, 윤곽선 외에, 코발트남색을 칠해 바탕색으로 삼았다.

▶ 절지화에는 절지연화·절지 포도·절지 연화·절지여지 등이 있다.

▶ 단화의 보편적인 응용은 천순 청화자기의 큰 특징이며, 일반적으로 화과의 지엽을 이용해 원형의 단위 문양을 조성하며, 이방연속형식으로 표현한다. 포치가 균형이 잡히고 질서가 있다. 단화도 기심器心을 장식한다.

▶ 주문양으로 하는 것은 연탁범자·해수이수海水異獸·송죽매도·타화도朶花圖·국석도菊石圖·추과도秋瓜圖·연소蓮沼어희도·쌍사반구도雙獅盤球圖 등이 있다.

▶ 반과 완의 내면 중심의 문양으로 달팽이·화단·덩굴에 덩굴손을 단 절지연화·화조·모란산석(호석의 구멍난 곳에 나선형의 선을 가함)·비교적 넓게 운용된 해수소라고둥·잡보를 토해내는 향초룡香草龍과 해수운문 등이 있다.

▶ 천순 청화자기의 주변문양은 비교적 풍부하며 다채로운데, 당초문(그림 76)·3첩이나 다층의 구갑문·선인장과 비슷한 해수 물보라·층층이 쌓인 '卍'자·회문만자금변回文卍字錦邊·전도착열顚倒錯列 '品'자심삼각형문대·중십자능형문(그림 77) 등이 있다. 주로 기물의 구연 내외에 장식된다. 밑동의 문양으로 변형연판문과 초엽문 등을 많이 그렸다.

**그림 76** 당초문

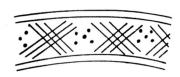

**그림 77** 중십자능형문重十字菱形文

· 청화 아랍문 '천순년'관 삼족로(사진 204) : 직구에 둥근 입술, 직벽은 통형이고 편평한 바닥 아래에 3개의 유족乳足이 있다. 구연 외면 아래에 청화단선연속회문을 그리고, 저부에 청화선 2줄을 유족을 넘어가면서 그리고, 노신에 3행의 아랍문을 썼다. 내저면에 시유하고 '천순년天順年'의 3자해서관을 썼다. 아랍문 시구를 번역하면, "젊은이여, 오늘 반드시 알라를 경배하여야 한다, 내일은 늙어져, 청춘은 한번 가면 다시 돌아오지 않는다. 오직 스스로 준수하고 재계하며, 알라를 섬기는 무슬림이라면, 응당 음식물을 내어 주변의 가난한 자를 구제해야 한다. 지금 내 마음에 번뇌가 없고, 신체가 힘이 있다면, 넓은 구장에서 마구馬球를 맹격해야 한다. 정치를 위해 절대로 평민 백성의 마음을 상하게 하지 말아야 하며, 백성을 기만하고 억압하는 것은 곧 자기 집의 뿌리를 파내는 것이다. 겸손하고 지혜로운 자는 마치 과수의 과일과 같아, 과일이 많이 달릴수록 가지는 더욱 굽어진다(경보창 선생의 『명청자기감정』 중의 번역문을 인용함). 전 구절은 용필이 원숙하고 매끄러우며 시원스러워 일기가성이다. 그러나 '천순년'의 3자해서관지는, 자체에 선덕 이래의 질박한 풍격을 갖고 있으며, 또한 처음으로 이후의 성화조의 풍모도 갖고 있다. 이것과 같은, 산서성박물관에 소장된 청화아랍문삼족로는 내저면에 '천순칠년(1463)대동마씨서天順七年大同馬氏書'의 기년관지가 써져 있고, 구연 내면에도 '대동마씨서大同馬氏書'라 써져 있다. 이 두 점은 문자로 장식 삼은 것이지만, 필법상으로 또한 천순 청화자기의 회화적 풍격의 정보를 보여주고 있어, '공백기' 청화자기의 탐구에 실마리를 제공한다.

· 청화 배월도 매병(사진 213) : 병은 둥근 입술에 입이 작고, 좁은 목과 풍성한 어깨를 하고, 긴 복부는 아래가 졸아들며, 저면은 미세하게 얕은 굽을 이룬다. 목에는 5점문을, 어깨에는 화훼당초문을, 밑동에는 길고 넓은 파초문을 그려 장식하였다. 복부의 주문양은 배월도이다. 정원에 둥근 탁자를 두고, 그 위에 향을 피운 삼족로를 놓았다. 우측에 머리를 길게 틀어 올리고 화려한 옷을 입고 손에 부채를 든, 미목이 수려한 사녀가 앉아 있다. 사녀의 우측에는 손에 향합을 받쳐 든 시녀가 서 있다. 청료를 칠한 지표에 작은 풀들이 총총히 나 있고, 하늘에는

235

**사진 213** 청화 배월도 매병排月圖梅瓶,
명·천순, 고37cm

사슬모양이나 용수철 모양을 한 큰 구름들이 떠 있고, 둥근 달과 3성좌가 하늘에 높게 걸려 있다. 유면은 비교적 윤택하며 청백색을 띤다. 청화색은 옅은 회남색을 띠며, 선덕시기의 농중하고 퍼짐이 있는 것과는 다르다. 또 성화시기의 담아하고 섬세한 것과도 다르다. 그려진 인물은 우아하고 시원스러우며 청신하여 눈을 즐겁게 한다.

이런 조형과 문양과 비슷한 천순청화매병으로, 중국문물상점 총점에 소장된 '청화방우도매병'과 '청화연지원앙문매병'이 있다. 이들 청화매병의 복부의 주문양으로 문인고사가 금을 휴대하고 친우를 방문하는 그림이나, 산경운석山景雲石·원앙하련·쌍사희구·서수답해 등을 그렸다.

어깨에는 보통 초엽문·연당초·전錢문·금지錦地화창절지화훼를 그렸다. 복 하부에서 굽까지는 초엽·연판·해수문 등을 많이 그렸다. 청화색은 농염한 깊은 남색인데 옅은 회색기가 비낀다. 화면의 인물은 바람을 거슬러 가는 것이 많아, 관대나 의복이 휘날리고, 표정은 유유자적하다. 발 앞에는 질풍 아래의 굳센 풀들이 있고, 배후에는 구름 속에 가려진 준령원림峻嶺遠林이 있다. 그려진 운문은 굵직하고 호방하며, 영지모양이다. 또 층층으로 작은 원을 밀집시킨 운기雲氣도 있다. 이런 특수한 유운문은 모두 명초의 간소한 풍격과는 다르다. 또 정통·경태시의 사슬형이나 용수철형을 한 권운과, 성화 이후의 부드러운 기질과도 차이가 있으며, 그 시대적 특징이 돋보이는 편이다. 조형상에서, 태체는 성화에 비해 중후하고, 기형은 선덕보다 높고 길다. 구부의 위가 좁고 아래가 넓은 특징은 성화의 수구식收口式과 일치한다(경보창 선생의 『명청자기감정』의 그림 139~146 참조).

· **청화 연당초문 편이병**(사진 214) : 반구에, 목은 중간이 좁으며, 복부는 볼통

하고 굽이 있다. 목에 편형扁形의 쌍이가 있다. 구연 아래 쌍현문이 돌아가고, 목에는 단층초엽문·회문·구름송이문을 그렸고, 굽에는 운두문을, 복부에는 연당초를 그렸다. 연잎이 비대하고, 연판은 삼각형 모양이다. 문양의 포치는 시원하고, 청화색은 청남색으로 깊게 가라앉았다.

④ 관지 : 천순 청화자기의 관지는, 북경고궁박물원 소장의 '청화아랍문삼족로'의 '천순년' 3 자해서관과 산서성박물관 소장의 '청화아랍문삼족로'의 '천순칠년대동마씨조' 관지 외에, 다만 홍콩예술관 소장의 '청화모란당초문반이룡문병'에 쓴 '천순오년추구월길일제天順五年秋九月吉日題' 명이 있을 뿐이다.

**사진 214** 청화 연당초문 편이병纏枝蓮文扁耳瓶, 명·천순

## 제5절 성화成化 · 홍치弘治 · 정덕正德의 청화자기

성화·홍치·정덕년간은 명대의 중기로, 정치가 안정되고 경제가 번영하기 시작하여, 경덕진의 자업생산 형세도 이때부터 호전되었다. 이 시기의 청화자기에 매우 큰 변화가 있었는데, 조형은 두텁고 호방한데에서 가볍고 준수하게 변하였다. 또 국산 평등청료를 채용하기 시작하여, 색조가 담아하고 청신하다. 회화의 풍격도 시원스러운 것이 위주이다. 이 3대의 청화자기는 스스로 일체를 이루어, 앞 시기의 영락·선덕과 뒷 시기의 가정·만력과, 제작 격조상에서 모두 다르며, 명대 청화자기의 두 번째의 대 발전단계를 이루었다.

# 1. 성화 청화자기

성화(1465~1487)시기의 청화자기는, 조형이 정교하고 수려하며, 태체가 곱고 윤기가 나며, 그림은 담아하고 기품이 있어, 그 경쾌하고 우미한 풍격은 홀로 일가를 이루었다.

성화 청화자기는 그 특징에 의해 초기와 전형의 성화로 나뉜다. 초기의 청화자기는, 유태와 문양이 모두 선덕 것과 비슷하다. 청화도 수입청료를 사용해 색이 짙푸르고 흑반이 있으며, 역시 소필로 그려 짙기도 하고 옅기도 한다. 만약 성화관요년관이 없으면 구별이 어렵지만, 이런 초기성화 청화자기는 극소수이다. 전형성화 청화자기는 태가 얇고, 유가 희며, 청화색이 담아한 것이 주요 특징이며, 이 유형의 기물이 응당 성화 청화자기를 대표한다.

## (1) 태와 유

성화 청화자기의 태질은 섬세하며 새하얗고, 대다수 태체가 얇고 가벼우며 정교하고 투명하다. 성형이 정연하고, 태체를 빛에 비추면 아백색이나 핑크색을 보인다. 이런 독특함은 성화 청화자기를 감정하는데 소홀히 할 수 없는 특징이다. 중후한 대형기는 소량인데, 매우 질을 중시하기 때문에, 성형을 정세하기 위해 정성을 들였다. 굽 깎음이 정제되어 굽벽이 얇은 편이고, 굽 내벽은 직선에 가까우며, 굽 접지면이 동글다. 기형이 찌그러지거나 유약이 오그라드는 등의 현상은 거의 볼 수 없다. 병과 호는 접합처의 흔적이 분명하지 않고, 굽바닥은 매우 편평하게 정리하였으며, 사저砂底가 많고 유저釉底가 소수이다. 완의 굽 접지면은 미세하게 둥글며, 굽경이 영락·선덕에 비해 작다. 향로의 3족은 일반적으로 수면獸面이 많다. 성화 청화자기의 저부는 유저와 사저가 있으며, 노태의 무유사저에는 황갈색이나 흑갈색의 반점이 있다. '호미저糊米(쌀죽)底'라 하는데, 성화 청화자기의 특유의 현상이다.

성화 청화자기의 유는 2종류가 있다. 청색기가 있는 것과 새하얀색('유백乳白' 혹은 '첨백甛白')인데, 모두 매우 비후하고 만지면 옥 같은 질감이 난다. 유즙이 비후하고 윤택할 뿐 아니라 티 없이 깨끗하며 반짝이는 광택이 있다. 기름덩이 같이 비후하고 옥 같이 곱고 윤기가 나며 잡질이 없고 조문粗文이 없어, 사람들이 보통 "기름 같고 옥 같다"고 형용하는 그런 유질의 정미함을 보인다. 유질의 윤택한 아름다움은 성화 청화자기의 특색의 하나이다. 성화 청화자기의 유색은 극히 균일하며, 미세한 귤피문이 있고, 유즙이 두터워 구연부 아래에는 보통 흘러내려 형성된 한 줄의 퇴적유가 보인다. 기물의 외저부는 저부의 유가 종종 고르지 않아 물결 같이 보인다. 성화 청화자기의 기포는 작고 고르게 밀집되어 있어, 전형적인 선덕기의 크기가 다르면서 적당히 퍼져 있는 기포군과는 다르다. 성화 청화자기의 유면이 곱기로 유명하여, "명은 성화를 보고, 청은 옹정을 본다"는 말이 있다.

## (2) 조형

성화 청화자기는 대작이 적으며, 대다수가 극히 반듯하고 정교하며 빼어나게 아름다운 소형기들이다. "성화는 대기가 없다."는 것은 두드러진 특징이다. 조형이 신중하고 부드러우며 정교하고 준수하여 예술적인 선조미를 갖추고 있다. 주요 기형은 병·배·호·세·완·반·접시·로 등이며, 배·반·완·접시 등의 수량이 가장 많다. 성화 청화의 완과 배는 2종의 조형이 가장 상견되는데, 하나는 와족식이고, 다른 한 종은 고족의 완과 배(그림 78)이다. 명초 조형과 비교하면, 성화의 고족기는 족부가 크고 대다수가 외반한다. 완탁이나 배탁에 의존하지 않고 독립되게 사용한 것으로 볼 수 있다. 족부가 꼿꼿한 것은, 매우 불안정한 모양일 것 같다.

상술한 고족배(완) 외에, 일반적인 조형은 비록 형식은 매우 많으나 기본적인 변화는 크지 않다. 예컨대, 반은 직구와 외반구만 있으며 화형(규식)구는 적다. 수량이 많은 편인 것은 매병·옥호춘병·담병 등이다. 초기 매병은 대다수가 유개

**그림 78** 고족배(상) 고족완(하)　　　**그림 79** 뉴개紐蓋, 평정개관平頂蓋罐

이나 발전 후에 띠모양의 입술을 가진 무개 매병이 출현하였다. 이런 매병의 구연은 종종 약간 밖으로 퍼져, 입을 밀봉하기 편하다. 그러나 옥호춘병은 이 시기에 대두수구大頭收口의 조형이 파생되었는데, 병 구부 위의 凸한 곳에 연판문을 장식하였다. 이것은 곧 뒤에 나오는 산두蒜頭병의 전신이다.

명초에 유행한 삼족로와 이형梨形호(주자)는 성화시에도 만들어졌다. 그런데 명초에 상견되던 력식로鬲式爐는 이 시기에 생산되지 않고, 대신 북 모양의 삼족로가 생겼다. 상하에 한 줄의 유정乳釘이 배열된 것도 있다. 이형호의 주구는 곡도가 크게 변하고, 조형이 더욱 우아해졌다.

성화 청화호(관)도 상당히 유명한 품종인데, 대다수 유개이다(그림 79). 개는 2종으로, 보주형뉴개와 평정직연개平頂直沿蓋인데, 후자는 뉴가 없고 개면이 미미하게 위로 볼록하다.

## (3) 청료

성화 청화의 청료는, 초기에는 역시 수입청료인 '소니발'청을 사용하여, 남색이 농염하다. 중기 이후, 수입청료가 중단되어, 다시 강서성 요주 낙평饒州樂平에서 나는 '평등청平等靑'료를 사용하였다. 이는 '피당청陂唐靑'이라고도 하는데, 색조가 담아하고 성질이 안정적이어서 영락·선덕시의 청료와 선명하게 대비된다. 즉 영락시에 수입청료를 사용해 퍼짐 현상이 나타나는 것과 다르며, 흑갈색의 철녹 반점도 없어 성화 청화자의 독특한 풍격을 형성한다.

## (4) 문양

성화 청화자기는 문양면에서 전기의 조필粗筆·중채重彩·후유厚釉의 형식을 버리고, 박유·공필·구륵법으로 바꾸었다. 구도는 정심하고, 선조는 섬세하며, 선염은 고르고, 소재는 시정적이어서, 청신탈속하고 생활정취가 넘치는 예술성 짙은 화면을 구성하였다. 그 특징을 보면 다음과 같다.

첫째, 성화 청화자기의 문양은 선조가 섬세하고 필법이 유창하며, 분수법分水法(염색법. 혼수법混水法이라고도 함)을 채용해 그렸다. 화법은 먼저 짙은 청료로 문양의 윤곽선을 그린 다음, 옅은 청료로 고르게 칠하는 것이다. 구륵의 선조는 가늘고 굳세면서 유창하고, 색조가 다른 층차 효과가 나타나 화면의 예술적 미감을 증강시켰다. 색칠할 때 큰 붓으로 한 번에 문양을 채워, 영락·선덕시에 소필로 색칠하여 농담이 엇갈려 나타나는 것과는 다르다.

둘째, 문양 풍격이 시원함을 위주로 하여, 선덕시의 번밀한 풍모를 개변하였다. 비교적 정연한 도안식 문양으로 변화하기 시작하였는데, 예컨대 범문은 과거에는 보조문양이었지만, 성화시에는 입체적 도안으로 조성되었다. 또한 넝쿨 잎이 받쳐주는 것 없이 단순히 4송이나 6송이로 된 보상화나 단화團花 등도 있다.

성화 청화자기의 주요한 문양 소재로는,

· **화훼** : 화과·야국·여귀·민들레·영지당초·연화·번련·국당초·규화·단화·사계화 등을 포괄한다. 화훼와 초충산석을 결합한 것도 있다. 화과는 덩굴을 가진 것이 많고 꽃잎은 보통 손바닥 모양을 하며, 꽃송이는 정면만 그리고 잎에는 음·양의 변화가 없다. 선덕 것과 같이, 꽃나무에 뿌리줄기를 그린 것도 있지만 다수는 지표가 받쳐준다. 산석은 凹凸감이 없다. 초엽은 끝이 약간 둥글고 형상이 부드러워 바람에 날리는 것 같다.

모란잎은 거치상을 띠며, 외곽에 한 줄의 여백을 남기고 엽맥은 또렷한 편이다. 연판문은 선조가 원만하며, 특히 띠모양의 물풀과 함께하는 연화문은 성화시의 특출한 문양이다. 당초문은 앵도·석류·감·복숭아·여지·연화·딸기를 주제로 한 것이 많다.

· **금수화조**禽獸花鳥 : 원앙와련·연지백로·쌍조서지栖枝·화접·어련魚蓮·풍등유여豊登有魚[궁등을 3개 그리고, 벌과 물고기를 각 3마리씩 장식하면, '豊登有餘(풍성히 수확하여 여유가 있다)'와 발음이 같다]·파도해수 등이 있다. 용문은 쌍룡희주·오룡五龍·단룡團龍·반룡蟠龍·운룡·기룡夔龍 등이 있다. 봉문은 단봉單鳳·단봉團鳳·용봉문이 있다. 조류는 체형이 풍만하다.

성화 청화자기의 용문은 입을 다물고 네모진 머리에 모발이 위로 서고 눈은 동그랗게 뜨고 바라보며, 용체는 선덕시에 비해 약간 마른 편이다. 몸의 비늘은 세밀하며 5조는 굳세고 힘차다. 주목할 만한 사항은, 명초의 용은 비록 번연화蕃蓮花를 배경으로 한 것도 있지만 수가 많지 않으며, 대다수가 해도와 운문을 배경으로 하여 대체로 용이 비를 내리게 한다는 함의를 잃지 않고 있다. 그러나 성화시를 시작으로, 용문은 해도나 운문과 상관하는 도안이 매우 적어지고, 화초 사이를 가는 용이 많아진다.

성화 청화자기의 용문은, 티베트와 인도 불교의 영향을 받아, 특별히 입에서 연화를 토하는 향초룡香草龍(그림 80)이 성행하였다. 이 용은 명초 청화자기에 이미 출현하였지만, 성화 청화자기에 그려진 용이 더욱 화려하고 감동적이다. 일반적으로 용은 온순우미하여, 명초의 용문의 강건하고 힘찬 작풍과는 그 정취가 크게 다르다. 성화 청화자기의 향초룡은, 입술을 위로 약간 말아 올리고 코끼리 같은 긴 코를 하며, 용의 입에는 연화 한 줄기나 꽃을 여러 개 꽂은 가지를 물고 있으며, 몸에는 날개가 있고 앞 발가락은 있어도 뒷 발가락은 없다. 용 꼬리는 말린 화형을 이루며 세 발가락은 힘차다.

연지원앙은, 성화시에도 연꽃들 속에 몇 뿌리의 고사리를 그린 것을 좋아하며, 문양 중에서 적게 보인다. 물풀은 콩나물 같이 세장하다.

어문은 원대 자기의 그런 흉포한 기세가 없어지고, 뚜렷이 온화하고 우아하다. 어문의 세부 묘사에는 그다지 주의하지 않아, 고기의 윤곽선만 그리고 세부적인 비늘·아가미·지느러미를 그리지 않았다.

**그림 80** 향초룡香草龍

해수문은 고기비늘 모양으로 많이 그렸다. 선덕시의 물보라는 모두 8송이로, 큰 것 사이에 작은 것을 두는 방식으로 파도 위에 고르게 분포한다. 성화시의 파도문은 이런 안배가 없이, 물보라가 크기나 숫자에서 일정하지 않게 파도 속에서 출현한다. 이 점도 감정시의 하나의 참고가 될 수 있다.

· 인물 : 정원에서 노는 아이들이 많아져서, 9·12·14·15 혹은 16명이 놀고 있다. 성화시 아이들 머리는 기본적으로 정원형正圓形이며, 가정시에 머리와 흉부가 두드러지기 시작한다. 이외에도 인물고사와 사녀도 등이 있다. 인물문 중에 정원에는 보통 수석난간을 그리는데, 이런 수석난간 정원도는 매우 일찍 출현하였지만, 성화시기에 성행한다. 노소 인물의 의복은, 단색으로 겉옷만 그리고 받쳐주는 내의는 없어, "성화옷한별成化一件衣"이란 말이 있다.

성화 청화완·접시 등의 기명은, 구연과 굽에 항상 청화현문 2줄을 그리는데 위쪽 선이 종종 아래 것보다 색이 짙다.

성화시에 불교의 영향을 받아들여, 장생련長生蓮·보저寶杵·범문·티베트문·연탁팔보 등이 흥성하기 시작한다. 보저(십자저) 같은 도안은 원 청화자기에서 먼저 보이고, 입명 후에는 성화시에 성행한다. 관요나 민요를 막론하고 모두 전형적인 도안에 속한다.

· 청화 기린문 반(사진 215) : 내저에는 청화 쌍권 내에 두 마리의 구름 속에서 머리를 들고 질주하는 기린을 그렸다. 기린은 사슴 머리에, 소 발굽, 비늘 있

243

**사진 215** 청화 기린문 반, 명·성화, 구경34.2cm

**사진 216** 청화 기룡문 완夔龍文碗, 명·성화, 구경17cm

는 몸을 한다. 수입 '소니발' 청료를 사용해 색이 진하고 아름다우며 퍼짐현상과 흑갈색 반점이 있다. 짙은 색이 기린 몸의 비늘문을 모호하게 하며, 구름의 영지운두도 판별하기 어렵다. 색택이 선덕 청화자기의 특색을 갖추고 있어, 성화 초기청화 제품으로 본다.

· 청화 기룡夔龍문 완(사진 216) : 외반 구연에, 복부가 깊고 굽이 있다. 기형은 정교하고 얇고 가볍다. 청화는 담아하고 청신하며, 도안문양은 가볍고 명쾌한 느낌을 준다. 국산 '평등청'료로 제작된 전형적인 성화 청화자기이다. 완 내면에는 보상화를 그리고, 외벽에는 4마리의 기세가 비범한 기룡(향초룡이라고 한다)을 그렸는데, 성화시의 전형적인 꽃을 문 향초룡이다. 바닥에 '대명성화년제'의 해서관이 있다.

· 청화 파도운문 유개호(사진 217) : 직구에 둥근 입술이고, 목이 짧으며, 경사진 어깨 아래가 미미하게 볼통하며 최대경이 어깨에 있다. 어깨 이하는 졸아들어 凹바닥을 이룬다. 어깨에는 연속와문渦文을, 저부에는 용솟음치는 파도문을 그렸다. 복부에는 각종의 운문을 그렸는데, 십자문·올챙이문·단각短脚여의운·표대飄帶여의운 등이 있으며, 이런 운문을 주문양으로 한 기물은 매우 드물다. 태질은 곱고 새하얗다. 유색은 청기를 띤 백색으로, 곱고 윤택하며, 문양은 청신하고 시원하다. 청화색은 염려하다. 바닥에는 쌍권 내에 '대명성화년제'의 6자2행

중국의 청화자기

해서관을 썼다.

· 청화 화조문 배(사진 218) : 입이 외반하며, 복부가 깊고 약간 볼통하고, 작은 굽이 있다. 구연 아래와 굽에 두 줄 현문이 있고, 양면에 체형이 풍만한 작은 새를 한 마리씩 그렸다. 한 마리는 목을 빼고 부리를 벌린 모습이고, 한 마리는 가지 끝에서 부리를 다물고 목을 돌려 놓고 있다. 형상이 활발 생동하며, 농익은 생활의 정취가 있다. 태질은 얇고, 유는 새하얗고, 조형은 정교 섬세하다. 청화는 담아하다. 먼저 짙은 색으로 윤곽을 구륵하고, 다시 담담한 청색으로 채웠다. 농담이 분명하고, 층차가 풍부하여, 한 폭의 정취가 특별한 화조화이다. 굽 바닥에는 쌍선방곽 내에 '대명청화년제'의 6자2행해서관이 써져 있다. 이런 방형관은 성화조부터 성행하기 시작한다.

· 황지청화 화과문 반(사진 219) : 반의 황색 바탕은 철을 착색제로 한 것이며, 색택이 중후하고 선명하며, 깊은 단황색蛋黃色(계란 노란자 색)을 띤다. 내저심에는 청화로 절지석류화를 그리고, 내벽에는 절지의 여지·복숭아·석류·앵도문을 그렸다. 외벽은 절지연화문을 장식하였다. 바깥 구연에 청화로 '대명성화년제'의 6자해서관을 썼다.

황지청화 종류는 선덕에서 처음 보이는데, 유하 청화와 유상 황지를 2차 소성한 것으로, 이

**사진 217** 청화 파도운문 유개호波濤雲文蓋罐, 명·성화, 고14.9cm

**사진 218** 청화 화조문 배, 명·성화, 구경6.1cm

245

런 번조법은 가정년간까지 연속되며, 변화가 크지 않다. 선덕·성화의 황유청화반은, 외면 구연 아래에 횡서관지가 있는 것이 많으며, 홍치 이후에는 저부에 관지를 쓴다. 유사한 소장품들이 상당히 많은데, 대북고궁박물원·상해박물관·일본 등지에 모두 볼 수 있다.

· 청화동채 어련문 고족배(사진 220) : 고족배(완)의 조형은 원대 것에 비해 낮으며, 기벽이 얇고 경쾌하다. 배 외벽 및 굽다리에 연당파도문을 그렸는데, 연화·여귀·수초의 만생蔓生한 자태와, 발색이 경쾌한 코발트 남색이 서로 도와서, 성화 관요 청화자기의 담아한 풍모를 잘 보여 준다. 복부에는 연당의 수초 사이에 물고기 4마리를 음각하고, 몸체를 동홍료로 칠했다. 그 동채(유리홍)의 발색이 아름다울 뿐 아니라, 재질이 약간 두터워 凸한 느낌이 있다. 배에 그려진 띠 모양의 물풀과 연화문은, 성화 청화자기의 특출한 문양이다.

## (5) 관지

명대 관요 청화자기의 관지는, 성화시에 자체·서법·위치배열 등이 제도화되어 후대의 전범이 되었다(사진 221).

**사진 219** 황지청화 화과문 반黃地靑花花果文盤,
명·성화, 구경29.5cm

**사진 220** 청화동채 어련문 고족배釉裏紅四魚蓮文高足碗,
명·성화, 구경16.8cm

성화 청화자기의 관지는, 해서체의 6자 2수직행의 '대명성화년제'가 위주이지만, 6자 횡서의 것도 있으며, 관지 밖에 쌍원권(쌍선 원)이나 쌍방형테(쌍선 방곽)를 하였다. 자체는 늘씬하고 힘이 있으며, 서법은 원숙하나, 글자배열은 정연함이 부족하다. 관지의 위치는 대다수가 바닥에 있지만, 소수 입 주변이나 굽 내연에 있다. 관요나 민요 할 것 없이 성화 진품은 모두 '성화년조'나 '성화년제'의 4자관은 없다. 이런 관은 필시 후대의 방품이다.

성화 청화자기의 연관은, 색이 침중하고, 태골에 박혀 들어 절대 떠있는 감이 없다. 낙관 문자는 테두리와 바짝 붙어 있다. 관지의 자체는 매우 특징이 있는데, 손영주 선생이 일찍이 6자관을 개괄하여 6자 노래를 만들었다.

大字尖圓頭非高 ('大'자는 뾰죽하거나 둥근 머리가 높지 않고)

成字撇硬直倒腰 ('成'자는 삐침이 경직되고 허리에서 뒤집히며)

化字人匕平微頭 ('化'자는 人과 匕 획이 평평하거나 약간 머리를 내밀며)

製字衣橫小越刀 ('製'자는 衣의 횡획이 刂(刀)를 넘지 못하며)

明日窄平年應悟 ('明'자의 日이 상하가 좁거나 같거나 한 것을 年도 마땅히 이해하며)

成字三點頭肩腰 ('성'자의 3점은 머리, 어깨, 허리에 있다)

제1구는 관지의 '大'자가 제 2획의 상단이 뾰족한 것도 있고 둥근 것도 있으며, 머리를 내민 것이 높지 않음을 가리키는 것이다. 제2구는 '成'자의 제5획인 삐침이 곧고 생경하고, 제3획이 아래로 직립하다 좌측으로 구부러진 것을 가리킨다. 제3구는 '化'자의 '人' 및 '匕'획의 상단이 서로 고르거나 혹 고저가 있어도 차이가 크지 않음을 가리킨다. 제4구는 '製'자 중의 '衣'자 제2획인 '一'획이 상부 '制'의 '刂(입도)'획의 밖을 벗어나지 못함을 가리키는 것으로, "製"자는 태반이 위가 풍만하고 아래가 좁

**사진 221** '대명성화년제' 관지

아든 모습이다. 제5구는 '明'자 좌변의 '日'자가 상착하관이거나 상하상동인 것이 많은 것을 가리키는 것으로 일반의 관습적인 서법과는 다르다. 제6구는 '成'자의 끝 획인 '점'이, 머리와 수평이거나, 어깨와 수평이거나, 허리 사이에 있거나 한 것을 가리키는 것이다 (손영주 선생의 「성화관요채자의 감별成化官窯彩瓷的監別」, 『문물』1959년 제6기 참조).

## (6) 민요 청화자기

명 성화 청화자기는 관요기의 아름다움이 절륜할 뿐 아니라 앞 시대를 초월하며, 설사 민요 제품이라 할지라도 상당히 정교하여 면목을 일신하였다. 강서성 파양현波陽縣의 성화3년(1467)묘에서 출토한 '청화법륜문개호', 강서성 영수현永修縣의 성화3년묘에서 출토한 2점의 '청화화훼완', 강소성 양주楊州의 성화16년(1480)묘 출토의 '청화연당초문완', 강서성 임천현臨川縣의 성화16년묘에서 출토한 '청화범문고형삼유족로鼓形三乿足爐', 강서성 청강현淸江縣 출토의 묵서 성화24년(1484)명 '청화영지문삼유족로' 등의 기년묘 출토 청화자기의 특징에 근거하고, 강서성 경덕진의 두 곳의 민간 청화요에서 출토한 청화파편과 기타 청화기물들을 결합하여 분석연구를 진행한 결과, 성화 민요 청화자기의 기본 상황은 대체로 다음과 같다. 첫째, 성화 민요 청화자기는 태체가 얇고, 질이 새하얗고 곱다. 자화 정도도 양호하여, 태가 덜 익거나 요 균열 등의 병폐가 적게 보이며, 태체는 명초 민요에 비해 뚜렷이 얇아졌다. 호 등의 탁기는 성형에 정성을 들여, 이음매가 잘 보이지 않는다. 대부분 사저이고 유저는 적다. 완의 굽 접지면은 미세하게 둥글며, 굽경이 작게 변하고, 굽 내저면에 한 줄의 옅은 비파황색의 요홍窯紅이 있는데, 유저에 많다.

둘째, 유의 사용에도 정성을 들여, 유질이 비옥하고 고우며, 색은 희고 유는 두터우며, 유면은 빛이 나고 옥 같은 질감을 보인다. 선덕의 그런 가는 귤피문이 보이지 않으며, 유층이 투명하고 색은 연한 물색을 띠고 시유는 고르다. 저면과 유족釉足 상단(저면과의 접촉처)에 축유 현상이 있으며, 내벽·외벽·굽의 유색이 모두 일치한다.

셋째, 성화 민요 청화자기는 국산 평등청료를 사용해, 남청색이 기조를 이루어, 고상하고 청아하며, 유심幽深한 회흑색은 매우 드물다. 성화 초기 제품을 제하고, 명초 청화자기의 흑갈색반점은 거의 보이지 않는데, 유가 두텁고 윤택하여, 청화를 충분히 드러내지 않는다.

성화 민요 청화자기의 풍격은 가볍고 우아한 특징이 있다. 기본적인 장식 방법은, 구륵법과 선염법을 결합시킨 것으로, 처음으로 염색(염색은 속칭 '분수分水'이다) 방법을 채용하며, 염색하는 청료는 농·담의 두 단계색이 있고, 청아함과 혼탁함이 모두 있다. 회화 기술상의 원인으로, 농담이 뚜렷한 것도 있고, 혼탁하여 분명치 않은 것도 있는데, 윤곽선까지 염색하여 모호해진 것이 문양을 혼탁 불청하게 만들었다.

넷째, 성화 민요 청화자기의 문양은, 다수가 명초에 비해 복잡하며, 비교적 시대적 특징이 있는 문양으로 영지당초·번련·모란·당초봉捧팔보문 등이 있다. 그 문양의 특징은,

▶ 포도 같은 넝쿨 식물은, 넝쿨을 용수철 모양으로 그렸다.

▶ 태호석은 나선형으로 그리고, 돌 옆에는 대칭된 화초나 삼과수를 그렸다.

▶ 백묘연지문은 즐비하게 늘어선 물결을 바탕으로, 백련과 물풀을 그렸는데, 물풀은 콩나물 같이 세장하고, 연꽃은 병체련并蒂蓮(한 줄기에 나란히 핀 연꽃 한 쌍)과 대칭이다.

▶ 모란의 잎은 톱니 모양이고, 외곽에 한 줄의 공백을 남기며, 엽맥이 또렷하다. 잎사귀는 닭발 모양으로 그리고, 꽃에는 넝쿨이 달린다.

▶ 굽은 일반적으로 장식이 없으며, 다만 두 줄의 현문을 돌렸다.

▶ 구연에는 보통 구갑문과 범문이 보이는데, 범문은 과거에는 단순한 보조문으로 만들었지만, 성화시에는 입체 도안으로 만들며, 홍치까지 영향을 준다.

이런 문양 외에, 향초룡·아욱·삼추三秋·화훼·연지 등도 있다.

다섯째, 성화 민요 청화자기의 관지는 '대명성화년조'의 6자2행이다. 글씨는 대강 쓰고 규칙적이지 않다. 글자 밖에는 굵고 가는 것이 일정치 않은 쌍권이 있다. 성화 관요 청화자기에서 4자관을 보지 못하지만, 민요 청화자기에는 성화부터 시작하는데, '대명년조大明年造'의 4자관이 4자2행으로, 쌍권이나 쌍방곽 안에 써진 것이 누차 보인다.

그 외에, '갑진甲辰(1484)년조年造' 의 간지명이나, 방승方勝·은정銀錠 등 같은 도안도 있다.

· **청화 티베트문 와족완** : 구경17cm, 수도박물관 소장. 직구에 넓은 복부가 아래로 좁아들며, 와족이고, 내저면이 위로 凸하다. 완 내면에는 운두가 한 줄 돌고 중심에 연판문을 그렸다. 외벽 구연 아래에 연속 회문대가 돌아가며, 저부는 연판문을, 복부에는 주문양으로 한 줄의 티베트문을 장식하였다. 외저에 '대명년조' 해서관이 써졌다. 그림은 공세하고 구도는 엄밀하며, 장식이 간결하다. 청화색은 담아한데 약간 회색기를 띠어, 국산 청료의 특징을 보인다. 태골은 얇고 굳세며, 유액은 비옥하고 윤이 난다. 기술이 정세하고 조형이 우아하고 분명하다.

· **청화 인물문 매병**(사진 222) : 입이 작고 둥근 입술에, 목은 짧고 어깨 이하는 좁아든다. 최대경이 어깨에 있으며, 기신이 길쭉하다. 평저는 외반하고, 고운 사저이다. 구연 아래에 쌍현문과 쌍층연판문이 돌아가고, 연판은 운두형이다. 밑동에는 쌍현문 위에 변형연판문대를 돌렸으며, 연판은 길고 두툼하다. 복부에는 주문양으로 초

**사진 222** 청화 인물문 매병人物梅瓶, 명 성화

목과 소매가 풍성한 넓은 도포를 입은 노옹을 그렸다. 화면은 시원하고 간결하며, 화의가 청아하고 소박하며, 정취가 충만하여 극히 자연스런 풍모를 보인다. 민요 청화자기 중의 상품이다.


## (7) 방품


성화 청화자기는 영락·선덕 청화자기의 면모를 일신하여 스스로의 풍격을 이루었다. 그 수려하고 전아한 조형과 옥 같이 고운 태체, 담아하고 온유한 색조, 그윽하고 부드러운 문양으로 이름났으며, 후대에 심대한 영향을 미쳤다. 명대는 가정·만력시에 성화기를 방하기 시작하여, 이후 각 시기 마다 다투어 방제하였다. 두 예를 들겠다.

· **옹정방성화 청화 티베트문 와족배**(사진 223, 224) : 진품과 방품 모두 북경 고궁박물원에 소장되어 있다. 문자 장식 자기는 당대에 시작되었다. 명 성화·정덕년간에 장전불교(티베트불교)가 궁중에 많은 영향을 주어, 때문에 범문이나 티베트문으로 장식하는 것이 흥성하였다.

청 옹정 방품은 조형과 문양이 성화 진품과 같으며, 뚜렷한 차이는 티베트문의 글씨의 풍격에 있다. 방품은 글자가 크고 두껍고 굳세고 힘이 있으며, 모서리

**사진 223** 청화 티베트문 와족배藏文臥足杯, 명·성화, 구경7cm

**사진 224** 청화 티베트문 와족배藏文臥足杯, 청·옹정, 구경7cm

제4장 명대 청화자기

**사진 225** 청화 팔보문 고족배, 명 · 성화, 고8.8cm          **사진 226** 청화 팔보문 고족배, 청 · 옹정, 고8.5cm

각이 분명하다. 진품은 소자이고 필치가 가늘고 색이 연하고 우미청수하다. 방품은 글자의 배열이 긴밀하고 상하에 여백을 많이 남긴 편이나, 진품은 배열이 시원하고 두 줄 사이에 여백이 많다. 구연 아래에 그려진 두 줄의 현문은, 진품은 위의 줄이 짙고 아래 줄이 연하지만, 방품은 색조가 같다. 방품은 굽이 없는 바닥면에 청화로 된 6자 인장관인 '대명옹정년제'가 있지만, 진품은 쌍방곽 안에 '대명성화년제'의 6자해서관이 써져 있다.

· **옹정방성화 청화팔보문 고족배**(사진 225, 226) : 진품과 방품 모두 북경 고궁박물원에 소장되어 있다. 옹정 방품은 진품에 비해 약간 작다. 방품은 고8.5cm, 구경7.9cm, 족경3.8cm이다. 진품은 고8.8cm, 구경8cm, 족경3,6cm이다.

방품은 고족이 진품에 비해 약간 굵고 낮으며, 족의 凸한 돌대도 약간 아래에 있다. 방품은 태가 청백색을 띠며, 진품은 분홍색을 띤다. 태질의 색은 성화기의 진위를 가리는 중요한 특징의 하나이다. 성화시에는 마창토를 원료로 하며, 이 점토는 원대에서 명 가정시까지 모든 자기의 기본 원료였지만, 만력 초기에 이 마창토가 고갈되어, 다시 경덕진 고령산의 점토, 즉 고령토를 사용하여, 분홍색의

중국의 청화자기

질감도 이를 따라 사라졌다. 방품은 굽 바닥에 좌에서 우로 '대청옹정년제'의 6자 해서관을 썼지만, 진품은 굽 안에 '대명성화년제'의 6자해서관을 둥글게 썼다.

## 2. 홍치 청화자기

홍치(1488~1505) 시기는, 역사적 원인으로 경덕진 자기가 여러 차례 정소되었다. 그러나 민요는 충격을 받지 않고 그대로 계속 번조하였다. 고로 전세품 중에 '대명홍치년제'라는 관지가 있는 관요 청화자기는 드물게 보인다. 홍치 청화자기는 번조상에서, 전적으로 전기의 우수한 전통을 계승하였다. 기형은 물론 문양과 청료의 사용도, 성화 풍격의 계속이라 할 수 있었고, 절대 부분의 청화자기의 풍모가 서로 비슷하여, 만약 기년관이 없으면 양자를 분별하기 어렵다. 도자계에서 역대로 "성홍불분成洪不分"이란 말이 있어왔다.

① 태와 유 : 홍치 청화자기의 태질은 성화 것과 같으며, 곱고 새하얗고 순정하고 가벼우며, 성형에 정성을 들였다. 홍치 후기가 되면, 점차 두텁게 되면서, 정덕시기의 후태厚胎로 가는 과도기적 모습을 보인다. 기물의 굽은 비교적 매끈하고 부드러우며, 굽이 성화 것보다 약간 낮고, 내벽은 직립하며 깊이는 제각각이다. 바닥에 시유한 것이 많지만, 병과 호는 사저가 많다. 완과 반의 내저가 아래로 凹하게 꺼져 있는데, 굽이 낮은 편이어서, 완과 반의 아래로 꺼진 부분이 굽과 함께 탁자면에 닿을 수 있다. 심지어 굽보다 아래로 내려앉아 굽이 탁자면에 닿지 않는 것도 있다. 완과 반의 바닥이 내려앉는 현상은, 홍치자기의 한 중요한 특징이다.

홍치 청화자기의 유액은 순정하고 두터운 난백유와 청백유가 많은 편이며, 특별히 유가 모인 곳은 담담한 청색을 띤다. 이는 성화와 약간 다른 점으로, 성화 청화자기는 미미한 담홍색을 보이며, 유면이 비후하고 윤택하다.

② 조형 : 홍치 청화자기는 조형상에서 여전히 성화시기의 그런 우아하고 원만한 풍격을 보지하면서, 더욱 정연하고 온화하며, 곡선이 더욱 부드러워졌다. 기형은 완·반·세·로·병·호·고족배 등의 소형 기물이 위주이다. 호은 비교적 낮고, 어깨는 경사진 데서 풍만한 것으로 변한다. 홍치시의 전대에 없던 유일한 기물은, 밖이 깊고 안은 얕은 '제갈완諸葛碗(그림 81)'이다. 굽이 없는 얕은 반과, 돈식墩式의 완이 서로 함께 세트로 붙어서 된 것으로, 완 복부 가운데가 비어 있고, 굽 저면에 둥근 구멍 하나가 있어 상통한다.

③ 문양 : 홍치 청화자기의 문양은 대체로 성화시기와 비슷하며, 단지 문양의 포치가 성화보다 더욱 섬세하고 유창하며, 화면이 축소되어 보이게, 여백을 많이 남겼다. 후기가 되면, 농묵으로 중채한 것 같은 굵직한 선조로 구륵으로 그렸다. 홍치 청화자기의 청료는 국산 평등청료를 사용하여, 색택이 보다 담아하다. 후기가 되면 남회색으로 발색하여, 정덕 색조와 가깝다. 주문양은 여전히 화훼·동물·영희·사녀도 등이 많다. 상견된 것으로, 운룡·구룡·비익룡·연지유룡 및 송죽매·월영매·모란당초·화봉범문·해마문·화과절지·화조문 등이 있다. 홍치의 당초나 절지화는, 잎이 조밀하고 작으며, 국화와 모란의 잎은 '个'자형으로 그렸다. 용문은 성화시보다 섬세하고 온화하며, 구륵으로 그리고 선염한 것이 많다. 이 시기

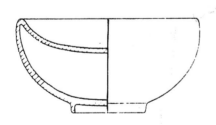

**그림 81** 홍치 제갈완諸葛碗 단면도        **사진 227** 청화 운룡문 완, 명 · 홍치, 구경22cm

에 출현한 '연지유룡'문은 용 한 마리가 연지 속에서 노는 것으로, 성화시의 화중 용문에서 개변되어 나온 것이다. 단지 번연화가 연지 배경으로 바뀐 것뿐이며, 용꼬리를 위로 쳐들었다. 이런 연지용문은 현재 홍치시에만 보인다.

· **홍치 운룡문 완**(사진 227) : 문양은 시원 청신하고, 유색은 청백에 윤택하며, 조형은 정연하고 가볍고 얇다. 완의 내벽 구연에는 해랑문을 그렸는데, 해수는 선덕 시기 같은 용솟음치는 것과 다르게, 물보라도 비교적 조용하다. 내벽에는 쌍룡희주를 그렸는데, 卍자형 구름이 깔려 있다. 외벽에는 십자 운문 사이로 쌍룡이 뒤쫓는 모습을 그렸다. 용의 화법은 전보다 약간 변화가 있어, 용머리가 작아지며, 입을 다물고, 윗입술을 위로 쳐들지 않는다. 머리카락은 위로 펄럭이고, 목이 가늘며 장신이다. 전신에 청료를 비교적 두텁게 칠하여, 용신에 비늘이 없다. 청백유로 청백색이 빛나며, 색조가 청신하고 분명하다. 바닥에 청화로 '대명홍치년제'의 6자2행해서관이 써겼고, 밖에 쌍권을 둘렀다.

④ 민요 청화자기 : 관요자 같은 형식적인 작풍에서 탈피하여, 소재에 불문하고 활발하고 자유로우며, 특히 필묵이 간결호방하고 운필이 거리낌이 없다. 낭만적인 정조가 충만하고, 강렬한 민속적 풍미를 발출하여, 민족화와 대중화의 특성을 갖추고 있다. 이러한 민족형식과 풍격은, 순박하고 건강한 미학을 안에 품어 각 계층의 사람들이 다 같이 감상할 수 있어, 더욱 대중의 사랑을 받는다.

· **청화 인물누각문 유개호**(사진 228) : 이것은 수도박물관 소장의 2점의 민요 정품 중의 하나이다. 호의 복부에 2조의 문양을 그렸는데, 하나는 조복朝服을 입은 문인으로, 옆에 선학이 서 있고 주위에는 운무가 에워싸고 있어, 꿈속에서 일품 재상이 되어 있다. 또 하나는 허허로움 속의 선비가 금을 갖고 친우를 방문하는 것으로, 지음知音을 찾는 장면이다. 두 가지 도안의 함의는 몽중 주인이 벼슬길에서 발전을 득하는 것이고, 만약 소원을 성취할 수 없다면, 현실을 초탈하여 은

255

**사진 228** 청화 인물누각문 유개호人物樓閣蓋罐, 명·홍치, 전고43.5cm

둔한 고사의 생활을 보내며, 금을 들고 지음을 찾는 것이다. 전체 화면은 농익은 생활 정취와 민간의 풍정을 갖추어, 민요 청화자기의 회화 풍격을 충분히 체현하였다.

· **청화 인물문 로**(사진 229) : 수도박물관 소장의 또 다른 민요 정품이다. 구연 아래 구갑문금錦을 그리고, 구갑문금 사이를 화창으로 하여 안에 범문을 그렸다. 복부에는 주문양으로 '배월도'와 '휴금방우도攜琴訪友圖'를 그렸는데, 화면이 간결하고 명쾌하며, 소략한 필치로 그쳐, 인물산석이 반구상과 반추상을 이루어 기이한

예술적 효과를 이룬다. 이런 기묘한 미감과 민간 정취는 관요 청화자기에는 보기 힘든 것이다.

영국 데이비드 기금에서 소장한 홍치9년(1496)명 '청화연당초문상이象耳병'은 고61.1cm이다. 바깥 구연에 명문이 있는데, "강서 요주부 부량현 리인마을 정가항의 거사제자 정표는 향로와 화병 3점을 함께 희사하여 북경 순천부 관왕묘에 보내어 영원히 온 집안이 청길하고 매매가 형통하길 빌며 공양한다. 홍치구년오월초길일에 거사제자 정존이가 만든다.江西饒州府浮梁縣里仁都程家巷信士弟子程彪喜舍香爐花瓶三件共壹副送到北京順天府關王廟永遠供養專保合家淸吉買賣享(亨)通弘治九年五月初吉日信士弟子程存二造."라 써져 있다. 병의 호방한 문양, 농중한 청화색조, 기년명문이 홍치시 청화자기의 면모를 잘 보여 준다.

남경박물관 소장의 '홍치청화송학문완'은, 바닥에 '임자년제壬子年製'관이 있어, 역시 민요 청화자기의 대표작 중의 하나이다. 무석無錫의 홍치9년(1496)묘 출토로, 고7cm, 구경5cm이다. '임자년'은 홍치5년, 1492년이다. 문양이 섬세하고 발

중국의 청화자기

색이 담담하며, 반상에 '장명부귀, 금옥만

당長命富貴, 金玉滿堂'이라 썼다.

　상술한 2점은 민요 중에 기년명이 있는
귀중한 작품으로, 성화시의 특징이 있으
면서, 이 시기의 풍모도 갖추고 있다. 홍
치 시기의 관·민요 청화자기를 판별하는
데 좋은 근거자료가 된다.

**사진 229** 청화 인물문 로人物爐, 명 · 홍치, 고13cm

　위의 몇 점의 민요 청화자기와, 기타 홍
치 청화자기와 관련된 자료를 종합해서, 대체적인 홍치 민요 청화자기의 기본
특징들을 보면,

　첫째, 유색은 3종류가 있다. 비후하고 윤택한 연한 수청색인 것과, 유가 얇은
편이고 청록에 회색을 띠고 투명한 것과, 기름덩이 같이 두터우나 투명도가 떨
어지는 난백색유가 있다.

　둘째, 청화는 국산 '평등청'료를 사용해, 색이 성화와 유사하다. 대부분 퍼짐이
없고 흑갈색 반점이 없다.

　셋째, 문양은 필치가 또렷하고, 선조가 유창하다. 문양 특징을 보면,

　▶ 당초나 절지 화훼는, 잎이 성화에 비해 번밀하고 작다. 모란잎은 3필로 '个'
자 모양으로 그렸다.

　▶ 매화 가지 끝에 초승달을 그려, '월매화'라 부르는 것은, 원대에 시작하여,
선덕시에도 보인다. 홍치시의 매화가지는 굳세고 수려하며, 매화 그루터기는 구
불구불한 '톱날'형으로 그려, 늙은 모습을 표현하였다.

　▶ 원앙연지문은 성화에 비해 간단하고, 정덕 것에 비해 사실적이다.

　▶ 소라문은 필치가 엄밀하고, 형상이 수려하며, 빽빽이 늘어선 물결 속에 항
시 백련으로 장식한다.

　▶ 대형 구름문은 내부에 연화당초문을 채웠다.

　▶ 파도는 첩랑(3랑이 많다)의 격랑 형태를 많이 만든다.

257

제4장 명대 청화자기

**사진 230** '대명홍치년제' 관지

▶ 인물도의 포치는 경태·성화시에 비해 광활하다. 인물이 작은 편이고, 둔덕에 한 사람은 앉고 한 사람은 선 것이 많다. 인물형상이 소쇄하고 자태가 한적하다. 정통·경태시에 인물 배경으로 커다란 용수철 모양의 권운을 하였지만, 이때는 크게 간화되어, 구도 속에 흰 점을 채워 장식한 것이 많다.

넷째, 와족등잔과 능구절연반이 많이 보이며, 제갈완·장경소병·상이향로도 독특한 편이다.

다섯째, 청화로 쌍방곽 속에 '임자년제' 등을 쓴 간지관이 많이 보이며, '대명년조大明年造'와 쌍방곽 속의 '복福'자관 및 은정銀錠 문양관 등이 있다.

⑤ 관지 : 홍치 관요청화자기 관지는 대체로 성화와 같으며, 해서6자쌍행의 '대명홍치년제' 위주이다(사진 230). 바닥에 썼다. 또 소량의 전서4자2행의 '홍치년제'관은 그릇 내저면에 많이 위치한다. 홍치관의 특징은, 자체가 청수하고, 필치가 섬세하고 온화하고 고르며, 색택이 담아하고 안정적이며 우아하고 수려하다. 홍치 관요청화자기의 관지에서는, 성화시기의 쌍란방관雙欄方款을 전혀 볼 수 없다.


## 3. 정덕 청화자기

정덕(1506~1521) 시기의 청화자기는, 위로는 성화·홍치의 구제를 계승하고, 아래는 가정의 신풍을 열었다. 때문에 정덕 전기의 청화는 성화에 가깝고, 후기는 가정에 비슷하다. 전형적인 정덕청화는 즉 중기가 대표한다.

## (1) 태와 유

정덕 청화자기의 전기 것은 성화·홍치를 이어받아, 태가 얇고 몸체가 가벼우며, 태질이 세밀하다. 그러나 성화·홍치와 비교해, 태질이 비록 희고 곱다하나, 태체가 뚜렷하게 후중해졌다. 중기 이후, 태체는 더욱 거칠고 후중해져 태토의 수비가 정세하지 못하고, 제작도 조잡한 편이고 불순물이 많은 편이다. 어떤 경우는 바닥에 칼집이 있거나 모래가 붙어 있고, 화석홍반도 많은 편이다. 완과 반의 태체는 구연이 얇은 편이며, 병과 호의 접합처의 흔적이 뚜렷한 편이고, 종종 기물이 변형되는 현상이 있다. 반의 내저는 아래로 凹하고, 완의 내저는 아래로 움푹하며, 또 이전의 계심(하트형)저가 출현한다.

정덕 청화자기의 유는 앞 시기와 비교해, 두텁고 윤기 나는 것에 약간 미치지 못하며, 유층이 뚜렷이 얇게 보인다. 유색은 백색 속에 청회색기를 띠며, 윤기와 광택이 있으며, 유 중에 기포가 약간 많다.

## (2) 조형

정덕 청화자기는 조형과 공예상에서, 점차 성화·홍치시기에 성행한 소형기와 반과 완을 위주로 한 단조로운 풍격을 개변시켜, 대형기물이 점점 많아지고 품종도 성화·홍치시보다 다양해졌다. 성화·홍치시기의 원만한 기형이, 이때가 되어 다방多方·다각多角·다릉多稜의 방향으로 발전하였다. 탁기는 대좌를 갖춘 것이 많다. 주요 기형은 반·완·병(출극관이병·산두장경병·대좌상이병帶座象耳瓶·장경병, 세구수이병洗口獸耳瓶·매병·표형병·과형병 등)(그림 82)·호·세·고족배·로·사두渣斗(혹 준尊이라 한다)·기타 호(배호背壺·주자·이형호梨形壺·군지軍持 등)·수돈綉墩(자수덮개를 씌운 자기 걸상)·산형필가·촛대 등이 있다. 로는 통형筒形로·환저로·력형鬲形로(그림 83) 등이 있다. 화고花觚는 해당구海棠口화고·세장경細長頸화고·출극出戟화고(그림 84) 등 여러 형식이 있다. 그중 수돈·화고·산형필가·은정식銀錠式다층합·화

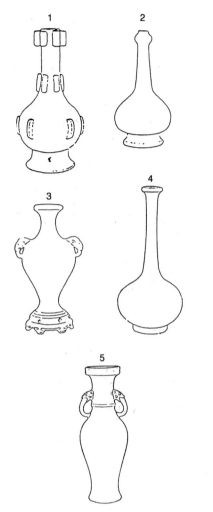

**그림 82** ①출극관이병出戟貫耳瓶 ②산두장경병蒜頭長頸瓶 ③대좌상이병帶座象耳瓶 ④장경병 ⑤세구관이병洗口貫耳瓶

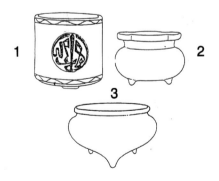

**그림 83** ①통식로筒式爐 ②원저로圓底爐 ③력식로鬲式爐

삽花揷(꽃꽂이 수반)·8방호方壺·삽병揷屏(그림이나 조각품을 끼워 넣어 책상 위에 놓는 장식용 작은 병풍) 등은, 정덕조에 새롭게 창안한 것이거나 이 시기의 특징적인 기물이다. 또 구연이 약간 외반하고 기벽이 비교적 크게 호선을 그리며, 태체가 약간 두터운 궁완宮碗('정덕완'이라고도 한다)도 있는데, 역시 정덕시기의 새로운 기형이다. 정덕 청화주자(집호)는 전통적인 옥호춘식 주자 외에, 장경식 주자·고복鼓腹유개주자·산두구식 주자(그림 85) 등이 있다.

정덕 청화자기의 조형적 특색을 보면,

첫째, 정덕 청화자기는 비록 대부분이 전대 자기로부터 발전한 것이지만, 이 시기의 풍속과 관습, 심미적 정취를 결합하여 개조시킨 결과, 이전의 조형을 새로운 모습으로 변환시켰다. 예컨대 쌍수이병雙獸耳瓶은 원대의 쌍상이병雙象耳瓶의 개조이다. 대좌병은 전대의 별구병을 어깨에 상이를 붙이고, 좌대를 연접한 것이다.

둘째, 정덕 청화자기는, 화고나 향로 등 고대 동기의 방제에 힘을 기울였다. 화고는 이 시기 청화자기의 참신한 조형으로, 그 형식에 출극형·세장경형·해당구형 등이 있다. 화고는 일반적으로 힘차고 늘씬

중국의 청화자기

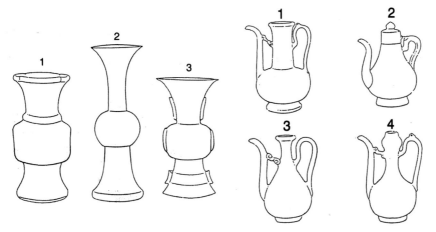

**그림 84** ①해당구화고海棠口花觚 ②세장경화고 細長頸花觚 ③출극화고出戟花觚

**그림 85** ①장경식주자長頸式執壺 ②고복식주자 鼓腹式執壺 ③옥호춘식주자玉壺春式執壺 ④산두구식주자蒜頭口式執壺

하여, 고대 동기의 운치를 비교적 잘 재현하였다.

셋째, 정덕 청화자기는 또한 방제에 뛰어나서, 비단 당시의 조형에 충실하였을 뿐 아니라, 후세의 방제자기를 위한 새로운 길을 열었다. 예컨대 수돈은 고鼓의 형상을 모방한 것인데, 의자로 충당할 수 있고, 관상용으로도 가능하게 만들었다. 이는 정덕시기의 참신하고 독특한 기물 중의 하나이다.

넷째, 정덕 청화자기는 당시 성행한 이슬람교에 적응하여 일부 이슬람 민족 특색의 기물을 제작하였다. 주자 등이 그렇다.

## (3) 청료

정덕 청화자기의 문양은, 사용된 청료가 달라서, 정색도 차이가 난다.

정덕 전기의 청화자기는 국산 '평등청'료를 사용해, 청색이 담아하면서 회색기가 살짝 비치는데, 색감이 좋고 명료하며, 성화와 홍치시기 것과 유사점이 많다.

정덕 중기의 청화자기는 국산인 강서성 서주산瑞州産의 '무명자無名子', 즉 '석자청石子靑'을 사용하여, 색택이 짙은 암회색을 띠고 무광이며, 색이 남색 속에 회색기를 띤다. 청화가 퍼지는 현상이 있어. 문양이 모호하고 또렷하지 않으며, 색료

261

가 태골에 침투하지는 않는다.

　정덕 후기의 청화자기는 수입한(국산이라는 설도 있다) '회청'료를 사용해, 색택이 진중하고 화려하면서 퍼지는 현상이 있다. 색은 남색 중에 약간 자홍색이 비낀다.

　이외에 정덕 후기에 또한 회청과 석자청을 혼합한 안료도 사용하는데, 색택이 농염하면서 자주색을 띠며, 묵직하고 안정적이다.

## (4) 문양

　정덕 청화자기의 문양 소재는 더욱 다종다양하고 풍부 다채로워졌다. 구도는 번밀함과 간결함을 함께 갖추어 주제를 선명하게 부각시키는 특색이 있다. 번밀하다 함은, 문양대가 점점 많아지고, 문양대 내의 문양의 번밀한 정도가 날로 증강되었다는 말이다. 간결하다 함은, 문양대가 작고, 문양의 형상도 작고 섬세하며, 여백 부분이 매우 크다는 말이다. 주제의 부각은 일반적으로 기물의 최대 구역인 복부에 종종 이 당시 가장 상견되는 문양을 표현함으로서 이루어졌다. 정덕 청화자기의 문양 소재는 여전히 식물문과 동물문 위주이다.

　・ **식물문** : 번련蕃蓮·연당초·매화·모란당초·영지 및 화과(여지·비파·석류·포도 등)·목련·월영月影식물문 등이 있다.

　・ **동물문** : 운룡·용봉·사자·어조魚藻·해마·원앙이 있으며, 화중용·화중봉·익룡문 등이 비교적 많이 채용되었다.

　・ **인물문** : 인물고사도가 있다. 즉 고사도·송하노인·서상배월西廂拜月·휴금방우携琴訪友·연명애국淵明愛菊·무숙애련茂叔愛蓮 등이다.

　정덕 청화자기의 문양 방면의 두드러진 특징은, 이슬람교의 영향을 받아, 아랍문이나 페르시아문으로 만든 도안들이다. 정덕 청화자기상에 아랍문이나 페르시아문을 쓴 것은 당시 이슬람교가 성행한 것, 특히 정덕황제 본인이 이슬람 풍속을 숭상하고 그의 비와 자식들도 이슬람교를 신봉한 것과 밀접한 관계가 있다. 이들 아랍문이나 페르시아문의 내용은 주로 이슬람교의 창시자인 모하메드와 알라신을 찬송하고, '코란' 속의 교의나 도자기의 용도를 설명한 것이다. 기물의 종류에는 병·반·호(관)·필가·완·삽병 등이 있다. 구도는 화창 안에 아랍문이나 페르시아문을 쓰는 형식을 채용하였다.

정덕 청화자기상의 연당초문은 다종다양하다. 용봉문과 결합한 것 외에, 또한 아랍문이나 도교 문양과 결합하여, 별격의 장식 풍격을 이루었다. 정덕 청화자기에 상견되는 월영식물문은, 예컨대 북경고궁박물원 소장의 '청화규판대반'은, 반심에 산석·영지·대나무·월영매화문을 그렸다. 영지문은 테두리나 국부적인 장식에 널리 응용되었다.

해마문은 원 청화 중에서 이미 보이는데, 제왕 의장 중 옥마기玉馬旗 상의 도안에서 유래한 것이다. 정덕 청화자기의 해마문은 과장적인 수법을 사용하여, 해마가 파도 속에서 등천하는 모습을 그렸는데, 머리는 곧게 쳐들거나 뒤로 돌려 주위를 보고 있다.

사구문獅球文은 한족의 민간 사자춤에서 유래한 것이다. 역시 과장적인 수법을 사용하여 변형 사자희구문獅子戲球文을 묘사하였는데, 사자 주위에 비단띠를 두르고 있는 운화구雲火球를 배치하였다.

이외에도 일부 팔선八仙·팔보·학록·방승方勝 같은 도교 문양도 있다. 이런 문양은 정덕 청화자기 중에 많지는 않지만, 가정·만력 청화자기상에 이런 문양이 대량으로 출현하는 기초를 놓았다.

정덕 청화자기에 그려진 인물문 주위에 권운문이나 영지운문(그림 86)을 즐겨 사용하는데, 이는 정통·경태·천순 시기의 풍격과 매우 유사하다. 인물문은 일반적으로 주문양이 되는데, 그 사이로 선산仙山·소초小草·태호석·화훼를 배치하여, 화면에 아취가 넘쳐흐르게 한다. 그 특징은 꽃은 번밀하고 잎은 작고 세세하며 인물은 시원하고 호방하다. 사녀의 형상은 섬세하고 우아하다. 아이들은 뒤통수를 약간 크게 그렸지만, 전체 형체와 비교하면 균형이 잡혀 있다.

용문은 명초의 머리가 크고 목이 가늘며 신체가 굵고 건장한 형태에서 변하

**그림 86** 영지운문

**그림 87** 여의두문

여, 악어머리와 긴 몸체를 하고 더욱 흉맹하고 강건해졌다.

정덕 청화자기에 그려진 여의두문(그림 87)은, 완전히 여의의 머리 부분을 닮았으며, 청화자기의 주변 장식으로 자주 사용되었다.

· **청화 오룡문 반**(사진 231) : 입이 외반하고 둥근 입술에, 반의 가운데가 약간 凹하다. 백유를 베풀었는데 약간 담청색을 띤다. 반 내저에는 쌍권 속에 화중룡花中龍을 그렸는데, 용머리는 악어머리이고 몸이 길고 모습이 흉맹하다. 반의 내벽에도 화중룡을 그렸는데, 연화는 꽃이 크고 잎이 작으며, 이파리는 톱날모양을 하고 문양이 전체적으로 번밀하여, 성화·홍치시기의 시원하고 명쾌한 작법에서 일변하였다. 문양에 사용된 청료는 '회청료'이며, 때문에 색이 남색 속에 자주색을 띠어, 호방한 풍격이 넘친다. 그 예술격조가 가정 청화에 근접하며, 정덕 후기의 전형적인 작품이다. 바닥에 '정덕년제'의 4자2행 해서관이 써져있다.

· **청화 화중룡문 주자**(사진 232) : 주자는 직구에 복부가 볼통하며, 높은 굽을 하고, 하복부 한 곳에 만곡한 긴 주구가 있고, 맞은 편의 목과 복부 사이에 손잡이가 있다. 보주형뉴를 한 뚜껑은 벽이 길고 직선이다. 조형은 우미하고 단정하며 안정적이다. 전면에 가득 화중룡을 그렸는데, 용은 입을 다물고 이마 위에 머리털이 곧게 날리며, 목이 가늘다. 몸은 가늘고 길며, 등이 톱날 같고, 발가락이 5개이며, 용맹스럽고 힘차다. 연꽃송이는 크고, 줄기와 잎이 굵고 튼튼하며, 화판은 이빨 모양이다. 굽에는 여의두문과 쌍현문을 그리고, 주구와 손잡이에는 회오리문을 그렸는데, 홍치와 정덕 시기에 유행한 작법이다. 뚜껑에는 각종 연판문이 그려졌다. 청화 발색이 약간 검은 색을 띠는데, 가는 선으로 묘사를 하여,

중국의 청화자기

담담한 색조의 청회색을 보인다. 이것이 전형적인 정덕시기의 풍격이다. 바닥에 쌍권 속에 '정덕년제'의 4자2행 해서관이 써져 있다.

**사진 231** 청화 오룡문 반, 명·정덕, 구경23cm

· **청화 화중룡문 준**(사진 233) : 명조의 어용자기로, 진설은 물론, 찬구나 제기 등으로 사용되었으며, 용문을 그린 것이 보편적이다. 다른 조대朝代에서는 볼 수 없다. 이 준의 목과 복부 및 구연에 3조 6마리의 용을 그렸는데, 그중 목과 복부의 쌍룡은 화훼당초 속을 가고 있다. 앞 시기에도 화중룡문이 있었지만, 화훼가 정덕시기처럼 번밀풍만함이 없으며, 꽃송이도 먼저 구륵으로 윤곽선을 그리고, 다시 옅은 청료를 발랐다. 이런 장식법은 정덕시기의 독특한 풍격의 하나이다. 굽다리에는 여의두문대가 그려졌다. 문양이 전체에 가득하며 극히 번밀하다. 청화색은 정덕 후기 특유의, 남색 속에 자주색을 띤다. 바닥에 '정덕년제'의 4자2행해서관을 쓰고 밖에 쌍권을 둘렀다.

**사진 232** 청화 화중룡문 주자穿花龍文帶紐蓋壺, 명·정덕, 전고15.4cm

· **청화 페르시아문 · 영지문 필가**(사진 234) : 필가는 조각적인 기교로 성형하여, 중간이 높고 양옆이 낮은 5봉산을 작출하였으며, 전면에 청료를 이용해 구륵과 전채의 기법으로 그림을 그렸다. 그 작법은 비교적 굵은 청화선으로 테두리선을 긋고, 중봉의 바로 아래에 능형 화창을 하고 그 속에 페르시아문(뜻은 '필가')을

제4장 명대 청화자기

**사진 233** 청화 회중룡문 준穿花龍文尊, 명 · 정덕, 고12.4cm

**사진 234** 청화 페르시아문 · 영지문 필가波斯文 · 靈芝文筆
架, 명 · 정덕, 폭22cm

썼으며, 연후에 방곽을 돌렸다. 페르시아문 주위는 영지당초문을 그려 채웠으며, 저부에는 비교적 굵은 선으로 운문을 그렸는데, 마치 규각圭脚(규는 위가 뾰족하고 아래가 넓적한 홀笏) 같다. 태질은 곱고 희며, 유색은 담청으로 윤택하다. 청화색은 남색 중에 회색을 띠며, 윤곽이 모호해지나 퍼져나가지는 않고, 문양은 시원하고 청신하여, 청화자기 중에 얻기 힘든 뛰어난 작품이다. 바닥에 '대명정덕년제'의 6자해서관이 있다.

· **청화 인물 다층합(투합)**(사진 235) : 자합은 당대에 출현하였으며, 주로 약물·향료·화장품 등을 담는데 사용되었다. 정덕시기의 합은 종류가 다양하여, 장조형·은정형·방정형·원합·다층합 등이 있으며, 그중 다층합은 드문 편이다.

이 합은 원통형으로 3층으로 나눠져 있고, 위에 뚜껑이 있다. 내면은 무문이다. 뚜껑에는 전시殿試에서 장원·방안榜眼(2등)·탐화探花(3등)한 3인이 말에 타고 시가지를 주유하는 광경을 그리고, 공간에는 구름 낀 산과 소나무 아래 정자 등의 문양을 배경으로 그려 넣었다. 뚜껑의 주변과 벽에는 각기 변형연판문대·쌍현문·구갑문대을 그렸다. 합신의 저부에는 구갑문대·변형연판문대·쌍현문을 차례로 그렸다. 중간 층에는 주문양으로 사녀유춘도仕女遊春圖를 그렸다. 각층에 사녀 4인이 있는데, 커다란 권운으로 받쳐주고, 수석·난간·지피경으로 경치를 보완해 주어, 한 폭의 극히 정미하고 고아한 예술적인 회화가 되었다. 태질은 곱고 희며, 유색은 청담한 아취가 있다. 청화색은 청회색으로 담아하며, 정덕시기의 대

표적인 청화자기 중의 하나이다

· **청화 사자문 돈**(사진 236) : '수돈繡墩'이
라고도 한다. 북과 비슷한 모양이며, 두 줄의
돌기한 고정鼓釘이 전체를 3층으로 나누며, 가
운데가 비어 있고, 안쪽은 무문의 노태 상태
이다. 상층에는 매화금문梅花錦文을, 하층에는
복산수해福山壽海를 그리고, 중간에는 주문양
으로 2조의 쌍사희구문을 그렸는데, 생동하
는 형상으로 차고, 뛰어오르고, 질주하고, 서
있는 4가지 사자 모양을 묘사하였다. 둥근 비
단 공은 여러 가닥의 비단 띠가 나부끼며, 사
자는 입에 비단 띠를 물고 춤추고 있는데, 형
상이 생동 활발하며, 농익은 민간 생활의 정
취를 보여 준다. 돈의 윗면에는 무유 상태의
투조된 모란문이 있고 그 주위에 4송이의 대
칭된 모란을 배경으로 이용하였다. 복산수해
문은 해수를 커다란 고기비늘 모양의 물결
로 그리고, 작은 물보라가 약간 있는데, 파도
는 출렁거리며 용솟음치는 기세가 이전과 같
지 않다. 파도나 산석이 모두 비교적 판에 박
은 듯이 그려 힘이 없어, 이전의 활발하고 자
유로운 모습과 다르다. 이 돈의 조형은 참신
하고 안정적이며, 유면이 비후하고 윤택하며

**사진 235** 청화 인물문 다층합人物文套盒,
명 · 정덕, 전고23.6cm

**사진 236** 청화 사자문 돈雙獅子滾球文座墩,
명 · 정덕, 고37.2cm

색은 청담하고 아취가 있다. 청화는 강서성 상고上高 등지에서 나는 '석자청'료를
사용해 색택이 농염한 중에 회색을 띠며 약간 퍼지는 현상이 있다. 구도가 엄밀
하고, 선조가 유창하여, 정덕시기의 대표작 중의 하나이다.

**사진 237** 청화홍록채 운룡문 완紅綠彩雲龍文碗,
명·정덕, 구경18.7cm

돈은 명·청 양대에 유행하며, 정원에 많이 두었는데, 실용과 미관을 두루 갖추고 있다. 그 시대적 특징은, 명대의 돈면이 보편적으로 융기한데 반해, 청대는 모두 평면이다.

· **청화홍녹채 운룡문 완**(사진 237) : 청화 가채는 선덕에서 시작된다. 먼저 태에 청료로 불완전한 문양 윤곽을 그리고 시유하여 소성한 다음, 다시 기타 색유를 발라서 완전한 문양을 완성하고, 다시 2차 소성하여 만들었다. 이 완은 입이 벌어지고 복부가 깊으며, 저부가 좁고 굽이 높다. 완심에는 쌍권 내에 청화로 꽃송이문을 그리고, 외벽 구연의 아래에 운문을, 굽에는 여의두문대와 쌍현문을 그렸다. 복부의 주문양은 운룡문인데, 청화와 홍녹채를 연계해서 두 마리 행룡行龍과 구름을 그렸다. 청화가 짙은 청녹색이어서 문양이 또렷하지 못해졌으며, 홍채는 산뜻하고, 녹채는 선명하고 아름답다. 이는 정덕 중기의 전형적인 기물이다. 굽 안에 쌍권 속에 '정덕년제'의 4자2행 해서관이 써져 있다.

## (5) 관지

정덕 청화자기의 관지는 성화·홍치시 것과 약간 다른 점이 있다. 연관은 해서체의 6자2행 '대명정덕년제'와 4자2행 '정덕년제'가 주로이다. 양자를 비교하면 4자2행의 관이 많은데, 이것은 이 시기의 큰 특징이다(사진 238, 239). 관지 청화색은 짙은 것과 연한 것 2종이며, 연한 것은 어두운 회색조가 뚜렷해 청화문양과 색조가 일치하며, 필획이 힘차다. 자체는 일반적으로 홍치보다 약간 크며, 결구는 홍치보다 느슨하다. 또한 아랍문과 파스파문 관지가 있다.

관지의 자체의 특징은, '明'자의 '日', '月'의 상반부가 평행에 가깝다. '正' 자는

3횡획이 평행한데 바닥획이 횡으로 길고 첫 획은 짧다. '德' 자의 '十'은 작고 '心'은 넓으며, '四'와 '心'은 치밀하지 않으며, '心' 위의 一횡획이 없다. '年' 자 상면의 一 횡획이 가장 짧고, 제4획은 비스듬한 점이거나 짧게 세우거나 짧게 횡으로 그은 3종류가 있다. '製' 자의 '衣'는 ' 刂'의 옆으로 아주 조금 초과하며, '衣'의 첫 획인 '점'은 대부분 하지 않는다. 손영주 선생은 정덕 관지의 특징을 총결하여 노래하기를,

大字橫短頭非高 (대자는 횡획이 짧고 머리가 높지 않으며),
明字日月平微腰 (명자는 '日'과 '月'이 나란하고 약간 허리가 있으며),
正字底豊三橫平 (정자는 바닥획이 길고 3 횡획이 평행하며),
德字心寬十字小 (덕자는 '心'이 넓고, '十'자가 작고),
年字橫劃上最短 (년자는 횡획 중 위의 획이 가장 짧고),
製字衣橫少越刀 (제자는 '衣'가 옆으로 '刀(즉 刂)'를 약간 넘는다).

정덕시기에 이미 전기의 홍무와 선덕 관지를 위조하거나 모방하는 것이 출현하였는데, 명대의 방고倣古·응작贋作(가짜) 풍조는 이것이 그 효시가 되었다.

**사진 238** '대명정덕년제' 관지

### (6) 민요 청화자기

정덕 민요 청화자기는, 위는 홍치를 계승하고, 아래는 가정을 열었으며, 명 후기 민요 청화자기 면모가 비교적 큰 변화가 발생하는 과도기적인 단계에 속한다. 제작은 거칠고, 태체가 육중하고 두께가 고르지 않으며, 접착흔이 또렷하다. 완류의 바닥면은 내려앉아 있고, 유정乳釘이 있으며, 굽에는

**사진 239** '정덕년제' 관지

요상 모래가 묻어 있고, 노태부분은 화석홍반이 있다.

① 유색 : 후·박 2종인데, 후유는 혼탁하여 오리알 같은 푸른색을 띠며, 미세한 기포가 있다. 박유는 백색에 청색기를 띠며 표면이 매끄럽다.

② 청료 : 일반적으로 강서성 상고현上高縣에서 나는 '무명자無名子'라는 토청안료이다. 색은 회색기가 있어 회청의 부드러움을 기조로 하여, 남청색의 밝음은 적은 편이다. 분수分水도 농·담의 두 가지 색 단계가 있으며, 담청색이 투명하지 못하지만, 전대에 비해 밝고 또렷해졌다.

③ 문양 : 구도는 점차 시원해져, 성화·홍치시기의 그런 가득 찬 소엽으로 번밀한 당초화문은 적게 보이며, 선조가 가늘어지고 문양이 홍치에 비해 짜임새가 있고 신중해졌다.

▶ 춤추는 나비 같은 대엽의 모란화가 홍치 정덕시기에 유행한다.

▶ 용문은 정덕시기에 많이 보이는 편이다.

▶ 정덕 청화자기 중에 적지 않게 유호문乳虎文·수하독서노인·수하주악사녀 등을 주문양으로 하는 데, 이들은 모두 정덕시기에 처음 보는 것이다. 가정시기에도 비록 유행하지만, 정덕 것에 비해 간략하고 산만하며, 정덕 것이 보다 신중하고 짜임새가 있다.

▶ 정덕 관요 청화자기 중에 상견되는 페르시아문이나 아랍문 장식은 민요 청화자기에도 출현한다.

④ 기형 : 석류형소호·팔방호·화고花觚는 과거보다 적게 보인다. 정덕 후기의 매병은 저부가 많이 벌어지고 조악해졌다. 정덕시기에 자완을 부장하는 것이 성행하기 시작하며, 문양에 길상적인 뜻을 가진 쌍봉·학록·방승方勝 등이 많다.

⑤ 관지 : 정덕 민요 청화자기에 관지가 풍부해지기 시작한다. 상견되는 것으로, '대명년조'·'정덕년조'와 '대명정덕년조' 등의 연호관이 있다. 또한 연월을 쓴 관도 있는데, 예컨대 상해박물관 소장의 '청화회문벼루'는 바닥에 '대명정덕십년(1515)시월방맹치용十月方孟置用' 관을 썼다. 이외 '정덕정묘正德丁卯(정덕2년 1507)팔월길일흠八月吉日欽'관의 청화통형로筒形爐와 '대명정덕추월길일조大明正德秋月吉日

造' 관의 청화현문완 등이 그 예이다. 이외에 또 '福'자 호와, 쌍곽에 방승方勝(비단을 마름모꼴로 접어 옆으로 거듭 포갠 머리 장식물)을 압인한 관도 있다. 또 '선덕년제'·'대명성화년제' 등의 방관이 출현한다. 4개의 횡획으로 된 '隹'자도 이 시기에 출현한 것이다.

· 청화 화훼당초문 유개매병(사진 240) : 병은 입이 작고 목이 짧으며 어깨가 경사지며, 복부가 약간 볼통하고 하부가 졸아들다가 밑동에서 벌어진다. 평저이며, 복배형覆杯形 뚜껑에는 발제형荸薺形(올방개 모양)뉴가 있다. 뚜껑 벽에 초엽문蕉葉文을 그렸는데, 초엽 밑이 넓은 편이고 중간 줄기를 연하게 청료로 칠하고 그 양측에 엽맥을 뚜렷하게 그렸다. 어깨에는 특대형의 여의운두문을 그리고 내부에는 큰 꽃송이를 채웠는데, 꽃은 윤곽 없이 설채로 그려 극히 자연스런 아취가 있다. 복부에는 연꽃을 크게 그렸는데 줄기와 잎이 무성하다. 밑동에는 변형연판문과 회문을 그렸다. 태질은 단단하고 유색은 백색 중에 청색기를 띠며, 청화색은 암회색조이고 퍼짐현상이 있다. 조형이 질박하고 장중하면서 참신하여 전통적인 매병 형식을 개변시켰다. 화풍이 호방하고 자유로워 전형적인 민요자기의 특징을 보인다.

· 청화 인물 제갈완(사진 241) : 속칭 '공명완孔明碗'이다. 조형은 와족반과 돈식완을 함께 겹쳐 놓은 것 같은 형태이다. 완의 복부는 가운데가 비어 있고 굽바닥면에 구멍이 하나 있어 서로 통한다. 완의 태체는 후중하며, 외벽에 사자희구문을, 내면에는 정원연회도를 그렸다. 넓은 정원은 암석·수목·난간을 배경으로 하고, 하늘에는 명월이 높이 걸리고 구름이 흘러가고 버들가지는 이리저

**사진 240** 청화 화훼당초문 유개매병纏枝花卉文帶蓋梅瓶, 명정덕, 전고25cm

271

**사진 241** 청화 인물문 제갈완人物文諸葛碗,
명·정덕, 구경16.3cm

**사진 242** 청화 원희수문 유개호鴛戲水文蓋罐,
명·정덕, 전고43.5cm

리 나부끼며, 지상에는 총총한 녹초가 길게 나 있다. 길쭉한 탁자 뒤에 부부 2인이 서서 술을 마시며, 탁자 양측에는 각기 시동과 시녀가 서 있는데, 시동은 손에 술주전자를 들고 있고, 시녀는 손에 물건을 쥐고 있다. 화면에 짙은 생활의 정취가 충만하다. 인물은 구륵으로 윤곽을 잡은 후 청료로 농담이 다르게 설채하였는데, 한 폭의 매우 높은 예술성을 가진 인물화권이다. 청화색조는 남색 중에 자색기를 비치며, 유동하는 느낌이 있다. 정덕시기 민요 청화자기 중의 수작이다.

· **청화 원희수문 유개호**(사진 242) : 뚜껑에서 바닥까지 전체를 7층의 문양대를 베풀었지만, 번잡한 느낌은 없다. 오히려 회화의 예술적 기교와 사용된 청화의 담아함으로 해서 시원하고 청신한 느낌을 준다. 뚜껑의 뉴에는 연판문을, 상면에는 띠가 날리는 여의두문을, 벽에는 내부에 절지화훼를 채운 여의운두문을 베풀었다. 목에도 띠가 날리는 여의두문을 돌리고, 어깨에는 안에 절지화훼문을 채운 8송이 여의운두문을 그렸다. 여의운두는 명초에 비해 약간 크며, 윤곽을 6개의 쌍호선雙弧線을 이어서 그리고 그 안을 청료로 칠을 했다. 명초 것은 대체로 3개의 호선을 이어서 윤곽을 그리고 안에 채운 꽃송이도 정덕만큼 크지 않다. 복부에는 연지원희수를 주문양으로 하였는데, 연화가 크게 만개하였고, 연엽 모양은 각색이다. 일반적으로 원앙희수를 그리지

중국의 청화자기

만, 이 도안은 원만 있고 앙이 없어, 참신하고 특이한 편이다. 밑동에는 해수천마를 그렸는데, 해수는 고기비늘이 하나씩 겹치는 것 같이 간단하게 그렸으며, 파도가 용솟음치는 기세는 없다. 태체가 두툼하고 유색은 오리알 청색으로 곱고 윤이 난다. 문양은 포치가 시원하고 청신하다. 정덕 전기의 대표작이다.

· 청화 연당초문 소호(관) : 고9.5cm, 구경4.9cm. 강서성 경덕진의 정덕12년(1517)묘에서 출토하였다. 호는 목 중간이 좁고 어깨가 풍만하고 저부가 내만하고, 사저이다. 외면 시유는 저부까지 하지 않고, 유색은 청록색이다. 유층 속에 미세한 기포가 있다. 청화색은 남청색으로 화려하다. 어깨에는 한 줄의 풍성한 연화를 나선형의 화주火珠 모양으로 그리고, 중간에 연한 청료를 칠했다. 밑동에는 정덕 민요청화자기에서 상견되는 난간식 변형연판문대를 돌렸다. 복부의 주 문양은 연당초문이다. 강서성 파양현波陽縣의 정덕15년(1520)묘 출토의 청화연당초문개호는 조형이 상술한 것과 기본적으로 같다. 다만 목에는 회문을, 어깨에는 안에 국화문을 채운 여의문을 그린 것이 다르다. 이 두 점의 청화호의 문양은 모두 정덕 민요청화자기의 전형적인 장식이다.

## 제6절 가정嘉靖 · 융경隆慶 · 만력萬曆의 청화자기

가정·융경·만력 3조가 진입을 개시한 명대 후기는 정치와 경제가 점차 쇠락단계로 가기 시작하였으며, 이에 따라 경덕진 청화자기의 번조도 일정한 영향을 받았다. 질은 명확히 하강하여, 소수 궁정 소용의 정세한 기물을 제외하면, 대부분 제품이 제작이 비교적 거칠고 정예롭지 못하며, 그 풍격이 전대와 크게 다르다. 그러나 새로운 국산 '회청료'를 사용하고, 문양 풍격에 변화를 주어, 제자상에 또 하나의 참신한 정경이 출현하였다. 이런 성취는, 명 후기의 상품경제의 발전과도 밀접한 관계가 있다.

273

# 1. 가정 청화자기

가정(1522~1567) 시기의 청화자기는, 색조가 선명하고 아름다우며 번조량이 많아 해외까지 명성을 떨쳤고, 도자사상 주목할 만한 성취를 이루었다.

## (1) 태와 유

가정 청화자기의 태질은 백색이지만, 성화와 홍치만큼 곱고 희지 않다. 명확히 잡질을 함유하며 태체가 후중한 편이고 두께도 고르지 않다. 기물의 성형도 크게 정세하지 못해 접착흔이 또렷하고 단렬斷裂 현상도 있어, 병과 호의 바닥이 쉽게 떨어지는 것도 있다. 굽바닥에 칼자국이나 모래받침이 남아 있고 찌그러진 것도 있다. 굽은 안으로 좁아든 것이 많고, 반과 완은 여전히 바닥이 내려앉으며, 대형기는 바닥에 굵은 모래가 있고 화석홍색이 전보다 농후해졌다. 완과 반의 내심이 위로 凸하여, '만두바닥'이라 부르는 종류도 있는데, 이 시기의 매우 특징적인 기물이다. 소형 기물은 제작이 상당히 정교하고 태가 얇고 몸이 가볍다. 질이 굳세고 세밀하며 형태가 단정하고 굽바닥이 편평하게 정리되어 있다.

가정 청화자기의 유색은 백색 속에 청색기를 띠며, 유층이 두터운 편인데, 어떤 것은 영락·선덕시기보다 더 심하다. 유면이 밝게 빛나며, 시유는 고르지 않은데, 유면의 두께가 균일하지 않아 물결모양을 한 것도 있다. 가정의 유태는 명대자기유 중에 가장 두터우며 '량청유亮靑釉'라 부른다. 방품은 이런 효과가 없이 단지 황색기나 귤피문을 보일 뿐이어서 이것이 가정 청화자기의 진위를 감정하는 중요한 표지의 하나이다. 가정 청화자기는 보통 구부에 황갈유를 발라, 황구黃□의 특징을 보여 준다.

## (2) 조형

가정 청화자기의 조형은 질박하고 튼실한 풍격을 위주로 하여, 전기에 비해 변화가 있다. 대용항龍缸·대호·대반·표형병·좌돈 같은 대형 기물은 제작이 갈수록 늘어났을 뿐 아니라, 일반적으로 모두 보다 투박하고 방대해졌다. 예컨대 직경 90cm의 욕조, 구경 80cm의 대반, 고 68cm의 대호 등이 있다. 동시에 관요의 소형 기는 매우 수려하고 정미하다. 가정 청화자기는 가히 후중고졸厚重古拙(중후하고 고졸함)과 경영수려輕盈秀麗(경쾌하고 수려함)를 겸비하였다고 할 수 있다. 조형은 역시 다양성으로 나아가, 가히 '무물부재無物不在(없는 것이 없다)'라 하겠다.

가정 청화자기의 조형은, 일상용의 완·반·접시·호·주자·세·합 등 외에도, 세밀하고 정교하게 투각한 작은 주배와, 정덕에서 시작되어 가정시기에 성행하는 각종의 표형병이 있으며, 신선·문창·수성 등과 같은 각종의 소조상과 방동기의 자기 제품으로 유행한 방형과 능형의 기명 등이 있다. 병류는 움직이는 고리를 단 쌍이를 장식한 것이 많고, 주자는 복부가 보통 위로 돌출한 하트 모양을 한다. 가장 유행한 것은 각종의 대·소 표형병과 완·반 등으로, 입이 둥글지 않는 것이 많고, 굽 직경이 만력 것에 비해 약간 작으며 얇은 편이고, 일반적으로 굽이 내경한다. 이들 또한 가정 청화자기의 조형적인 특징이라 할 수 있다.

· **호(관)류**(그림 88) : 가정시기에는 청화호의 조형이 많아지고, 대형호도 많아진다. 입에는 직구(곧은 입)·화구(꽃모양 입)·렴구(내만한 입)가 있다. 복부는 원형·과릉형·말각방형·편원형 및 6방·8방형 등이 있다. 가정 청화호의 형식은 선덕시기의 그런 대구大口·관족寬足·풍견豊肩·원복圓腹으로 후중하게 생긴 것과는 다르며, 호신이 보편적으로 높고 홀쭉하며 상부는 풍만하고 하부는 좁은 형태를 한다. 태벽은 두텁고 마무리가 좋지 않아, 투박하게 보이며 기신에 횡접한 흔적이 뚜렷하다. 수도박물관 소장의 '청화군선축수도유개호'(사진 243)가 곧 가정 청화자기의 전형작으로 선명한 시대적 특징을 갖추고 있다.

· **병류** : 형식이 매우 많은데, 상견되는 것으로, 매병·상이병·호로(표형)병·소구

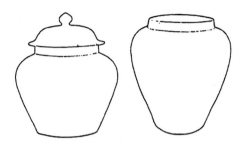

**그림 88** 관(호)罐(壺)

**그림 89** 자연형호로병(표형병)自然形葫蘆瓶(瓢形瓶)

장경병·육릉병·산두병 등이 있다. 그중 호로(표형)병이 가장 풍부하며 다양하다.

가정 청화호로(표형)병은, '호로葫蘆húlu'와 '복록福祿fúlù'의 음이 비슷해, 당시 보편적으로 길상을 상징하는 진열품으로 사용되면서 이 시기의 일대 특색이 되었다. 호로(표형)병 중에 위가 작고 아래가 큰 자연적인 표주박 모양의 호로(표형)병(그림 89)이 가장 많지만, 위가 둥글고 아래가 방형인 것과, 4방이나 6방의 것 등도 있다. 전기와 비교해 가정 청화자기의 호로병은, 아담하고 적당한데서 큼직하게 변하고, 입과 바닥도 이전보다 커져, 체형이 호방한 쪽으로 발전하였다. 문양은 송학·운학·영지·팔괘·팔선·송죽매·영락 및 길상문자 등이 많다.

· **합류** : 형식이 번다하다. 원형·방형·장방형·과릉형·은정형·곡척형·관령형串鈴形 등이 있으며, 원형이 제일 많이 보인다. 장방합은 가정 전기 작품으로 조형과 문양이 정덕시기 것과 동일하며, 연꽃 테두리 안에 아랍문을 썼다. 관령식합은 둥근 고리 모양으로 드물게 보이는데, 수도박물관 소장의 '청화팔괘운학문관령식합 뚜껑'(합신은 유실됨)은 가정청화합 중에 진귀한 것이다(사진 244). 뚜껑으로 보아 합신의 직경이 38cm에 달할 것으로 추정된다. 가정 청화합의 문양에는 운룡·운학·팔괘·아랍문·영희인물도 등이 있다.

· **반류** : 창구敞口(벌어진 입)나 치구侈口(외반한 입)에, 심복深腹과 천복淺腹의 구분이 있고, 더불어 대·중·소 3종이 있다. 소는 구경이 10여 cm이고, 대는 80cm 정도이다. 소반은 원구 외에, 방형과 능화형의 것도 있다. 태가 얇고 굽이 낮고 넓은 것이 많은데, 바닥이 가라앉는 현상이 자주 보인다.

· **완류**(그림 90) : 창구·치구·능화구 등 여러 종류가 있고, 기형은 심복과 천복

2종이고, 굽은 고·저 2종인데 일종의 와족 완(굽이 없는 완)도 있다. 완의 조형은 영락·선덕의 준수하고 경쾌한 것에 비할 수 없다. 태벽은 영락·선덕에 비해 중후하게 보인다. 완의 외벽의 주변 장식문은 영락·선덕시에 그려진 당초·회문·절지화·연판문·파도문 등에 비해 간단하여 분명하게 주제를 돌출시킨다. 가정 청화자기에 상견되는 문양으로 당초영지탁팔보·송죽매·당초화·절지화과·쌍유룡雙遊龍·해수룡·용봉·연지원앙·삼양개태三羊開泰(봄날의 시작을 의미함)·영희도 등이 있다.

완류에는 일종의 고족완(배)(그림 91)도 있는데, 입이 외반한 입과 내만한 입의 두 종류가 있다. 완(배)도 심·천의 2식이 있고, 고족은 원과 명초 것에 비해 낮으며, 밖으로 비교적 크게 벌어졌다.

· 항缸류 : 대형기에 속하며, 높이가 70여cm에 달하는 것도 있다. 가정 시기에 구운 청화대항에는 2종이 있다. 하나는, 입이 외반하고 입술이 편평하게 솟으며, 입에서 바닥까지 점차 졸아들고, 평저에 모래받침이다. 선덕 것과 대략 같지만 기신이 약간 낮고 기벽이 곧은 편이다. 또 하나는, 입이 약간 내만하며 입술은 곧고 두터우며, 복부는 길쭉하다. 선덕시의 기신 같은 큰 곡

**사진 243** 청화 군선축수도 유개호群仙祝壽圖蓋罐, 명·가정, 전고64cm

**사진 244** 청화 팔괘운학문 관령식합뚜껑八卦雲鶴文串鈴式盒蓋, 명·가정, 직경39.2cm

277

제4장 명대 청화자기

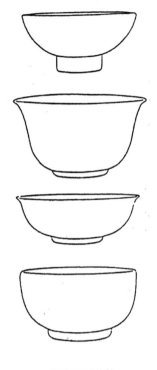

**그림 90** 각식 완

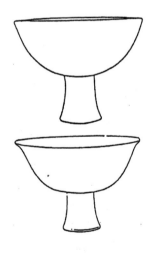

**그림 91** 고족완(배)

도가 없으며, 몸체가 고직高直하게 변하고, 평사저平砂底이다. 앞 시기 것에 비해 투박해 보이며, 기신에 접합흔이 뚜렷한데, 이것이 가정 것을 감정하는 기준의 하나이다. 2종의 대항에 상견되는 문양으로 운룡·용봉·보상화·화중룡·연화어조·영희도 등이 있다.

· 배 : 작배爵杯는 청동기 조형과 유사하며 제기에 속한다. 방두배方斗杯(그림 92)는 두斗(말. 곡식의 분량을 되는 도구) 모양이며, 모양이 부정형이다. 이 기형은 비교적 적으며, 문양으로 영희·화당초·송학문 등이 있다. 또 일종의 작은 주배酒杯(완)(그림 93)가 있는데, 태가 매우 얇아 정교하고 투명한 것이 가정 청화자기 중에 매우 진귀한 품종이다. 대북고궁박물관 소장의 '청화삼양개태앙종식仰鐘式완'이 바로 그 예이다.

· 로 : 통형이 많다. 천개·숭정시기가 되면 발형이 많다.

· 주자(집호) : 선덕시기의 몸체가 옥호춘형인 전통 형식에서 변화하여, 기신이 커지고 형식이 다양해져, 원형·사방형·육방형 및 편병형이 있다. 뚜껑에는 원뉴와 수형뉴 등이 있으며 문양은 운룡·봉황·모란·절지화 탁팔보 등이 있다.

### (3) 청료

가정 청화자기의 착색 원료는 보편적으로 '회청'료를 사용하였는데, 회청료의 산지에 대해서 중동에서 수입한 것·운남성·신강성 등 여러 설이 있지만 아직 결론을

내리지 못하고 있다. 회청료는 색이 농염하고 청명한데, 미세하게 자홍색이 돌아, 시대적인 특징을 분명하게 보인다.

가정 시기에는 또한 회청과 서주瑞州의 석자청을 배합해서 사용했는데, 남색 속에 회색기를 띠어 자못 차분한 느낌이 있다. 또 민요 청화자기는 절청浙青(절강성에서 나는 토청)으로 많이 그렸는데, 발색이 연하다.

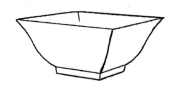

**그림 92** 방두배方斗杯

### (4) 문양

가정 청화자기의 문양은 다종다양하고, 극히 풍부하고 다채로우며, 짙은 생활정취를 보여준다. 화풍은 소쇄하고 자유로우며, 사의적인 것이 많다. 명대 청화자

**그림 93** 소형주배小酒杯

기 화풍의 변화 법칙은, 일반적으로 번밀한데서 시원한 쪽으로, 또는 시원한 데서 번밀한 쪽으로 발전하는데, 가정시기의 화풍은 화려하고 번밀한 쪽으로 향하며, 필치는 청아하지만 연약하고, 농담감이 결핍되어 있다. 문양은 쌍구로 윤곽을 그린 다음 설채하는 방법을 많이 사용하지만, 화풍이 자연스럽고 도안이 딱딱하지 않아, 생동하는 정취가 있는 것 같다. 이 시기의 문양은 봉건통치자들이 '길상기복吉祥祈福'하는 내용을 두드러지게 표현하여, 영지·서수기린·수복강녕·수산복해·단수團壽(둥근 수자문)·당초연탁수자唐草蓮托壽字 등이 상견되며, 심지어 나무와 꽃의 줄기들을 이리저리 꼬아서 '福'이나 '壽'자를 도안화한 것도 있다. 주요 문양을 보면,

· **화과문** : 번련당초·모란당초·수초·매화·사계화·송죽매·사과·석류·포도·연화·국화·영지·목련 등이 있다. 이와 병용하는 종속(보조)문양으로는 현문·여의운두문(그림 94)·당초문(그림 95)·초엽문(그림 96)·회문·연판·화초·산석·금지錦地 등이 있다.

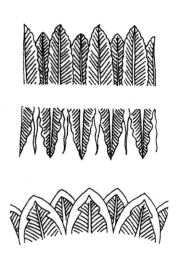

**그림 94** 여의운두문如意雲頭文　　　　　　　　**그림 95** 당초문　　　　　　　　**그림 96** 초엽문

· **화조수금문** : 작은 새·공작·자고새·운학·원앙·해마·팔준(8필의 말)·어조魚藻·
양 등이 있다. 어조문은 이 시기에 더욱 보편적으로 사용되었는데, 물고기 몸이
비대하다. '양'을 주제로 한 '삼양개태도'는 가정 청화자기에서 처음 출현한다. 용
문은 운룡·반룡 외에, 용봉을 함께 그린 용봉문도 있고, 용·기린·봉·거북이를 종
합한 사령문四靈文도 있다. 정면용이 이 시기에 출현한다.

용의 화법은 명 전기의 영락·선덕 시절에는 위맹웅장하여 외관이 장중하고,
머리털이 위로 휘날리어 마치 용이 하늘에서 내려오는 것 같다. 중기의 성화·홍
치·정덕의 용은 우미하고 공필로 세밀하게 그렸다. 가정 이후는 진솔하고 자연
스러운 것이 사의적인 용에 가깝다.

· **도교문** : 도교 사조의 영향을 받아서, 특히 가정황제는 도사를 쉽게 믿고 도
교를 깊게 믿으며 장생불로를 기구하였는데, 도교문화의 내용을 청화자기 상에
마멸되지 않게 낙인찍어 놓았다. 그래서 자기에는 팔선·팔괘·팔보·여의·운학과
노자강경老子講經 등의 도교 색채의 장식소재들이 충만하였다. 이런 문양이 청화
자기에서 상당한 비중을 차지하며 이 시기의 특징을 이루었다. 선덕시기의 영락
문도 이때 대량 사용되었다.

중국의 청화자기

· **인물문** : 정원영희庭園嬰戱(정원에서 노는 아이들). 산수인물·희지관아義之觀鵝(왕희지가 거위를 보다)·무숙애련茂叔愛蓮(주돈이가 연꽃을 사랑하다)·연명상국淵明賞菊(도연명이 국화를 감상하다)·노인조어·사녀도 등이 있다. 영희도는 어린 아이의 뒤통수가 커지기 시작하며, 장포를 입었다. 팔선인물이 비교적 많은데, 여순양呂純陽(순양은 여동빈呂洞賓의 호)·노군단련老君煉丹(노자가 단을 제련하다)·철괴배호로鐵拐李背葫蘆(이철괴가 호로병을 등에 지다) 등이 있다.

이외에 가정 청화자기 중에 일종의 '화봉진언花捧眞言(꽃으로 진언을 받든다)'의 장식방법이 있는데, 이 시기에 처음 보인다. 예컨대 사계화 상에 '영보장수永保長壽'의 4자를 썼다. 또한 나무나 화초의 줄기를 꼬아서 '福' 혹은 '壽'자를 만들거나, '수복강녕壽福康寧' 4자를 만든 것도 있다. 이런 글자형 도안도 가정 청화자기가 처음 창제한 일종의 문양이다(사진 245).

가정시에 또한 청화시구로 장식한 것도 있다. 북경고궁박물원 소장의 '백유청화갈구褐□소완'에는, 외벽에 청화로 5언시 한 수를 써놓았다. "남루에서 한 눈에 봄을 바라보니, 구름과 물이 모두 가물가물하다. 객주점에 나와 산길로 돌아가는데, 위태로운 다리가 숲가에 걸쳐 있다. 어두워진 안개는 풀색과 어울리고, 밤비는 예사로이 시내에 그림자진다. 언덕아래 저 집에 누가 사는지, 남은 빛이 반쯤 문을 가린다. 南樓春一望. 雲水共昏昏. 野店歸山路, 危橋帶廓林. 暗烟和草色, 夜雨常溪痕. 下岸誰家住, 殘陽半掩門." 말미에는 "월동우수운거月冬于水雲居"라 했다. 이런 수법은 성화년간에 시작되어 정덕시에 성행하였지만, 모두 청화로 범문梵文을 쓴 것이다. 기명의 전체에 해서체의 한자로 쓴 것은 가정조

**사진 245** 청화 '수복강녕'문 완福壽康寧'文大碗,
명·가정, 구경38.7cm

이전에는 보지 못하였다.

　가정 청화자기의 문양은 또 명대 견직물 문양의 영향을 받아, 단복團福·단수團壽·화탁자花托字·용탁자龍托字·금지화창자錦地花窓字 등의 문양이 출현한다. 동시에 명대 칠기 기술을 차감하여 광범위하게 사용한 화창花窓 수법은, 문양의 주·차를 분명하게 하며, 번밀하나 난잡하지 않아, 화총지중별유동천花叢之中別有洞天(꽃밭 가운데 별천지가 따로 있다)의 예술적 효과를 형성하였다.

　· **청화 화훼문 연좌상이병**(사진 246) : 병은 입이 반구형이고 목은 중간이 좁고 아래가 넓으며, 복부가 볼통하고 하부가 졸아들어 아래에 둥근 대좌와 연접한다. 어깨 양측에 상이象耳가 달렸다. 조형이 참신하고 제작이 정심하다. 목의 상부에는 방승만方勝卍문을, 아래에는 화훼문을 그렸고, 상이의 둘레에는 구름송이와 화판을, 상이 아래에는 복연판문대를 그렸다. 복 상부에는 매화와 각종 꽃송이를, 밑동에는 앙연판문대와 화훼문을 중첩해서 그리고, 대좌에는 각종의 꽃송이를 한 줄 그렸다. 구도는 균형이 잘 잡혀 있고 선조가 힘 있으며 화면이 선명하다. 청화색조는 짙푸른데 남색 중에 미약하게 자홍색을 띤다. 외저에 청화로 쌍권 안에 '대명가정년제'의 6자2행 해서관을 썼다.

　· **청화 용문·수자문 유개호**(사진 247) : 호는 직구에 목이 짧고 어깨는 부드럽게 경사지고, 복부는 약간 볼통하다 아래로 졸아들며 평저이다. 삿갓모양 뚜껑에는 금속제 보주형뉴(뒤에 만듬)가 달리고 태체는 후중하여 가정 청화자기 중의 대형기이다. 뚜껑면에는 화중룡을 그리고, 어깨에는 화훼당초를, 복부에는 주문양인 '쌍룡앙수도雙龍仰壽圖'를 그렸다. 두 마리 용은 발가락이 춤추고 꼬리는

나부끼고 몸이 활처럼 휘고, 목을 구부려 씩
씩하게 날아오르는데 기세가 웅위하다. 용
머리는 매우 크고 두 눈은 동그랗고, 주둥이
는 매우 크다. 윗입술은 크고 두터우며 이빨
을 드러내고 혀를 구부린다. 목이 가늘고 몸
체가 길며, 다리는 가늘며 5개의 발가락은
세장하다. 흉맹강건하고 위풍당당하며 힘
있게 보인다. 밑동에는 해수파도가 용솟음
치며 물보라가 비산하는데, 수중의 수산壽山
에서 산호 모양의 '수'자가 승화되어 떠오르
는 것 같다. 화면은 기세가 범상치 않아 보
이며, 기형이 크고 조형이 장중하다. 태토는
흰 편이지만, 성형 손질이 정세하지 못하여
복부에 접착흔이 뚜렷하다. 청화는 화려하
고 짙어서, 문양의 세부가 잘 드러나지 않게
한다. 바닥에는 쌍권 안에 '대명가정년제'의
6자2행해서관이 있다.

**사진 247** 청화 용문 · 수자문 유개호龍文壽字蓋罐,
명 · 가정, 전고68cm

· **청화 용문 반**(사진 248) : 넓은 입에 복
부가 낮고 굽이 있다. 구연에 국당초문대를
돌리고, 내저에는 반체정면盤體正面 5조룡을
그렸다. 장발이 두 가닥으로 나뉘어져 휘날

**사진 248** 청화 용문 반, 명 · 가정, 고6cm

려 '피발룡披髮龍'이라고도 부른다. 두 눈을 동그랗게 뜨고 전방을 바라보며 몸을
구부리고 꼬리를 휘두르며, 5조에 힘이 넘친다. 정면용은 운룡·해수룡·희주룡·화
중룡보다 늦게 나오는데, 가정시에 처음 보이며, 대략 만력 후기에서 청 전기 까
지 유행한다. 반의 외벽에는 희주룡문을 장식하였는데, 용 사이에 '卍'형 구름과
화염형 구름을 그리고, 굽에는 능형금지문대를 그렸다. 유색은 청색기를 띠며,

제4장 명대 청화자기

**사진 249** 청화 연지화조문 육방호蓮池花鳥文六方罐,
명·가정, 고25cm

청화색은 농염한 남색이다. 바닥에는 쌍권 안에 '대명가정년제'의 6자2행해서관을 써놓았다.

묘지명에 의하면, 익왕益王 주후엽朱厚燁은 가정35년(1556) 5월 22일에 졸하였기 때문에, 이 반의 제작년대의 하한은 가정35년이 된다. 편년의 표준작이라 할 수 있다.

· **청화 연지화조문 육방호**(사진 249) : 몸체를 6판의 과릉형瓜棱形으로 만들었다. 직구에 목이 짧고 어깨가 둥글고 하복부는 졸아들며, 최대경이 어깨에 있다. 바닥은 6판형으로 凹하며, 전체 시유이고, 굽은 노태상태이다. 태질은 희고 고우며 미세한 홍색 반점이 보인다. 목에는 당초문대를, 어깨에는 운룡과 운봉문을 그리고, 복부에는 주문양으로 연지화초문을 그렸는데, 각종의 수초가 만발하고 살찐 오리가 목을 구부리고 물에서 놀고 있고 하늘에는 각종의 비금·새·제비들이 날아다니고 …… 나무가지 끝에 앉은 새 한 마리가 꼬리를 치켜들고 입을 벌려 하늘에 날고 있는 새와 놀고 있다. 화면이 생동하고 활발하고 정취가 있어, 한 폭의 훌륭한 수묵화조화를 보는 듯하다. 바닥에는 쌍권 안에 '대명가정년제'의 6자2행해서관을 썼다.

· **청화 팔괘운학문 관령식합뚜껑**(사진 244) : 가정 시기의 청화합은 형식이 다양한데, 관령식합은 드문 편이다. 이 합은 합신은 없고 뚜껑만 남아 있다. 개면에는 원형의 화창 안에 팔괘도를 그리고, 양 괘 사이에 운학으로 채우고, 벽에는 형태가 각기 다른 운학문을 그렸다. 외벽 상부에 장방형 곽 안에 '대명가정년제'의 6자해서관을 썼다. 도교 팔괘문이 자기에 나타나는 것은 대략 원대(일설은 송대)부터이며, 가정 때 가장 유행하여, 가정·만력 시기의 특유의 풍격이 되고 있다. 홍콩 서씨徐氏예술관 소장의 완전한 가정 '청화화중룡문관령식합'은 직경이

중국의 청화자기

39cm이다. 합의 뚜껑과 벽에 화중룡을 그리고, 개벽 상단에 횡으로 '대명가정년제'의 6자해서관을 썼다. 조형과 문양이 모두 뛰어나다(『서씨예술관徐氏藝術館』그림 81 참조).

· **청화 군선축수도 유개호**(사진 243) : 뚜껑에는 화중룡을 그리고 꼭지는 연판문으로 장식하였다. 목에는 영지당초를, 밑동에는 변형연판문을 그렸다. 복부에는 주문양으로 '군선축수도'를 그렸다. 일면에는 중간에 수성壽星이 서 있고 그 주위에 축수하러 앞에 온 팔선이 손에 법기를 들었는데, 자태가 각양이다. 하늘에는 큰 나선형 구름 속에 두 선인이 봉을 타고 축수하러 가고 있고, 지면에는 매화·모란·사슴 등을 그려, 길상의 축수장면을 돋보이게 한다. 다른 일면에는 여의를 손에 든 노수성이 중앙의 눈에 띄는 곳에 단정하게 앉아 있는데, 거대한 머리는 얼굴에 웃음을 띠며, 몸과 사지는 상징적으로 윤곽만 그렸다. 또한 두부가 크지 않은 것은 수성의 자상하고 인애로운 얼굴 부분을 과장되게 그렸다. 수성의 두부에 그려진 정수리나 이마, 수염 등은 살아있듯이 생생하다. 수성의 주위에 산재하여 등과 어깨에 법기를 진 군선은, 신체가 왜소하여, 두부의 넓은 이마를 가진 수성과 강렬한 대비를 이룬다. 같은 화면에 흩어져 있는 기화이석과 분주한 선학 및 주위를 둘러싼 상스러운 구름과 망망한 안개 등은, 모두 전체 화면에 우의寓意를 깊이 감추고 낭만적인 색채를 풍부하게 할 뿐만 아니라, 화면이 표일하여 일종의 웅건활달한 아름다움을 자아내게 한다. 이는 한 폭의 매우 우미하면서 농후한 생활의 정취를 보여주는 인물예술화권으로, 가정 청화자기 중에 보기 드물게 예술성이 뛰어난 수작이다. 바닥에는 쌍권 안에 '대명가정년제'의 6자2행해서관이 써져 있다.

· **청화 영희도 유개호**(사진 250) : 뚜껑의 상면에는 앙연판판문을 그리고 내부에는 화염화를 채웠으며, 보주형뉴에는 초엽문을, 벽에는 절지화문을 그렸다. 어깨에는 길쭉한 능형의 화창 속에 화훼문을 그리고, 공간에는 卍자 금지문으로 메꾸었다. 밑동에는 중연판문대를 그렸다. 복부에는 가정시기에 상견되는 영희도를 그렸다. 16명의 나이가 다른 동자들이 꽃과 나무 사이에서 각종의 유희

**사진 250** 청화 영희도 유개호嬰戲圖蓋罐,
명 · 가정, 전고45cm

**사진 251** 청화 삼양개태문 앙종식완三羊開泰文仰鐘式碗,
명 · 가정, 구경16.3cm

를 하는데, 시서를 통독하기도 하고, 사지를 놀려 달리는 기마상을 하기도 하고, 귀뚜라미싸움 놀이를 하거나 장난감을 나르는 등, 극히 생동하고 활발하고 사랑스러우며, 어린 아이들의 그런 천진난만한 품성이 화면에 충분히 반영되어 있다. 가정 청화자기에 그려진 아이들의 두부는 매우 특색이 있는데, 즉 두부가 과장되게 앞뒤로 돌출되게 그려 별로 둥글지 않고 비례가 비정상이어서 속칭 '대두어린이'이다. 아이들의 이목구비는 생동감 넘치게 묘사하였으되, 입은 옷은 간단한 몇 개 필선으로 가볍게 윤곽만 그렸다. 아이들 주위와 기체 각 부위에는 화초·산석·난간으로 채웠다. 전체 화면이 침중하면서 힘 있는 아름다움을 보여준다. 풍부한 문양 내용, 활달하고 전아한 문양 포치, 우미하고 진중한 조형감은 가정 청화자기의 수준을 잘 보여 준다. 바닥에는 쌍권 안에 '대명가정년제'의 6자2행해서관이 써져 있다.

· **청화 삼양개태문 앙종식완**(사진 251) : 완은 입이 넓고, 복부가 깊으며, 굽이 있다. 구연에 운두문을, 내저심에는 쌍권 안에 독수문獨獸文을 그렸다. 외벽에는 주문양으로 '삼양개태도'를 그렸다. 태벽은 얇고 가벼우며, 유색은 담청색이고 청화는 짙으며, 조형은 아담하고 정교하다. 이런 '삼양개태'의 길상문은 가정 청화

자기에서 처음 나타난다. 굽 안에는 쌍권 안에 '대명가정년제'의 6자2행해서관을 써 놓았다.

**사진 252** 청화반홍 어조문 유개호礬紅魚藻文蓋罐, 명·가정, 전고41.6cm

· **청화반홍 어조문 유개호**(사진 252) : 호의 전면에 어조연화문을 그렸는데, 연못에 가득한 수초 사이에 다양한 자태의 물고기들이 있다. 물고기는 전대에 비해 비대한데, 모습이 서로 다르며 활발하고 귀엽다. 어문은 세부와 지느러미를 사실적으로 선명하게 그렸다. 어신에는 반홍을 베풀었는데, 황색 바탕에, 비늘과 어신의 윤곽은 모두 갈채의 구륵법을 사용하였다. 이 작품은 홍채의 또 다른 작풍을 보여 준다. 어깨에는 이중 초엽문대를 그렸는데, 하나는 청료를 초엽형으로 칠하고, 하나는 윤곽을 잡고 청화를 연하게 칠해 표현하였다. 농담이 서로 어울리면서 미묘한 운치가 넘친다. 밑동에는 변형연판문대를 그렸다. 청색의 수초 사이에 반홍색의 물고기를 노닐게 하여, 문양을 더욱 아름답고 참신하게 하였다.

수도박물관 소장의, 1957년 북경 해정구海淀區 출토의 '청화반홍어조문호'는, 조형과 문양이 위의 작품과 기본적으로 같다. 다른 점은 이 호의 바닥에는 쌍권 안에 '대명가정년제'의 6자2행해서관이 써져 있다(『수도박물관장자선首都博物館藏瓷選』그림 126 참조).

(5) 관지

가정 청화관요 연호관지는 전부 해서체이며, 6자와 4자 2행이 있으며, 6자2행의 '대명가정년제'가 위주이다(사진 253). 6자를 횡으로 한 줄 배열하거나, 6자를 둥글게 배열하거나, 4자를 동전처럼 십자형으로 배열한 것도 있다. 관지 밖에는 쌍권을 한 것 외에도, 쌍방곽(사진 253)도 있으며, 권이나 곽이 없는 것도 있다.

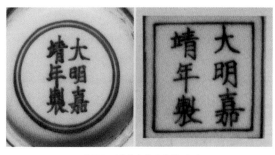

**사진 253** '대명가정년제' 관지

관지는 주로 바닥에 위치하지만, 구연 아래나 어깨에 쓴 것도 있다. 가정 청화자기 연호관지의 자체의 특징을 보면, 자체가 마르고 길쭉하며 필획이 굵은 편이고 굳센 가운데 수려함이 있다. 포치가 종종 삐딱하여 가지런하지 않다. 글자의 결구의 특징을 보면, '大'자의 삐침과 파임이 나란히 벌어지며, '靖'자의 '立'과 '月'의 상면이 나란하고, '年'자에 4횡획으로 '秊'로 쓴 것도 있다. '製'자의 '刀'부를 때로 세로획 하나를 빠트리고 쓴 것도 있다.

청화색이 통일되지 않고, 농염한 것·연한 것·암회색인 것 등이 있다. 가정 청화자기의 연호관지에서 관요기는 모두 '년제年製'라 쓰고 '년조年造'라 쓰지 않는다.

## (6) 민요 청화자기

가정 민요 청화자기는 정덕시기와 비교해, 태질·유색·조형·장식문양 등에서 모두 상당히 큰 변화가 있다. 이런 변화는 주로 기물에 조형이 정치해지고, 문양이 다양해지는 경향이 반영된 것으로, 전체적으로 질적인 면에서 크게 달라 보인다. 이는 당시 자본주의적 상품경제가 싹트고, 민요에서 '흠한欽限(황실용)'어기를 번조함으로 해서, 기술의 개선이 촉진된 것과 관련이 있다.

① 태와 질 : 가정 민요 청화자기는 태체가 희고, 얇게 변했다. 유는 회청색기를 띠는데, 투명하고 광택이 있는 것도 있고, 유탁乳濁하여 난백색卵白色을 띤 것도 있으며, 소성분위기가 좋지 않아 '초미황炒米黃(볶은 쌀 같이 누런)'색을 띤 것도 있다.

② 청료 : 가정 민요 청화자기에 사용된 청료는 '회청'과 국산토청의 두 종류이다. 전자는 색이 자주빛을 띠고, 보통 퍼지는 현상을 보여 문양이 모호해 지는데, 청료 중에 회청의 비율이 매우 높거나 혹은 화도가 지나쳤기 때문이다. 후자는

발색이 흑회색 쪽으로 간다.

장식 문양은 쌍구雙勾분수화법을 사용하였는데, 쌍구선이 가늘고 딱딱하며, 부드럽고 유창한 필획은 적은 편이다. 또한 비교적 굵은 선조의 단필로 구륵법을 한 것도 보이는데, 전채를 잘 한 것은 선 밖으로 흐르지 않고, 잘못된 것은 선 밖으로 흘렀다. 또 소수의 섬세한 문양도 있는데, 농담을 가려 색칠한 것이 청초하며, 색채가 명징하고 정교하다.

③ 조형 : 조형면을 보면, 참신하고 특이한 것을 추구하며, 전체적인 풍격이 진중하고 대형기가 증가한다. 기형은 일반적인 완·반·병류 외에, 각종의 세·로·합·필관筆管·촛대 등이 있다. 복부가 깊고 입이 벌어진 태가 얇은 방울 모양의 소충小盅·상이향로·사각과 육각의 호·과형호·천원지방天圓地方표형병 등이 유행하기 시작한다. 대호와 대반 등의 대형기가 많은 편이지만, 제작이 거칠고 성형 마무리를 대충하였다. 원기圓器는 기형이 뒤틀리거나 납작해진 것이 많으며, 바닥 중간이 凹하고 굽은 안으로 좁아든다. 태가 얇은 소형기들은 굽이 낮고 좁으며, 원숙하게 손질하였다.

④ 문양 : 가정황제는 도교에 열광하여, 때문에 도교색채를 띤 문양이 비교적 유행하였는데, 예컨대 팔선조성八仙朝聖·송학록·운학·만수(복)덩굴·卍자구름·영지·팔괘가 그러하다.

비룡·분마·유호乳虎(새끼에게 젖먹이는 암범)·화중봉, 화봉花捧'만고장춘萬古長春'·'수壽' 등의 길상어 및 잉어도수跳水(잉어가 물 위로 뛰어오르다)·연지원앙(혹 백로)·어조魚藻·난간수석·유해희금섬劉海戲金蟾(앞머리로 금두꺼비를 놀리다)·복숭아·죽림칠현·영락·잠자리 등이 자주 사용되는 문양이다.

금지錦地에 화창을 한 주변장식 도안이 날로 증가하고 그대로 후세에 영향을 준다.

사실적인 문양 중에 일부 문양이 시대적 특징을 보이는데,

▶ 화훼의 잎이 작은 편이고 엽맥이 조밀한데, 빽빽한 평행횡선으로 그린 것도 있다. 잎 모양이 수박씨를 닮았다.

▶ 모란·작약·국화의 잎이 오리발바닥 모양이고, 모란꽃의 화판테두리를 작은 곡선을 연접시켜 만들었다. 연당초의 잎은 세장하여 마치 휘날리는 채색리본 같다.

▶ 화훼당초는 사실적인 작고 뾰족한 잎과 변형된 말린 잎을 혼용하기 시작한다.

▶ 영지는 '균산菌傘(버섯의 우산같이 생긴 부분)'을 그물처럼 그리는데, 처음 나온 것이며, 만력시기까지 영향을 준다.

▶ 당초나 절지의 병체幷蔕(두 개의 꽃이나 열매가 한 꼭지에 달림. 부부의 사랑을 뜻함)국화·병체모란·병체련이 이 시기에 많이 보인다.

▶ 구름은 '卍'자형으로, 운각이 만력시기보다 세장하다. 십자형도 있는데, 비교적 크고 힘차게 그렸다.

▶ 영희도 속의 아이들은 후두부가 크고 장포를 입었으며, 머리에 3움큼의 작은 두발이 있는 것도 있다.

▶ 동물문은 해수·사자·호랑이·기린 등이 있으며, 석토문石兎文이 처음 보인다.

⑤ 관지 : 가정 민요청화자기의 관지는, 제왕년호관 외에, 길상어구와 기탁관寄託款(다른 시기의 관지를 쓴 것)이 전에 비해 증가한다. 연호관에는 '대명가정년제'와 '가정년제'가 있고, 관지 밖에 청화로 단선이나 쌍선의 권을 하지만, 없는 것도 있다. '대명년조'관도 보인다.

길상어구는 해서로 쓴 '장명부귀'·'만복유동萬福攸同'·'만복장춘'·'장춘가기長春佳器'·'부귀가기'·'수복강녕'·'천하태평'·'태평'·'장춘' 및 초서로 쓴 '복'·'수'와 행서로 쓴 '장원급제'·'선善' 등이 있다.

가정 민요청화자기에 '자수당滋樹堂'·'송백초당松柏草堂' 같은 당명관이 나타나기 시작한다.

가정 청화자기에 일부 간지관이 있는 것도 있다. 예컨대 '갑진甲辰(가정23년 1544)년조年造' '가정신해嘉靖辛亥(가정30년 1551)소가거장素家居藏' '임자년壬子年(가정31년 1552)제조製造' '가정신유嘉靖辛酉(가정40년 1561)년제年製' 등이 있다.

가정 민요청화자기의 기탁관은 '대명선덕년제', '선덕년제' 2종이 가장 상견된다. '대명성화년제'관도 있는데, 밖에 단권과 쌍권 혹은 장방형곽 등을 가한다.

이외 흰 토끼 등의 문양압인관도 출현하기 시작한다.

· **청화 운학팔선문 표형병**(사진 254) : 변형 표형병으로, 상원하방형이다. 중간 허리부분이 세장하다. 상부의 주문양은 운학문과 '태兌'·'손巽'·'간艮'·'진震'의 팔괘도형인데, 각자 연못·바람·산·우뢰의 자연현상을 가리킨다. 운학문은 소위 도교의 우화등선을 상징하는 것이며, 또한 '학'이 보통 길상 장수의 소재가 되는데, 이는 학이, 백년을 죽지 않아 승천하여 신선이 될 수 있는 사람에게로 간다는 전설에 기인한다. 그것은 가정황제가 의도하는 연년익수하여 장생을 기구하는 소망과 완전히 부합하여 깊이 사랑을 받았다. 학문은 보통 서운과 영지를 합해 함께 그린다. 병 하부는 도교 신화 중의 팔선을 그렸는데, 팔선은 즉, 장과로張果老·여동빈呂洞賓·한종리漢鐘離(종리권鐘離權)·한상자韓湘子·이철괴李鐵拐·남채화藍采和·하선고何仙姑·조국구曹國舅이다. 명대 제왕들은 불교를 제창하는 외에 도교도 중시하였다 특히 가정·만력 양조가 심하여 이 때문에 점차 팔선이 자기의 주문양 중의 하나가 되었다. 팔선도해'·'팔선축수'·'팔선봉수八仙捧壽'등의 소재가 있다.

이 병은 옛 명칭이 '천원지방대길병天圓地方大吉瓶'으로 당시 사람들이 천원지방의 개념을 체현하였다.

이 작품 외에, 홍콩예술관 소장의 '청화수복강녕명소호'(사진 255), 수도박물관 소장의 '청화수복운문육각표형병'(사진 256), 강서성박물관 소장의 '청화화중사자문호'(사진 257) 등은, 모두 가정 민간청화자기 중의 전형적인 작품이다.

**사진 254** 청화 운학팔선문 표형병雲鶴八仙文葫蘆瓶, 명 · 가정, 고58cm

## 2. 융경 청화자기

융경(1567~1572) 시기는 역사가 겨우 6년이다. 시간이 너무 짧아 융경 청화자기는 기본적으로 가정의 풍격을 이어받았으며, 기물의 조형과 문양 등이 가정 것과 구분하기 어렵다. 그래서 전세하는 융경 청화자기는 적은 편이다.

① 태와 유 : 융경 청화자기의 태질은 곱고 치밀하며, 태체는 가정 중, 후기 것과 비슷하다. 대형기의 벽은 여전히 두텁고, 얇은 태의 것은 매우 적다. 태토의 손질이 정세하지 않아 노태부분에 화석홍과 철녹반이 매우 뚜렷하다.

융경 청화자기의 유는 얇고 고르며, 유면이 밝게 빛나고, 색이 흰 편이다. 두 종류가 있는데, 하나는 유면이 밝게 빛나고 두터우며 가정 백유와 같다. 또 하나는 얇게 시유하여 밝고 윤이 나나 그렇게 두텁지 않으며, 청색기가 매우 적어 흰색에 가까운 경향을 보인다.

② 조형 : 융경 청화자기의 조형은 대형기가 많지 않고 대체로 앞 시기의 풍격과 같이 질박하며, 화형기가 많고 투공장식제품이 비교적 많다. 소형기물은 아담하고 정교할 뿐만 아니라 매우 정연하며, 주요 기형으로 완·반·배·세·호·주자·로·어항·합·필가 등이 있다. 가장 대표성이 있는 기형으로, 기신이 똥그란 제량호提梁壺(손잡이 달린 주자)와, 다양한 형식의 합, 즉 은정식·방승식·장방형·원형·과형 등의 합 및 복부가 볼통하게 나온 큰 어항 등이 있다.

· 제량호(주자)(그림 97) : 기신이 똥그랗고 와족(굽이 없음)이며 제량식의 손잡이와 둥근 뉴의 뚜껑이 있다. 이런 제량식 호(주자)는 앞 시기의 옥호춘병식을 고신형高身形의 손잡이를 한 형태로 개변시킨 것으로 융경 청화자기에서 새로 창안되었다. 뿐더러 진중하고 고아하며, 세련되고 실용적이다.

· 합류(그림 98) : 융경 시기의 작품 형식은 가정시 만큼 다양하지 않지만, 합의 제작방면에서는 특별히 발달하였다. 난이도가 매우 높은 정식錠式합·방승方勝합·과릉형합 등은 제작이 매우 정교하고 채색 또한 매우 화려하다.

**사진 255** 청화 '수복강녕'명 소호'福壽康寧'銘文小罐, 명·가정

**사진 257** 청화 화중사자문 호穿花獅子文罐, 명·가정

**사진 256** 청화 수복운문 육각표형병福壽雲文六棱葫蘆瓶,
명·가정, 고33cm

· 어항 : 가정시기의 어항은 최대경이 구부에 있지만, 융경 시기에는 복부에 있다. 가정의 어항은 입이 크게 벌어지고 입술이 네모납작하게 돌기하지만, 융경 것은 입술이 둥글게 돌기한다. 가정 어항의 관지는 입술의 외변에 썼지만, 융경 것에는 입술의 내부에 썼다.

③ 청료 : 융경 청화자기는 계속해서 회청료를 사용하였다. 안료가 정세하고 기술이 숙련되었기 때문에 색이 깨끗하고 안정적이며 남색 중에 자주색 기운을 띠어, 짙고 아름다워 가히 노화순청爐火純靑(수준이 최고의 경지에 오르다)이라

293

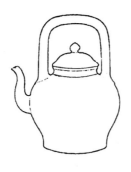

그림 97 제량호(주자)提梁壺(注子)

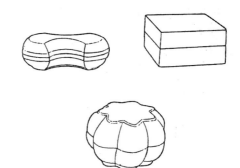

그림 98 각종 유형의 합

할 만 하다. 이는 가정·융경·만력의 백여 년 동안 청화자기에 사용된 회청료 중에 가장 좋고 가장 아름다운 색택을 띠며, 또한 이것이 융경청화자기를 감별하는 중요한 근거의 하나이기도 하다. 민요청화자기는 옅은 회색을 띤다.

④ 문양 : 융경 청화자기의 문양은 풍부한데, 대체로 가정의 옛 모습을 이어받았다. 그러나 화의가 맑고 깨끗하고, 포치가 매우 번밀하여 작은 틈만 보이면 바늘을 꽂는 형국이다. 상견되는 문양으로는, 영지·화훼당초·팔보·송죽매·용문·봉문·어조魚藻·서수·인물·영희·화과 등이 있다. 이 시기에 새로 만들고 유행한 도안으로 행서시구·나뭇가지 잡고 있는 아이·삼봉조양三鳳朝陽·소나무와 원숭이·둥근 모양의 이무기·산봉우리와 사슴·늘어진 가지와 화조 등이 있다. 문양상에서 비교적 특징적인 것을 보면,

▶ 사람의 신장이 길쭉하고, 화의가 소쇄하며, 자태가 우아하여, 만력시기 인물장식도안의 그런 세치하고 우미한 특징이 여기서 시작된다.

▶ 용문은 정면용이 많으며, 꼬리가 가정에 비해 작고 가늘며 5조의 발톱이 뾰족하다.

▶ 보통 반리문蟠螭文은 완과 반의 주변을 장식하거나 주문양으로 사용되며, 색조가 농후한 것이 많다. 만력시기에도 비록 변식으로 이용되지만 선조가 융경에 비해 가늘고 약하며 청색이 연하고 화의가 거칠고 경솔하다.

▶ 원앙은 꼬리가 비교적 길다.

⑤ 민요 청화자기 : 민요청화자기의 태체는 얇은 편이고, 정교하고 반듯하다.

중국의 청화자기

유면은 담청색을 띠고, 밝게 빛나고 윤택하다. 문양은 관요에 비해 간단하고, 산석난초·수지화조垂枝花鳥·연지원앙·옥토월량·송죽매·봉록峰鹿·반리蟠螭·영희도 등이 있다.

⑥ 관지 : 융경 관요청화자기의 관지는 '대명융경년조'의 6자2행해서관이 많다. 이전의 관요관지가 기본적으로 대명모모년 '제製'임에 반해 융경 것은 '조造'를 쓴다. 이는 매우 특이하다(사진 258). 융경 관요청화관지에는 '대명융경년조'를 종으로 내려 쓴 것도 있다(사진 259).

**사진 258** '대명융경년제' 쌍권관지

융경관지는 청화색이 짙고 선염하여 청금석靑金石 같이 아름답다. 필획이 굵직하고 정정하며, 돈좌頓挫(멈추고 바뀜)가 힘이 있고 결구가 장중엄밀하다. 때때로 '隆'자를 '隆'으로 쓴다.

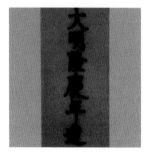

**사진 259** '대명융경년조' 종행관지

민요 청화자기의 관지의 자체는 엉성하게 모여 있는데, '융경년조'와 '융경년제' 4자2행해서관이 있다. '隆' 자 중의 '生'자가 '正'자, 혹은 '疋'와 '㸟' 등 다양하게 쓴다. 길상어로 '만복수동'·'수복강녕' 및 찬송관으로 '부귀가기富貴佳器' 등이 있다.

· **청화 단룡문 제량호(주자)**(사진 260) : 기형이 똥그랗고 제량식의 손잡이 있다. 목에는 송이구름을, 어깨에는 두 마리 행룡과 송이구름을 그렸으며, 복부에는 단룡 5조를 그리고 공간에는 팔보문을 채웠다. 밑동에는 끝이 타원형인 초엽문대를 그렸다. 뚜껑면에는 운룡과 송이구름문을 그렸다. 청화색은 짙고 고우며 문양은 번밀하고 고아하다. 융경시기 호의 손잡이는 창틀형으로 만들고, 한 측면에 구멍을 하나 뚫어 뚜껑의 뉴와 연결되게 한다. 이 새로운 장식법은 진중하고 고아하며, 또 대범하고 실용적이다.

· **청화 용문 방승합**(사진 261) : 합 모양이 잡보의 '방승'과 유사해 이름을 얻었다. 구부와 뚜껑에 자모구를 설치하였고, 낮은 굽이 있다. 뚜껑면에는 송이구

**사진 260** 청화 단룡문 주자團龍文提梁壺, 명·융경, 고30cm

**사진 261** '청화 용문 방승합龍文方勝盒,
명·융경, 장20cm, 폭11cm

름들과 쌍룡문을 그렸으며, 개벽과 기벽에는 화훼절지문을 그리고 그 위로 벌과 나비가 춤추며 날고 있다. 유색은 담청색이고 청화색은 곱고 아름답다. 바닥에 '대명융경년조'의 6자해서관이 써져 있다.

· **청화 어조문**魚藻文 **반** : 구경 20. 4cm. 1982년 북경 출토. 북경시문물연구소 소장. 내외벽에 연지어람문을 그렸는데 한 마리 토실한 물고기가 연지에서 꼬리를 치며 놀고 있다. 문양이 활발하고 시원하며 어문의 형상이 생동핍진하다. '물고기가 물을 얻는듯하다'의 행복한 생활을 비유하는데 이용된다. 태가 얇고 섬세하고 광택이 흐르며, 유는 청백색으로 윤택하다. 청화색은 산뜻하고 고상하다. 바닥에는 쌍권 안에 '대명융경년조'의 6자2행해서관이 써져 있다(1997년 『중국문물정화』 그림 23 참조).

## 3. 만력 청화자기

만력(1573∼1620) 시기는 명대 후기에 속하며, 자본주의 경제가 이미 싹트기 시작하고, 상품생산이 진일보 발전하였다. 또한 이들이 자업생산을 자극하여 수량이 급증하였고, 수출 전문의 특수한 장식을 한 청화자기도 있었다. 동시에 '관탑민소官搭民燒(관부에서 민요에게 하청을 주어 제작시킴)' 제도의 추진으로 민요 상품이 원료·질·제작기술·조형·장식에서 크게 향상되어, 민요 고급품과 관요제품이 거의 구분하기 어려웠다.

## (1) 태와 유

만력 청화자기는 자토의 수비가 정련하지 못해, 전기의 소수의 정세자기 외에는, 절대부분이 태체가 투박하고 무겁다. 저부는 기벽에 비해 두터워, 누차 찌그러지거나 구부러지거나 갈라터지는 등의 현상이 보인다. 대형기는 대용항·대화고·대호·대병 같은 종류가 있으며, 태질이 거칠고 느슨하며 성형이 정연하지 못하다. 바닥은 평저가 많은데 무유이고 사저砂底에는 화석홍반과 철녹반점이 있다. 완과 반의 굽바닥에는 깎아낸 도도흔跳刀痕(선삭흔旋削痕으로 칼질흔이 춤추듯이 가지런히 나 있음)이 또렷한 외에, 굽의 중심이 아래로 내려 앉아 있으며, 심지어 굽 접지면 까지 내려앉아 착지가 불가능한 것도 있다. 소형기물은 정세하고 두께가 적당하여 일정한 기술 수준을 갖추고 있다.

만력 청화자기의 유질은 백유이며, 2종이 있다. 하나는, 유가 두텁고 청색기를 띠며 유면이 밝게 빛나 유리질감이 난다. 다른 하나는, 유상乳狀 백유로 유층이 얇은 편이어서, 소위 '첩골유貼骨釉(태토에 껍질만 있고 살이 없는 것 같이 붙어 있다)'이다. 극히 연한 청색기를 띤 것도 있는데, 만력 후기에 많다.

청백유는 물론 유백유도 시유가 모두 고르지 않아, 두께가 일정하지 않으며, 다리·저부·구연에 유가 많이 몰려 있어 만지면 평활하지 않는 느낌을 주는데, 이것이 만력백유의 한 가지 특징이다.

## (2) 조형

만력 청화자기의 조형은 후·박·대·소가 모두 있고 기형이 최고로 다종다양하여, 거의 모든 일상용품과 진설품을 볼 수 있다. 주요 기형으로는, 매병·산두병·표형병·통병·벽병壁瓶·군지·화고花觚·향로·수돈綉墩·촛대·각종 호·항·분·세·반·완·고족배 및 각종 합과 문구류, 즉 필가·필세·필관·필삽·벼루·인합 등이 있으며, 각 품종마다 여러 형식이 있다. 매병은 7종이 있고 산두병은 4종, 표형병은 3종, 각종 호는 13종, 군지는 3종, 화고는 11종, 각종 합은 20종이 있다. 통계에 의하면 대북고궁박물원 소장의 만력자기 525점 중에 청화자기가 266점으로 총수량의 반 이상이다. 북경고궁박물원에 소장된 만력자기는 2급품 이상이 535점인데 그중 청화자기가 286점으로 전체의 53% 이상을 차지한다. 이로 보면 만력시기 자기 번조는 계속 청화자기 위주였고, 청화자기의 생산이 왕성하였음을 알 수 있다. 만력시기에 새로 출현한 청화자기의 기형은, 벽병·통병·찬반攢盤·편형扁形호(관)·병풍·출극병 등이다.

· **매병** : 입이 작고 목이 짧고 어깨가 풍만하며 복부가 아래로 점차 졸아들다 평저를 이룬다. 방울 모양 뚜껑에는 보주형뉴가 있다. 대·소의 구분이 있으며 큰 것은 높이가 70cm에 달한다. 만력시의 매병은 영락 것에 비해 큰 차이가 있다. 즉

첫째, 만력 매병은 목이 작고 길며, 입은 외반하고 입술은 네모져 밖으로 돌출한다. 영락 것은 목이 짧고 위가 약간 작으며 입술은 둥글게 밖으로 돌출한다. 전자는 액체를 부으면 쉽게 쏟아지지만, 후자는 입술이 둥글어 액체가 쏟아지기 어렵다.

둘째, 만력은 유견溜肩(매끄럽게 경사진 어깨)이고, 영락은 어깨가 풍만하다.

셋째, 만력 매병은 저부가 작게 보이지만, 영락 것은 넓고 크며 중후한 감이 있다.

넷째, 만력 매병은 어깨에서 저부까지 곡도가 작은 편이고 비교적 직선적이지만, 영락 것은 곡도가 명확하고 곡선적인 아름다움이 있다.

문양은 보통 운룡문·연화당초·각종 인물을 그렸다.

· **산두병**(그림 99) : 목의 상단이 융기한 것이 산두蒜頭(마늘통)와 비슷한 모양이다. 직구에 목이 길고 복부가 둥글며 굽이 있다. 이 병은 성화년간에 창시되어 가정·만력시기에 성행하며 청대에도 유행한다. 만력시기 병은 입이 가정 것보다 넓고, 목이 약간 굵으며 복부가 홀쭉한 편이어서 가정의 풍만함과는 다르다. 문양은 용봉문·원앙연화·화조·초충 등이 많다. 관지는 병의 입 주변에 횡으로 쓴 것이 많다.

· **표형병** : 원형·과릉형·상원하방형이 있다. 기형이 가정에 비해 짧고 굵은 것도 있으며, 문양은 인물·팔선·연당초·화조·사자모란 등이 많다.

· **통병** : 만력 시기에 처음 나온 신 기형으로, 그대로 청 강희년간까지 이어진다. 직구·유견에 복부는 긴 통 모양이며 문양은 산수와 인물 등이 많다.

· **벽병** : 벽에 걸 수 있게 만든 화병이다. 만력시에 창제한 신품종이다. 형식은 표주박식·천구식·연화구식·담병식·과릉식 등이 있다. 병 뒤에 한 개의 방형 구멍이 있어 벽에 걸어놓는데 사용한다. 문양에는 인물·화조·운룡·화과·송죽매·팔선·노안蘆雁 등이 있다.

· **호**(관) : 형식이 다양한데, 원형·편형·과형 등 여러 종류가 있다. 입이 대·소가 있고, 뚜껑은 원뉴가 있는 것과 뉴가 없는 것이 있다. 수면포수獸面鋪首가 있는 것도 있다. 영락 이후 계속해서 이부耳附 장식이 출현한다. 만력시기의 호의 조형은 가정 것과 비교하면, 가정의 호는 어깨가 풍만하고 복부가 둥글며 진중하고 고박하다. 만력 것은 어깨가 경사지고 몸체가 길쭉하고 접착흔이 보편적으로 가정에 비해 뚜렷하여 투박하고 후중한 느낌을 준다. 주문양으로 화조·운학·용봉운학·수목수자壽字·운복雲蝠·영희도·인물연당초문 등이 있다.

· **화고**(그림 100) : 형식이 다양하여, 원형·출극형·4방형·6방형 등이 있는데, 원형과 출극형이 많이 보인다. 화고는 송대에 창시되어 만력과 청 강희년간에 성행한다. 가장 높은 것은 74cm에 달한다. 문양에는 화조·운룡·화중룡·연지원앙·화훼당초 등이 있다. 필획이 거칠고 구도가 번밀하다.

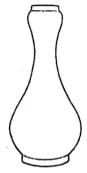

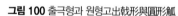
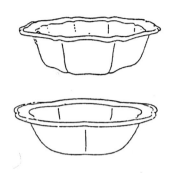

**그림 99** 산두병蒜頭瓶　　　　**그림 100** 출극형과 원형고出戟形與圓形觚　　　　**그림 101** (상)규화구식분葵花口式盆, (하)매화구식분梅花口式盆

· 향로 : 형식이 다양하다. 상견되는 것은 고식鼓式·통형筒形·편형扁形·쌍수이형雙獸耳形·방형 등이다. 이는 직이直耳와 부이附耳가 있다. 문양은 운룡·용봉·화조·팔선·연화어조魚藻·인물 등이 많다.

· 어항 : 만력시기 청화어항에 2종의 형식이 있다. 하나는, 조형이 가정 것과 비슷한데, 다른 점은 기신이 약간 치솟고 일정한 곡도가 있다. 구연은 평순이 凸하지만, 가정 것에 비해 두텁다. 구순에 가정의 간단한 선조문 대신 당초문을 장식하고, 구순 하단에 '대명만력년제'의 6자해서관을 횡으로 썼다. 가정시의 구순 상면에 쓴 것과는 다르다. 다른 하나는, 기신이 전자에 비해 높고, 입이 크고, 평저이며 구연이 평평하게 凸하며 상부에 한 줄의 고정문鼓釘文이 있다. 두 종류의 어항에 상견되는 문양은, 해수운룡·원앙와련臥蓮·용봉문·연화어조魚藻·사자곤수구滾綉球·당초연보상화·영희도 등이 있다.

· 세 : 원형·팔방형·장방형·규판식 등 다양한 종류가 있다. 공통된 특징은, 태가 두텁고 몸체가 무거우며 기형이 정연하지 못해, 제작기술이 전보다 약간 못하다. 그러나 유면은 의연히 평활하고 윤택하다.

· 절연분(그림 101) : 원형·팔방형·장방형·규화구·매화구식 등이 있다. 운봉문·팔선음주·노자기우老子騎牛 등의 문양을 그렸다.

· 반 : 기형은 가정 것과 대체로 비슷하지만 이 시기의 반은 입이 두터운 편

중국의 청화자기

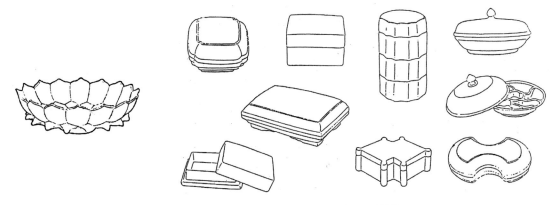

**그림 102** 연화식반　　　　　　　　　　　　**그림 103** 각식 합

이고 바닥면이 많이 주저앉고, 굽경이 비교적 넓으면서 굽이 약간 낮다. 얕은 반의 굽은 이전보다 널찍하다. 연화식반(그림 102)의 조형이 독특하고 참신하여 공예적 가치가 매우 높다. 찬반攢盤과 더불어 만력시기에 창제한 신품종이다.

· 합(그림 103) : 기형이 다종다양하다. 원형·장방형·장방말각형·장방대격식長方帶格式·은정식·방승식 및 투공장식기 등이 있다. 전세품으로 완전한 것은 적은 편으로 뚜껑이 많이 결실되었다. 문양은 용봉문 위주이고, 화훼·초충 및 투조장식도 있다.

· 완(그림 104) : 조형은 기본적으로 가정과 같다. 외반 입과 내만 입의 구분이 있다. 가정시기의 완은 만력에 비해 약간 깊고 완 하부가 약간 풍만하다. 그러나 만력시에는 평직하게 보이는데, 곡도가 뚜렷하지 않으며 굽은 고직高直하게 보이고 굽경이 넓은 편이다. 문양은 상견되는 것으로, 화중룡·연화봉·운룡·전송연탁팔보纏松蓮托八寶·연당어조·송죽매·선인각仙人閣·사녀·범문·복록수福祿壽인물 등이 있다.

· 조소류 : 인물이 많은데, 포대화상·팔선·진무眞武·수성·문창·관음·동자·사녀 등이 있다. 어떤 것은

**그림 104** 각식 완

청화인물에 홍·황·녹채를 가하였는데 당시 농장염채濃裝艷彩(진하게 꾸미고 화려하게 칠함)한 것을 좋아하는 풍조에 잘 어울린다.

· **문구류** : 조형이 풍부다양하다. 산형필가·필세·필관·연적·벼루·인주합 등이 있다. 문양에는 인물·화조·용봉·초충 등이 있다.

## (3) 청료

만력 청화자기의 청료는, 전기에는 계속 가정시의 회청료를 사용하였다. 만력 24년(1596)에 이르러 회청료가 점차 고갈되자, 감숙성 순무巡撫(명대 조정에서 지방에 파견하여 민정과 군정을 순시하던 대신)에게 공물로 진상할 것을 명하여, 이로서 급한 자기를 번조하였다. 만력 34년(1606) 3월 을해乙亥, 『명 실록』에 태감太監 반상潘相의 상소가 실려 있는데, 내용은 "자기에 그림을 그리는데, 마땅히 토청을 사용하며, 오직 절청이 상이고, 나머지 여릉廬陵, 영풍永豊, 옥산현玉山縣에서 나는 토청은, 색이 연하며, 시가대로 진상할 것을 청하니, 황제가 이를 따랐다."고 하였다. 이는 늦어도 만력 34년에는 관요에서 절강청료를 사용하였음을 설명한다. 숭정년간에 쓴 송응성의 『천공개물』에서 말하길 "무릇 경덕진에서 소용되는 것은, 구衢, 신信 양군의 산중에서 나는 것이 상료이고, 이름을 절료라 한다. 상고上高의 제읍이 중中이고, 영풍永豊 여러 곳은 하下이다."라 하였다. 이로 보아 경덕진 관요는 대략 만력34년(일설은 만력24년)에서 숭정년간 까지 모두 절강청료를 사용하였음을 알 수 있다.

만력 청화자기는 전기에는 회청료를 사용하여, 색이 남색 중에 자색을 띤다. 중기는 회청에 석청을 가해, 색이 남색 중에 회색기를 띠어 발색이 점차 옅어지고 차분하고 장중한 효과를 보인다. 만력 34년 이후 다시 국산 절강료를 사용하여 색이 남색 중에 암회색기를 띠며 문양이 분명하지 못하고 퍼지는 감이 있다. 만력 후기에는 색이 더욱 옅어지며, 명 천개 시기까지 계속된다.

## (4) 문양

만력 청화자기의 문양소재는 극히 풍부하다. 문양의 전체적인 풍격은, 포치가 번밀하고 주제가 불분명하며, 번잡하고 비례가 조화를 잃었으며, 화필이 약하고 힘이 없다. 도안은 생동감이 없고 딱딱하다. 앞 시기에 자주 보던 문양 외에, 정면용과 도교 소재가 더욱 유행한다. 도안문이 크게 증가하여, 나무모양의 '福'과 '壽'자·범문·팔보·팔괘·영지·수성·팔선 등이 있다. 동시에 분재·꽃바구니·화분·꿩모란 등이 장식으로 사용하기 시작한다.

만력 청화자기에서 특출한 장식법은 투각과 소조로, 이전에는 잘 사용하지 않던 수법이다. 투각수법은 대다수가 거칠고 섬세한 감이 없으며, 병과 합 종류가 많은데, '만력청화투조용문방합'(사진 262)이 좋은 예이다. 조소공예는 인물상에

**사진 262** 청화 투조용문 방합透彫龍文方盒, 명 · 만력

**사진 263** 청화 포대승상布袋僧像, 명 · 만력, 고20cm

제4장 명대 청화자기

많이 사용되는데, 가정시와 같이 도교적 색채와 길상적인 내용을 띤다. 수도박물관 소장의 청화포대승상(사진 263)이 그 예이다. 각종 문양이 복합적으로 사용한 것도 전에는 보지 못한 것이다. 용문과 인물, 어조와 매화, 범문과 사녀 등이 그러하다.

앞 시기에 있던 화창 도안이 만력시기에 즐겨 사용된다. 금지화창은 일찍이 송대에 자기상에 출현하였는데, 만력시에 더욱 애용되고 발전하여, 만력 청화자기의 일대 특색을 이루었으며, 후세에 깊은 영향을 미쳤다. 만력시의 금지錦地도안은 다종다양하다. 미자米字금·고전古錢금·권자금·매화금 등이 있다. '화창'의 형식은 원형·장방형·사방화판형·장방화판형 등이 있다. 화창 안에는 절지화·꽃과 나비가 많은 편이고 비학·잡보 등도 있다.

만력 청화자기 문양의 회화수법은 중색重色을 즐겨 사용하였는데, 먼저 선조로 도안의 윤곽을 그린 다음, 도안 내에 색료를 평탄하게 칠하였다. 비교적 정교하게 윤곽선 안에만 칠한 것도 있지만, 대부분이 건성으로 하여 도색이 종종 윤곽선 밖으로 나온다. 또한 윤곽선 없이 직접 칠한 것도 있지만 많지 않으며, 종종 목 부분에 한하여 보인다. 만력 청화자기 문양의 윤곽선은 또렷하게 표가 나는데, 다른 시기의 자기와 구별되는 한 특징이다.

만력 후기에 청화담묘淡描·철선묘鐵線描·구륵담수점염淡水點染의 회화기법이 개시되었다. 청화로 담묘하는 것은 극히 돋보이는 기술로, 극히 옅은 색조를 사용해 쌍구로 문양을 그린 것으로, 그윽하고 품위가 있는 느낌을 준다. 전세하는 '경조군수방기京兆郡壽房記'관이 있는 '청화4비妃16자子완'이 그 전형적인 것이다.

만력 청화자기의 장식문양에서 주목할 만 것은, 이 시기의 문양에, 가정에 비해 더욱 수·복·록 의 내용을 가진 것이 많다는 점이다. 즉 수목형의 '福'·'壽'자 및 '수산복해', 백록百鹿·백학百鶴·백복百蝠 등이 있으며, 이후 청대 각 조에 보편적으로 사용된 이런 도안들이 여기에서 나온 것이다. 이외에 후기에 유행한 것 같은 도교인물고사도에 일부 새로운 소재도 출현하는데, 즉 오곡풍등五谷豊登(오곡이 풍성하다)·장천사참사張天師斬蛇(도교의 창시자인 장도릉이 뱀을 베다)·오공蜈蚣

304

(지네)과 벽호壁虎(도마뱀) 등 독물의 고사 등이 그러하다.

만력 청화자기에 상견되는 문양으로;

· **화과문** : 전통적인 모란·월계·석류·포도·복숭아·반련·국화·매화·연화·송죽매 등이 있다. 화과문은 보통 다른 문양과 결합하여 사용하는데, '福'·'萬'·'壽' 등의 글자와 합용한 것이 많이 보인다.

· **도가길상문** : 모란·영지·팔보·범문·卍자·수성·운학·팔괘·팔선·장천사 등이 상견된다.

· **동물문** : 용·봉·번리蟠螭·해수·사자·기린·호랑이·백작百鵲·원앙하련·꿩모란·연당노안蓮塘蘆雁·어조·벌나비 등이 있다. 봉의 목에 항상 세밀한 깃털을 그린다.

· **인물문** : 영희·선인·사녀·고사 및 삼국고사 등이 있으며, 또한 도교 색채가 풍부한 것이 많다. 인물은 종종 산석·범문·팔보·용문 등과 함께 한다.

**사진 264** '대명만력년제' 쌍권관지

**사진 265** '대명만력년제' 쌍곽관지

**사진 266** '대명만력년제' 횡관

## (5) 관지

만력 청화자기의 관지는 자신의 특징을 많이 갖고 있다. 즉,

첫째, 황조皇朝관과 길상어 혹은 재명齋名·왕부명·간지와 결합하여 하나의 관지를 조성한다. 이는 앞 시기와 다른 점으로, '대명만력년덕부조大明萬曆年德府造'·'만력정해년조검부응용萬曆丁亥年造黔府應用'·'대명만력신축년조大明萬曆辛丑年造' 등이 그러하다.

둘째, 관요의 황조관은 융경시기의 '조'자를 '제'자로 바꾸고 '대명만력년제'와 '만력년제' 2종이 있다. 6자관이 4자관보다 많으며, 굽바닥에 많이 쓰지만, 입 주변이나 어깨에 쓴 것도 있다(사진 266). '대명만력년제'의 6자관은 해서관으로,

종과 횡으로 쓴 2종이 있으며, 종행관의 밖에는 쌍원권이나 쌍방곽이 있다(사진 264, 265).

셋째, 자체에도 앞 시기의 해서체 위주를 개변시켜, 해서·전서·예서·행서를 사용한다. 필법은 굳세고 힘이 있고 반듯하다. 서법은 안진경체安眞卿體를 많이 닮았다.

자체의 특징을 보면, '大'자의 삐침이 짧고 파임이 길며, 삐침과 파임의 돈좌頓挫(멈추고 바뀌는 변화)가 힘이 있다. '萬'자의 두부는 '上'·'䒑'·'艹'·'卝'의 4가지로 쓰며, '䒑'는 후기에 쓴 것이다. '禺'는 중간의 종획이 위에서 아래로 관통한다. '曆'자의 '秝'을 '林'로 쓴 것도 있다. '年'자의 4횡획자가 출현하는데, 즉 '秊'이다. '製'자의 '衣'는 일반적으로 첫 번째 점획을 쓰지 않는다.

**사진 267** 청화 연당초문 매병纏枝蓮文梅瓶,
명·만력, 전고45cm

**사진 268** 청화 운학봉황문 육각유개호雲鶴鳳凰文六方蓋罐,
명·만력, 전고31cm

중국의 청화자기

· 청화 연당초문 매병(사진 267) : 입이 작고 목이 짧으며 어깨가 풍성하여 최대경이 어깨에 있다. 몸은 길쭉하고 어깨 아래부터 좁아들면서 내려가 작은 평저를 이룬다. 방울모양 뚜껑에 보주형뉴가 있다. 이 매병은 이전 것과 비교할 때, 최대의 변화는 어깨 아래가 좁아들고 작은 평저가 있으며 저부가 외반하지 않고 수직상을 이룬 점이다. 이런 위가 크고 아래가 작은 기형은 불안정한 느낌을 준다. 뉴와 뚜껑면 장식은 연판문으로 하고 개벽에는 연당초문을 그렸다. 어깨와 밑동에는 각각 변형연판문대와 타운朶雲문대를 그렸는데, 연판이 세장하고 직벽직각형이며 단순히 쌍선의 구륵으로 형태를 이루어, 간단하고 호방하다. 복부에는 가득 연당초문을 그렸는데, 잎이 크고 꽃도 크며 문양이 번밀하여 여백이 거의 없다. 청화색은 농염하고 남색 중에 청색기를 띤다. 어깨에 횡으로 '대명만력년제'의 6자해서관을 썼다. 1956년 북경 정릉定陵 출토의 수점의 매병이 이 병과 조형이 같다.

· 청화 운학봉황문 육각유개호(사진 268) : 직구에 목이 짧고 어깨가 경사지며 몸체가 6각형이다. 뚜껑도 6각형 모자모양으로 보주뉴가 있다. 뚜껑의 뉴와 벽에 화훼문을 그렸다. 복부에는 6각의 각 변의 중심에 여의형 화창을 하고 그 속에 각기 운학·운봉·학·봉을 날개를 펴고 비상하는 모습으로 그렸는데, 자태가 다 다르다. 화창 주위의 공간은 화훼로 채웠다. 태질은 중후하고 단단하며, 유색은 청색기를 띠는 백색으로 곱고 윤이 난다. 청색 안료는 회청료로, 진하고 화려하며 문양이 그다지 명석하지 않다. 문양 포치는 참신하고 활달하며, 조형이 색다른 운치를 보인다. 바닥에는 쌍원권 속에 '대명만력년제'의 해서관을 썼다.

· 청화 범문 연화형반(사진 269) : 이 반은 조형이 독특하고 구상이 절묘하여, 형태가 만개한 한 송이 연꽃 같다. 16판으로 연화를 조성하고 밑동에는 반 부조 상태의 연판을 한 줄 조각하였다. 반 중심은 평탄한데 쌍선 원권 안에 범자 하나를 쓰고 원권 내외에 여의두문대를 장식하였다. 반 내벽에는 형태를 따라 쌍선으로 2층의 연판문을 그렸는데, 연판 끝은 쌍구 수운문垂雲文으로 채웠다. 외벽 제1층은 연판에 8개의 범문을 쓰고 각 범문 사이에 화훼를 두었으며, 제2층은 연

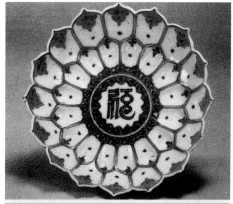

**사진 269** 청화 범문 연화형반梵文蓮花式盤,
명·만력, 구경18.8cm

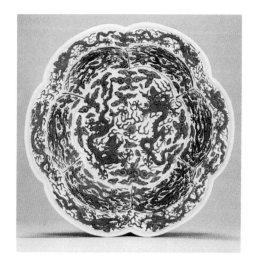

**사진 270** 청화 운룡문 화형세雲龍文花口洗, 명·만력,
구경37.5cm

판에 세세한 엽맥문을 그리고 하단부는 공백으로 두어 연판이 만개한 듯한 효과를 보인다. 굽 근처에는 2층 화판을 그렸다. 태질은 가볍고 맑고 섬세하며, 유색은 청색기를 띤 백색인데 윤이 나고 깨끗하다. 청화색은 남색 중에 자색기를 띠며, 짙고 화려하다. 조형은 참신하고 기발하여 만력청화자기 중의 득의작이다. 굽바닥에 쌍권 안에 '대명만력년제'의 해서관을 썼다. 대북고궁박물원과 홍콩 천민루天民樓 등에 이런 기물이 소장되어 있는데, 조형과 문양이 기본적으로 동일하다(『중국역대도자감상』 사진 270, 271).

· 청화 운룡문 화형세(사진 270) : 세는 넓은 절연을 하고 입술이 두텁고 능화구이다. 구연과 기벽에 6줄의 凸릉이 있다. 복부는 깊은 편이고 평저이다. 구연상에 쌍룡희주문이 3쌍 있고, 내벽에는 칸 마다 운룡문을 그렸으며, 내저에는 구름 중에 비상하며 화염주를 희롱하는 두 마리 거룡을 그렸는데 형상이 생동하고 흉한하다. 바닥에는 쌍권 안에 2행의 '대명만력년제'의 해서관이 종으로 써져 있다. 문양이 그릇 전체에 가득하고 빽빽하며, 태질이 단단하고 희게 빛나며, 유색은 회백색이다. 청화는 농후하고 남색 중에 자색기를 띠며, 문양이 그다지 명석

하지 않다. 만력 전기의 전형적인 기물이다.

**사진 271** 청화 운봉문 항雲鳳文缸,
명·만력, 고49.5cm

· **청화 운봉문 항**(사진 271) : 가정·만력 양
조는 모두 대규모의 진설자기를 번조하였는
데, 현재 가정시에 구운 것이 많이 보이고, 만
력 것은 비교적 적다. 이 대항은 기체가 크고
조형이 질박 고아하다. 입이 크고 입술 끝이
편평하며 두터운 입술이 휘어지며, 복부가 깊
고 미세하게 볼록하며, 하부가 좁아들어 평
저를 이룬다. 입에는 송이구름문을, 밑동에는
변형연판문을 그렸다. 복부에는 날개를 나란히 하고 함께 나는 봉황문을 그렸
다. 봉황은 목이 가늘고 만곡하며, 양 날개를 활짝 펴고 긴 꼬리는 말아서 나선형
을 이루며 표표히 날고 있는데, 형태가 기이하여 과거에는 잘 보이지 않던 것이
다. 자태가 은근하고 서로 바라보며 영원히 떨어지지 않을 애정을 보여준다. 쌍
봉 사이에는 띠가 날리는 여의운을 점점이 배치하여, 전체 화면이 더욱 자연스
레 잘 어울린다. 청화색은 진하다. 구연 아래에 장방형곽 안에 횡서 '대명만력년
제'의 해서관이 있다.

· **청화 어조문 산두병**(사진 272) : 직구直口·장경長頸·원복圓腹에 굽이 있다. 만
력 청화산두병은 산두형의 직구가 가정 것에 비해 개활하고, 장경이 굵은 편이
다. 구부에는 회문대를 그리고, 구부 아래에 복연판문대와 절지화훼문을, 목에는
화훼와 나비문 등을 그렸다. 복부에는 어조魚藻문을 그렸는데, 수파와 수초 사이
에 수 마리의 자태가 다른 물고기와 게들이 노닐고 있으며, 최하부에 첩첩히 산
석을 두었다. 전체 조형은 예스럽고 단정하며, 화면은 소재가 풍부하고 분위기
가 활기차서, 천연스런 정경이 있을 뿐만 아니라 장식적인 아름다움도 있다. 어
해가 활발하여 흥취가 충만하다. 구부 아래에 '대명만력년제'의 6자해서관을 횡
으로 썼다. 1975년, 북경 순의현順義縣에서 출토한 '만력청화원앙비금문산두병'은
고56cm로, 조형이 이 병과 완전히 같으며, 다만 주문양이 원앙·비금·연화·수조·

**사진 272** 청화 어조문 산두병魚藻文蒜頭瓶, 명·만력

**사진 273** 청화 인물문 유개병人物文蓋瓶,
명·만력, 전고64cm

수목·산석문 이다. 모두 만력 청화자기 중의 전형작으로 수도박물관에 소장되어 있다(『문물』1979년 8기 참조).

· 청화 인물문 유개병(사진 273) : 입이 둥글고 장경은 약간 안으로 휘고, 어깨는 경사지며, 최대경이 어깨에 있다. 어깨 이하가 완만히 좁아들다 밑동에서 약간 외반하여 끝난다. 연잎형 뚜껑에 보주뉴가 있다. 기형이 참신 기발하고 과거에는 잘 볼 수 없던 것이다. 꼭지에서 바닥까지 9층의 문양대를 그려 장식하였다. 목에는 세장한 초엽문대를, 그 아래는 짧고 통통한 초엽문대를 그렸다. 어깨에는 매우 큰 여의두문대를 그리고 안에는 운학문을 채웠으며, 여의두문 사이 공간은 꽃송이로 채웠다. 복부에는 주문양으로 3인의 연단煉丹도인을 그렸는데, 공간에는 송죽매를 배치하여 더욱 고아하고 아름답고 그윽하게 보인다. 하복부에는 화훼당초문을, 밑동에는 해마가 하늘을 날고 있는 모습을 그렸다. 문양 포치는 번밀하고 층층이 선명하고 또렷하며, 청화색은 짙푸르다.

이 병은 만력33년(1605)묘에서 출토하였지만, 그려진 도인과 운학이 여전히

310

중국의 청화자기

전조의 유풍이 남아 있어 만력 전기에 구워졌다고 생각한다. 만력년간의 청화인물대병은 현재 많지 않지만 조형이 이것과 구별되는 것이 많으며, 기년묘에서 출토한 관계로 편년 기준작이 될 수 있다.

## (6) 민요 청화자기

『경덕진도록』의 기록에 의하면, 가정·융경·만력 시기의 경덕진의 유명한 민요와 사기장이 비교적 많았는데, 최공요崔公窯·주요周窯·호공요壺公窯 등이 있었다고 한다.

최공요는 명 가정·융경년간의 도공인 최국무崔國懋가 경덕진에서 번조한 자요로 그 청화가 민요의 으뜸이었다. 주요는 융경·만력 년간의 소주蘇州사람 주주천周舟泉이 번조한 자요로 방고기倣古器에 능하였다. 호공요는 만력시기 강서성 부량인浮梁人 오위吳爲가 번조한 자요이다. 오위는 별호가 호은도인壺隱道人이어서 호공요라 불렀다. 또 호십구昊十九라고도 불렀다. 근래 강서성 부량현 명묘에서 출토한 '오호십吳昊十' 청화원형묘지로 추정할 때, 오위는 즉 오호십구이며, 십구는 형제간의 장유순서로, 오호십과는 형제배에 속한다.

바로 이러한 당시의 유명한 거장들이 '관탑민소'제도의 실행에 참가함으로서, 만력 민요 청화자기는 태유·조형·문양·번조기술 방면에서 매우 큰 향상과 성취가 있었고, 민요 고급품은 관요제품과 거의 같았다.

① 태와 질 : 만력 민요청화자기의 태질은 새하얗고 태체는 얇아지고 자화 정도는 양호하다. 유는 섬세하여 희고 깨끗하며 청색기를 띤 백색이다. 청료는 상등의 국산 절료를 사용하였는데, 질이 보다 낮은 려능廬陵·영풍永豊·옥산玉山의 토청료도 사용하였다. 때문에 청화색도 아름다우면서 자색기를 띠는 것, 침잠한 청회색을 띤 것, 우아한 남청색의 3종류가 있으며, 색깔의 차이가 또렷하다.

② 조형 : 만력 민요청화자기 조형의 기본적인 특징은 후·박을 겸비하고, 대·소가 모두 있다는 것이다. 품종이 전보다 많아져서, 육각호·과릉호·다층투합·개합·

실솔개관·사각접시·군지·투공삼족로 및 붓대롱·벼루·합 등의 문방구류 등이 있으며, 형식은 가정을 따른 것이 많지만 다른 것도 있다. 쌍이유개삼족로와 각종 투합套盒은 이 시기의 특수 기형이다.

③ 문양 : 만력 민요청화자기의 문양은, 앞 시기의 전통 양식 외에, 일부 시대적 특색을 갖춘 문양과 공예도 출현하였다. 가정 이전의 인물·화조·어충魚虫 등의 문양은 공예적 형식이 강하고 회화적 형식이 약하였다. 가정 후기부터 중국화 구도식의 인물·산수·화조·금수·어충·박고博古 등이 출현하기 시작하였으며, 만력·천개 시기에 성행하고 더욱 성숙해졌다. 이들은 소승다少勝多(적음이 많음을 이긴다. 즉 간결한 표현), 사대묘寫代描(베끼는 대신에 창의적으로 그린다), 형사신形寫神(형태에 정신을 그린다), 물서정物抒情(내용이 서정적이다)의 사의화의 경지를 갖추고 있다.

황운붕黃雲鵬 선생은 그의 저서 『명대 민간청화자기의 편년明代民間靑花瓷的斷代』에서, 만력 민요청화자기 문양의 특징을 소개하면서 그 중요한 점을 택해 수록하였다. 즉,

▶ 화중영아花中嬰兒(꽃 속에 노는 아이들)·화중사자·화중용봉은 가정시에 비해 보편적이다.

▶ 기하형의 금문에 화창을 구성하는 형식이 다양하며, 전조에 비해 많이 보인다.

▶ 영지버섯은 타원형 여의주 모양을 띠며, 꼭대기나 양 측면에 4, 5개의 죽엽을 그렸다.

▶ 절지와 당초의 잎은 드문드문 있는 편이며, 권엽이 세장하고, 나선식이나 용수철 모양을 한 것도 있다.

▶ 여백을 보충하는데 죽지竹枝·절선折扇·절지괴折枝槐(회화나무)·쌍련·잡보 등을 사용한다. 이 시기 특유의 것이다.

▶ 용의 비늘은 간략화 되어 '톱날'형이 된 것이 많다.

▶ 봉은 가지 속을 날거나 머리를 돌리고 홀로 서 있는 형상이며, 길게 굽은

목에는 양측에 세장한 털이 그려져 있다.

▶ 사자곤수구문滾綉球文의 묶여진 띠가 특히 세장하다.

▶ 화조문은 새의 형식이 다양한데, 동세가 과장되고 힘차면서 민첩하다. 화과의 가지 끝에 앉은 것도 있고, 대숲이나 나무그늘 사이를 비상하는 것도 있으며, 산석과 향초 속에서 서 있거나 도약하는 것도 있는 등, 자태가 각양이면서 각기 그 운치를 다하고 있다.

▶ 짙은 색의 정교한 돌은 흰 토끼나 흰 사슴으로 받쳐주는 화법이 상견된다.

▶ '후록厚祿(후한 녹봉)'을 뜻하는 천관미록天官麋鹿(사불상)문은 만력에서 창시되어, 강희 전기까지 계속 이어진다.

④ 수출자기 : 명 융경원년(1567)에 명 조정은 해금령을 폐지하고, 만력시에는 다시 해금을 크게 개방하여 해외 무역을 더욱 원활하게 하였다. 그래서 만력시에 대량의 수출자기를 생산하였다. 강서성박물관에 소장된, 만력시에 생산된 '청화화창문능구대반'은 구경이 31.3cm로, 당시 수출 전용의 제품이다. 이 반은 태체가 얇고 자기질이 빛나고 투명하다. 외벽에는 연판형의 화창이 8개 있고, 중간에는 윤엽輪葉(둥굴레)절지를 하나씩 장식하였다. 내벽에는 영락문으로 서로 격리하여 연판문 화창이 8개 있으며, 그 안에 화훼·부평·잡보 같은 문양을 가득 그렸다. 내저면에는 금문 화창을 주변에 두르고 그 안에 참새·산석·화초·대나무·서운 등으로 주문양을 조성하였다. 문양이 정세하고 형태가 생동하며 구도가 별격이다. 이런 이국적인 정조의 장식 풍격을 일본인들은 '부용수芙蓉手'라 부른다. 이런 제품은 주로 동인도회사를 거쳐 수출하여, 유럽뿐만 아니라 동남아 각지에도 수출되었다. 일본의 에도江戶시대에도 대량 수입되었으며, 오래지않아 아리타有田에서 방제하여 대량 수출도 하였다. 이런 풍격의 수출자기는 그대로 명말청초까지 구워졌으며, 이것 외에, 라틴문을 쓴 수출자기도 있다.

⑤ 관지 : 만력 민요청화자기의 연호 관지는 '대명만력년제'·'대명만력년조'·'만력년제' 등이 있고, 일반적으로 바깥에 테두리가 없다. 또한 일종의 복합형식간지가 있는데, '만력년제덕화장춘萬曆年製德化長春'·'만력년제옥당가기萬曆年製玉堂佳器

'만력년제봉일루용萬曆年製捧日樓用' 등이 그러하다.

만력 민간청화자기에 기탁관을 쓴 것도 있다. 쌍권 속에 '영락년제'를 썼다. 또 쌍권 안에 '대명선덕년제(조)'·'선덕년제(조造, 치寘)'와 '대명성화년제(조)'·'성화년제(조)' 등을 쓴 것이 많다.

만력 민간청화자기의 길상어관으로 상견되는 것은, '만복유동萬福攸同'·'부귀장춘富貴長春'·'천하태평天下泰平'·'복수강녕福壽康寧'·'금옥만당金玉滿堂'·'영보장춘永葆長春'·'복福'·'록祿' 등이 있다.

만력 민간청화자기의 찬송관으로 '천록부귀天祿富貴'·'옥당가기玉堂佳器'·'부귀가기富貴佳器'·'상품가기上品佳器' 등이 있다. '대명년조大明年造'도 있다.

일부 왕공대신들이 주문해서 구운 자기에 사용처의 부명을 쓴 것으로, '덕부조용德府造用'·'학부조용郝府造用'·'정연재조程延梓造'·'만력구년萬曆九年(1581)이아치용李衙置用'·'장부조가기長府造佳器' 등이 있다.

만력 민간청화자의 도안관지로 선학·영지·난초·반장盤腸(소 내장, 반장盤長, 8길상을 뜻함)·토끼문·여의운두 같은 것이 있다.


· 청화 봉황모란문 병(사진 274) : 입이 작고 목이 세장하며, 복부가 둥글고 굽이 있다. 목에는 화훼당초문을, 복부에는 '봉황조양朝陽도'를 그렸다. 봉황은 반석 위에 서 있으며, 주위에 모란과 영지 등의 화초가 꽉 차서 떠받들고 있다. 봉황은 머리를 쳐들거나 돌리며, 몸을 쭉 뻗고 긴 꼬리를 땅에 내려뜨리고 있는데, 백조의 왕 다운 자태가 경쾌한 아름다움을 보여 주며, 화면이 화려하고 전아하다. 태체는 후중하고 질이 거칠고 단단하며, 유면은 청백색을 띠고 비교적 곱고윤이 난다. 청화색은 남색 중에 회청색기를 띠며, 문양은 다소 딱딱하게 보인다. 만력 후기 청화자기의 독특한 풍격을 보이는 민요 중의 상등 제품이다.

· 청화 영희문 장경병(사진 275) : 병은 반구에 장경이며, 복부가 볼통하고, 낮은 굽이 있다. 목에는 초엽문대를 그렸는데, 한 잎은 굵고 길게, 한 잎은 짧고 가늘게 하였다. 목 아래부터는 만초문의 가지 사이에서 춤추는 모습의 발가벗은

314

**사진 274** 청화 봉황모란문 병,
명 · 만력, 고27.8cm

**사진 275** 청화 영희문 장경병嬰戲文長頸瓶,
명 · 만력, 고14.8cm

동자를 그렸다. 아이의 머리는 매우 크고 자태가 생동 활발하다. 그림 솜씨가 난
숙하고 필력이 힘차다. 태질이 단단하고 유는 두텁고 균일하다. 청화색은 농염
하고 침중하다.

· **청화 팔선인물문 삼족로**(사진 276) : 직구에 복부가 깊고, 평저이며 아래에
3개의 수족獸足이 있다. 복부의 주문양은 '팔선도'이다. 해수·요대瑤臺·산석이 아래
에서 떠받치며, 팔선의 자태는 각기 다르고 속세를 초월해 자유롭게 보인다. 구
도는 비교적 번밀하며, 화면이 생동하고 자유자재하며, 용필이 분방하고 활발하
다. 청화색은 짙고 아름답다.

· **청화 모란사자문 표형병**(사진 277) : 병은 변형 표주박형으로, 직구·장경에
몸체가 상박은 원형이고 하박은 방형이다. 중간의 허리는 가늘게 졸아들어 있
고, 굽이 있다. 구연 아래에 금지문과 화훼를 그리고, 상부에는 두 마리 공작이
만개한 모란 사이를 비상하고 있고, 허리에는 당초문대를, 하부에는 길상을 상
징하는 기린과 사자 등의 서수를 그렸는데 모란당초가 이를 받쳐 준다. 회화는

**사진 276** 청화 팔선인물문 삼족로八仙人物文三足爐,
명 · 만력, 구경17.5cm

**사진 278** 청화 사자문 유개호獅子滾綉球蓋罐,
명 · 만력, 전고16.5cm

**사진 277** 청화 모란사자문 표형병牡丹獅文葫蘆瓶,
명 · 만력, 고44.7cm

숙련되고 필력은 힘차며 구상이 교묘하여 전체 문양이 한 폭의 비금주수飛禽走獸
하는 생동하는 화면을 형성한다. 태는 희고 정세하며 청화색은 남색 중에 회색
기를 띠며 민요청화자기 중의 전형적인 기물이다.

· **청화 사자문 유개호**(사진 278) : 직구, 단경에, 볼통한 복부는 아래가 좁아
들어 바닥 근처에서 미약하게 외반하며, 낮은 굽이 있다. 뚜껑에는 보주뉴가 있
다. 개면엔 점문과 여의운두문을 장식하고, 어깨와 밑동에는 각 변형연판문대를

돌리고, 복부에는 4마리 사자가 비단공을 굴리는 문양을 그렸는데, 사자형태가 각기 다르다. 바닥에 '대명만력년제' 관이 있다.

이런 민간 풍속을 소재로 한 문양은, 화사畵師의 가공을 거쳐, 형상이 생동하고 격조가 우미하며, 짙푸른 청화색과 어울려 농후한 민간 생활분위기를 더욱 풍부하게 보여 준다.

# 제7절 천계天啓 · 숭정崇禎의 청화자기

천계·숭정 양조는 역년이 길지 않아 겨우 24년으로, 바로 명말의 다사다난한 시기에 처해져, 사회는 불안하고 내외적으로 전쟁은 끊이지 않고 국력은 쇠퇴하고 재정은 급박하였다. 경덕진 어요 생산은 극히 불경기여서 거의 정지 상태에 가까웠다. 이 때문에 전세와 출토의 양조 연호관이 있는 관요청화자기는 매우 드물다. 천계와 숭정자기를 분별할 때, 관지가 없으면 매우 어렵다. 고로 양조 자기를 하나로 귀속시켜 '명말자기'라 칭한다. 천계·숭정 청화자기는 앞의 만력시의 풍격을 이어 받았고, 또한 명말청초의 새로운 면모를 열었다.

## 1. 천계 청화자기

천계(1621~1627) 시기는 공히 7년으로, 상술한 원인으로 번조된 관요청화자기는 생산량이 격감하였을 뿐만 아니라 질도 만력시에 비해 조잡하고 저열하다. 고로 전세 관요제품은 극히 드물게 보인다. 현재 '대명천계년제'관이 있는 것으로, '청화화조박태영롱소배'와 일본 네즈根津미술관 소장의 천계관요관의 '청화꽃바구니문절연반' 등이 알려져 있다.

① 태와 유 : 천계 청화자기의 태체는 일반적으로 후중한 편이며 태질이 거칠고, 특히 굽에 점사粘沙(모래가 묻어 있음), 탑저塌底(바닥이 내려앉음), 도도跳刀(굽바닥의 외곽을 돌아가며 춤추듯이 나란하게 난 칼자국)가 있는 것이 보편적인 현상이며, 병류의 기물에는 접합흔이 뚜렷하게 보인다. 그러나 소형기물과 기벽이 얇은 기물은 태질이 세밀하며, 특히 소배의 제작은 정교하고 세치하다.

천계 청화자기의 유는 청색기를 띤 백색 종류 위주이며, 회색을 보이는 것도 있다. 어떤 백유를 막론하고 유층은 고르고 얇다. 바닥은 유저釉底와 사저砂底 2종이며 유저가 많다.

② 조형 : 천계 청화자기의 조형은 두텁고 무거운 대형기물도 있으며, 태가 얇고 가벼운 소품과 무역자기도 있다. 무역자기는 주요 대상이 일본이기 때문에, 조형과 문양도 일본적인 풍격을 띤 것이 많다. 상견되는 기형으로 완·반·호·주자·병과 향로·촛대 등의 공양기가 있다.

③ 청료 : 천계 청화자기에 상견되는 청화색은 4종이 있다. 즉,

하나, 청화색이 불안정하여 심·천이 같지 않고 청화가 훈산暈散(퍼지는) 현상이 있어, 선조와 유면이 뒤섞여 깨끗하지 않다. 이런 훈산현상도 영락·선덕시 것과 달라서 태골에 깊이 들어가지 않으며 凹凸감도 없다. 북경고궁박물원 소장의 천계원년 관이 써져 있는 '청화쌍용이병'이 바로 이런 청화색조를 하고 있다.

둘, 청화색이 안정되고 색이 청담하여 청색 중에 옅은 회색기를 띤다. 북경고궁박물원 소장의 '천계원년미석은天啓元年米石隱'관이 있는 청화고靑花觚가 바로 이런 담묘淡描청화의 전형작이다.

셋, 청화색이 진하여, 흑남색이나 흑회색을 띠며, 이런 색은 후중한 청화자기나 관지를 쓴 것에서 많이 보인다. 문왕방현文王訪賢의 고사가 그려지고, '황명천계병인세길단皇明天啓丙寅(1626)歲吉旦'관이 써져 있는 청화향로가 바로 이런 짙은 청화색조를 보인다.

넷, 청화색이 연한 남색을 띠며, 산뜻하고 안정적이다. '천계오년오각동향天啓五年(1625)吳各冬香'관이 써진 로가 바로 이런 안정된 효과를 갖추고 있다.

중국의 청화자기

④ 문양 : 천계 청화자기의 문양은 사실적인 것이 위주이며, 화의는 대체로 거친 편이다. 필법은 호방하고 간결한 감필로 사의적인 구도의 경물을 그렸다. 또한 세밀하고 정교한 담묘淡描로 그린 인물과 경치도 있지만, 담묘의 인물과 형상 모두 매우 적다. 또 명 말기에 처음으로 준법을 사용해 산수인물을 그리기 시작하였다. 주목되는 것은 도교색채의 화면이 만력시에 비해 뚜렷하게 감소한 점이다. 문양 중에 일본의 예술 풍격을 반영한 것이 많은데, 선면扇面문과 피구皮球(고무공)화문花文 등이 그러하다. 청초에 성행한 제시련구의 풍조는 이시기에 이미 보인다. 이 무렵에 비교적 많이 보이는 참신한 도안은, 송록도·팔준八駿·몽환인물·구해龜蟹·초충봉접·어하魚蝦 외에, 추원사녀秋園仕女와 완 내저에 일필의 말과 그 둘레에 해수를 그린 것 등도 있다. 상견되는 문양으로는;

· **식물문** : 송죽매·절지화·석류꽃바구니·산석모란·연당초·포도·참외·월중계화·하련·연판·단화團花 등이 있다.

· **동물문** : 용·봉·팔준·송록·옥토·목우·화조초충·거북이와 게·벌나비·물고기와 새우·다람쥐와 포도·투계 등이 있다.

· **인물문** : 나한·달마·선인·나한(18나한, 탁탑托塔나한)·산수인물·몽환인물·누각인물·사녀·영희·이태백취주 등이 있다.

이외 선석문扇石文·화창 및 성타城垛(성가퀴; 성벽 위의 凹凸형 낮은 담)문 등이 있다.

⑤ 민요 청화자기 : 천계 민요청화자기의 생산량은 비교적 크며, 정세품도 적지 않다. 자태는 전부 고령토로 만들어 태질이 완전 자화되며, 태골은 조·세로 나뉘지나 지나치게 거친 것은 상당히 적다. 이 시기에는 굽바닥에 시유하지 않는 것이 많은 편이며, 사립이 묻어 있다. 보통 곱고 흰 사저가 많은데, 이것이 명말 청초의 독특한 굽 특징을 이루며, 편년근거의 하나가 된다.

유약은 대부분 약간 청색을 띤 백유이며 시유는 비교적 얇다. 유색이 비교적 푸르고 윤이 나는 것도 있으며 간혹 유색이 희게 바싹 말라버린 것 같은 것도 있다. 바닥면에 보통 침구멍 같거나 편상의 축유점縮釉點이 조밀하게 분포하며, 축유(유약이 말림)가 선을 이루거나 폭유爆釉(유약이 갈라터짐)현상을 한 것도 있다. 강서성 천계4년(1624)묘 출토의 청화병은, 문양과 바닥의 관지 위에 모두 바닥유보다 청백색인 마치 기름덩이 같은 유가 한 겹 솟아 있다. 마치 청화로 그림을 그리고 전체 시유를 한 다음, 다시 문양과 바닥 관지에 1층의 유를 바른 것 같다. 이는 천계시 병류 청화자기의 독특한 작법이다.

천계 민요청화자기는 국산 청료를 사용한 것이 많다. 색은 남색 중에 회색기를 띠는데, 즉 회흑색의 몽롱한 것은 적고, 남청색의 맑은 것이 많다. 농담의 색깔 차이가 분명하며, 흑색의 산화반점 같은 흠집이나 기타 잡색반점의 흠집이 없으며, 청화의 훈산현상도 보이지 않는다. 전체적으로 보아, 색은 일반적으로 가정·만력시의 산뜻함에 미치지 못한다.

천계 민요청화자기의 장식풍격은 질박·탈속하고 호방하고 과장된 감필의 사의화가 유행한다. 장식소재는 다양한데, 역대 관요도안의 규격화된 속박을 완전히 타파하여, 각종의 대소동물, 즉, 호랑이·소·고양이·새우·앵무·원앙 등이 전부 그림에 들어온다. 사의산수화도 비교적 성행하며, 일반적으로 싯구도 따른다. 이런 풍격의 자기를 일본도자계에서는 '고염부古染付'(고대청화)라 부른다.

회화수법상에서, 구륵선염법이 많으며, 세밀한 담묘청화도 있는데, 선조가 거침없이 호쾌하다. 만력에서 숭정까지 선염은 종종 윤곽선 밖으로 나오며, 뭉쳐 덩어리진 것도 있고, 종횡으로 줄줄 흐른 것도 있으며, 또렷하고 맑고 고운 것도 있고, 어두컴컴하여 모호한 것도 있다. 천계시의 산석그림은, 산석의 기복에 따라 준염皴染으로 그려 명암변화가 자연스럽게 발생하며, 색깔 차이가 풍부하고 또렷한 좋은 효과를 보인다. 천계에서 처음 창안한 이런 분수법(염색법)을 '산석준염분수법' 이라 부르며, 이 기법은 강희시기에 능수능란해졌다.

가정·만력 양조의 풍부한 도교적인 소재는, 천계시에 뚜렷이 감소하며, 인물고사·산수인물·화조·하해蝦蟹·초충·주수走獸 등이 화면에 많아졌다. 중국 사의화식의 화조·주수·산수인물·박고도博古圖 및 산수는 천계·숭정 양조가 독보적이다. 생명력이 충만한 '녹학동춘鹿鶴同春', 그윽한 향기를 날리는 난초, 보기 좋게 어우러져 자태가 다양한 태호석과 화훼, 부평초가 흐드러진 연못 속의 활기찬 수금이나 물고기 및 꽃나무 화초 사이로 날아드는 춘조나 오색나비와 풀벌레, 그리고 산수, 인물 …… 중국화의 구도와 필묵의 정취를 갖추지 않은 것이 없으며, 짙은 전원적인 시의詩意를 가지고 있다. 그림 속에 제시題詩가 있는 중국화의 구도 역시 이 시기에 성행한다(황운붕의 『명대 민간청화자기의 편년』 참조).

천계 민요청화자기의 문양은 내용이 광범위하고 풍부하다.

▶ 화훼는 모란·국화·병체련幷蒂蓮·서번련西蕃蓮·하화·영지·절지과·덩굴달린 포도·배추 등이 있다.

▶ 동물에는 사자·호랑이·코끼리·말·기린·해마·붉은원숭이·흰토끼·벌나비·모란공작·사자반구獅子盤球(공을 모는 사자)·고목한아枯木寒鴉(마른 나무의 갈까마기)·매림쌍희梅林雙喜·하화백로·연당물오리·단봉조양丹鳳朝陽 등이 있다.

▶ 인물화는 특색이 많은데, 각화刻畵의 변형수법을 채용하여, 따라서 표정과 자태가 훌륭하다. 나한·달마·천관사록天官賜祿·영희 등이 있다.

천계 민요청화자기에는 일부 특별한 문양이 있으며 시대적 특징을 갖고 있다. 몇 예를 들어보면;

▶ 인물의 다리 아래는 연상문練狀文(명주모양 문)을 장식하여 비현실성을 보여 준다. 부처·도사의 신상의 다리는 아래에 연조문練條文(명주띠 문)을 밟고 있는데, 구름 혹은 비현실성을 표시한 것이다.

▶ 영지가 '희喜'나 '수壽'자를 받치는 문양은, 영지가 마름모꼴로 생겼다. 만력 시의 영지는 타원형을 띤다.

▶ 3각여의운은 운두의 좌우와 아래에서 각기 운각이 밖으로 뻗어 나간다.

▶ 가는 다리의 미록麋鹿은 극히 간결한 선조로 윤곽을 그려 완성하는데, 스케치 같다.

▶ 편평한 어깨에 방형 날개를 펴고 나는 제비는 간결한 필치로 그렸다.

▶ 풍대風帶팔보나 풍대화보華寶는 풍대가 특징적이다.

▶ 몽환도경夢幻圖景은 천계자기의 특유의 문양이다.

▶ 산석은 규圭(홀. 위 끝이 뾰족하고 아래는 네모짐) 모양을 하거나, 테두리를 凹한 원호를 연결시켜 이룬다(화판변이라 한다).

제구題句는 만력·천계·숭정 3조 자기 중에 일반적으로 천계자기에서 볼 수 있으며, 그림과 함께 하는 것이 많다. 예컨대 그림은 '고주야박孤舟夜泊'이면 제는 "담기망세월談機忘歲月, 일소오건곤一笑傲乾坤(때때로 담소하며 세월을 잊고, 한번 웃음에 천지를 오시한다)"이고, 그림이 복숭아나무와 나비이면 제는 "종도도사 귀하거種桃道士歸何去, 전도유랑금우래前度劉郎今又來(복숭아 심은 도사 어디로 돌아가고, 한번 떠났던 사람이 지금 다시 돌아오네)" 등이다.

천계 민요청화자기에 본조의 연호관을 한 것은 극소수이고, 반면에 전조前朝의 연호관을 한 것이 상당히 보편적이다. 6자와 4자의 2종이 있는데 6자가 4자보다 많으며, 4자 중에 '製'가 '造' 보다 많다.

천계 민요청화자기에 길상어관이 상당히 많다. '만복유동萬福攸同'·'복수강녕'·'부귀장춘'·'천하태평'·'영보장춘永葆長春' 등이 있다. 이런 글자들은 대부분이 십자형 배열이거나 전문錢文(옛 동전의 글자)배열을 하며, 전문 배열방법은 상·하·좌·우로 하고 중간에 청화로 네모난 동전구멍을 그렸다.

천계 민요청화자기의 찬송관에는 '부귀가기富貴佳器'·'장춘가기'·'천록가기天祿佳器'·'상품가기上品佳器'·'동락가기同樂佳器'·'영창가기永昌佳器' 등이 있다.

천계 민요청화자기의 당명관에는, '죽석거竹石居'·'어사당於斯堂'·'경조군수방기京兆郡壽房記'(사진 279) 등이 있다.

천계 민요청화자기에는 간지기년관도 일부 있다. '황조천계년병인길단皇朝天啓年丙寅(천계6년 1626)吉旦'·'천계삼년당씨제조天啓三年(1623)唐氏製造'·'천계오년오각동향天啓五年(1625)吳各冬香' 등이 있다.

· 청화 연지하취도 팔각유개호(사진 280) : 구연 아래에 성타문城垛文('T'형문으로 장식한 것도 있다)을 장식한

**사진 279** '경조군수방기京兆郡壽房記' 관지, 명·천계

322

것은 명말 문양장식의 특색이다. 어깨에는 커다란 복연판문대를 그렸는데, 청료로 바탕을 칠하고 공백을 절지연꽃 모양으로 남겼다. 이런 장식법도 명말 청화문양 특유의 것이다. 복부의 주문양은 연지에 만개한 연화로, 여러 마리의 물총새가 연꽃 사이에서 스스로 날고 울면서 즐겁게 놀고 있는데, 그 사이에 각종의 날아다니는 곤충과 송죽·태호석을 끼워 넣었다. 연꽃은 물론이고 비조도 매우 크게 그렸으며, 매우 과장되고 생기가 넘친다. 이는 한 폭의 예술성이 매우 높은 화조화이며, 강렬한 시대적 특징을 갖고 있다. 밑동에는 중첩초엽문대를 그렸는데 안쪽의 초엽문은 가늘고 짧게 그려

**사진 280** 청화 연지하취도 팔각유개호蓮池夏趣圖 八方蓋罐, 명 · 천계, 전고35cm

상징성만 보인다. 태체는 육중하고 유색은 청색기 도는 백색이며 곱고 깨끗하다. 국산 절료浙料를 사용하여 색조가 산뜻하고 짙푸르다.

· **청화 화훼문 출극화고**(사진 281) : 화고는 원형이 많은데, 이 고는 사방형이고 원복圓腹출극에, 굽다리는 외반한다. 조형이 기발하고 참신하며, 과거에 잘 볼 수 없던 것이다. 목에는 태호석과 화훼를, 복부에는 화탁花托한 륜輪·라螺 ·산傘·개蓋의 4보를, 밑동의 4면에는 절지 포도문을 그렸다. 굽 가까이에는 변형 화염문을 장식하였다. 문양이 독특하며, 색조는 담아하다. 바깥 구연 아래에는 청화로 황곽 안에 '천계년미석은제天啓年米石隱製'관을 썼는데, 미석은은 당시의 유명한 서예가인 미만종米萬鍾이다. 천계조는 역년이 길지 않아, 연관이 있는 자기의 유존례가 매우 적은데, 그래서 '미석은' 관지는 더욱 보기 어려운 것이다.

· **청화 인물 주석장식주자**(사진 282) : 뚜껑을 감꼭지형으로 하고, 위에 옥제 꼭지손잡이를 박아 넣고, 손잡이 중간을 옥으로 서로 이어주며 그 안팎을 주석으로 테를 둘렀다. 몸통은 2개의 자기 필통을 잘라서 만들었다. 구상이 매우 독창적

**사진 281** 청화 화훼문 출극화고花卉文出戟花觚,
명·천계, 고32cm

**사진 282** 청화 인물문 주석장식주자人物鑲錫壺,
명·천계, 전고24cm

**사진 283** 청화 단룡문 촛대團龍文燭臺, 명·천계, 고49.2cm

중국의 청화자기

이다. 자태는 정세하고 청화색은 담아하며 복부의 문양은 방우도와 음주도이다. 인물 그린 것이 핍진하고 농담이 분명하며 제작이 정세하다. 매우 뛰어난 예술 작품이면서 진귀한 실용품이다.

· **청화 단룡문 촛대**(사진 283) : 촛대의 태체는 두터운 편이며, 청화색은 농염하다. 전면에 총 10층의 문양대를 베풀었는데, 단룡·잡보·초엽·연판 등이다. 기신에 천계원년(1621)의 명문이 있는데, 총 114자로 전문은 아래와 같다;

"대명 직예(하북성) 휘주부 흡현 곤수향 효행리 담빈례당 대사관에 거주하는, 선남자 황순경, 부인 손씨, 전처 정씨 주씨, 아들 황백정, 며느리 오씨, 딸 시아, 시봉. 손녀 복제, 접제, 소제. 기쁘게 받들어 향상 앞에 향로, 화병, 촛대 한 벌을 봉안하오니, 바라옵건대, 남자손자를 빨리 주시옵고, 온 가족이 무탈행복하고, 남녀 모두 평안하고, 수명이 오래가고, 만사여의하고, 복이 오래도록 많이 따르길 비나이다. 황명 천계의 중하월 길일에 쓰다.大明國直隷徽州府歙縣滾誘鄉孝行里潭濱禮堂大社管居, 信士弟黃舜耕, 室中孫氏, 前妻程氏朱氏. 男黃伯正, 媳婦吳氏, 女時娥, 時鳳. 孫女福弟, 接弟, 昭弟. 喜奉御香案前香爐, 花瓶, 燭臺一副供奉, 祈保早賜男孫, 合家淸吉, 人婿平安, 壽命延長, 萬事如意, 福有攸歸. 皇明天啓夫仲夏月穀丹文."

# 2. 숭정 청화자기

명조 마지막 황제인 숭정(1608~1644)의 재위 기간은, 국운이 쇠잔하고 내우외한이 빈번하여 조정이 매우 위태로운 상황에 처해 있었다. 이런 정치 조건 하에서, 경덕진의 관요자기는 생존의 방법이 없어 정파상태에 처했으며, 겨우 민요에서 조잡하게 만들어, 제자공예가 뚜렷이 하강한 것이 숭정시기 자기제작의 기본적인 특징이다.

① 태와 유 : 숭정 청화자기의 태질은 조질과 정질을 겸유하며, 명대의 고졸한 전통이 있으면서 또한 청대의 세치하고 엄밀한 특징을 갖추고 있다. 일반적으

로 태체는 후중하고 손질이 투박하며, 기형이 규정하지 못한 현상이 무척 많다. 태골이 얇고 가벼운 것은 적으며, 굽바닥에 항상 물레흔적과 거칠게 깎은 흔적이 있고 모래받침흔이 있는 것도 많다. 숭정시에는 천계시에 새로 나온 굽 처리법을 계승해서 더욱 확대 응용하였는데, 굽 가장자리를 노태로 한 것이 많은 편이며, 굽이 높고 깊으며, 접지면을 평평하게 하거나 둥글게 하고, 곱고 흰 사저이다. 청 초기에도 이 수법은 이어서 사용되어, 명말청초 자기의 공통된 특징을 형성한다. 정세품은 제작이 반듯하고 많은 기물에서 이미 청초의 여러 특징을 보인다.

유색은 청백색·백색 중에 청색기를 띤 것·백색 중에 회색기를 띠는 등 색조가 다양하다. 유층이 얇아서 명대 중기의 비후한 유면과는 차이가 많다. 일반적으로 유면은 빛나는 것과 빛나지 않는 것 두 종류가 있다. 입부분에 보편적으로 황갈색유를 베풀었다.

② 청료 : 숭정 청화자기는 주로 국산 절료와 강서성 청료를 사용하였다. 그중 민요에서 만든 일용 조질자기는 풍성豊城에서 나는 청료를 많이 사용하였는데, 발색이 안정적이고 남색 중에 회색기를 띠며 색택이 어둡고 흐린 것이 많다. 정색은 4종으로 구분할 수 있다. 즉,

하나, 색조가 암회색이고 훈산이 있으며, 짙은 색 속에 흑반이 있고, 훈산이 심한 것은 문양 및 글씨체가 분명하지 못하고 모호하며, 혼탁하여 맑지 못하다. 숭정 8년명과 운룡문 장식이 있는 '청화운룡문통형화로'가 그 예로, 훈산이 심하고 유가 흘러내린 현상이 있다.

둘, 색조가 순정하고, 낮고 묵직하며, 제작이 섬세하다. 병·로·합·호·반·완 등의 기형이 있다.

셋, 발색이 안정되고 회남색이나 흑남색을 띠며 만력후기 청화색조와 비슷하다. 기형에는 병·로·호 등이 있다.

넷, 산뜻하고 명쾌하다. 숭정12년(1639)명 정수완淨水碗 같은 것이 이 유형에 속한다.

숭정 후기에 청료의 연마가공이 더욱 정세해져, 청화색의 색깔 차이(종류)가 많아짐에 따라, 회화에서 비교적 분명하게 농담을 나타내는 것이 가능하게 되었다. 이것이 청화문양의 특색이 되며, 청초 청화자기 생산에 비교적 큰 영향을 끼쳤다.

③ 조형 : 숭정 청화자기의 기형은 전조에 비해 감소하며, 화고·향로·정수완 등의 제기가 많고, 동시에 병·호·반·완·다호·필통 등 일용생활기명도 있다.

· **통병** : 벌어진 입이 미미하게 외반하며, 목은 중간이 좁아들고 어깨는 경사진다. 복부는 직통형으로 길며, 사저는 무유이다. 이 조형은 만력시에 출현하였으며, 이때 와서 기형이 약간 변화하여, 구부가 이전보다 넓게 벌어지고 약간 외반한다. 문양에는 박고·화조·산수·인물 등이 있다. 새는 고목의 가지 끝에 앉아 있는 것이 많으며, 목에는 초엽문을 장식하였는데, 목을 돌아가며 크기가 틀리고 장단이 다르다. 이전의 만력 및 이후 청초의 초엽문 형상과 모두 다르다.

· **화고**花觚 : 구부와 저부가 밖으로 벌어지고 중간부위가 좁아든 형태이다. 이는 숭정시에 창시된 신조형이다. 청의 순치·강희시에 가장 유행한다. 상부에는 화조·서수·인물 등을 많이 그렸다. 중, 하부에는 각기 연당초·영지당초·초엽문대 등을 그렸는데, 모두 명대 풍격을 갖추고 있다.

· **팔각호(팔방관)** : 직구에 팔각형이며 어깨가 풍만하고 복부 아래는 좁아들어 평저를 이루는데 약간 외반한다. 사저는 무유이다. 입 위에 뚜껑이 있다. 구연 아래에 성타문 혹은 'T'형문을 많이 그리고, 어깨에는 매우 큰 복연판문을 그렸다. 복부에는 연화절지와 편복(박쥐) 등을 그렸는데, 꽃과 잎이 모두 크다. 밑동에는 하향한 초엽문을 그렸다. 천계·숭정시기에 상견되는 기형이다.

· **필통** : 직구와 외반구, 2종이 있으며 기벽은 직통형이나 속요형이다. 평사저平砂底이다. 구부는 노태이거나 황갈색유를 씌웠다. 문양은 인물고사 위주이며, 명말청초에 상견되는 기형이다.

· **정수**淨水**완** : 또는 '해등海燈'이라 부르며, 불전의 공양기이다. 입술이 달린 구부에, 복부는 둥글다가 아래가 좁아들고, 굽은 높고 깊으며 무유에 노태이다.

숭정시에 창시된 신 기형이며 곧바로 강희시까지 이어지며, 순치시에 가장 유행한다. 다른 점은 기신이 약간 낮고, 복부가 아래로 빠지고 구경이 개활하다. 문양은 인물과 산수가 많다. 숭정12년명 정수완은 청화색이 물론 이 시기의 전형적인 것이다.

· **향로** : 벌어진 입이 내만하며 복부가 볼통하다가 아래가 좁아들며 높은 굽이 있고, 사저는 곱고 둥근 모양이다. 태체가 후중하고 태질은 섬세하며, 문양 그림은 깔끔하고 아름답다. 간지가 없는 연호를 쓴 것도 있으며, 유사한 것으로 천계원년(병인)청화향로 같은 기물이 있다.

④ 문양 : 숭정 청화자기의 문양 소재는 광범위하고, 구도는 생동하고 자연스러우며, 문양 내용은 사생화가 위주이다. 화법상 변형과 과장 수법을 채용하여 화풍이 비현실적인 면이 있는 것이 그 특색이다. 문양은 굵직한 선조를 많이 사용하고, 담묘화법은 적게 보이며, 발묵과 엇비슷하게 칠한 것도 있다. 산수에는 중국화의 구도를 많이 사용하여, 산수 중의 고사古寺·모옥·초정·벽돌다리·편주·나무·어옹·초부·고사·노인 등은 생동하여 정취가 없는 것이 없다. 팔대산인八大山人과 석도石濤의 그림과, 이곡동공異曲同工(곡은 달라도 정교한 솜씨는 같은)의 묘미가 있다. 인물은 정·조가 모두 있으며, 명대 후기의 호방하고 생동하는 풍격을 갖고 있다. 또 해수산석용문의 도안은 용필이 섬세하고, 산은 딱딱하며, 물은 멈춰 있고, 돌은 수척하다. 산봉우리 양측에는 보통 물보라가 드문드문 그려져 있다. 정면용의 형상은 머리를 산발하고 늙어서 비실비실한 모습인데, 이미 청대 풍격과 유사하다.

구연 장식은 보편적으로 문양을 사용하지 않고, 완과 반의 구연 외면에 일반적으로 1줄이나 2줄의 현문을 그렸다. 극소수가 문양을 그렸다. 구연 내외에 그림을 그린 것은 더욱 적다. 이 시기의 주변장식에 보통 'T'형이나 성타형 문양을 사용하며, 또 1단회문·정반삼각형연속도안·인동초·영지문 등이 있다. 격자창 모양의 각종 금지화창이나 변식도 매우 유행한다. 동시에 담묵수채화와 유사한 준점법皴點法을 창조하여, 곧장 강희10년(1671)경 까지 계속 사용되며, 그 이후는 적게 보인다.

숭정 청화자기에서 상견되는 문양으로는;

· **화과문** : 송죽매·포도·절지화·연당초·국당초·맨드라미·병체련·모란잠자리·절지모란·여의모란·선엽화旋葉花·영지·복숭아·석류·총각과總角果 등.

· **금수문** : 운룡·해수룡·정면용·화중룡·화조·매화조작梅花鳥雀·금지학토錦地鶴兔·사자모란·기린·자모호子母虎·와우·말·단리團螭·단학團鶴·송학·송봉松蜂·후록猴鹿·원앙연화·어조문 등.

· **산수인물문** : 도마刀馬인물·문왕방현文王訪賢·고사애국高士愛菊·산림은사·팔선·나한·영희·장원도壯元圖·천관미록도天官麋鹿圖·아동박혁도兒童博弈圖 등.

이외에도 일부 문자를 쓴 것도 있는데, 희囍·선善·수壽·복福·귀貴 및 장원급제 등등과, 卍자운·과엽등만瓜葉藤蔓·결대수구結帶綉球·영지탁보주靈芝托寶珠 등이 있다.

숭정 청화자기에는 또 일부 독특한 장식적 문양이 있어 편년하는데 근거가 된다. 예컨대 『적벽부』 전문과 함께 한 동파유적벽도東坡游赤壁圖·로정야압蘆汀野鴨·거위발 모양(삼각형)잎의 모란화·운각雲脚 내측에 점을 가한 卍자구름·넝쿨이 가득한 포도당초·지목한아枝木寒鴉·만개한 난초꽃송이 등, 이런 장식은 전조에서 보기 힘든 것들이다(이정중·주유평, 『중국청화자』 참조).

⑤ 관지 : 숭정 청화자기에서 연호관은 매우 보기 힘든데, 소수의 완·반·배의 바닥에 '대명숭정년제' 혹은 '숭정년제'의 해서관이 써져 있다. 남경에서 수차례 발견된 과거고시용 자기의 바닥에, '기묘과치己卯科置'(숭정12년, 1639), '응천계유과치應天癸酉科置'(숭정6년, 1633), '임오과치壬午科置'(숭정15년, 1642) 등의 관지가 써져 있다.

숭정 청화자기에는 선덕·성화·정덕·가정·만력 등의 기탁년호관이 많은 편이며, 6자와 4자의 2종이 있는데 6자가 4자보다 많으며, '제'와 '조'의 두 가지로 쓴다.

숭정 청화자기에는 또한 간지기년관의 것이 있다. 예로 '병자지하운림자서丙子之夏雲林子書'·'숭정정축세공봉신사왕대원희사崇禎丁丑歲供奉信士王大元喜舍'·'대명숭정십일년납월초십일大明崇禎十一年臘月初十日'·'숭정이년맹하길일조崇禎二年孟夏吉日造' 등이

**사진 284** 청화 인물문 정수완人物文淨水碗,
명·숭정, 구경19.3cm

있다. 또 '대명년제'·'대명년조'의 4자해서관을 쓴 것도 있다.

숭정 청화자기에 길상어관을 쓴 것도 많다. 상견되는 것으로, '복福'·'수壽'·'선善'·'귀貴'·'옥玉'·'아雅'·'장원급제'·'부귀장춘'·'만복유동萬福攸同'·'장명부귀'·'영보장춘永葆長春' 등이 있다.

숭정 청화자기에 또 일부 당명堂名·재명齋名관이 있는데, '총국재叢菊齋'·'박고재博古齋'·'우향재雨香齋' 등이 상견된다.

· **청화 인물문 정수완**(사진 284) : 완에 인물·산수·화초를 그렸다. 청화 예서로 '대명국강서도남창부남창현,신사상인소병희,조정수완일부공봉초공순천왕어전,숭정십이년(1639)중추월길입.大明國江西道南昌府南昌縣信士商人蘇炳喜助淨水碗壹付供奉肖公順天王御前,崇禎十二年仲秋月吉立.'5행44자를 썼다. 초공은 파양호鄱陽湖의 신이라 한다. 공들인 그림에 선명한 색조 및 태유와 조형 모두가 숭정 청화자기의 표준작이라 할 수 있다.

· **청화 들놀이그림 병**(사진 285) : 입이 외반하고 목은 중간이 좁으며, 경사진 어깨에 복부는 긴 직통형이고, 사저砂底는 무유이다. '통병筒瓶'이라고도 부른다. 구연 아래에 듬성듬성한 대·소 2종의 하향한 초엽문을 장식하고 입술에는 황갈유를 베풀었다. 복부에는 주문양으로 한 폭의 생동하는 들놀이 그림을 그렸다. 주인은 손에 채찍을 잡고 준마에 타고 들놀이를 가는데, 뒤에는 수명의 하인이 뒤따른다. 혹은 양산을 바치고, 혹은 깃발을 들어 주인의 고귀한 위엄을 과시하며, 전방에는 지팡이를 짚고 있는 노옹이 인사하는 모양을 하고 있다. 화면이 생동 핍진하다. 주위에는 산석 수목과 화초로 주제를 돋보이게 하는데, 숙련된 기교로, 분수分水(염색)와 준염법皴染法을 사용해 화면을 농담을 가린 다양한 색조로 색칠을 하여, 한 폭의 진귀한 중국인물산수화의 걸작이 되었다.

**사진 285** 청화 들놀이그림 병郊遊圖甁, 명·숭정, 고47cm

**사진 286** 청화 화조문 고花鳥文觚, 명·숭정, 고44cm

**사진 287** 청화 순마도 유개호馴馬圖蓋罐,
명·숭정, 전고17.2cm

**사진 288** 청화 인물문 필통, 명·숭정, 고22cm

제4장 명대 청화자기

· **청화 화조문 고**瓠(사진 286) : 고의 구부와 저부는 나팔형을 하며, 복부는 길쭉하며 평저이다. 백유로 바탕을 삼아 전면을 상·중·하로 3분하여 문양을 베풀었다. 하부는 하향한 초엽문을 그렸는데, 1층은 길고 넓고 크며, 1층은 짧고 작아 단지 시늉만 내었다. 중간부는 영지당초문을 베풀었다. 상부에는 연지 풍경을 그렸다. 정정한 연꽃은, 혹은 피기를 기다리는 봉오리모양이고, 혹은 진흙에 물들지 않고 만개한 모습이다. 연잎은 바람 따라 하늘거리며, 물총새는 그 사이를 날아다닌다. 3 부분의 문양대는 백유로 나누어져 있다. 유창한 선조와 생동하는 구도는, 화면의 전개를 분명하게 할 뿐 아니라 생활의 정취를 풍부하게 하였다.

· **청화 순마도 유개호**(사진 287) : 호는 입이 작고 목이 짧다. 어깨가 경사지고 복부는 미약하게 볼통하고 아래는 졸아들며, 사저이다. 위가 평평한 뚜껑이 있다. 개면에는 산석을, 개벽에는 난초를 그렸다. 복부에는 청화로 한 폭의 순마도를 그렸다. 산석 옆에 말을 매는 말뚝이 서 있고, 두 마리 말이 머리와 꼬리를 흔들며, 순종하는 모습을 한다. 말을 길들이는 사람은 득의양양하여 등 뒤로한 손에 말채찍을 잡고 서 있다. 간결한 문양으로, 말의 움직임과 사람의 표정을 그대로 표현해 내어, 자연스러움과 생동감과 의미심장함을 느끼게 하며, 무르익은 생활의 정취를 갖추고 있다.

· **청화 인물문 필통**(사진 288) : 복부에 통경通景장식기법을 사용하여, 산뜻하고 맑고 고운 청화로 담장·울타리·산석·수목·인물 등을 그렸다. 그린 내용은 '금의환향'의 고사와 비슷하다. 문양은 겹겹이 색칠을 하였는데, 음영이 분명하고, 성기고 조밀함에 정취가 있으며, 필법이 준수하다.

# 제5장
# 청대 청화자기

# 제1절 개설

청조(1644~1911)는 특히 강희·옹정·건륭의 3조에서 제자업이 전성기를 맞아, 역사상 최고의 수준에 도달하였고 황금시대에 진입하였다. 여기에는 네 가지의 요인이 있다.

첫째, 수차례의 전란을 이겨내고 전국을 통일한 청 왕조는 장기적인 안정을 꾀하기 위해 사회경제 발전에 유리한 조치를 시행하였다. 예컨대 토지의 재분배를 실행하고, 수리사업을 일으키고, 일부 과세를 면제해주고, 수공업 공인들의 '장적匠籍'제도를 폐지하는 등, 이런 조치는 곧 사회 생산력을 보편적인 수준으로 회복시키고 발전을 이루게 하였다.

둘째, 청대의 제왕, 특히 강희·옹정·건륭 3제는 모두 비교적 자기를 애호하였다. 강희 본인은 서양의 과학기술을 중시하여, 저명한 법랑채 품종이 바로 강희 시에 국외 채료를 도입하여 창소한 것으로, 분채의 대발전의 기초를 마련하였다. 옹정은 더욱 자기를 중시하여 제자공장들에게 중상重賞(거액의 보너스나 상품)을 수여하는 방법을 채용하여, 자기질의 향상을 촉진시켰다. 건륭은 각종 공예품을 애호하여, 거의 광적인 수준에 도달하였다. 이들 모두가 관요자기의 생산을 신속하게 발전시켰다.

셋째, 청초에 어요창을 회복하고, 감독관을 파견하여 감조와 관리를 하게하고, '관탑민소官搭民燒(관부에서 민요에 하청을 주어 제작시킴)' 방법을 추진하여 민요 생산의 발전을 꾀하였다. 제자기술이 명대의 기초 위에서 진일보한 향상과 발전을 이루어, 신품종과 신기술이 끊임없이 생겨났으며, 고품질의 제품이 더 이상 특별한 것이 아니었다.

넷째, 청대 국외 수출자기의 수량이 거대해졌으며, 당시의 수출자기는 외국에서 지정한 기형·문양·유색·채색에 맞추어 제작되었다. 더불어 국내 자업시장이 날로 확대되어, 민요제자기술의 향상을 크게 촉진시켰으며, 자업생산 요인이 진

334

중국의 청화자기

일보하였다.

관요는 청초 순치順治시기에 이미 회복되었지만 번조가 아직 정비 중이어서, 초기에는 뚜렷한 성취가 없었다. 강희 19년(1680) 이후, 관요의 번조가 정상궤도를 달리기 시작하여, 각 조의 제왕의 직접적인 관심 아래 매우 거대한 성취를 이루었다. 특히 공부工部와 내무부에서 인원을 파견하여 감조와 관리를 실행하게 하였는데, 중요한 요관窯官으로는, 강희시의 내무부 광저사廣儲司 낭중郎中 서정필徐廷弼, 강서순무 낭정극郎廷極, 공부 우형사虞衡司 낭중郎中 장응선臧應選과, 옹정시의 연희요年希堯, 당영唐英 등이 유명하다. 그들은 요무를 감독 관리하는 나머지 시간에, 제자 기술의 연구에 힘을 기울여, 방고와 창신 모두 거대한 성취를 이루게 하였다. 가히 청대 관요는 강희에서 시작하여, 명대의 영락·선덕 이래로 있어 왔던 품종의 특색을 회복하였을 뿐만 아니라, 허다한 신품종을 창소하였다고 말할 수 있다.

청대를 통틀어, 경덕진은 시종일관 중국 자도瓷都의 지위를 지켜나갔으며, 또한 제자의 최고 수준을 대표하였다. 경덕진은 어요창을 회복하였을 뿐만 아니라, 민요 생산을 발전시켰다. 청초에 경덕진 민요에서 자업에 종사하는 공인이 수 만 명에 이르렀다. 프랑스 선교사인 '피에르 당트르코에(중국명 은홍서殷弘緒)' 신부가, 강희51년(1712) 9월 1일에 요주饒州에서 발송한 편지 안에, 당시 경덕진의 야경을 형용하기를, "마치 화염에 둘러싸인 거대한 성 같으며, 또한 수많은 굴뚝이 있는 커다란 화로 같다."고 하였다. 이로 보아 이 시기 경덕진 민요의 제자업의 흥왕과 번영을 쉽게 추측할 수 있다.

경덕진 민요 자업의 발전과 번영은, 또한 청초에 실시한 '관탑민소' 방법에 힘입은 바가 크다. '관탑민소'는 명대에 시작되었지만, 강희 19년 이후에 비로소 고정적인 제도가 되었다. 관요기는 대다수가 어요창 안에서 날그릇을 완성하거나 성형 공정을 거친 후에, 민요의 '포청호包靑戶' 중에서 탑소하였다. 이런 방법의 실시는, 민요 제자기술의 향상에 도움을 주었고, 민요 제자업의 번영과 발전을 촉진시켰다. 고품질의 제품은 거의 관요 제품과 구분하기 어려울 정도의 수준에 도달하였다.

청대 청화자기는 강희·옹정·건륭 3조가 피크였으며, 건륭 이후, 상류층의 부패와 경제의 쇠퇴, 외침과 내란으로 사회 생산력이 공전의 파괴를 당하였다. 경덕진 관요자기의 질도 급격히 하락하고, 특히 아편전쟁 이후 경덕진 자업은 전체가 쇠락하는 상황을 보이면서, 질이 하강하고 수량이 격감하여 자업생산이 유지 정도의 상태에 처해졌다. 민요 청화자기는 비록 국내외 시장의 수요로 인해, 판매량이 매우 거대하고 극히 흥왕하였지만, 강·옹·건 3조 시기의 그런 정품은 매우 적었다.

## 제2절 순치順治 청화자기

순치(1644~1661)시기의 청화자기는, 명말의 기본 풍격을 계승하여, 유태·조형·문양·청료색 등 모든 방면에서 명말의 숭정 청화자기와 비슷하다. 때문에 이 무렵에 해당되는 허다한 제품들은 단지 개략적으로 '명말청초'의 번조품으로만 판단할 수 있지, 명확한 편년은 하기 어렵다. 근래 몇 년 동안 도자계의 일부 학자들이 이 방면의 연구에 종사하여, 순치·숭정 자기를 합리적으로 감별하고 위치를 정하는 것을 도모하였는데, 이는 매우 의의 있는 작업이다. 순치시기는 전국이 아직 통일을 하고 정권을 공고히 하는 시기여서, 궁정이 어요창의 번조에 고개를 돌릴 여유가 없었다. 이 때문에 순치시기의 관요관지가 있는 전세 청화자기가 극히 드물다.

## (1) 태와 유

순치 청화자기의 태체는 여전히 후중하지만, 태질은 숭정에 비해 단단하고 곱게 보이며, 어떤 것은 비교적 전형적인 청대의 자태瓷胎를 하고 있다. 기형은 고졸하고, 조질기물은 굽바닥을 경사지게 대충 깎았으며, 사립이 묻은 것이 많다. 정세한 굽의 접지면은 둥근 미꾸라지 등(니추배泥鰍背) 같이 매끄러운 편이다. 굽은 명대에 비해 높아졌고, 강희시에는 더욱 심하다. 명 만력시기에 출현한 일종의 안쪽이 낮고 바깥이 높은 경사진 넓은 굽은, 순치시에도 여전히 많으며, 그 굽바닥은 시유하지 않은 것이 많고 몹시 매끄럽다. 2층으로 된 굽도 보인다.

유는 대체로 청백유로, 유면은 윤기가 부족한 난청색卵靑色이 많이 보인다. 유층은 강희 중기 이후 것에 비해 두텁다. 전기의 조질자기의 유면은 혼탁한 편이다. 기물의 구연은 명말 이래 황갈색유를 베푸는 작법을 유지하고 있어, 순치 청화자기의 중요한 특징이 된다.

## (2) 조형

순치 청화자기의 조형은 질박하고, 태체는 후중하며, 조형이 비록 부분적으로 전조를 이어받아 명대 유풍을 갖고 있지만, 또한 일부 참신한 품종도 출현한다. 주요한 기형으로 통병·산두병·감람橄欖(올리브)형병·통화고筒花觚·장군호將軍壺·향로·정수완 등이 있다.

· **통병(통형병)**(그림 105) : "상퇴병象腿瓶"이라고도 부른다. 넓은 입이 약간 외반하고 목이 짧고 경사진 어깨를 한다. 복부는 직통형으로 길고, 평저는 무유의 사저이다. 만력시에 이미 초기형식이 출현하는데, 직구에 목이 길고, 어깨가 풍만하며

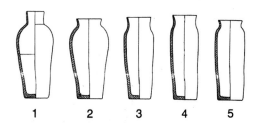

**그림 105** 통병筒瓶(통형병) 변천도
①만력 ②천계 ③숭정 ④순치 ⑤강희

복부 아래가 좁아들고 굽바닥은 시유된다. 천계·숭정에는 벌어진 입이 외반하고 목이 짧으며, 경사진 어깨는 약간 벌어지고 어깨 아래부터 좁아들어 평저를 이룬다. 순치시는 기신이 이전보다 길쭉해지고 복벽이 거의 직선에 가깝다. 강희시에는 목이 짧게 변한다. 문양은 박고·화조·산석파초 등이 많이 보인다.

· **올리브형병** : 반구에 목의 중간이 좁은 속경<sub>束頸</sub>이다. 복부가 볼통하고 하복부는 좁아들어 평저가 되며 미미하게 외반한다. 태체가 후중하고 유질은 비옥하다.

· **통화고** : 입이 외반하고, 중간 허리부분이 미미하게 축약되며, 기신이 세장하고 평저에 무유이다. 태질은 새하얗고, 구부에 황갈색유를 베푼 것이 많다. 문양은 산석파초·기린·고목화조·용문 등이 많이 그려진다. 용문은 호방한 준점반<sub>皴點斑</sub>으로 그리고 편운이 받쳐주며, 청화색은 산뜻하지 못한 것이 많고 또한 유면에 혼탁 현상이 있다.

· **화고** : 입이 외반하고, 목 아래가 점차 좁아들어 복부가 미미하게 볼통하며, 복부 아래가 점차 밖으로 벌어져 입과 거의 비슷하며, 사저이다. 문양은 기린파초와 인물고사 등이 많다. 통화고에서 변하여 된 기형이다. 숭정시에 최초로 출현하며, 청초에 복부가 점차 돌기하여, 강희시에는 고복상<sub>鼓腹狀</sub>을 이룬다.

· **장군호(관)** : 보주뉴 달린 뚜껑이 장군의 투구 같아서 붙은 이름이다. 명의 가정·만력시기에 처음 보이며, 순치시에 기본형이 정립되고 강희시에 대량 나타난다. 호는 직구에 어깨가 둥글고 복부가 아래로 좁아들며, 편평한 사저에는 화석홍색이 이따금 보인다. 기형이 풍만하고 높이가 1m에 달하는 것도 있으며, 어깨에 구멍이 있어 위의 자물쇠와 연결된다. 출토한 장군호는 불교 승려의 골호인 것이 많다. 상용된 문양은 꿩모란·운룡·기린파초·보상화 등이 있다.

· **정수완** : 입이 미미하게 내만하거나 외반하며, 둥근 복부가 아래로 좁아들어 굽이 되며, 태질은 섬세하고 구부에 황갈색유를 베풀었다. 명 후기의 기신에 비해 약간 낮고 작다.

· **통식향로** : 직구에 통형이고 평저는 무유이다. 구연에 보통 황갈색유를 시유하고, 연당초·운룡·기린 등을 많이 그렸다.

· 완 : 입이 내만한 것이 많지만, 외반한 것도 있다. 동석洞石·추엽秋葉·화훼 등을 많이 그렸다.

## (3) 문양

순치 청화자기의 문양의 특징은, 명 후기의 고기잡이나 목우牧牛 같은 민간생활의 분위기가 풍부한 소재가 점차 사라지고, 이를 대신해 호방한 괴석화훼와 섬세하고 말쑥한 인물고사가 전형적인 시대 풍격을 보여 준다. 상견되는 문양으로 운룡·서수·인물·산수화훼 등이 있다.

· 운룡 : 운룡을 소재로 한 그림은, 관·민요 청화자기에 모두 있다. 용체는 우람하여 생기가 넘치고, 상하의 모발은 곧추서고, 입을 벌리고 이빨을 드러내며 눈동자는 튀어나와있다. 관요의 용문은 형태가 정숙하고, 민요의 용은 크고 웅장하다. 돈날준점頓捺皴點 수법으로 유룡遊龍을 선염으로 처리하고, 부운이 휘날리며, 단룡團龍은 몸의 일부가 구름에 가려져 신체가 몇 부분으로 나눠지는데, 고로 '운룡삼현雲龍三現'이라 부른다. 이런 얼룩 같은 구름문은 순치시에 가장 유행한다. 또 구름송이의 외연을 윤곽선으로 구륵하여, 하나의 희게 드러난 원권을 형성한 것도 있는데, 특수한 편이다.

· 서수 : 산석파초와 동반한 기린과 독각수 등이 많으며, 이외에 사자와 호랑이류는 용필이 호방하고 생동한다. 강희시에 성행한 기금괴수奇禽怪獸의 화창 도안은 역시 여기서도 만연한다. 청화색조는 짙은 것과 연한 것이 있으며, 심지어 퍼지게 하여, 맹수의 기세를 더욱 부각시킨 것도 있다.

· 꿩모란 : 명 가정·만력시에 처음 꿩모란과 산석모란이 나왔으며, 이때 유행하기 시작한다. 모란의 꽃송이는 만개한 모양이고 내심 화판은 양변으로 나눠져, '쌍의모란雙犄牡丹'이라 부른다. 이런 도안은 천개시기에 처음 시원적인 형태를 갖추지만, 강희시기에 성행하여 하나의 시대적 표지가 된다.

· 인물 : 영희·사녀·나한·신선 등은, 자태가 우아한데, 배경으로 하여금 인물

을 부각시킨다. 원산근수와 정자가 있는 정원이 한 화면에 모여 있으며, 그림이 공교하고 세밀하다. 분수법과 준점법, 담회와 농필, 선염 등의 기법을 채용하였다. 명대 후기의 그림 속에 제시 및 관기를 쓰는 관습이 이때도 나타난다.

· **수엽산석** : 민요 청화 완·반 중에, 한 조각 나뭇잎이나 단일한 동석 및 편엽동석片葉洞石 문양이 많이 그려지며, 나뭇잎 옆에 제구가 함께 하는데, 서체가 비교적 규정하고, 예서·행서·초서등 서체는 여러 종류이다. 제구에는 '오동일엽생梧桐一葉生(오동잎 하나 생기니), 천하신춘재天下新春再(천하에 새봄이 다시 옴을 알겠다)', '오동일엽락梧桐一葉落(오동잎 하나 떨어지니), 천하진개추天下盡皆秋(천하에 모든 가을이 다했음을 알겠다)'와 '황엽낙혜안남귀黃葉落兮雁南歸(단풍잎 떨어지니 기러기는 남으로 돌아간다)' 등이 많다. 홍엽문을 그린 곁에는 역시 '홍엽존서신紅葉傳書信(단풍잎에 사연을 적어), 기여박정인寄與薄情人(박정한 사람에게 부치노니)' 등의 제구가 있다.

추엽이 동석과 동반하는 것 외에, 목련이 동석과 동반하는 도안도 있으며, 이런 도안은 늦게 강희 초년까지 계속 사용된다. 동석 도안은 일찍이 명대 말기에 출현하여, 순치시에는 용필이 박력이 있으며, 천개의 섬세하고 유연한 모양을 개변시켜, 돌을 삐쩍 마르고 정교하게 그린 것이 많다.

이외, 화훼문 중에 모란·목련·파초·연화 등이 있다.


## (4) 청료


순치 청화자기의 청료는 계속 명 후기의 국산 절료를 채용하였으며, 청화색조가 비교적 풍부하고, 농담과 음양면의 차이들을 능히 가려서 표현하기 시작하여, 강희 청화자기의 발전을 위한 기초를 마련하였다. 순치 청화자기의 청료에 또한 부분적으로 강서 '토청'료도 사용하였다. 순치 청화자기의 색은 한 색이 아니라 아래와 같은 몇 가지 색이 있다.

하나, 청취색(새파란색)으로, 강희시의 '취모남翠毛藍'에 매우 근접한다. 짙은 청녹색으로 색조가 산뜻하고, 고요하고 평온한 감이 있다. 유면은 윤기나고 태골은 치밀하고 새하얗다.

둘, 담남색(옅은 남색)으로, 발색이 침착하며, 색조가 천계·숭정시의 동류의 정색과 같다. 층차가 분명하며 변화가 풍부하다.

셋, 흑남색(검푸른색)으로, 색택이 선명함을 결하고, 퍼지는 현상이 있어 문양이 종종 모호하여 깨끗하지 않다.

넷, 순수한 남색으로, 청화색조가 순정하고, 유면이 고르고 깨끗하며 난청색卵靑色을 띤다. 청화가 짙은 곳에 응집된 흑반이 있지만, 영락·선덕시기의 흑갈색 반점과는 다른데, 영락·선덕청화가 태골을 스며들어 내는 운치가 결핍되어 있다.

## (5) 관지

순치 청화자기에 관관官款이 써진 것은 많지 않다. 쌍권 안에 '대청순치년제'의 6자해서관이 써진 것은 테두리 권광圈框이 비교적 크다(사진 289). 간혹 '순치년제' 관이 있는데, 테두리가 없다. 청화색조는 침착하고, 서법에 명대의 유풍이 있는데, 홍치관 같은 부드러움 속에 굳셈이 있는 것과 비슷하며, 자체가 반듯하다.

민요 청화자기에는 다수의 간지기년관이 있다. 청화색조는 침착한 청색 외에, 혼몽한 상태를 보이는 것도 있는데, 자체가 정연하지 않는 것이 많다. 명말에 유행한 당명관은, 이 시기에는 보이는 것이 많지 않으며, '계선당繼善堂'·'백화재百花齋'·'백옥재白玉齋'·'우향재雨香齋'·'재상헌梓桑軒'·'서주서원西疇書院'·'이로암霽露庵' 등이 있다. '옥당가기玉堂佳器'관은 일찍이 가정·만력시에 출현하였는데, 청 순치시기까지 전해져 특히 많이 보이며, 서체도 해서·예서·전서 등 다양하다.

**사진 289** "대청순치년제" 관지

**사진 290** 청화 산수도 통형병山水圖筒瓶,
청·순치, 고44.4cm

**사진 291** 청화 천녀산화도 완天女散花圖碗,
청·순치, 구경12.9cm

• **청화 산수도 통형병**(사진 290) : 입이 외반하고, 목이 짧고, 몸이 긴 직통형이며, 평저는 무유이고 바닥에 현문이 있다. 병 목에는 절지화초문을 그리고, 복부에는 주문양으로 산수도를 그렸는데, 먼 곳에 산들이 높이 솟아있고, 근경에는 물위에 작은 다리가 있으며, 다리 위에 한사람이 걸어가고 있다. 산 사이에는 부운이 둘러싸고, 산에는 길게 뻗은 우람한 소나무가 있으며, 원산에 은은하게 모옥이 보인다. 산수는 '부벽준'법으로 그리고, 근경은 진하고, 원경은 청담하다. 색깔은 청남색인데 음영이 분명하다. 이는 한 폭의 예술성이 매우 높은 수묵산수인물화이다. 그림 한 쪽에 예서체의 제사題詞를 1수 썼는데, '계사추일에 서주서원을 위해 그린다.癸巳秋日寫爲西疇書院'의 기년관이 있다. '계사'는 순치 10년(1653)으로, 순치청화자기 중에 매우 중요한 편년 기준작이다.

• **청화 천녀산화도 완**(사진 291) : 완은 복부가 깊고 입이 외반하며, 굽이 높고 깊은데 노태는 곱고 매끈하고, 유저이다. 태질은 섬세하고 백유를 베풀었는데 구부는 옅은 황유를 씌웠다. 내벽 구연에 회문대를 그리고, 벽에는 영희도를 그렸는데 한 아이가 화초 사이에서 놀고 있으며, 형상이 활발하고 천진하다. 외벽에는 마주보는 2조의 '천녀산화도天女散花圖'가 있다. 선녀는 한들거리는 구름 위에서 옷자락을 휘날리며, 자태도 가볍게 꽃과 꽃가지를 사방에 흩뿌리고 있어, 한 폭의 꽃비

가 난분분하는 미려한 도안을 구성하였다. 선조
는 섬세 유창하고, 청화는 담아하고 윤택하다. 천
녀산화는 하나의 민간신화 고사인데, 자기상에는
잘 나오지 않는 소재이며, 이런 담묘의 청화자기
역시 잘 보이지 않는다. 바닥에는 쌍권 안에 '대청
순치년제'의 6자2행해서관을 썼다. 관요 순치년관
기명은 매우 적으며, 고로 이것은 보기 힘든 명품
이다.

· **청화 기린문 호**(사진 292) : 호는 직구에 목
이 짧고 복부가 볼통하고 평저는 무유이다. 속칭
'장군호'이다. 목에는 삼각형여의운두문대를 그렸
는데, 이런 문양은 매우 시대적인 특징을 갖는다.
복부에는 기린정원파초문을 가득 그렸는데, 기린
파초문은 명말청초 청화자기에 비교적 유행한 소
재이다. 두 마리 기린을 매우 생동 활발하게 그렸
는데 기린의 머리가 특히그렇다. 청화색은 남흑
색으로 침착하며 층차감이 풍부하다. 이런 기린
문이 있는 장군호는, 매우 선명한 시대적 특징을
갖고 있는데, 명말 숭정과 청초 순치의 양조에서
많이 보이며, 순치시기가 더 많다.

**사진 292** 청화 기린문 호麒麟文罐,
청·순치, 고27.6cm

· **청화 인물도 정수완**(사진 293) : 입이 벌어지
고 입술이 외반하며, 목이 미약하게 좁아들며 복
부가 깊은 편이다. 평저에 작은 굽이 있는데 굽과
바닥은 유가 없고, 입에는 황갈유가 시유되었다.

**사진 293** 청화 인물문 정수완人物圖淨水碗,
청·순치, 구경20.3cm

외벽에는 청화로 나한도를 그렸다. 나한은 머리가 크고 앞뒤가 튀어나오고 이목
구비가 선명하며, 승의를 입었다. 자태가 평화롭고 엄숙하다. 한 쪽에 제기가 있

는데, 내용은, "거사 진유모는 경건하게 정수완 하나를 만들어, 호심사 불전에 즐거이 봉공하나니, 길상여의하게 하소서. 순치정유년여름 삭망에 세우다.信士陳 有護虔製淨水碗一座, 喜奉湖心寺佛前永供, 吉祥如意. 順治丁酉年季夏日塑望日吉立."이다. '정유'는 순치14년, 즉 1657년이다.

이 완은 명말청초의 특징을 갖추고 있는데, 황갈유를 씌운 입과, 입 아래 하향한 삼각형초엽문대를 그린 것 등이 그러하다. 이 완의 유층은 비교적 두텁고 청색기를 띠며, 청화색은 짙고 자색기를 띤다. 굽 바닥에는 밀집된 선삭문이 있다. 절대연대를 가진 과도기의 편년 기준작으로 중요하다.

· **청화 운룡문 병**(사진 294) : 입이 반구에 목이 길고 복부가 볼통하며, 큰 굽 바닥이 미약하게 외반한다. 구연 아래에 하향한 호형 초엽문이 선명한 시대적

**사진 294** 청화 운룡문 병, 청 · 순치, 고54cm

특징을 보여준다. 복부 한 쪽에는 4조爪 용 한 마리를 그렸는데, 사방 주위에 화염문을 장식하였다. 다른 한 편에 기년 제구를 썼는데, 내용은, '계선당 18세현손 진여평은 병과 향로 한 벌을 만들어 두노니, 만대토록 천운이 영원하길 희구하며, 순치경자년국추월길일에 세우다.繼善堂十八世玄孫陳如平置造瓶爐一副, 求屬萬代不朽之兆天運, 順治庚子年菊秋月吉日立.'이다. '경자'는 순치17년(1660)이다. 이 병은 순치말 강희초 청화자기를 연구하는데 편년 기준작으로 가치가 높다.

## 제3절 강희康熙 청화자기

　　강희(1662~1722) 시기 청화자기는, 청대 청화자기의 으뜸이다. 청대 자기발전의 절정기에 위치하여, 제작수준이 높을 뿐 아니라 발색이 아름답고, 그 고아하고 심원하며 층차가 분명한 색조는 청대의 여타 각조의 제품과 비할 바가 아니다.

　　강희 청화자기의 태질은 견치하고 희며, 단면이 '찹쌀떡' 같고, 보편적으로 후중한 감이 있다. 유면은 반들반들하고 부드러우며, 태와 결합이 긴밀하여 미세한 흠집도 비쳐 보인다. 유색은 청색기를 띤 백색인데, 밝게 빛난다. 또 일종의 장백유漿白釉(미음같이 흰색)도 있는데, 유면이 특별히 희다. 청화는 주로 국산 절료를 사용하여, 색은 청록색이 위주이다. 문양은 초충화훼·용봉화조·어충주수魚虫走獸·산수인물 및 시사명부詩詞銘賦 등이 많다. 조형은 풍부하고 다양하며, 품종이 완벽히 갖추어져 있다. 주요 기형으로는, 매병·통형병·산두병·천구병·옥호춘병·표형병·방병·장경병·각종 봉추棒槌(방망이)병·화고·각종의 준·주자·호·항·향로·세·합·반·완·배 등이 있다. 강희제는 재위가 61년에 달하며, 청화자기가 끊임없이 발전과 창신을 하였기 때문에, 도자계는 이 시기를 종종 전기·중기·후기로 나눈다.

345

# 1. 강희 전기의 청화자기

강희 전기는 일반적으로 강희 19년(1680) 이전을 가리킨다. 이 시기의 청화자기는 유태·조형·회화풍격이 모두 명대의 유풍을 간직하고 있다.

① 태와 유 : 강희 전기 청화자기의 태는 후중하며, 거칠고 대충 처리하나, 순치 청화자기의 태질에 비하면 약간 단단하고 세밀함을 느낀다. 대형기는 접합흔이 뚜렷하고, 바닥에는 깎아낸 도흔이 있고, 굽바닥이 거칠고 요사窯砂가 묻어 있으며, 노태부분은 화석홍 현상이 있다.

강희 전기 청화자기의 유면은 기름지고 윤택하며, 색택은 청색기를 띠는 백색이다. 유색이 침착하며 유면에 종안棕眼이 있고 구부는 황갈색유를 씌웠다. 후태 기물은 구부에 갈백유를 칠했다.

② 조형 : 강희 전기 청화자기의 조형은 순치 청화자기와 비교하면 형상과 구조가 크게 변하지 않으며, 향로·필통·장군호·산두병·통형병·정수완·화고·준·완·반 등이 상견된다.

③ 청료 : 강희 전기 청화자기에 사용된 청료는 계속 국산 절료가 위주였다. 발색이 침착하고, 주로 회남색과 흑남색이며, 색조에는 몽롱한 종류 외에, 비교적 새파란 것도 있으며 유면이 고르고 청백색을 띤다.

④ 문양 : 강희 전기 청화자기의 문양 풍격은 여전히 순치회화의 유풍을 보유하고 있어, 호방하고 거침이 없는데, 예스럽고 질박한 것과 정교하고 섬세한 것이 병존한다. 후태厚胎의 병류나 완·반에는 여전히 평도平塗수법의 회화여서, 도안이 딱딱하다. 산수는 보통 피마준법을 사용하는데, 산봉우리는 농필이나 담필로 칠해 덩어리 모양을 이루며, 근산은 극히 짙고 원산은 극히 연하다. 화훼문은 선조가 모두 거침이 없고 호방한 편이며, 사용된 색은 비교적 무겁다. 어떤 도안은 흰 공간을 작게 남기고, 전체를 침착한 흑남색의 도안화문으로 가득 베풀었다. 문양에는 운룡·화조어충·산수·누각·인물·연당초문 등이 많다. '福'·'壽'자 및 길상 도안이 출현한다. 문양과 제자題字가 종종 함께 결합한다.

⑤ 관지 : 강희 전기 청화자기에는, 명확히 강희년제관을 쓴 것 외에, 주로 간지기년관을 많이 썼는데, '대청을사년제大淸乙巳(강희4년, 1665)年製'나 '대청정미년제大淸丁未(강희6년, 1667)年製' 같은 것이 있다. 당명관은 그다지 많지 않은데, 바깥에 테두리 쓴 것이 많고, '세금당世錦堂'·'중화당中和堂'(사진 295) 같은 것이 있다.

**사진 295** '강희계축중화당제' 관지

## 2. 강희 중기의 청화자기

강희 중기 청화자기의 시한은, 강희 19년의 어요창이 대규모로 번조하기 시작하는 것을 기점으로 하여 강희 40년(1701) 이전까지 이다(하한을 강희 44년이나 45년을 잡는 사람도 있다). 이 시기 청화자기는 최고로 성숙한 단계에 접어들어, 관요와 민요자기가 모두 제작을 깊이 연구하여, 질이 매우 높은 작품이 출현하였다. 색료에서 유태에 이르기까지, 더욱 엄격하게 정련하고 정교함을 더하였다. 사용한 청료는 최고의 국산 절료이며, 과학적인 방법으로 처리하고, 등급을 나누어서 자기상에 사용하였다. 중국 수묵산수화의 '분수分水'준염皴染과 서양화의 투시기법을 받아들이고 본보기로 삼아, 화면을 사실감이 풍부하게 하였다. '분수'는 즉, 묘사한 구륵선 안에 함수량이 82~96%의 청료로 전색塡色(색 메꿈)한 것이다. '준'은 즉, 물체의 결(주름)이나 음양을 드러내는 것이다. 즉 산과 바위의 주름을 농담이 서로 다른 청료로 설채하여 표현하였던 것이다. 이런 회화기법은, 농염하고 호방한 문양이나 담아하고 섬세한 도안을 막론하고 이용되었다. 그래서 원산근수에 첩첩이 우뚝 솟은 산봉우리, 자유분방함과 고상함, 변화무쌍한 음양, 드문드문 성기거나 빽빽이 무성한 것을 막론하고, 모든 것을 자유자재로 표현할 수 있었다. 이 시기의 조형과 품종은 모두 청화자기 제작의 절정에 도달하여, 특히 화사하게 새파랗고, 청신하고 명쾌한 색조와, 층차가 분명한 색깔의 차이는, 역대에 보기 힘든 것이다.

### (1) 태와 유

강희 중기 청화자기의 태질은 수비가 정결하여, 색이 새하얗고 섬세하며, 태골은 전보다 더욱 얇고 견치하다. 중량도 전기보다 약간 가벼우며, 태체가 비록 후·박의 구분이 있지만, 설사 박태라 해도 여전히 몸체가 무거운 특징이 있다. 강희 전기 청화자기의 태체는 아직 순치시의 후중한 특징을 탈피하지 못하고, 강희 중기가 되어서야 점차 얇게 변하지만, 또한 옹정시의 얇고 가볍고 준수한 것과는 또 다르다. 강희 청화자기는 대부분 번조가 매우 정치한데, 그 공은 가장 먼저 태체의 정량함과 성형기술의 능숙함에 응당 돌려야 한다. 굽바닥의 처리가 섬세하여, 둥근 미꾸라지 등(니추배) 모양을 하고 노태부분은 희고 곱고 윤이 나며, 화석홍색이 보이지 않는다. 어떤 것은 구부에 장백유漿白釉를 씌웠으며, 구부에 황갈유를 씌운 기물은 많지 않다.

강희 중기 청화자기의 유색은 분백색粉白色이 위주이며, 장백색도 있다. 분백유는 소성온도가 약간 높아야 가능하기 때문에, 유면의 결합이 긴밀하여, 경도硬度를 보다 높게 한다. 장백유는 소성온도가 약간 낮기 때문에, 유질이 약간 푸석하게 보이며, 태체도 얇고 가벼우며, 질도 단단하지 않다. 그러나 이들 둘의 유면은 모두 전기에 비해 유층이 얇다.

### (2) 조형

강희 중기 청화자기의 조형은, 가히 양식이 무리를 이루고 품종이 많아서 그 수를 헤아리기 어렵다. 명의 선덕·가정·만력 3조와 비교하여, 그를 넘고 미치지 않는 것이 없으며, 청대 조형의 근원을 개창하였다. 각식의 완·반·배·병·호·주자·로·항·발·준·필통 등이 고루 제작되었다. 순치 이래 출현한 신형의 장군호·화고·향로·통형병·필통 등은 이 시기에 더욱 보편화되었다. 일부 청화자기의 조형은 이미 전기의 기형과 약간 차이가 있는데, 병과 고觚 같은 기물들의 형체는 더욱 합리적으로 나아가고, 윤곽선도 더욱 우미해진다. 또한 허다한 참신한 기형과 방고기의 기형들이 출현하였다.

· 원봉추병圓棒槌瓶(그림 106) : 형태가 봉추(방망이)를 닮아 이름을 얻었다. 반구에 목이 짧고, 둥글게 꺾인 어깨에 복부는 긴 통형이고 굽이 있다. 저부는 평절식의 2층 계단을 한 것이 많다. 기형은 대소가 다르고, 복부는 높고 낮고 굵고 가는 구분이 있다. 복부가 굵은 것은 기형이 장중하고, 가는 것은 준수하다. 강희 전기의 기형은 낮고 굵으며, 중기 이후는 세장하다. 옹정시기의 조형과 구별하기 위해, '경봉추병硬棒槌瓶'이라고도 한다.

· 방方봉추병(그림 107) : 입이 외반하고, 목이 짧고, 어깨는 평평하다 미약하게 꺾어져 사방 직통형을 띤다. 긴 복부는 위가 넓고 아래가 좁으며 바닥은 방형의 굽을 하고 凹바닥은 시유되어 있다. '방병方瓶'이라고도 부른다. 북경고궁박물원에, '경오추월사우장운거완庚午秋月寫于薔雲居玩'의 관이 있는 '청화산수어가락도漁家樂圖방봉추병'이 소장되어 있는데, 이런 유의 대표적인 기형이다.

· 유추병油槌瓶 : 입이 작고 입술이 둥글다. 목은 세장하고 복부는 둥글고, 평저에 무유이거나 굽에 시유된 것이 있다. 그 평저의 태와 유가 만나는 곳은, 미미하게 깎아 노태가 원을 그린다. 형태가 기름을 짜는 공방에서 사용하는 유추油錘

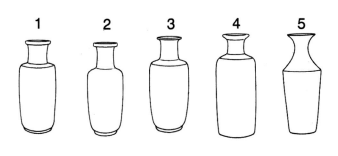

**그림 106** 봉추병 변천도
①강희전기 ②강희중기 ③강희후기 ④강희후기 ⑤옹정

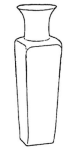

**그림 107** 방봉추병

**그림 108** 화고花觚

**그림 109** 관음준觀音尊

**그림 110** 요령준搖鈴尊

**그림 111** 사과준苹果尊

와 비슷하여 붙은 이름이다. 태체가 후중하고, 대·소가 있다.

· 발제荸薺(올방개)편병 : '직경병直頸瓶'이라고도 한다. 강희시에 출현한 신 기형이다. 기형이 고졸하고 풍격이 독특하다. 직구이거나 외반구이며, 목은 길거나 굵고 길며, 납작한 복부에 굽이 있다.

· 화고花觚(그림 108) : 나팔상의 입에, 긴 목이 점차 좁아들며, 복부는 볼통하다 아래가 좁아들고, 굽바닥이 외반한 것도 있다. 구경과 저경이 대략 비슷하다. 입과 목이 외반하여 봉미형鳳尾形 을 띠기 때문에, '봉미준'이라고도 부른다. 저부는 유저나 무유평저이다. 2층굽을 한 것이 많다. 그릇에 대소가 있는데, 큰 것은 높이가 2m에 달하나, 일반적으로 10~20cm가 많다.

· 관음준(그림 109) : '관음병'이라고도 한다. 강희시의 전형적인 기형으로, 형태가 관음의 손에 쥔 병 모양과 비슷하다하여 붙인 이름이다. 외반 입에 목이 길고 어깨가 풍성하고, 복부 아래가 점차 좁아들며, 체형이 길쭉하다. 저부는 외반하며 굽이 있다. 대·중·소 모두 있는데, 큰 것은 높이가 약 1m에 달하며, 중형은 44~50cm, 소형은 약 20cm이다.

· 요령준搖鈴尊(그림 110) : '지추병紙槌瓶'이라고도 하며, 강희년간에 유행한 기형이다. 작은 입은 미미하게 외반하고, 목이 세장하며, 어깨가 풍성하고 복부가 넓고 평저이다. 요령과 매우 비슷하여 이름을 얻었다. 중후한 감이 있는 것이 많으며, 청화동채(유리홍) 제품이 많다. 바닥에 '대청강희년제'의 6자해서관이 있

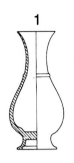 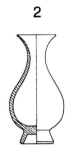 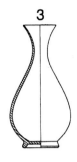 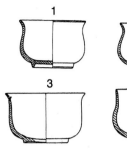

**그림 112** 비파준琵琶尊 변천도
①강희 ②옹정 ③건륭

**그림 113** 발형로鉢形爐 변천도
①순치 ②강희 ③옹정 ④옹정

는 비교적 진귀한 관요기이다.

· **사과준**(그림 111) : 청대 강희시기의 전형적인 기형의 하나로, 형태가 사과 같은 일종의 수우水盂이다. 투구형 입은 凹하고, 복부는 둥글고 바닥면은 미미하게 위로 융기하며, 굽은 시유되었다. 크기가 고루 있다.

· **비파준**(그림 112) : 입이 벌어지고, 목이 좁아들고, 둥근 굽은 넓은 것과 좁은 것이 있으며, 2층의 받침식이다. 기형이 장중·고아하고, 태체가 후중하다.

· **향로**(그림 113) : 명말과 순치시의 이런 외반 입의 발형로鉢形爐와 대체로 비슷하다. 굽은 유저이거나 무유의 사저이다. 강희시의 기형이 약간 높고 색이 깊다.

· **필통** : 강희 필통에서 가장 많이 보이는 것은, 직통형·외반입의 속요형. 죽절형 등이다. 크고 작고 높고 낮은 각종의 기형이 있으며, 구부는 노태에 무유인데, 간혹 황갈유나 분백유를 씌운 것도 있다. 바닥은 무유인데, 평저·벽형저璧形底·쌍권저雙圈底가 있다. 전기의 필통은 보통 구부의 상면에 작고 긴 홈을 파고 구부 외면에 종속문양대로 장식하였다.

## (3) 청료

강희 중기 청화자기에 사용된 청료는 주로 국산 절료이다. 제련이 극히 순정하며, 새파랗게 밝고 아름다운 보석 같은 청남색이다. 분수법을 채용한 관계로,

층차가 많고 색 차이가 많으며, 필법이 분명한 특색을 보인다. 보기에 활발하고 선명하며, 명쾌하고 아름답다. 청료는 침착하고 가벼운 느낌은 없다.

## (4) 문양

강희 중기 청화자기의 문양은, 소재가 광범위하고, 내용이 풍부하고 다채롭다. 명말청초 화가인, 동기창董其昌·진홍수陳洪綬·유반원劉泮源·화암華嵒·사왕四王(왕감王鑑·왕시민王時敏·왕휘王翬·왕원기王原祁) 등의 영향을 깊이 받아서, 구도가 자연스럽고, 경지가 뛰어나고 심원하다. 동시에 청화색의 완미함과 새로 개발한 채료의 풍부함이, 자화瓷畵가 완벽한 경지에 이르게 하였다. 강희 20년(1681) 이후, 과거를 널리 열고 한족문화를 선양함으로 해서, 자기에 대량으로 시문사부詩文詞賦를 쓰기 시작하였다. 어떤 경우에는 심지어「등왕각서」「전, 후 적벽부」등의 문장 전편을 썼다. 또한『삼국연의』『서상기西廂記』『수호水滸』등과 같은 인물고사도 상견되는 소재였다. 또 도마刀馬(전쟁)인물과 청장淸裝(청나라 복장)인물의 수렵 광경도 비교적 많이 출현한다. 상견되는 문양으로, 용봉·산수·화훼·화조·인물 등이 있다.

· **용봉문** : 운룡·간주룡趕珠龍(여의주를 좇는 용)·행룡·해수룡·어화룡·독룡·쌍룡·입룡 등이 있다. 그중 해수룡은 출수교룡과 구룡뇨해九龍鬧海(9용이 바다에서 시끌벅적하다)도안이, 교룡이 구름과 물에서 꿈틀거리면서 출몰하여 풍우를 질타하는 웅장한 기백을 생동감 넘치게 표현하였다. 정면용은 머리가 네모지고 이마가 넓으며, 종종 이마에 '王'자를 써놓았다. 또 다른 용문 하나는, 크고 웅혼한 대형 용문과 가늘고 비쩍마른 소룡을 함께 병존시켜 대비가 선명한 것도 있다.

제왕과 제후를 비유하는 용봉문이 대량 출현하는데, 용비봉무가 극히 기품이 있어, 황권과 황위의 고상함과 지존함을 상징한다. 봉문은 또 운봉문·연화비봉飛鳳·단봉조양丹鳳朝陽·백조조봉百鳥朝鳳 등이 있다.

· **인물문** : 강희 청화자기는 인물을 소재로 한 것이 일정한 비중을 차지한다.

관습적인 영희·사녀·승려·팔선 외에, 또한 『봉신방封神榜』·『삼국연의』·『수당연의』·『수호』·『서상기』 등의 역사고사와 신화전설에서 소재를 취하여, 문왕방현文王訪賢·공성계攻城計·목란종군木蘭從軍(목란이 종군하다)·주처참교周處斬蛟(주처가 교룡을 베다)·죽림칠현 등이 등장한다. 강희 청화자기의 인물소재에는 또 전쟁장면(속칭 '도마인刀馬人')의 희극고사를 표현한 그림이 적지 않다. 명말청초의 진노련陳老蓮(진홍수) 일파는, 역사고사와 연의소설에 그려진 삽도의 필법으로, 자기 도마인의 그림에 일정한 영향을 주었다. 인물 윤곽선은 매우 세밀하며, 드물게 얼굴을 색칠한 것 외에(옹정시 인물 얼굴에는 비교적 많다), 대다수가 단지 윤곽선 안에 점으로 입과 눈을 표현하는데, 이것이 강희 청화자기의 인물화의 특징이다. 강희 중, 후기에 그려진 사녀는 형상이 고대高大하여, 기골이 우람하고 기개가 넘치며, 인물의 구성이 돋보인다. 후기에 그려진 인물은 갈수록 청수해지고 인물이 축소된다. 이때 반심盤心에는 보통 형상이 고대하고, 고요히 앉아 있거나 화장하고 있는 사녀를 그렸는데, 타래머리가 높이 솟고, 얼굴이 풍만하며 눈썹이 초승달 같고, 입술이 붉은 점 같으며, 모습이 단정하고 진중하다.

· **산수** : 사계 풍광과 원산근수를 주제로 하여 인물을 그려 넣었다. 산수는 부벽준과 피마준 등의 기법을 채용하고, 또한 분수법으로 그윽하고 청신하며, 농담이 적절하게 어울린 선염을 하여, 산수의 입체감을 표현하였다. 어떤 것은 서양화법을 흡수하여, 광선의 강약을 이용해 중중첩첩한 산들의 음양을 표현해, 산수화면의 색조의 콘트라스트가 비교적 크다.

· **금수** : 수사자·기린·독각수를 소재로 한 것을 '삼수三獸'라 부르며, 강희시 자기 중의 독특한 화면이다. 형태가 핍진하여, 명대보다 더욱 사실감이 있다. 또한 천천히 숨을 내뿜는 광경을 더하여 그린 것은, 더욱 이수異獸의 흉맹강건함을 두드러지게 한다.

· **화훼** · **화조** : 화훼는 당초화가 많고, 사계화훼도 있는데, 연당초가 가장 많다. 화조는 영모화훼 곤충어초가 많으며, 없는 것이 없다.

· **서법** : 일찍이 만명晚明에서 청초까지, 문자로 장식을 한 것이 점차 하나의

풍조를 이루었다. 강희 20년(1681) 이후, 과거제도의 개혁으로, 청화자기에 허다한 문인 생활을 반영하는 시사가 출현하며, 혹은 불후의 명부名賦들이 써졌다. 예컨대 『출사표出師表』『성주득현신부聖主得賢臣賦』『적벽부赤壁賦』 등이 그러하다.

### (5) 관지

강희 중기 청화자기의 연호관은, 일반적으로 강희 10년(1671) 이후부터 점차 증가하여, 강희 20년(1681) 이후, 본조 연호관을 쓰는 제도가 이루어졌다. 전세하는 '대청강희년제' 관이 써진 기물은, 기본적으로 중기 이후의 제품이다. '대청강희년제'의 6자해서관은, 쌍권쌍행(사진 296)이 있으며, 쌍권이 큰 편이다. 또 무권에 3행으로 가로쓰기한 것도 있다. '강희년제'의 4자관은 테두리 없이 2행으로 가로쓰기를 하며, 모두 해서이고, 전서관은 보이지 않는다. 관지는 기물의 바닥이나 내심에 쓰며, 자체가 빼어나게 우수하고, 필력이 깔끔하다. 청화색은 순정하고 염려하며 침착하다.

이외, '항풍당박고제恒豊堂博古製'·'경외당敬畏堂'·'편석片石' 등과 같은 당·재명堂·齋名의 관이 있다. 자체는 일반적으로 해서이고, 서법의 우열의 차이가 극히 크다. 별도로 추엽·단룡·단리團螭·단학·화형·물형을 기물의 바닥에 그린 것도 있다.

**사진 296** '대청강희년제' 관지

## 3. 강희 후기의 청화자기

강희 후기는 강희 40년(1701) 이후, 혹은 강희 44년(1705) 이후, 낭정극郎廷極이 강서 순무에 임명되어 경덕진 어요창의 요무를 주관한 것으로부터 시작한다. 강희 후기 청화자기는 유색이나 청화색 등 모든 방면에서 변화가 일어나, 옹정시의 그런 전형적인 청화자기가 이 시기에 이미 소량 출현하였다.

① 태와 유

강희 후기 청화자기의 유질은, 어떤 것은 이미 옹정시의 태질같이 곱고 윤기가 있으며, 태골이 고루 얇은 수준에 도달하였다. 일반적으로 제품은 중기에 비해 더욱 얇고 깨끗해졌으며, 자화 정도가 더욱 좋아졌다. 유면 역시 중기의 그런 분백색粉白色에서 곱고 단단한 청백색으로 바뀌었다. 그러나 절대 다수는 여전히 곱고 윤기 나는 분백색이다. 태와 유의 결합이 긴밀하여, 맑고 깨끗하고 단단한 옥 같은 질감을 준다.

② 청료

청화색조도 중기의 농염한 새파란색에서, 점차 연하거나 어두운 회색으로 변하였다. 어떤 색깔은 불안정하여 훈산(퍼짐)현상이 나타나는데, 뒤에 오는 옹정 초기의 청화와 같다. 이런 훈산은 강희 후기 청화자기의 중요한 특징의 하나이다. 청화자기의 훈산은 일반적으로 두 가지 정황이 있다. 즉 하나는 자연 훈산으로, 번조기술과 원료의 문제에 속하는데, 영락·선덕 청화자기의 훈산이 이에 속한다. 다른 하나는 기법의 변화로, 사람이 고의적으로 제조한 것인데, 강희 후기 청화자기의 훈산은 주로 이런 유형에 속한다. 당연하게 어떤 것은 자연훈산이 원인임을 배제할 수 없다.

③ 조형

강희 후기 청화자기의 조형은 대체로 진중하고, 질박하고, 장중한 풍격이 있으며, 탁기(대형기)는 더욱 이와 같다. 중, 후기에 이르러, 허다한 기물의 스타일이 정정하고 억센 쪽에서, 수려하고 정교하며 부드럽고 섬세한 풍격으로 변하며, 후기에는 더욱 뚜렷해진다. 예컨대, 봉추병은 목이 전기에 비해 가늘고 작아진 것이 매우 많으며, 구연이 외반하는 감이 있다. 그러나 화고는 낮고 통통하게 변하여 비만한 감이 있으며, 복부가 전기에 비해 풍만하고, 굽도 비대해지며, 전체 기형의 윤곽선이 딱딱하게 보인다. 장군호는 입이 전기에 비해 약간 작고, 목은 약간 높으며, 복부에서 굽까지는 뚜렷하게 졸아들며, 굽 근처에서 외반한다.

굽 안이 시유되었으며, 전체 형태가 일종의 곡선미가 있다. 완류의 후기 것은 태벽이 얇은 편이고, 스타일이 경쾌하고 어여쁘다.

강희 후기 청화자기는 기형과 품종이 번다하여, 가히 온갖 모양이 풍부다양하다 하겠다. 병류만 해도, 봉추병·관음병·옥호춘병·장경병·감람병·매병·표형병·유추병 등이 있다. 완에는 창구완·별구완·돈식완·와족완·직구완·절구완·고족완 등이 있다. 호류·반류……에 이르기까지 형식이 번다하다.

④ 문양

강희 후기 청화자기의 문양은, 위를 승계하고 아래를 계도하는 형국으로, 대다수 기물의 그림은 정세하고, 용필이 섬세하며, 인물경치의 구도가 축소되어, 옹정조의 회화 풍모를 선도한다. '목석거木石居'·'훼암卉庵'·'정신鼎臣'·'편석片石'의 낙관이 있는 것은 문양도 극히 정채롭다. 관요 청화자기 문양은 용봉문이 위주이며, 청말까지 이어진다. 그 다음이 영모화훼·인물고사·산수누각·비금주수 등이다. 강희을미(강희 54년) '청화산수봉미화고'가 능히 이 시기 청화자기의 특징을 대표한다. 강희 후기의 기물상에 '경직도耕織圖'가 시대적 특색을 보인다. 그것은 궁정화가인 산동성 제녕인濟寧人 초병정焦秉貞이 강희 35년(1696)에 명을 받아 창작한 것으로, 전체 46폭이며, 경耕과 직織의 두 부분으로 나눠진다. 강희 50년(1711) 후에 사회에 유전되었고, 청화자기에도 응용되었는데, 때문에 이 '경직도' 화면의 기물은 모두 강희 후기나 이후에 만든 것이다.

⑤ 관지

강희 후기 청화자기의 관지는, 중기와 비슷하며, '대청강희년제'의 6자2행과 '강희년제'의 4자2행의 두 종류가 있다. 관지 밖에는 청화 단권·쌍권·쌍선방곽·장방곽 등 여러 종류의 테두리가 있다. 관지의 자체는 더욱 부드럽고 청수하며, 필력은 정교하고 강건하다. 그중에 '청淸'자를 '淸'자로 쓴 것이 있다. 별도로 간지기년관과 길어가구吉語佳句관이 있다. 당명·재명관의 대량 출현도 강희 청화자기의 중요한 특징이다. 저명한 재당명으로, '기옥당제奇玉堂製'·'영천당제潁川堂製'·'동순당제同順堂製'·'개유당제蓋有堂製'·'강희신해중화당제康熙辛亥中和堂製' 등이 있다.

강희 후기 청화자기에 또한 도형을 이용한 관지가 있는데, 추엽·매화·단룡·단학·화형 및 물형 등이 있다.


## 4. 강희 민요 청화자기

강희 민요청화자기는 생산규모가 크고, 일정한 수준을 구비하며, 기물이 다종다양하고, 대형기가 많다. 대형기로는 봉추병·대방병·봉미준·관음병 등이 있다. 태질은 희고 견치하며 굽 끝이 '미꾸라지 등' 같이 둥글다. 병과 호의 저부가 '2층받침'을 이루며, 대반의 바닥에는 2층굽이 보인다. 유색은 희고, 유층은 맑고 투명하다.

강희 민요청화자기의 색은 농염하고 연한 청녹색이며, 수비를 잘 해서 층차가 분명하다. 장식수법은 상당히 풍부하여, 세선으로 윤곽을 잡고 분수를 하며, 분수의 층차가 많고 분명하다.

강희 민요청화자기의 문양은 매우 다양한데, 관요의 장식문양은 주로 도안된 문양이지만, 민요는 각종 도안문양 외에, 전체를 한 폭의 화면으로 한 것이 대량 출현한다. 그 내용은 문인과 선비들의 심정과 기풍을 반영한, 세한삼우·추성부도秋聲賦圖·희지환아羲之換鵝·미불배석米芾拜石 등이다. 또 민간에서 즐겨하는 소설과 희곡의 고사 내용, 예컨대 『서상기』『삼국연의』·악비岳飛와 풍진삼협風塵三俠 등이다. 상견되는 문양으로 또, 서수·팔준·사계풍광·파초오동·서호풍경·수지매垂枝梅·수복壽福포도·모란·매화송이·박고·인물·초룡草龍 등이 있다. 매화는 일반적으로 꽃술을 그린 것과 그리지 않는 것이 있을 뿐이다.

강희 민요청화자기의 연호관에는 '대청강희년제'와 '강희년제' 두 종류가 있다. 그중 6자는 3행으로 배열하는데, 관요기는 2행이 많다. 당명·재명이 보편적으로 사용되며, 일반적으로 해서로 쓰고 서법이 우수한 것은 없다. 이외, 저부에 추엽·단룡·단학·단리·화형 등의 간단한 그림을 그린 것도 있다. 민요 청화자기에

357

'목석거木石居'관을 한 것도 있는데, 기년이 있는 '목석거' 자기를 보면, 가장 빠른 것이 강희 29년(1690)에 제작된 것이고, 가장 늦은 것이 강희 51년(1712)에 구운 것이다. 고로 이런 관지가 있는 기물은 응당 강희 중, 후기에 번조된 것이며, 절대다수는 강희 후기에 번조되었다.

· 청화 서수문 고(사진 297) : 화고는 통형을 하며, 입이 벌어지고, 평저이다. 기신에 서수와 비봉을 그리고, 산석·화초·초엽 등을 배경으로 하였다. 태질은 단단하고 유액은 촉촉하고, 백유는 청색을 띤다. 청화는 색택이 순남색에 습윤한데, 색칠이 능숙하고 회화의 선조가 유창하며, 층차가 많으면서 선명하고, 문양이 전체에 가득하다. 입은 황갈색유를 씌웠다. 조형과 문양이 모두 순치 풍격이 있으며, 강희 전기 민요 중의 명품이다.

· 청화 인물문 대호(사진 298) : 이 호는 강희시기에 유행한 장군호 계통이며, 직구에 목이 짧고, 어깨가 풍만하고 복부가 볼통하다 아래로 좁아들며, 평저는 무유이다. 보주뉴 뚜껑이 있다. 목에는 청초에 상견되는 삼각형 초엽문을 그렸는데, 높고 낮은 초엽을 순차적으로 배열하여 강렬한 시대적 특색을 보인다. 외벽에는 통째로 '의석송별도依惜送別圖'를 그렸다. 우아하고 얌전한 부인이 난간에 기대어 서 있고, 뜬 구름과 작열하는 태양과 누각 아래에 두 사람의 말 탄 선비가 고개를 돌려 이별을 고하고 있다. 말 앞의 두 시동은, 하나는 금을 끼고 있고, 하나는 양손에 물건을 들고 있다. 말 뒤의 두 시동은 손에 화선華扇을 들고 있는데, 자태가 생동 핍진하다. 주위에는 늘어진 버들과 파초 등이 배경을 이루어, 경치를 더욱 그윽하고 기분 좋게 한다. 이는 한 폭의 매우 예술적

**사진 297** 청화 서수문 고瑞獸文觚,
청·강희, 고50cm

가치가 높은 인물화이다.

· **청화 산수문 병**(사진 299) : 이 병은 강희 청화자기 중 비교적 전형적인 기물로, '관음병'이라고도 한다. 반구에, 목이 짧고 중간이 좁으며, 어깨는 풍성한데, 복부는 아래로 점차 졸아들어, 체형이 길쭉하다. 바닥은 외반하고 굽이 있다. 외벽 전면에 '추강범주도秋江泛舟圖'를 그렸다. 그림의 중, 원경의 산봉우리들은 기복이 구불구불하고, 근경의 강물은 세차게 흐르며, 작은 다리와 돛배, 숲 속에 감추듯 보이는 인가의 지붕이 그윽하고 적적한 풍경이다. 작자는 중국화의 분수·준염 수법을 이용하여, 산의 층차와 경치의 원근을 그려내었다. 가을바람이 나무를 스쳐가고, 기러기가 떼 지어 남으로 날아가는 가을날의 정경을 그린 것이, 한 폭의 운치가 충만한 중국산수화이다.

· **청화 산수인물도 사각병**(사진 300) : 사각병은 강희 청화자기 중의 전형적인 기물로, '방봉추병方棒槌瓶'이라고도 한다. 입이 벌어지고 목이 길며, 어깨가 약하게 꺾여 사방직통형을 띠며, 위가 넓고 아래가 좁다. 넓은 바닥에 굽이 방형이며 가운데가 凹한데, '대명가정년제'의 6자해서의 방관倣款이 써져 있다. 목에는 죽지매竹枝梅를 그렸는데, 간결한 필치가 상당히 고상한 운치가 있다. 4면에 모두 산수도와 제시를 함께 베풀었는데, 각기 어부도와 정거소좌도停車小坐圖 및 2폭의 산수인물도를 그렸다. 경치는 우아하고 미려하며, 청화색은

**사진 298** 청화 인물문 대호人物文大罐, 청·강희, 전고57cm

**사진 299** 청화 산수문 병, 청·강희, 고42cm

**사진 300** 청화 산수인물도 사각병山水人物圖方瓶, 청 · 강희, 고16cm　　　　**사진 301** 청화 산수문 대병, 청 · 강희, 고77cm

산뜻하고 명쾌하며, 필획이 생동하여 한 폭의 운치가 충만한 문인수묵산수화가 되었다. 강희 청화자기 중의 걸작이다.

· **청화 산수문 대병**(사진 301) : 병 입이 세형洗形이고, 목이 길며, 기신이 길쭉하고 굽이 있다. 굽바닥도 유가 있으며, 강희 청화자기 중에 상견되는 기형으로, '봉추병'이라고도 한다. 외벽 전체에 산수도를 그렸다. 화면은 군산이 둘러싸고, 하늘높이 우뚝 솟은 고목, 졸졸 흐르는 물, 호수에 배가 떠 있는 경치를 생동감 있게 그렸다. 구도가 합리적이고 기세가 광대하다. 그림은 부벽준법을 채용하여, 그려진 산석은 선조가 강경하며, 색조는 농담이 적절하고 층차가 분명하다. '부벽준'은 즉 철부로 나무를 찍은, 도끼자국 같은 것이다. 이 병은 조형이 정정하고, 제작이 반듯하다. 강희 청화자기 중에 이렇게 큰 봉추병은 드문 편이며, 번조 난이도가 비교적 높은 작품에 속한다.

· **청화 어룡문 반**(사진 302) : 반은 입이 내만하여 넓은 전이 있으며, 입술이

**사진 302** 청화 어룡문 반, 청·강희, 구경39cm　　　　**사진 303** 청화 송죽매문 주자松竹梅文壺, 청·강희, 고8.8cm

미약하게 돌기한다. 호형의 기벽이 얇으며, 평저에 굽이 없다. 내면 바닥에 가득하게 청화로 용솟음치는 파도문을 그렸는데, 용과 잉어가 파도 속에 번득거린다. 외면은 무문이다. 바닥은 무유인데 백분을 칠하였다. 청화색은 산뜻한데 흑갈색을 띤다. 백유는 청색기를 띠며, 저부의 태유 교차지점은 주황색을 보인다. 바닥에는 쌍권 속에 '대청강희년제'의 6자2행 해서관을 썼다.

· **청화 송죽매문 주자**(사진 303) : 기형이 편평하며, 평탄한 뚜껑면에 보주뉴가 있다. 주구는 죽절형으로, 손잡이는 소나무모양으로 하고, 청료를 발랐다. 조형이 참신하고 정교하다. 복부에는 절지의 대나무와 소나무를 그렸는데, 문양 포치가 시원하고 청신하다. 바닥에 '대청강희년제'의 6자2행해서관을 썼다.

· **청화 인물고사문 필통**(사진 304) : 필통은 입이 밖으로 벌어지고, 기벽은 안으로 굽어들며, 저부는 밖으로 벌어진다. 옥벽저이다. 직벽의 필통은 비교적 많으나, 호벽은 적은 편이다. 복부에는 희곡고사도를 가득 그렸는데, 군사활동 장면을 묘사하고, 공간에는 산석·화초·수목을 배경으로 하였다. 태는 희고 고우며, 유질은 반짝거리며 색은 희다. 청화색조는 순수한 남색으로 광택이 있으며 새파랗고 명쾌하다. 강희 중기의 전형적인 기물이다. 그림은 중국화의 영향을 받아, 중첩해 색을 칠하는 기법을 채용하고, 인물은 피마준법을 사용하여 층차가 많으면서 분명하고, 선조는 섬세하며 힘이 있고 생동한다. 인물의 형상은 활발하고

361

사진 304 청화 인물고사문 필통,
청·강희, 고13.5cm

사진 305 청화 등왕각도 항滕王閣圖缸, 청·강희, 구경56.6cm

사진 306 청화 운룡문 향로, 청·강희, 구경24.2cm

자연스러우며 입체감이 풍부하다. 장식예술미의 효과가 두드려져 보인다.

· 청화 등왕각도 항(사진 305) : 대항은 입이 넓고 입술이 둥글며, 복부가 깊고 아래가 좁아들며 평저이다. 복부에 강서성 신건현新建縣 장강문章江門의 '등왕각' 풍경을 그렸다. 일면에는 산수와 고기잡이배를 그렸는데, 원산은 겹겹이 짙푸르며, 강물은 도도하게 흐르고, 큰 배는 돛을 올리고, 고기잡이배는 그물질을 하는데, 경치가 평원하고 즐겁다. 또 다른 면에는 높고 크고 장관인 등왕각을 그렸다.

강희 청화자기 중에, 항은 형식이 많고 사이즈가 크며 제작이 정성스러워, 명 가정·만력시기 것에 뒤떨어지지 않는다. 이 시기 것은 태체가 비록 후중하나 기

중국의 청화자기

형이 반듯하고, 입에 1층의 백유를 더하였다.

· **청화 운룡문 향로**(사신 306) : 직구와 직벽에 평저이다. 바닥은 무유이고 선문旋文이 있다. '공가公可'라는 묵서가 있다. 기벽에는 쌍룡희주문을 그렸는데, 용체가 우람하고 구름 사이에서 날면서 홀연히 나타났다 숨었다 하며, 용맹하고 힘이 있다. 청화는 남색에 회흑색이 많다. 쌍룡의 꼬리 아래에 '황청강희갑자년 중추월길일에 보타선원성신전에 공봉한다.皇淸康熙甲子歲仲秋月吉旦供奉普陀禪院聖神前'의 21자 명이 써져있다. '갑자'는 강희 23년(1684), '중추월'은 음력 8월이다. 이것은 강희 중기의 민요에서 구운 것으로, 제작이 비록 심히 정세하지 않으나, 간지기년이 있어, 강희 민요청화자기의 편년에 참고가 된다.

· **청화 금지수자문 병**(사진 307) : 외반 입에 입술이 말리고, 목이 길며, 경사진 어깨에 복부는 약하게 볼통하고, 높은 굽다리는 외반한다. 복부의 4면 중앙에 각각 원형 화창 안에 '壽'자를 썼다. '수'자는 장식적으로 만들었는데, 강희 청화자기에 비교적 많이 보인다. 어떤 것은 전서 혹은 해서로 단수圓壽(둥근 수자)나 장수長壽(긴 수자)를 쓰고, 어떤 것은 송죽매가 '수'자를 받치거나, 연당초가 '수'자를 받치며, 혹은 5복蝠(다섯마리 박쥐)이 '수'를 받들거나 용이 '수'를 받친다.

이 병은 화창 '수'자 바깥에 매화금지문을 가득 그렸다. 강희 청화자기 중에, 자잘한 빙열문·매화·

**사진 307** 청화 금지수자문 병錦地壽字文瓶, 청·강희, 고19.7cm

**사진 308** 청화 화창산수인물문 화고開光山水人物圖花觚, 청·강희, 고45.6cm

대추꽃·구갑·卍자의 금지문과 규격화된 연속화문 도안이 비교적 많이 유행하였다. 이런 문양은 자기 도안을 더욱 규범화시키고, 또한 이후 제자의 장식공예에 영향을 준다. 전체 도안은 '장수'의 뜻이 풍부하다. 사람들의 장구한 수복에 대한 갈망을 반영한다.

· 청화 화창산수인물문 화고(사진 308) : 입이 벌어지며 몸이 곧고, 복부가 미약하게 볼통하다. 큰 굽은 외반하며, 바닥에 쌍권은정형雙圈銀錠形의 도기圖記가 있다. 문양은 전신을 3분하여, 상부와 하부에는 방형화창 속에 산수인물도를 그렸는데, 농담이 적당히 어우러지고, 층차가 분명하다. 산석은 모두 입체감이 풍부하고 인물형상이 핍진하여, 다분히 생활의 정취가 농후하다. 그려진 인물의 얼굴은 모두 색칠하지 않아, 이목구비가 선명하다. 한 폭의 예술적 가치가 높은 산수인물도이다. 중간부에는 운문을 그리고 나란하게 전서체 '수'자를 썼다. 화고는 명말 청초시에 직통형이 전형적인 것이고, 강희 중, 후기에 이르러 점차 일종의 나팔구에 복부가 볼통한 제품으로 변하며, 기형도 다양한 형식으로 발전한다.


# 제4절 옹정雍正 청화자기


옹정(1723~1735)시기는 청대의 성세로, 비록 매우 짧은 13년이지만, 강희시에 놓아둔 두터운 기초 위에서, 옹정황제 본인의 지극한 자기 사랑이 더해지고, 또한 차례로 파견된 훌륭한 독요관督窯官인 연희요年希堯와 당영唐英이 경덕진 요무를 관리 감독함에 따라 거대한 성취를 이루었다. 옹정시기의 자기는, 자기질이 투명하게 반짝이고 깨끗하며, 기술이 정세하고, 기형이 준수하고 전아 우미하며, 품종이 다양하고, 유색을 완비하였다. 송대의 5대 명요를 방한 것과 새로 창안한 유색의 품종은 모두 공전의 성취를 취득하였고, 옛것을 베끼는 수준이 극히 높아, 제자기술이 역사적인 높은 수준에 도달하여, 중국도자사상 한 송이 진귀하고 아름다운 꽃을 피웠다. 청화자기 역시 예외 없이, 전체적인 질이 강희·건륭시기를 훨씬 초과하였다.

## 1. 태와 유

옹정 청화자기의 태토는, 재료의 선택이 정세하고, 제분과 수비와 물레성형 등의 기술에 엄격함을 요구하였고, 소결온도가 적절하여 자화정도가 양호하였다. 때문에, 태체는 새하얗고 곱고 견치하며, 성형은 반듯하고, 태체는 얇고 가벼워, 명의 영락·성화 자기와 아름다움을 다툴 수 있다. 빛을 받으면 투명하게 보이고, 태체는 윤기가 나고 흠이 없으며, 약간 담청색을 보이는 것도 있다(명대는 붉은 빛을 많이 보인다). 대형기의 태체도 능히 전체가 고르고 중후하게 보이지 않으며, 소형기는 경쾌하고 정교하다. 옹정 청화자기는 성형 마무리에 신경을 써, 거의 물레 깎은 흔적이나 접착부위의 흔적이 보이지 않는다. 굽도 세심하게 다루어, 굽 깎음이 반듯하고, 굽 끝이 가장 전형적인 '미꾸라지 등' 모양으로 동글동글하며, 굽바닥이 곱고 매끈하다. 굽이 없는 사저도 비교적 곱고 매끈하다.

옹정 청화자기의 유질은 밝고 투명한데, 시유가 고르고, 표면은 윤이 나고 깨끗하며 흠이 없다. 어떤 유면은 미세한 굴피문이 있는데, 의도적으로 선덕청화자기의 효과를 추구한 것이다. 시유가 비교적 두터운 것은, 운무 모양을 하여 '몽유朦釉'라 부르며, 속칭 '타액(침)유'라 한다. 옹정 청화자기의 유는 백색이나 청색기를 띤 백색이며, 유층은 두텁고 윤기가 있으며, 유면은 밝게 빛난다.

## 2. 조형

옹정 청화자기의 조형은 강희시의 질박하고 고졸한 작품에서 일변하여, 경쾌하고 준수하며 섬세하고 곱고 아름다운 모습이 되었다. 기형의 아름다움은, 가히 섬세하고 수려함으로 유명한 영락·성화 자기와 함께 논할 수 있을 정도이다. 옹정 청화자기의 조형은, 수려하고 단정하며, 선조가 부드럽고 시원하고, 각부의 비례가 조화롭고 적절한 것이, 청대 자기의 조형에서 가장 우미한 것 중의 하나가 된다.

옹정시기는 특히 자연계의 화과花果 형상으로 기물을 만들기를 좋아하였는데, 이는 앞 시기에 보지 못한 바다. 해당심식海棠芯式·연봉식·석류식·과릉식·류조식柳條式·국판식 등이 있다. 승문준繩文尊은 옹정시의 특유의 기형이다.

옹정시기는 또한 명대와 전조 강희시의 청화자기를 적지 않게 방제하는데, 그 중 명품이 적지 않다. 그 조형의 아름다움, 수량의 거대함, 형식의 다양함, 그리고 질적 높이가 공전의 경지에 달하였으며, 더불어 건륭의 조형공예의 기초를 놓았다.

옹정 청화자기의 기형은, 반·배·접시 등의 소형 기물이 위주이다. 또 대량의 관상진열자기도 있는데, 예컨대 매병·상병賞瓶·표형병·천구병·사련四聯병·감람(올리브)병·관음준·여의준·등롱준·화고·뢰·향로 및 각 형식의 호와 주자 등이 있다.

· **매병** : 옹정시의 매병은 진중하고 수려하게 보이며, 구부가 강희보다 길고, 두툼한 둥근 입술도 없다. 어깨는 강희보다 약간 마른 편이고 몸체 하부가 큼직하다. 구부가 긴 것은, 기울어져도 액체가 쉽게 누출되지 않게 하는데 적당하다. 몸체 하부가 큰 것은 병 안에 액체가 꽉 찼을 때 쉽게 기울어지지 않게 한다. 이는 실용과 미학적 관점에 의거해 개선한 것이다.

· **상병** : 옹정시에 새로 출현한 기형으로, 청대 황제가 공신에게 상으로 주는 데 사용하여, '상병賞瓶'이라 부른다. 입이 벌어지고 목이 길며, 복부는 둥글고 굽이 있다. 옹정 상병은 전세하는 것이 극히 적은데, 현재 국내외에 단지 '대명옹정년제' 관이 있는 '청화연당초문상병' 1점이 보이며, 광주시 문물상점에 소장되어 있다. 건륭 이후 각 조에서 답습하여, 청화상병 외에, 분채·변색유·다엽말유·홍유·남유藍釉·남유금채 등으로 다양하게 만들었다. 문양으로 당초'연蓮'이 많은데, '연

蓮'이 '청렴淸廉'을 뜻하여 취하였다.

· **천구병**(그림 114) : 명의 영락·선덕시기에 시작하여, 청 강희시에 간혹 방제되며, 옹정·건륭시에 많이 보이는 제품이다. 옹정 기형은 영락·선덕 것과 극히 비슷한데, 입이 미약하게 벌어지고, 목이 짧고, 복부가 편원상이며, 비례가 적합하다. 영락·선덕과 비교하면, 영·선 것의 목이 가늘고 짧게 보이며, 목과 어깨 사이의 곡도가 큰 편인데 비해, 옹정·건륭 것은 상반된다. 옹정기와 건륭기의 구별은, 옹정 것은 복부가 약간 편원상이며, 구부가 미약하게 벌어지고 목이 약간 짧다. 건륭 것은 복부가 둥근 편이며, 입과 목이 약간 직선적이다. 전체적으로 보아 옹정 것이 건륭 것에 비해 수려하다.

· **표형병** : 몸체가 상원하방上圓下方의 표형이다. 구부는 미약하게 벌어지고 굽이 방형이다. 옹정시는 하부가 낮고 납작하여, 명대의 같은 기형과는 차이가 난다. 건륭에서 도광에 이르는 시기의 표형병은, 상·하가 모두 원형으로 변하며, 꼭지형의 작은 뚜껑이 있다.

· **관음병** : 관음준에서 변화한 것으로, 기형은 강희에서 시작되어 건륭까지 연속한다. 강희 것은 돈후하고 장중하며, 복부는 중간이 가장 풍부하여 밖으로 급히 튀어나오며, 굽은 넓고 크고 얕으며, 사저이다. 옹정 것은 준수하고 부드러우며, 굽이 외반하고 높고 깊으며, 굽 안이 매끈한 고운 사저이다. 건륭 것은 기형이 반듯하며, 어깨가 점차 융기하고, 굽이 외반하며, 곧은 목은 전조에 비해 약간 작다.

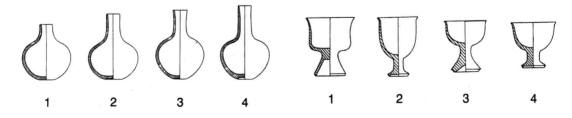

**그림 114** 천구병天球瓶 변천도
①강희 ②옹정 ③건륭 ④가경

**그림 115** 고족배高足杯 변천도
①강희 ②강희 ③옹정 ④건륭

367

**그림 116** 여의준如意尊

· **등롱병** : 옹정에서 창작하였다. 외반 입·짧은 목·풍성한 어깨에, 어깨 아래는 점차 좁아들어 굽에 이르러 꺾어져 외반하며, 둥근 굽이다. 어깨에 대칭된 포수를 붙였고, 형태가 등롱과 비슷해 이름을 얻었다.

· **고족배**(그림 115) : 전조를 답습하여 옹정시에 변화가 있다. 강희 고족배는 2종의 형식이 있는데, 하나는 굽다리가 높고 나팔상을 띠며 복부가 얕다. 또 하나는 속이 찬 직통이 바닥 근처에서 외반하고 굽이 얕고, 복부가 깊다. 옹정시에는 상부가 낮게 변하고, 굽이 약간 높으며, 상부와 굽다리의 높이가 거의 같다. 배의 바닥과 굽다리가 상접하는 곳이 뚜렷하게 좁아들어 있다.

· **여의준**(그림 116) : 옹정시의 신품종이다. 입과 상부가 원형을 띠며, 하부의 풍만한 복부는 똥그랗다. 굽이 없으며, 몸체 중간이 좁아든 허리를 하여 표주박과 유사하다. 대칭되는 여의식 쌍이가 상, 하부를 연접하고 있어, '여의준'이라 부른다.

## 3. 청료

옹정 청화자기에 사용된 청료는, 강희시기와 같이, 여전히 명말에 사용한 국산 절료를 사용하였다. 흑남색·담남색·청취색 등의 색이 존재하며, 대체로 두 유형으로 크게 나뉜다.

한 유형은, 강희시기의 풍격을 계승한 것으로, 청화의 색택은 새파랗고 산뜻하며, 색이 연하고 침착하며, 약간 훈산(퍼짐)이 있고, 정색은 비교적 안정적이다.

다른 유형은, 선덕의 수입청료를 사용한 효과를 방한 것으로, 색택은 짙고 깊은 남색이며, 정색이 그다지 안정적이지 않다. 훈산 현상이 뚜렷하며, 색택이 농중한 곳은 철녹반점을 볼 수 있지만, 인위적인 것임을 쉽게 알 수 있는데, 자연스럽게 나오지 못하고 표면에 떠 있다. 영락·선덕의 철녹반점은 태골에 깊이 들어가 있어, 손으로 만지면 고르지 않은 감을 느끼는 것과는 다르다. 이런 청화는 일반적으로 밝은 청백유를 많이 사용한다.


## 4. 문양

옹정 청화자기의 문양은, 강희 후기의 청수하고 전아한 풍모를 이어받아, 필촉이 더욱 정세하고 부드러워지며, 구도가 시원하고 간결하고 선명하다. 상견되는 문양은, 화훼문·금수문·화조문·사녀영희인물도·산수도·팔보문·꽃바구니·박고 등이 있다.

· 화훼문 : 내용이 가장 풍부하며, 그림이 섬세하고 어여쁘다. 절지와 당초의 2대 유형이 있다. 예컨대 연당초·국당초·모란당초·과일포도당초 등이 있다. 강희시의 연당초는 꽃이 크고 잎도 크고, 화면을 가득 채워 여백이 매우 작았다. 옹정·건륭 시기에 이르러 줄기가 가늘고 잎이 좁고 꽃이 작게 변하며, 꽃과 잎이 무성한 모습은 사라져 존재하지 않는다. 절지화는 더욱 풍부해져, 연화·국화·모란·목련·해당·매화·월계·장미·석류·도화·영지 등이 상견된다. 화훼 중의 과장화過墻花(담을 넘는 꽃)와 과지화過枝花(기물의 안팎으로 연결된 문양)는 이때 새로 나온 작품으로 청 후기까지 영향을 미친다.

· 화조문 : 화조화는 '운수평惲壽平'의 '몰골沒骨' 화법의 영향을 많이 받았다. 조류는, 원앙·비학·공작·참새·백로·제비·메추라기 등이 상견된다. 충류는, 나비와 꿀벌이 상견되며, 각종의 어조문魚藻文도 있다.

· 산수도 : 산수화는 당시 성행한 사왕四王 화원파를 종宗으로 삼았으며, 단지 설색은 강희에 비해 엷고 연하며, 화필은 더욱 섬세하다. 산수도안은 강희시에 비해 명확히 감소하였다.

· 용봉문 : 용봉도안은 강희 제도를 답습하였으나, 오직 과장룡過墻龍은 옹정

시에 새로 창안한 것이다.

· **인물도** : 어경초독漁耕樵讀·기린송자麒麟送子·복록수삼성福祿壽三星 등은 남성 위주이고, '정원금기서화琴棋書畵사녀도'는 여성이 위주이다. 사녀의 특징은, 타래머리가 높이 솟고, 얼굴이 풍만하며, 눈썹이 초승달 같고, 입술이 붉은 점 같으며, 몸매와 얼굴이 날씬하고 청수하며, 항상 한식漢式 복장을 한다. 강희 청화자기 중에 많이 보이는 인물고사도는, 옹정시에도 출현하지만 소수이며, 뿐만 아니라 전쟁 장면을 묘사한 '도마인刀馬人'의 그런 고식 복장을 한 인물은 더욱 적게 보인다.

또한 화훼·수목樹林·죽엽으로 시구詩句문자를 조성한 것도 있는데, 북경고궁박물원 소장의 '청화삼우문매병'이 그런 예로, 그림 중에 시를 감춘 것은 매우 기발하다.

강희시의 자기에 제구題句를 하는 풍조는 옹정시에도 의연히 유행하였다.

옹정 청화자기에 상용된 범문 장식은, 간혹 그릇에 정제된 가는 서체의 범문만을 배열하여 전체 기면을 가득 채우는데, 이 시기의 한 특징이다.

**사진 309** '대청옹정년제' 관지

## 5. 옹정 청화자기의 관지

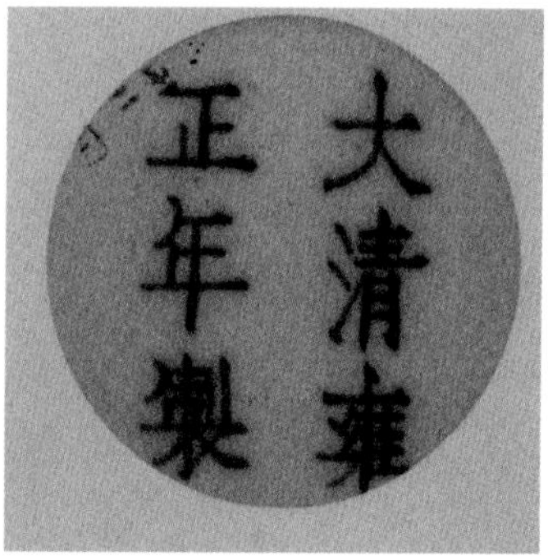

옹정시기 관지는 글씨 쓰는 전문인이 정해져 있었다. 그래서 각종 자기의 자체가 기본적으로 일치한다. 해서관과 전서관을 병용하였는데, 해서관이 위주였다. 옹정 청화자기의 연호관은 '대청옹정년제'의 6자해서관이 주이며, 6자2행으로 쓴 것도 있고, 6자3행으로 쓴 것도 있다(사진 309). 관 밖에 쌍권을 그린 것도 있고,

**사진 310** '대청옹정년제' 무권곽 관지

무권인 것도 있다(사진 310). 또 쌍방곽도 있다. 6자3행 횡배쌍권관은, 전기에 유행한 관시이며, 서법이 일반적으로 유약하고 약간 엉성하지만, 반듯하고 힘 있게 쓴 것도 소수 있다. 6자2행으로 쌍권이나 방곽에 수직으로 쓴 것은 시기가 약간 늦으며, 자체가 반듯하고 수려하다. 송 목판체의 정통 소해자가 많다. 청화색조는 대다수가 순정하고, 소수 색상이 고르지 않는 것도 있다.

전서관에는 6자2행 혹은 3행의 것이 있으며, 쌍권이 둘러싼 것도 있지만 대다수가 테두리가 없다(사진 311).

옹정 청화자기에 '낭음각제朗吟閣製'의 해서관을 쓴 것도 있는데, '낭음각'은 옹정이 거주한 재명으로, 원명원圓明園 속에 있다. 이는 옹정이 등극하기 전의 옹친왕 시절에 구운 청화자기의 관지로, '吟'자를 '唫'로 썼으며, 기물의 제작이 정세하고 관지 글씨가 반듯하다.

옹정 청화자기의 연호관 글자의 특징은, '大'자의 삐침과 파임획이 서로 연결된 것과 분리된 것 2종이 있으며, 글씨가 청초하다. '清'자 중의 '青'은 상변의 '龶'의 3횡획과 1종획이, '月'과 정면으로 마주한다. 하변의 '月'을 '円'로 쓴다. '雍'자의 '隹'의 첫획의 삐침을 작게 쓰고, '圭'자의 수직획을 서로 이어 쓴다. '正'자의 수필收筆(마지막을 꾹 눌러서 끝내고 붓을 거둠)한 곳이 무거워, 청화색이 짙은 남색을 띤다. '年'은 필획을 매우 반듯하고 신중하게 안배하여, 강희 후기와 다르며, '年'자를 위가 무겁고 아래가 가벼운 필법으로 썼다. '製'자 중의 '衣'는, 첫 획인 점과 삐치는 획을, 강희시의 1획으로 연결하여 쓴 것과는 다르게, 나누어서 완성하였다. '制'자 최후의 필획은, 전기에는 수직하여 아래에

**사진 311** '대청옹정년제' 관지

**사진 312** '낭음각제朗吟閣製' 관지, 청·옹정

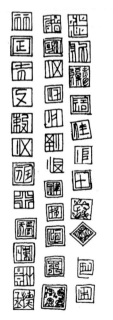

**그림 117** 방형도기方形圖記

갈고리가 없으나, 이후에는 갈고리 있는 것이 많다.

명 관요관을 방한 것으로 선덕·성화·가정 것이 있으며, 영락·홍치·정덕을 방한 것도 있다. 각종의 기탁관은 방선덕 것이 가장 흡사하다.

옹정 민요청화자기에도 '대청옹정년제'의 쌍권 6자와 무권 6자2행의 전서관이 있는데, 자체가 조잡하고 필선이 힘이 없다. 또 방형 그림 모양의 '옹정년제' 4자관이 있다. 옹정 민요청화자기에는 또한 일종의 방형도기方形圖記(그림 117)가 있는데, 속칭 '두부간豆腐干'이라 하며, 방곽 안에 각종의 화훼나 도안을 그렸다. 중앙에 '정正'자를 쓰고 정자 주위를 기하도안으로 그린 것도 있다.

**사진 313** 청화 학문 완, 청·옹정, 구경14.7cm

· **청화 학문 완**(사진 313) : 완은 직구에 복부가 깊고, 굽이 있다. 구연의 내외와 굽에 쌍현문을 돌리고, 내저 중심에는 절지도折枝桃를 그리고 밖은 쌍권을 돌렸다. 외벽에는 8마리의 자태가 각각인 비상하는 선학을 그렸는데, 몸짓과 표정이 생동핍진하다. 태질은 곱고 가볍고 견치하며, 유색은 분백색에 윤택하고 밝게 빛난다. 조형은 반듯하고, 청화는 담아하며, 구도는 청신하고 시원하다. 유저釉底이다. 바닥에 '대청옹정년제'의 6자2행해서관이 쌍권 안에 써져 있다.

· **청화 운룡문 비파준**(사진 314) : 입은 외반하고, 목은 굵고 길며, 어깨는 경

**사진 314** 청화 운룡문 비파준雲龍文琵琶尊,
청·옹정, 고57cm

사지고, 복부는 둥글게 부풀었다 아래가 졸아들며, 굽은 외반한다. 구연 아래에 해수와 여의운문을 장식하고, 복부에는 머리와 꼬리가 서로 따라다니는 두 마리의 우람하고 위풍당당한 행룡을 그렸는데, 리본을 단 화염주와 수산복해壽山福海의 배경 하에, 사해가 들끓으며 풍운을 질타하는 기세가 가득하다. 수려하고 진중한 조형에, 유색은 투명하게 빛나는 자색기가 있는 남색으로, 옹정시기 청화자기의 공예수준을 대표하며, 명 가정의 풍모를 방한 것이다. 그림의 선조는 세밀하고, 문양은 생동하고 자연스러우며, 태질은 새하얗고 정세하며, 조형은 아름답고 독특하다. 바닥에 '대명옹정년제'의 6자해서관이 있다.

**사진 315** 청화 화과당초문 반纏枝花果文切沿盤, 청·옹정, 구경45.7cm

· **청화 화과당초문 반**(사진 315) : 입이 절연하여 전을 이룬 반으로, 복부가 얕고, 굽이 있다. 구연은 파도가 용솟음치는 해랑문海浪文을 장식하였는데, 크게 출렁이는 파도는 부딪치며 흰 물보라를 일으키는데, 물보라가 불수佛手를 닮았다. 내벽에는 당초의 모란과 국화 등의 화훼문을 그리고, 내저에는 단권 속에 크고 풍만한 참외당초문을 핍진하게 그렸다. 외벽에는 석류·여지·복숭아 등 6종의 과일

**사진 316** 청화 호로당초비복문 감람병纏枝葫蘆飛蝠文橄欖瓶, 청·옹정, 고40.4cm

제5장 청대 청화자기

을 그렸다. 문양은 구도가 번밀하고, 청화는 회색을 띤 남색이다. 시유된 바닥에 '대청옹정년제'의 6자2행해서관이 쌍권 속에 써져 있다. 이것은 명 영락·선덕 작품을 방한 것으로, 청화 몇 곳에 짙은 색의 반점이 있는데, 인위적으로 영락·선덕 청화자기 특유의 흑색결정반점을 만든 것이 뚜렷하다. 대북 홍희미술관에도 조형과 문양이 이것과 같은 대반이 소장되어 있다.

· **청화 호로당초비복문 감람병**(사진 316) : 나팔형 입에 가늘고 긴 목, 경사진 어깨에 복부가 볼록하고 아래가 좁아져 외반하면서 굽 없이 끝난다. 목에는 세장한 초엽문을 그렸는데, 가운데 줄기를 희게 두었다. 그 아래에는 작고 정교한 여의운두문을, 밑동에는 '圭'형 초엽문을 그렸다. 복부에는 가득 호로(표주박)와 박쥐를 그렸는데, '복록福祿'의 의미를 갖는다. 청화색조는 강희시의 청취함은 없고, 색 차이가 나는 층차가 감소하지만, 청화색은 농염 침중하다. 훈산현상 및 농처에 흑색결정반이 있지만, 색이 태골에 파고들지 않고 인위적으로 기교를 부려 나온 효과인데, 이것이 오히려 본조의 시대적 특징이 되고 있다. 바닥에 '대청옹정년제'의 해서관이 있다.

· **청화 구룡문 천구병**(사진 317) : 곧게 선 목은 위가 굵고 아래가 가늘며, 복부는 똥그랗고 바닥은 凹하다. 구연의 당초문대 외에, 몸 전체에 9용을 그렸는데, 크기가 다르고 자태가 다르며, 파도와 구름 사이에서 날아오르거나 뒤치락거리거나 뒤엉켜있고, 나타났다 숨었다 한다. 청룡과 백운이 혼연일체가 되어 흥취가 가득하다. 청화를 농·담·심·천하게 운용하고, 물상의 상호 동작 관계나 공간 포치를 잘

**사진 317** 청화 구룡문 천구병九龍文天球瓶,
청·옹정, 고50.6cm

하여 실체감 넘치는 동작 상태를 보이는 것이 매우 높은 예술 경지에 도달하였
다. 한 폭의 빼어난 예술화를 완성시킨 것으로, 청화 장식예술의 수준 높은 성취
를 보여 준다. 명의 영락·선덕 청화천구병의 조형을 모방하였지만, 문양에서 농
담 묵회의 수법으로 영·선의 남색과 백색을 섞어 만든 용문장식을 대체하여, 새
로움을 보여준다. 구연 아래의 장방형틀 안에 '대청옹정년제'의 6자1행 해서관을
썼다.

·  **청화 매화당초문 고**(사진 318) : 고는 입이 크고 외반하며, 긴 목 아래가 졸
아들어 몸체와 연결된다. 어깨는 경사지고 복부는 편원형이고 아래가 좁아지며
굽은 외반한다. 조형이 기발하고 참신하며, 과거의 청화자기에서 많이 보지 못
한 것이다. 바깥 구연 아래 당초문대를 돌리고, 목 하부에는 일장일단의 초엽문
을 그렸는데, 배열을 성기게 하여 중간에 공간을 두었다. 굽에는 연판문대를 둘
렀다. 복부에는 길상의 뜻을 가진 매화당초문을 그렸다. 태질은 새하얗고 고우
며, 유색은 정세한 백색이다. 청화색조는 남색 중에 회색기를 띠며, 훈산의 운치

**사진 318** 청화 매화당초문 고纏枝梅文瓠, 청·옹정, 고9.5cm    **사진 319** 청화 연당초문 등좌纏枝蓮文燈座, 청·옹정, 고10cm

**사진 320** 청화 용봉문 반龍鳳文切沿盤, 청 · 옹정, 구경44cm　　**사진 321** 청화 범문 완梵文碗, 청 · 옹정, 구경15.4cm

가 있다.

· **청화 연당초문 등좌**(사진 319) : 등좌는 위가 작고 아래가 크다. 위는 세형洗形의 입이 깊숙하며, 중간은 좁아졌다 다시 약간 볼통하며, 아래는 큰 받침으로 되어 있고, 중심에 구멍이 하나 있다. 바닥에 돌아가며 '옹정갑인오월오일, 심양당영경제雍正甲寅五月五日沈陽唐英敬製'의 명문이 써져 있다. '갑인'은 옹정 12년 즉, 1734년이다. 이 기물의 조형은 신선하고 독특하며, 제작이 정치하고, 태질은 새하얗고 고우며, 유색은 백색에 청색기를 띤다. 청화색택은 짙고 아름답다. 당영은 옹정·건륭 시기의 경덕진 어요창의 독도관督陶官으로, 관요자기 번조에 지대한 공헌을 하였다. 전세품 중에 일부 당영이 맞춤제작한 자기가 있는데, 건륭시기 것이 많고, 옹정 것은 극히 드물다.

· **청화 용봉문 반**(사진 320) : 반은 형체가 거대하며, 직구 원순에 전이 있고, 복부는 얕고 굽이 있다. 그릇 전체에 화문이 가득한데, 각 화문대 사이는 현문으로 나뉜다. 전의 상면에는 영지문을 베풀고, 내벽에는 연당초문을 그렸으며, 반심에는 용·봉·구름을 조합하여 '용봉정상呈祥'을 이룬다. 외벽에는 편복(박쥐)과 산해를 조합하여 '복수산해도'를 이룬다. 태질은 새하얗고 치밀하며, 청화는 흑남색을 띠며, 짙고 무겁고 아름답다. 반체는 성형 후에, 세치한 수정을 거쳐, 물레 흔적이 없으며 제작이 상당히 정연하다.

· **청화 범문 완**(사진 321) : 완은 복부가 깊고 굽이 작으며, 영락의 계심완을

**사진 322** 청화 쌍룡희주문 향로雙龍戱珠文香爐, 청·옹정, 고21.3cm

모범으로 한다. 내벽 구연에는 석류당초를 그리고, 복부에는 원을 그리면서 범
문을 썼고, 바닥 중심에는 12판 꽃을 원형圓形에 적합한 도안으로 조성하였다. 각
문양대 사이에는 평행현문으로 격리시켰다. 외벽 문양은 두 종류의 덩굴류 화훼
로 양방연속 도안을 조성하였다. 청화색택은 산뜻하며, 문양은 가정·만력시기의
장식 풍격을 보인다.

· **청화 쌍룡희주문 향로**(사진 322) : 입이 벌어지고 목은 좁아들며, 복부가 깊
고 약간 볼통하며 굽이 있다. 목에는 앙仰여의두문대를 돌리고, 복부의 정면에는
쌍룡희주문을 그렸는데, 용은 웅건하고 힘차며 뒤치락거리며 날고 있다. 복부
뒷면에는 꼬리 중간에 제기題記가 있는데, 내용은 "거사제자 장문금이, 태백노야
를 봉경해 향로를 공봉하니, 옹정8년길일이라, 장사가 크게 순조롭기를 기원함.
信士弟子張文錦, 許奉敬太白老爺香爐供奉, 雍正八年(1730)日吉, 祈保生意大順."이다. 이 향로는 청
화 그림에 비록 약간의 강희 유풍이 남아 있지만, 제작에 이미 뚜렷하게 옹정의
특색을 갖고 있는데, 예컨대 기형이 강희에 비해 높아졌고, 제작이 더욱 섬세해
졌다. 태질은 곱고 희며, 유색은 습윤한 난백색이며, 청화색택이 아름답다.

377

# 제5절 건륭 청화자기

건륭(1736~1795)황제는 재위 60년으로, 이는 청대 사회경제발전의 극성시기였다. 이 시기의 경덕진은 당대의 명사교장名師巧匠들이 모여들어, 강희·옹정 양조의 제자공예의 기초 위에서, 채자와 단색유자의 제작이 최고의 수준에 도달하였고, 청대 제자업을 역사상 최정점으로 이끌었다. 건륭 본인이 골동품의 감상에 정통하였고, 도자기를 특별히 애호하여, 이것이 제자업의 창신과 발전에 막대한 추동작용을 일으켰다.

건륭 청화자기는 청대 청화자기 중에서 비교적 큰 비중을 차지하며, 전세품의 품종이 매우 풍부하다. 그러나 건륭 청화자기는 힘껏 호화로움과 정교함을 추구하였지만, 자연스럽고 생동하는 예술적 흥취가 없다.

## 1. 태와 유

건륭 청화자기는 제자의 질에 치중하여, 태질이 새하얗고 섬세하며, 성형시의 마무리가 정세하여, 기형이 반듯하고 두께가 알맞다. 그러나 경도硬度는 강희만 못하고, 성형의 윤곽선은 옹정 시와 비교해 부드러움이 덜 하다.

건륭 청화자기의 조형은 능히 '정교신기精巧新奇'한 경지에 도달했기 때문에, 만약 상질의 배태가 없으면, 절대로 만들지 않았다. 다만 후기가 되면, 점차 거칠어져, 태질이 약간 약해지고 색택이 미세하게 회색을 띠며, 강희·옹정시에 비해 태체가 약간 두터워지는데, 이는 이미 전체적으로 청대의 자업이 쇠락으로 가는 전조였다.

건륭 청화자기의 굽은, 일반적으로 잘 다듬어 매끄러운 '미꾸라지 등(니추배)' 모양으로 만들지만, 옹정시에 비해 뾰족한 편이다. 반의 내저가 아래로 凹한 현상이 없고, 탁기의 병과 호 등은 접착흔이 보이지 않는다. 대형기물 중에 무유의 평저기를 제외하고, 대다수는 유저이다. 사저는 비록 매끄럽고 윤이 나지만, 옹정시 만큼 섬세하고 반들거리지는 않는다.

건륭 청화자기의 유면은 비옥하고 밝게 빛나며, 백색에 미미하게 청색을 띤다. 이런 풍격은 기본적으로 건륭 시기에만 갖는다. 세분하면, 청백유와 분백유로 나눠진다. 청백유는 강희에 비해 청색의 정도가 약간 가벼우며, 유면은 비옥하고 견치하며 매끄럽고 균일하다. 극히 가늘고 작은 빙열과 귤피문이 있어, '파랑유'라고도 부르며, 관요제품에 많다. 분백유는 강희에 비해 더욱 희지만, 윤기는 미치지 못하며, 태골은 얇은 편이고, 민요제품에 많다. 청백유와 분백유 모두 부드러움이 모자란다.

## 2. 조형

건륭 청화자기는 형체의 비례를 강조하여, 조형이 단정하고 정연하며, 참신하고 특이함과 풍격상의 화려하고 수려함을 추구하여, 대·소 기물이 모두 매우 정치하게 만들어졌다. 그러나 질박하고 자연스러움은 강희만 못하고 수려하고 고상함은 옹정만 못하다. 각종 기형은 없는 것이 없으며, 포함하지 않는 것이 없고, 참신한 기물은 헤아릴 수 없다. 병류만 해도 대략 40여종으로, 비교적 독특한 것으로, 연체병連體瓶·다구병多口瓶·천구병 등이 있다. 기타 녹두鹿頭준·봉미준·어항·장군호 등도 각기 시대적 특징이 있다. 소형 문구(필통·붓대롱·필세·인주합·문진·수우 등)와 완상품 제작이 특히 많으며, 풍격이 화려하고 정미하고 섬세하며, 참신한 조형은 옹정보다 성행한다. 매우 정교한 비연호鼻烟壺(코담배 통)에는 원형·장형·표형·방형·다각형 등이 있으며, 그 형식이 천태만상이고 진기한 꽃들이 만발한 듯하다. 이외 진열장식의 조소품, 즉 여지·양다래(키위)·연각蓮角·발제荸薺(올방개)·석류·게·소라 등 같은 상형자기도 있다. 이외, 전대나 본조의 방제품 중에, 역시 제작이 정미하고 절륜한 것이 적지 않은데, 거의 진짜와 혼동할 지경이며,

너무 좋아하여 잠시도 손에서 놓지 못하게 할 정도로, 예술적 가치를 자못 갖추고 있다. 상견되는 기형으로는, 병·준·고·호·로·주자·반·완·접·배·문방용구 등이 있다.

① 병류 : 병류만 40여 종이다. 이 시기의 병은, 구연 아래와 어깨 사이에 종종 형상을 한 쌍이를 장식하였는데, 여의형·양두·계두·녹두鹿頭·상비象鼻·이무기형·관이貫耳, 활환이活環耳(움직이는 고리달린 귀) 등이 있다. 건륭 이후 각 조에서 답습하였다.

· 상병賞瓶(그림 118) : 옹정을 이어 대량 생산하였으며 전세하는 것이 매우 많다. 건륭시의 청화상병은 목과 어깨의 3줄 돌대가 약간 평활하게 보이며, 목과 복부가 옹정에 비해 큼직하다. 복부는 둥글고, 저부까지 완만하게 좁아들어, 옹정시의 급하게 좁아든 것과는 다르다.

· 다체多體병 : 수대에 시작되어, 건륭시기에 발전하였다. 2련·3련·4련(그림 119), 많은 것은 9련까지 있다. 여러 개의, 형태가 같은 화병을 이어서 한 몸에 여러 입을 가진 병으로 만들었다. 건륭시에 진부함을 벗어나 새롭게 창조한 작품으로, 소형의 화병이 많다.

· 다구병 : 연체병의 파생으로, '화삽花揷(꽃꽂이병)'이라고도 부르며, 건륭시의 신작이다. 연체병과 다른 점은, 병의 복부가 하나로, 원복이나 편복을 하고, 입은 여러 개로, 2구(그림 120)·3구·5구·7구 등이 있다.

· 벽병 : 명 만력년간에 최초로 보이며, 건륭시기에 성행한다. 장벽 위에 걸거나 가마 안에 두는 것으로 '가마병'이라고도 한다. 벽병은 소형이 많으며, 종종 병의 뒤편 반이 편평하고 장방형 구멍이 있어, 걸 수 있고 줄로 묶을 수도 있다. 조형이 다양하며, 가경 이후 각 조에서 두루 제작하였다.

· 관음병 : 강희시에 대량 생산하였으며, 건륭 시에 그 스타일을 이었지만, 약간 변화가 있다. 강희 것은 외반 입이 크고 목이 짧으며 경사진 어깨에 복부가 풍만하고 바닥이 넓다. 건륭 것은 외반 입이 작고 목이 세장하며 복부가 풍만하고 와저注底(웅덩이 모양 바닥)이다. 강희시의 최대경은 중간에 있으나 건륭시에

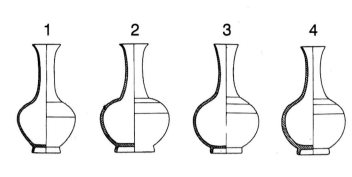

**그림 118** 상병賞甁 변천도
①옹정 ②건륭 ③가경 ④도광

**그림 119** 사연병四連甁

**그림 120** 쌍구병雙口甁

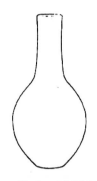

**그림 121** 담낭병膽甁

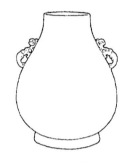

**그림 122** 녹두준鹿頭尊

는 어깨에 있다. 강희의 굽은 낮고, 건륭 것은 높고 깊다.

· **담낭병**(그림 121) : 모양이 매달린 담낭 같다하여 얻은 이름이다. 직구에 목이 세장하고, 처진 어깨에, 어깨 이하가 점차 커져 배가 볼록하며, 복 하반부는 풍만하다. 송대 균요·요주요 등에서 굽던 것으로, 청대에 매우 유행하고, 특히 건륭시에 심하다. 기형이 수려하고 부드러우며, 태유는 새하얗고 섬세하다.

② **녹두**鹿頭**준** : 강희시기에 처음 보이며, 건륭시에 성행한다. 입이 작고 굽이 크며, 구연에서 바닥까지 차츰 풍만해지다 복부가 아래로 처지며, 최대경이 저부에 있고, 굽이 있다. 어깨에 이무기형·극형戟形·수두형 귀를 부가하는데, 형태가 사슴머리나 소머리와 유사하여, '녹두준(그림 122)' 혹은 '우두준'으로도 부른다. 태체는 두께가 적절하며, 굽 둘레가 정제되고 똑바르다. 조형이 단정하고 청

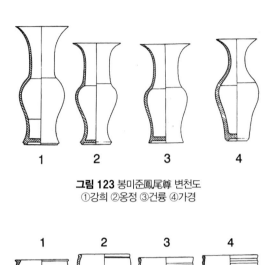

**그림 123** 봉미준鳳尾尊 변천도
①강희 ②옹정 ③건륭 ④가경

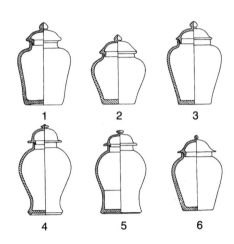

**그림 125** 장군관(호)將軍罐(壺) 변천도
①숭정 ②순치 ③강희 ④옹정 ⑤건륭 ⑥도광

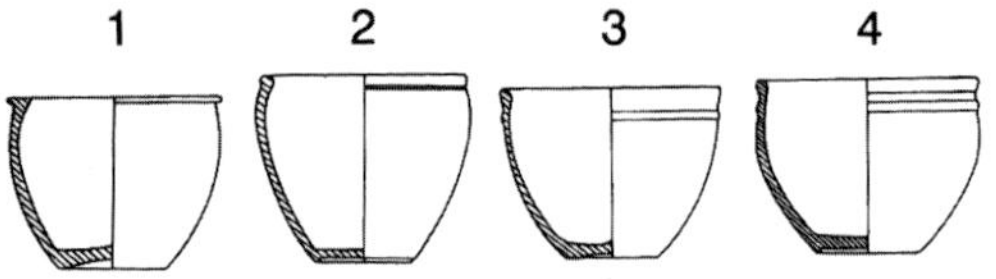

**그림 124** 어항魚缸 변천도
①강희 ②옹정 ③건륭 ④가경

수하며, 유면이 밝고 깨끗하며 평활하다. 청화자기는 연당초문을 많이 그렸는데, '청련준'이라고도 하며, '청렴'을 뜻한다. 또한 팔선인물문의 것도 있다.

③ 봉미준(그림 123) : '화고'라고도 하며 강희시에 가장 유행하였다. 건륭에서 계속 생산되지만, 기형에 변화가 있다. 즉 강희의 조형은 청수하고 비례가 적당하여 곡선미가 있지만, 건륭 것은 기형이 낮고 통통한데, 목이 크고 복부가 비만하며 굽이 굵다. 윤곽선이 활기가 없으며, 굽은 매끄럽게 잘 다듬었으며, 기형은 정연하고 우아하게 보인다.

④ 어항(그림 124) : 명 선덕년간에 시작되어, 가정·만력시기에 대량 생산되었다. 청대로 이어져 발전되어 형식이 번다하고 크기도 다양하다. 상견되는 것은, 입이 크고 몸체가 높고 내만하는 굽이 있는 형식과, 입이 크고 복부가 얕고 평저의 식목분 형식이 있다. 후자는 강희에서 시작되어 청대 각조에서 계속 번조하였다. 건륭시의 고신高身에 원순圓脣인 어항은, 입이 강희·옹정에 비해 약간 벌어지고, 원순 아래에 돌대가 한 줄 있다. 옹정 것은 원순에 입이 약간 내만하며 몸체가 건륭에 비해 마르고 높아 보인다. 강희 것은 구순이 절연식이고 기형이 준

382

수하며 바닥이 종종 안으로 볼통하게 들어간 것이 많다.

⑤ 장군호(그림 125) : 명 가정에서 시작된 것으로, 뚜껑이 장군의 투구 같다하여 얻은 이름이다. 순치시는 어깨가 풍만하고 몸이 굵고 낮으며, 평사저平砂底이다. 강희 전기는 어깨가 약간 마르고 기신이 높직하고 기벽이 곧은 편이며, 역시 평사저이다. 중·후기는 짧은 직구가 높게 변하고, 기신의 상부가 풍만하고 하부는 졸아들어 굽에서 밖으로 벌어지며, 평저가 권족(굽)으로 변한다. 건륭시에 이르러, 상신과 하신의 차이가 명확하지 않고 전체 기형이 통통하게 부어오른 모습으로 변하며, 가장 뚜렷한 변화는 뚜껑의 뉴로, 건륭시의 뉴는 끝이 편평하거나 원주형인데, 순치·강희 것은 상첨하원上尖下圓으로 형식이 아름답다.

## 3. 청료

건륭 청화자기의 청료는, 계속해서 옹정시기의 국산 절료를 사용하며, 정색이 안정적이고, 질박하고 침착한 풍모가 전조보다 낫다. 건륭 한 조가 장장 60년에 달해, 청화색도 다양하며, 대체로 4종류로 나눌 수 있다.

▶ 1류는, 색이 아름답고 고우나 불안정하여, 색이 회색이고 딱딱하고 훈산(퍼짐)현상이 많다. 옹정시 청화와 차이가 크지 않으며, 건륭 전기의 특색이다.

▶ 2류는, 색이 안정되고, 청료를 짙고 두텁게 써서, 색조가 명쾌하고 산뜻하며, 남색이 순정하다. 청료를 두텁게 쓴 것은 남색 속에 흑점이 비교적 많은데, 영락·선덕청화를 방할 때 사용한다. 그러나 영·선 청화에 사용된 수입 '소마리청'료의 자연스레 유창하게 응집된 효과는 없다. 문양에 사용된 인공적인 방법의 점찍기는, 생경하게 보이며, 흑색반점이 표면에 떠 있고 태골에 침입하지 않아, 凹凸감이 없다. 건륭 중기의 특색이다.

▶ 3류는, 색이 남색 속에 흑색을 띠어, 색택이 진중하고 침착하다. 색이 비교적 연하며, 더불어 색이 몰리는 현상이 있다. 건륭 후기의 특색이다.

▶ 4류는, 암회색을 띤다. 청료를 약간 얇게 쓰며, 건륭 후기의 청화자기가 점차 쇠퇴해 가는 것을 보여주는 일례이다.

## 4. 문양

건륭 청화자기의 도안은 참신하고 다채로우며, 화풍이 신중하고 세밀하며 층차가 또렷하다. 지나치게 규정하여, 도안이 다소 딱딱함을 보이는데, 이것이 또한 이 시기의 두드러진 특징이 된다.

건륭 청화자기의 문양은 극히 풍부하여, 상견되는 것만 5, 60종이다. 전조를 계승한 문양 외에, 봉건 윤리를 선양하고 복·록·수 등의 길상의미를 가진 화면이 특히 많다. 또한 석류백자百子·오복봉수五蝠捧壽·오자탈괴五子奪魁(다섯아들이 장원하다)·오자등과쯒科·삼양개태三羊開泰·길경吉慶평안·팔길상·팔선경수慶壽·백록·백복 등의 이런 소재가 청말까지 광범위하게 유행한다. 또 태평성세를 찬양하고 아름답게 꾸미는 소재인, 안거낙업安居樂業·가무승평歌舞升平·인수년풍人壽年豊·해안하청海晏河淸(태평세월) 및 진보도進寶圖 등이 있다. 문양은 묘사가 정교하고 선조가 부드러워 정연하고 섬세하지만, 구도가 과도하게 번밀하여 종종 번다함이 지나치다는 느낌을 준다.

건륭 청화자기의 문양에는 또 화훼문·화과문·금수문·산수·인물문 등이 있다. 전조의 유명한 화가들이 자화瓷畵에 일정한 영향을 주었다. 즉, 산수화는 동호董浩·장종창張宗蒼을 많이 따르고, 영희는 김정표金廷標를 많이 본받고, 화조는 장정석張廷錫·추일계鄒一桂에 많이 의지하였다.

건륭 청화자기에는 방고倣古 소재의 문양도 있는데, 역시 비교적 높은 예술수준을 보인다.

건륭황제 본인이 서예를 좋아하였기 때문에, 자기에 어제시를 쓴 것이 항상 있다.

건륭 민요청화자기의 문양에는, 세한삼우·송록·화과·운룡·해수룡·사자곤구·매작梅雀이 많이 보인다. 동시에 또 구련勾蓮·영지·단형團形 전서'壽'자 및 산수·풍경 등의 도안이 출현하였다. 기형은 완·반·잔탁·등롱준·각종 병류·편호·쌍이해당식배·하화식배 등이 있다. 이외에도 두청색豆靑色이나 천남색天藍色의 바탕에 청화유리홍을 한 제품도 있다.


## 5. 관지

청대 관요의 연호관은 건륭시에 이르러 일변하여, 면모를 확연히 일신한다. 서체는 강희시의 해서 위주에서 전서 위주로 바뀌고, 배열은 6자2행 위주에서 6자3행 위주로 바뀐다(사진 323). 전기의 특징은 전서체 4자2행 혹은 6자3행이고 일반적으로 테두리가 없다. 건륭 중, 후기는 6자3행의 전서에 테두리가 없으며, 역시 6자 1행을 횡으로 쓴 것도 있다. 건륭 관요청화자기의 전서관은, 필획을 고르게 쓰고, 굵기가 적절하고 직필 필획이 많으며, 자체가 방정하여 청수하고 정교한 느낌을 준다.

해서 연호관은 대다수가 '대청건륭년제'의 6자횡배열 혹은 2행종배열이고, 밖에 쌍권을 가한다. 또한 쌍권 안에 '건륭년제'의 4자2행해서관을 쓴 것도 소량 있다.

건륭 청화자기 전서관의 필법적 특징은 아래와 같다.

'淸'자의 '水'방변은 'ㅐ' 혹은 'ㅒ'으로, '靑'자의 '月'은 'ㅁ', 'ㅂ' 혹은 'ㅂ', '內'로 쓴다. '乾'자의 '卓' 방변은 그 상부의 '十'을 '屮' 로 쓰고 '日'을 '由'자형으로 쓰는 것은 건륭 전기 작품의 서법이나 많이 보이지는 않으며, 따로 '日'자형으로 쓴 것이 가장 보편적이다. 하부의 '십'자도 두 종류의 서법이 있는데, 하나는 'ㄷ'자형

**사진 323** '대청건륭년제' 전서篆書 관지

385

이고 또 하나는 '己'자형이며, 상견되는 것은 후자이다. '年'자의 서법은 3종인데, 하나는 '屑' 혹은 '㦿'이고, 또 하나는 '峅'이고, 또 다른 하나는 '峀'인데 첫번째가 가장 보편적이다. '製'자 상부의 좌편방 '制'는 2종의 서법이 있는데, 하나는 '朱' 혹은 '朱'이고, 다른 하나는 '峀' 혹은 '峀'이다. 전자가 건륭 후기에 사용되며, 비교적 적게 보인다. '製'자 하부의 '衣'자는 3종의 서법이 있는데, '衤', '衤', '衤'로, 첫째 것이 가장 상견된다.

민요청화자기의 연호관은 6자전서와 4자전서관이 있으며, 자체가 불규칙한 것이 많고, 비뚤고 고르지 않는 것이 매우 많다. 그러나 관요관지는 반듯한 자체로, 일사불란하게 쓰며, 절대로 허술함이 없다. 민요청화자기 관지는 심지어 글자를 반만 쓴 것도 있는데, '乾'자를 '肀'로 쓰고, '隆'을 '肀'로 쓴다. 자체를 완전하게 쓰더라도 전체 관지가 비뚤비뚤해서, 속칭 '초기관草記款'이라 한다.

당명관은 옹정시보다 많으며, 상견되는 것으로 채윤당彩潤堂·채수당彩秀堂·치화당致和堂·사고당師古堂·백일재百一齋·석산방石山房 등이 있다.

· **청화 수산복해도 편호**(사진 324) : 호는 입이 작고 둥근 입술이 살짝 외반하며, 목이 곧고 몸이 편원형인데, 타원형의 넓은 굽이 있다. 목과 어깨 사이의 좌우로 교룡이耳를 붙였는데 교룡은 위로 기어오르는 모습이며, 전신에 청료를 칠했다. 형상이 생동하고 귀엽다. 복부의 양면에 원형의 화창을 만들고 안에 산석·해수·박쥐·천도·영지 등을 그렸는데, '수산복해'의 뜻을 함축하고 있다. 화창 밖과 목·굽에는 연당초문을 가득 그렸다. 이런 길상을 상징하고 표현하는 도안은 명대에 이미 대량 사용되었으며, 청대 경덕진의 관요와 민요에서 더욱 광범위하게 사용되었다. 이 호는 매우 정치하게 제작되어, 구도가 엄밀하고, 필치가 정세하며, 청화색택이 산뜻하고, 형체의 비례가 조화롭고 아름답다. 바닥에 '대청건륭년제'의 6자전서관이 있다.

· **청화 번연문 육각관이병**(사진 325) : 병의 몸체를 6개의 다른 평면으로 6각형으로 만들었다. 입은 외반하고 곧은 목은 안으로 휘며, 꺾인 어깨에 복부는 살

**사진 324** 청화 수산복해도 편호壽山福海圖雙獸耳扁壺,
청 · 건륭, 고49.4cm

**사진 325** 청화 번연문 육각관이병蕃蓮文六方貫耳瓶,
청 · 건륭, 고45cm

짝 부풀고 아래는 졸아들어 계단형 굽을 이룬다. 목에는 대칭으로 대롱모양의 관이貫耳가 있어, 이름을 얻었다. 구연 직하에 연속회문대를 돌리고, 회문 아래와 굽에는 절지화훼를 그렸다. 목에는 해수문을 그렸는데, 남색의 해수와 백색의 물보라는 서로를 빛나게 한다. 병의 각 평면의 상·하에 절지번연문을 그렸는데, 꽃과 잎이 무성하고 만개하였다. 태체는 중후하고 견실하며, 자기질이 정세하고 유색은 희고 윤기가 있으며 고르다. 기형은 정연하고 준수하며, 청화색은 안정되고 아름답다. 굽바닥에 '대청건륭년제'의 6자전서관이 써져 있다.

· **청화 운룡문 오공편병**(사진 326) : 병은 편병 형식이며, 복부가 대략 6각형을 띠며, 위에 5공이 있다. 나팔상 입에 목이 길고, 목 중간에 넓은 돌대가 있으며, 병 양측에 각기 활환이活環耳(움직이는 고리가 있는 귀)가 있다. 평저에 장방형의 계단형굽이 달려 있다. 복부에는 주문양으로 운룡희주문을 그렸다. 용은 정면용으로 구불한 몸에 꼬리를 쳐들며, 4발가락이 강경하고 힘차다. 공간은 번연문蕃蓮文으로 채웠고 바닥에는 파도문을 그렸는데, 해수가 아래위로 출렁이고

제5장 청대 청화자기

**사진 326** 청화 운룡문 오공편병雲龍文五孔扁瓶,
청·건륭, 고29.2cm

**사진 327** 청화 암팔선문 천대병暗八仙文穿帶瓶,
청·건륭, 고25.2cm

물보라가 사방으로 튄다. 5공의 구연 아래와 굽에는 초엽문·여의운두문·원주문
을 장식하였다. 조형이 참신하고 독특하며, 매우 드문 기물이다. 태질은 희고 섬
세하며, 유색은 희고 윤택하다. 청화색택은 아름답고 청신하며, 문양 포치는 번
밀하고 활달하다. 건륭청화자기 중의 명작이다. 바닥에는 청화로 '대청건륭년제'
의 6자3행 전서관을 썼다.

· 청화 암팔선문 천대병(사진 327) : 천대병은 청대에 비교적 유행한 기형인
데, 몸이 방형이고 관이 달리며, 복부는 편원형이고 굽이 있다. 목에는 상부에
쌍층 초엽문을 그리고, 그 아래는 1정正1반反의 2방 회문을 그렸다. 초엽은 하나
는 넓고 하나는 좁으며, 장단고저가 다르고, 가운데 줄기는 희게 남겼다. 기신 가
득히 해수문을 그렸는데, 파도치는 해수 속에, 표주박·부채·피리·보검·옥판玉板·
연꽃·꽃바구니·어고魚鼓(타악기의 하나)가 오르락내리락 표류한다. 이들은 기물
을 차용하여 사람을 비유하는 것으로, 팔선이 바다를 건너는 전설을 묘사한 것
이다. 화면에는 팔선의 인물이 출현하지 않고, 단지 팔선의 지물들이 나와 있어,

중국의 청화자기

'암팔선'이라 부른다. 이런 소재는 '팔선도' 후에 출현한 것으로, 청대에 매우 성행하였다. 형체가 풍만하고 단정하며, 유색은 매끄럽고 윤이 나며 밝다. 청화색은 곱고 침착하며, 문양은 번밀하여 거의 여백이 없다.

· **청화 팔길상문 화호**(사진 328) : 건륭황제는, 기고嗜古(옛것을 좋아함)·복고復古·방고倣古하여, 일부 고기물을 방한 청화자기의 번조에 성공하였다. 화호는 주기酒器로, 상·주 청동기의 화盉의 형식을 방하여 만든 것인데, 차이나는 곳은 3족을 4족으로 한 것으로, 더욱 안정적으로 보이게 한다. 『건륭기사당乾隆記事檔』기록에 의하면, 건륭 3년(1738) 당영에게 선덕요의 '청화팔보사고족다호靑花八寶四高足茶壺'를 방할 것을 명하였다 하는데, 바로 이런 화호이다. 이후 가경·도광시에 계속하여 번조하였다. 화는 광구에 목이 광활하고, 깊은 복부에 긴 주구와 둥근 손잡이가 달렸다. 활모양 뚜껑에는 참외꼭지형 뉴를 달고, 기신 아래에는 4개의 곧은 다리가 받치고 있다. 뚜껑면·목·주구·손잡이·굽다리에는 팔길상 및 영지당초문을 그렸다. 복부에는 연탁팔길상문蓮托八吉祥文을 그렸다. 송이가 큰 연화들이 각기 보물 1점씩을 받치고 있는데, 등거리로 배열되어 약간 풍만한 복부와 어울려 서로를 돋보이게 한다.

팔길상문은 8종의 불교법물이다. 즉, 보륜·법라·보당·산개·연화·보병·금어金魚 및 길상결구를 이룬 도안으로, 길상의 뜻을 함유하고 있어, '팔길상'이라 한다. 이는 티베트 라마교에서 유전되어 온 것으로, 원대에 시작되어 명·청에 유행한다. 문양 배열은 일정한 규칙이 있으며, 명 영락시에 처음 륜輪·라螺·당幢·산傘·화花·어魚·병瓶·결結로 배열하였다. 명 만력에서 청대까지는 즉, 륜·라·당·산·화·병·어·결의 순서로 배열한다. 건륭 이후에 순서대로 배열하지 않은 것도 있다.

**사진 328** 청화 팔길상문 화호八吉祥文香盉壺, 청 · 건륭, 전고21.3cm

· 청화 연당초문 고형병(사진 329) : 방고자倣古瓷는, 건륭시의 상당히 대표성을 가진 작품이다. 이 병은 청동고를 방한 것이지만, 하부가 이미 개조되어 좌병식座瓶式이 되었다. 구연은 외반하여 나팔상을 띠며, 입술이 둥글고, 목은 세장하고 복부는 호형을 띤다. 어깨가 꺾여서 그 아래는 좁아드는데, 복벽은 평직하다. 복발식의 원형 대좌는 크기가 병 입과 대칭이며, 안정되게 길쭉한 병체를 지탱한다. 복부의 상하에 각 한 줄의 돌대가 있는데, 장식과 함께 맞물리게 연결하는 작용을 한다. 형체는 장중하고 시원시원하며, 선조가 우미하고 유창하다. 입과 목에 당초문·당초서번련문唐草西蕃蓮文·초엽문을 그렸다. 복부에는 변형연판문·당초번련문·변형여의운문을 그렸다. 대좌에는 당초문·운뢰문·보상화·연당초·변형초엽문 등을 그렸다. 돌대에도 운뢰문과 여의운문 등을 그렸다. 전체적으로 문양이 번밀하고 층차가 많지만, 난잡하지 않고, 각종 문양이 조화롭고 질서 있게 배치되었다. 고대高大하고 정미한 형체와 수려하고 유창한 문양은 충분히 이 시기 제자업의 고도의 기예와 수준을 보여준다.

**사진 329** 청화 연당초문 고형병纏枝蓮
文觚式瓶, 청·건륭, 고63.5cm

특히 가치있는 것은 복부의 연판형 화창 속에 7행69자의 해서로 쓴 명문이다. 즉, "양심전총감조, 흠차독리강남회, 숙, 해삼관, 겸관강서도정, 구강관세무, 내무부원외랑, 내관좌령가오급, 심양당영경제, 헌동구천선성모안전공봉. 건륭육년춘월곡단.養心殿總監造, 欽差督理江南淮, 宿, 海三關, 兼管江西陶政, 九江關稅務, 內務府員外郎, 仍管佐領可五級, 沈陽唐英敬製, 獻東棋天仙聖母案前供奉. 乾隆六年春月穀旦."이다. 건륭 6년은 1741년이다. 이 같이 명문에 작자와 용도가 있고, 또한 구체적인 제작시간이 있는 기물은, 실로 극히 드문 예로, 더욱 진귀하게 생각되며, 건륭 전기 청화자기의 연구에 표준이 되는 작품이다.

당영唐英은 자가 준공俊公이고 자호自號를 와가노인蝸家

老人이라하며, 봉천奉天(요녕성 심양)인으로 한군정백기漢軍正白旗에 예속된다. 강희 21년(1682)에 태어나, 건륭 21년(1756)에 졸하였다. 당영은 16세에 양심전의 공봉이 되어, 궁정 시종으로 20여년을 보냈다. 옹정 원년(1723)에 내무부 원외랑을 제수받았다. 6년(1728)8월부터, 잇따라 회안관淮安關 및 구강관九江關을 관리하고 더불어 겸리요무兼理窯務가 되어 건륭 21년까지 계속한다. 20여년을 요무를 관리하고 감독하는 중에, 제자기술의 연구에 전력을 다하여, 방고·창신에서 두루 거대한 성취를 이루었다. 저서로 『도성기사陶成紀事』『도야도설陶冶圖說』『도인심어陶人心語』 등이 있으며, 이들은 경덕진 제자 역사의 연구에 중요한 문헌자료이다.

· 청화 절지화과문 산두병(사진 330) : 입 모양이 산두蒜頭(통마늘)을 닮아서 '산두병'이라 부른다. 목의 상단이 합구소우盒口小盂 형상을 띠는데, 목이 세장하고, 복부가 둥글며 굽이 있다. 구연 아래에 회문과 연당초문을 그렸으며, 목 하부와 어깨에 변형연판문·회문·여의운두문을 그렸다.

복부에는 주문양으로 석류·비파·모란·국화 등의 절지화과문을 그렸다. 문양 포치가 시원하고, 화법이 간결하고 명쾌하며, 엇갈린 배열이 제법 정취가 있다. 청화색택은 남색이 진하며, 제작이 정교하다. 바닥에 '대청건륭년제'의 6자3행전서관이 써져 있다.

산두병은 명 가정·만력시의 청화자기 중에 이미 보인다. 이 병은 비교적 낮은 외반구인데, 명대 것은 비교적 높은 직구가 많다. 이 병은 목이 긴 편인데, 명대는 목이 더욱 길고, 복부가 더욱 둥글고, 굽이 더욱 크다. 북경고궁박물원과 상해박물관에도 이런 기물이 소장되어 있다.

· 청화 표주박문 표형병(사진 331) : 병은 표형(호로형)이며, 형체가 풍만하고 단정하다. 전체를

**사진 330** 청화 절지화과문 산두병折枝花果文蒜頭瓶, 청·건륭, 고28.8cm

391

**사진 331** 청화 표주박문 표형병瓢文葫蘆瓶,
청·건륭, 고59.6cm

4조로 나누어 표주박(호로)과 박쥐(편복)문을 가득 베풀었다. 표주박과 박쥐가 백여개에 달하는데, '백복百福'·'백록百祿'의 함의를 가진다. 구도가 생동하고, 엇바꾸는 것이 자유자재이다. 유색은 희미하게 청색기를 띠는 백색이며, 청화색은 아름답고 침착하다, 바닥에 '대청건륭년제'의 전서관이 있다.

· 청화 보상화당초탁복문 고족반(사진 332) : 반은 직구·평저이며, 높은 굽다리는 외반한다. 반 내저에는 보상화가 4마리 박쥐를 받치는 도안을 그리고, 벽에는 회문대를 돌렸다. 외벽 구연에는 연당초문과 회문을 그리고, 굽다리에는 여의운두·화훼당초탁복托福·회문을 각기 나누어 그렸다. 태는 희고 정세하며, 유질은 희고 윤택하며 기면에 가는 파랑문이 있는데, 이 시기 유의 두드러진 특징이다. 조형은 아름답고 독특하며, 그림은 짜임새가 있고, 선조는 정치하다. 청화색조는 순수한 남색으로, 광택이 있고 또렷하고 명쾌하여, 충분히 민요청화자기의 기술 수준을 보여준다.

고족반은 남조南朝에서 처음 만들어져, 수대隋代에 가장 유행하며, 후대에는 매우 적게 번조되었다. 이 반은 비교적 드물게 보는 진귀한 예이다.

· 청화 운학문 작반(사진 333) : 작爵은 동기형식을 모방한 것으로, 명 영락·선덕시에 처음 번조되었으며, 건륭시에 다시 모방해서 구웠다. 배는 원보형圓寶形을 띠고, 앞뒤에 주구가 있으며, 양측 중간에 둥글고 짧은 기둥이 있다. 측면 한 곳에 편평하면서 굽은 손잡이가 있고, 3족이며, 저부에는 절연에 4족을 한 원형의 반이 붙어 있다. 반 중심에는 돌기한 산 모양의 고대高臺가 있는데, 3곳에 凹한 홈이 파져 작배의 3족을 끼우게 한다. 작의 동체와 반 내벽에는 공히 운학문이 장식되었는데, 학은 날개를 펴고 한 다리로 서 있거나 구름 끝에서 날개를 펴고 비상하

중국의 청화자기

**사진 332** 청화 보상화당초탁복문 고족반纏枝寶相花托蝠文高足盤,
청·건륭, 구경34.8cm

**사진 333** 청화 운학문 작반雲鶴文爵盤,
청·건륭, 고13.8cm

**사진 334** 청화 연당초탁범문 고족배纏枝蓮托梵文高足杯,
청·건륭, 고14.3cm

**사진 335** 청화 용봉문 여의이편호龍鳳文如意耳扁壺,
청·건륭, 고44.9cm

393

며, 형상이 생동하고 핍진하다. 반대盤臺는 해수문을 장식하였는데, '복산수해福山壽海'를 뜻한다. 조형이 특이하고 참신하며, 유색은 백색에 청색기를 띠며 곱고 광택이 있다. 청화색조는 아름답고 짙으며, 문양 포치는 청신하고 시원하다. 바닥에 '건륭년제'의 4자전서관이 테두리 없이 써져 있다. 『청당淸檔』의 기록에 의하면, 건륭 8년(1743)에 성지를 받들어 번조한 '양채' 중에 '법랑채녹흑작반'이 있는데, '강산일통작반江山一統爵盤'이라 불렸다. 그 기물이 바로 이런 작반이다.

· **청화 당초연탁범문 고족배**(사진 334) : 입이 외반하고, 복부가 깊으며, 아래가 안으로 꺾여져 평저를 이루고 나팔형의 고족이 달려 있다. 고족 상단에 넓은 돌대가 있다. 조형이 단정하고 우미하다. 기신 가득히 연꽃이 범문을 받치는 도안을 그리고, 고족에는 영락문을, 돌대상에는 절지화훼를 그렸다. 내저면에는 쌍권 안에 커다란 한 송이 보상화를 그렸다. 태질은 얇고 가볍고 고우며, 유색은 백색에 청색기를 띠며 습윤하고 미세한 광택이 있다. 작품이 정세하고 시원시원하다. 족 내벽에 테두리 없이 횡으로 '대청건륭년제'의 전서관이 있다.

· **청화 용봉문 여의이편호**(사진 335) : 호는 편원체이고, 입이 작고 입술이 말려 있다. 목이 길고 안으로 굽어있으며, 굽이 있다. 목에는 대칭으로 여의형 이耳가 있다. 구연 아래와 굽에 해수문대를 돌렸는데, 푸른 바다의 파도가 용솟음치며, 층층으로 하얀 물보라가 말아 오른다. 목에는 초엽문을 장식하였는데, 하나는 길고 하나는 짧게 하여 교대로 배열하고, 파초의 끝을 원주형으로 만들어, 형상이 비교적 특이하며, 과거에 볼 수 없던 것이다. 목과 어깨 사이에 여의운두문대를 돌리고, 밑동에는 변형연판문대를 돌렸다. 편호의 측면에는 화훼당초문을 그리고, 편호의 앞 뒤면에는 용봉탈주도龍鳳奪珠圖를 그려 주문양으로 삼았는데, 보조문양과 어울려 한 폭의 정미한 도안을 만들었다. 발색이 비교적 짙고 약간 흑색반점을 띤 청료 색조와, 편호의 조형과 문양소재로 보아, 이 호가 명초의 관요 풍격의 작품을 본받고자한 의도가 있음을 알 수 있다. 바닥에 청화로 '대청건륭년제'의 6자3행전서관을 썼다.

명·청 자기의 장식소재에서, 일룡일봉으로 조성된 도안을 '용봉정상龍鳳呈祥'이라 부르며, 이런 도안은 황실혼례기물로 많이 사용되었다. 용은 백수의 왕이고, 봉은 백조의 왕이며, 용봉은 신수서조로 길상의 징조이다.

· **청화 화훼문 사연병**(사진 336) : 이 병은 4점의, 외반 입과 직신에 안이 凹한 굽이 있는 통형병을 붙여서 만든 것으로, 때문에 '사연병四連瓶' 혹은 '사련병四聯瓶'이라 부른다. 병체에는 청화로 연꽃·매화·국화 등을 그리고, 구연아래에 여의운두문을 돌렸다. 각 병마다 바닥에 청화문자 하나씩을 썼는데, 연결하면 '건륭년제'의 4자전서관이 된다.

연체병은 2연·3연·4연 내지 6연 등이 있으며, 옹정·건륭시에 가장 유행한다. 이 병은 형식이 특수하고 그림이 정세하며, 청화색택이 아름답고, 문양포치가 청신하고 시원하여, 건륭 관요 청화자기 중의 명품이다.

· **청화 팔길상 보월병**(사진 337) : 목이 곧고, 입이 둥글며, 복부는 편원체인데 복면이 미미하게 볼록하다. 쌍리이雙螭耳가 있고 편원형 굽이 있는데, 동그란 복부의 중간이 하나의 둥근 달처럼 凸하게 나왔다 하여 이름을 얻었다.

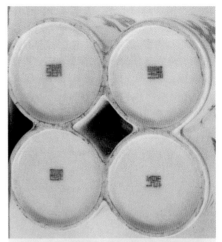

**사진 336** 청화 화훼문 사연병花卉文四連瓶, 청 · 건륭, 고14.2cm

옹정 초기에 이미 번조되었으며, 건륭시에 다시 만들었다. 병의 복부에는 8송이의 변형연판문이 중심의 보상화를 둘러싸고 있는데, 각 연판 내에, 륜·라·당·산·화·병·어·결문을 따로 따로 그렸다. 병 구연아래와 몸체 둘레에는 회문대를, 목과 굽에는 화훼당초문을 그렸다. 태질은 새하얗고 곱고 윤이 나며, 유색은 백색에 청색기를 띠며, 깨끗하고 윤택하다. 청화는 아름다운 청남색으로 청신하고 명쾌

**사진 337** 청화 팔길상 보월병八吉祥寶月瓶,
청·건륭, 고48cm

**사진 338** 청화 연당초문 삼족세纏枝蓮文雙耳三足洗,
청·건륭, 고10.7cm

하며, 문양포치는 시원하고 명쾌하다. 바닥에 '대청건륭년제'의 6자전서관이 있다.

· **청화 연당초문 삼족세**(사진 338) : 세는, 입이 크고 말린 입술이 외반하며, 목이 짧고, 복부가 납작하며 아래에 낮은 3족이 달렸다. 어깨에 쌍이를 붙였다. 목에는 일장일단의 초엽문을 그리고, 목과 어깨 사이에 당초문대를 돌렸다. 복부에는 주문양으로 연당초문을 베풀고, 상부와 하부의 중간에 쌍선을 돌려 서로 떨어지게 하였다. 귀와 굽에는 청료를 가득 발랐다. 바닥 중심에 '대청건륭년제'의 6자3행전서관이 써져 있다. 청화자기의 발전은 건륭시에 이르러, 도안화 경향이 날로 심해져, 허다한 관요 청화자기에 전체를 화훼문으로 가득 채워, 복잡하고 자질구레한 느낌을 주는데, 이것이 이런 경향을 대표적으로 보여 준다.

## 제6절 **가경**嘉慶 **청화자기**

가경(1796~1820)조는 공히 25년으로, 관요 청화자기의 생산이 큰 폭으로 하락하였으며, 민요만 여전하였다. 전기 청화자기는 겨우 건륭 후기의 기본 풍격을 유지하였을 뿐, 어떤 새로움도 없다. 후기는 점차 퇴보하여 기술 수준도 하강하여, 청대 자업이 성함에서 쇠퇴로 가는 것을 반영하고 있다.

　태질은 기본적으로 건륭 청화자기와 비슷하며, 기형제작은 반듯하다. 가경 후기에, 태질이 점차 거칠어지며, 두터운 것과 얇은 것이 모두 있다. 유색은 주로 백색에 청색기가 있는 청백유이며, 장백유漿白釉도 있다. 관요기의 유층은 상대적으로 약간 두터우며, 민요 것은 대부분 얇고 유면은 고른 편이다. 가경 전기의 유면은 여전히 건륭시의 곱고 윤기가 흐르는 특징이 있다.

　기형은 건륭시에 비해 감소하며, 많은 조형이 기본적으로 건륭 풍격을 답습한다. 전기 기물은 정세한 편이지만, 후기는 기술의 저하로 도광시의 거칠고 서툰 풍격에 가깝다. 상견되는 기형은, 완과 반 외에, 각식의 병·호·주자·로·합·배 등이 있다. 적지 않은 기형이 비록 건륭 청화자기의 풍격을 간직하고 있지만, 선조가 점차 생경하게 변하며, 형체는 거칠고 서툰 풍격으로 전향하기 시작한다. 이때 전형적인 모통帽筒(모자를 얹어두는 둥근 통)이 출현하여, 이전의 원구형 대좌의 모자걸이를 대체하였다. 어떤 것은 투공장식이 있으며, 이런 기형은 청대 후기까지 연속된다. 또한 박태의 반·완·배류의 기물을 대량으로 번조하기 시작한다. 문방완구류는 이때 여전히 대량 제작되어, 매우 유행하였다.

　청화색조는 여전히 건륭 청화자기 같이, 그런 안정된 청남색을 기조로 하지만, 이들 청남색은 흑색기가 많은 남색에 속하는 것이 많다. 이외에도 적지 않은 기물의 색조가 청색에 어두운 회색이나 회흑색 또는 연한 색을 띠며, 더불어 청료가 유면에 뜨는 현상이 있다. 이런 풍격의 기물은 중, 후기에 많다.

　건륭 청화자기의 그림은 정세하지만, 가경시는 그림이 조잡하다. 문양의 층차가 분명하고 화면이 번잡하지만 그림은 간단하며, 도안장식에서는 화훼·영희·박고도 등이 성행한다. 길상 도안이 전에 비해 더욱 유행하며, 더불어 청장淸裝 사녀도 등이 출현하기 시작한다. 또 일부 봉건윤리 관계를 표현한, 봉황·원앙·꾀꼬리 등의 문양도 있다.

　가경 청화자기의 관지는, 기본적으로 3행6자의 '대청가경년제'의 전서관(사진 339)이며, 반듯하게 쓰고 절대다수가 바닥에 썼다. 민요청화자기에도 6자의 '대

청가경년제' 전서관이 있지만, 자체가 조잡하다. 당명관은 건륭에 비해 적어지고, 기년관은 더욱 적게 보인다.

· **청화 어제시 해당형탁반**(사진 340) : 반형이 해당화를 닮았고, 평저인데, 바닥 4곳에 길쭉한 굽이 있다. 내저 중심에는 해당형 화창 안에 '어제시' 한 수를 썼는데, '가경정사소춘嘉慶丁巳小春'의 서명이 있다. '정사'년은 가경 2년(1797)에 해당하며, 가경 전기의 작품이다. '어제시'는 청 건륭·가경 시기 경덕진 관요자기의 소재의 하나이다. 화창 밖과 구연 내부와 외벽에 고루 화훼당초문을 그렸다. 상해박물관의 육명화陸明華가 지은 『청대청화자기감상』 중에, 1점의 '가경청화제시 해당식반'이 수록되어 있다. 조형은 물론 문양 제시구가 이 반과 똑같은데, 바닥에 '대청가경년제'의 6자3행 전서관이 있다. 그러나 이 반은 관지가 없기 때문에, 민요의 방관요기가 틀림없다.

· **청화 육합동춘도 병**(사진 341) : 병의 입이 외반하고 목이 길며, 어깨가 꺾였으며, 복부는 곧바르고 굽이 있다. 목에 쌍이가 있으며, 연당초문을 그렸다. 목과 어깨 사이에 회문과 여의두문대를 돌리고, 복부에는 사슴과 학을 주제로 한 풍경도를 그렸다. 이런 소재를 옛날에 '육합동춘도六合同春圖'라 불렀으며, 청대에 유행한 길상도안이다. 이 병은 기본적으로 건륭시의 제작풍격을 유지하고 있지만, 조형과 문양에는 꽤 새로움이 있으며, 가경 관요 번조의 중요한 작품이다.

· **청화 당초연탁팔길상문 주자**(사진 342) : 몸체는 입이 외반하고 목이 가늘며, 어깨가 경사지고 복부는 홀쭉하며, 굽

**사진 340** 청화 어제시 해당형탁반御製詩海棠式托盤, 청·가경, 구경15.9cm

**사진 341** 청화 육합동춘도 병六合同春圖甁,
청·가경, 고31.5cm

**사진 342** 청화 당초연탁팔길상문 주지纏枝蓮托八吉祥把壺,
청·가경, 전고31cm

은 외반하였다. 목과 복부 사이에 긴 주구와 휘 굽은 손잡이가 설치되었는데, 주구와 손잡이는 절릉折棱이 뚜렷하여 단면이 방형을 띤다. 보주뉴 뚜껑의 한 곳과 손잡이 한 곳에 끈을 잇기 위한 둥근 뉴가 있다. 기형이 수려하고 진중하다. 구연에는 회문을, 목 상부에는 변형초엽문을 그리고, 밑동에는 변형연판문을 그렸다. 복부와 어깨에는 당초연탁팔길상문을, 주구에는 절지화훼를, 손잡이에는 당초문을 그렸다. 청화색조는 남색 속에 회색기를 띠고 정색은 안정적이며 건륭의 풍격이 있다. 그림의 필법은 섬세하고 신중하여 화면이 딱딱하게 보이는데 이는 가경시의 특징이다.

장포생張浦生 선생이 『청화자기감정』 책에서, 가경 청화자기와 건륭 청화자기를 비교하여, 그들의 차이를 적었는데,

▶ 청료 : 건륭은 산뜻하고 아름다운데, 가경은 암회색이고, 색이 불안정하다.

▶ 문양 : 건륭은 그림이 정세하고 방고倣古 소재가 많고, 가경은 그림이 거칠고 길상도가 많다.

▶ 태유 : 건륭은 태질이 견치하고 세밀하며, 유색이 새하얗고 윤이 나고 깨끗하며, 장백유漿白釉도 있고, 일부 유면에 귤피문이 출현한다. 가경은 태질이 거칠고 느슨하며 가볍고, 유는 얇으며, 백색에 회색이나 청색기를 띠고, 윤기와 깨끗함이 떨어진다.

▶ 조형 : 건륭의 박태는 경교輕巧하며 후태는 균일하다. 가경은 두껍고 무거우며 서툴다.

▶ 공예 : 건륭은 섬세하고 치밀하여, 성형 손질에 정성을 들이고, 굽이 둥글고, 노태가 많지 않다. 가경은 거칠어, 성형 손질을 대충 하고, 굽은 동그란 것 외에, 뾰족한 것이 많고 노태도 많다.

# 제7절 도광道光 청화자기

도광(1821~1850) 시기의 청화자기는 전, 후의 2기로 나눌 수 있다. 전기 20년간 번조한 청화자기는 비교적 정치하며, 작품도 전조의 풍격에 근접한 편이다. 후기 10년간 생산된 청화자기는 보다 조잡하고 서투르며, 질도 크게 하락하였다.

태질은 다수가 푸석하게 보이며, 태체는 두께가 고르지 않고, 기물의 윤곽선이 꺾인 곳이 딱딱하고 생경하게 보인다. 태유의 결합이 긴밀하지 못하며, 시유가 고르지 않고 유면이 그다지 평정하지 않아, 대다수 청화자기에는 '파랑유'라는 시대적 특징이 있으며, 유면은 얇다. 관요기의 유는 비교적 섬세하고 매끄러우며 평활하고, 유색은 청색기가 있는 청백색을 띠며, 분백유인 것도 있다.

상견되는 기형은 완·반·배 외에, 각식의 병·호·항·세·화盉·주자·화고·촛대·향로 등이 있다. 비연호의 제작은 전보다 더욱 유행하여, 조형이 더 다양해졌다. 기형의 전체적인 특징은, 스타일이 점차 치졸하게 변해가고, 선조가 그다지 우미하지 않으며, 능각이 매우 분명하여, 섬세하고 부드러운 미감이 결핍되어 있다. 도광 후기의 허다한 제품이 더욱 조잡해져, 굽저면은 극소수가 동그란 '미꾸라지 등'의 형태를 한 것 외에, 대다수가 거칠다.

도광 청화자기의 문양은, 옹정·건륭시의 도안화된 문양을 여전히 위주로 하며, 화풍은 다수가 딱딱한 편이고 활력이 부족하다. 그려진 도안들은 화훼와 용봉문이 많다. 또 인물과 동물 등의 소재도 많은 편이다. 이 시기에는 안은 청화문양을 그리고, 밖은 분채로 화면을 그린 품종이 매우 유행하였다. 일부 남지청화기藍地靑花器는, 대부분 비교적 뚜렷한 흘탑유疙瘩釉(부스럼 같은 유)를 하고 있다. 그러나 또한 건륭·가경시의 그런 번잡한 도안을 개변시켰으며, 닭싸움·희구戱狗·귀뚜라미싸움 및 여치·앵무 등의 통속적인 화면이 출현하였다. 청장사녀도도 성행하기 시작하였으며, 회화의 풍격은 당시 사녀화가 김정표金廷標와 비단욱費丹旭 등의 영향을 깊이 받았다. 역사인물을 주제로 한 그림은 항상 시구와 설명이 함께 하였다. 건륭·가경 이래 문인들 사이에서 흥기한 금석문물 고증의 풍조는, 당시 제자업에도 일정한 영향을 미쳤다.

민요 청화자기의 그림은 제멋대로인 편이며, 허다한 기물에 사의화를 그렸다. 상견되는 일종의 청화동과冬瓜(동아)호와 소완구류는 여전히 제작되었지만, 공예가 이전 같은 정교함이 없고, 조형이 딱딱하며 태체는 두껍고 색택은 겉날린다.

도광 청화자기의 관지는, 기본적으로 6자 '대청도광년제'의 전서관(사진 343)이다. 건륭·가경의 풍격과 비슷하여, 자체가 반듯하고 짜임새가 있다. 도광시에는 소전小篆도 즐겨 사용하여, 전서자의 꺾임을 원활하고 자연스럽게 하고 필획이 유창하다. 민요 청화자기도 6자 전서관을 쓰지만, 자체가 바르지 않다. 이외에도 당명관이 있는데, '신덕당愼德堂'과 '등죽주인藤竹主人'이 있다. '신덕당제'관을 대표로 하는 당명관이 극히 성행하며, 제작도 비교적 정세하다.

전세하는 도광간지기년관 청화자기는 많은 편인데, 중, 후기에 구워진 것으로, 이 시기 작품의 풍격을 구분

**사진 343** '대청도광년제' 전서관

하는데 비교적 큰 참고가치가 있다. 관지의 서법의 특징은,

'淸'자의 3점은 모두 'ㅛ'로 쓰는데, 이런 서법은 옹정·건륭시에도 보인다. '靑'자 하부의 '月'자는 'ㅁ' 혹은 'ㅁ'로 쓰고, 후자는 후기에 많이 보인다. '製'자 상부 우변의 'ㅣ'는 'ㅌ', 'ㅌ', 'ㅌ' 등 몇 종으로 쓰는데, 첫째 것이 가장 상견된다.

· **청화 삼우도 옥호춘병**(사진 344) : 옥호춘병은 송·원에서 시작되어, 명·청 이래 매우 많이 번조되었다. 청대 각조에서 거의 모두 구웠고, 조형과 문양이 같아, 관지가 없으면 구분하기 어렵다. 병은 입이 외반하고, 복부가 크고 저부가 풍만하고 굽이 있다. 목에는 별도로 초엽문·당초문·여의운견문如意雲肩文을 그렸다. 복부에는 한 폭의 산촌 풍경을 그렸는데, 그림 속에 인물과 건물은 없고, 또한 샘물과 하천도 없으나, 대나무·돌·수목·화초로 강남 특유의 생활 풍모를 표현하였으며, 일종의 고요하고 한적한 느낌을 준다. 바닥에 '대청도광년제'의 전서관을 썼다. 옹정 '청화삼우도옥호춘병'과 비교하면, 조형이 튼실하고 포만하며, 중량도 전에 비해 크다. 옹정 것은 선덕을 방하는데 고심하여 청료가 짙지만, 도광 것은 비교적 담아하며, 문양은 유약하게 보이고 층차가 없다. 선조도 유창한 감이 부족하다.

**사진 344** 청화 삼우도 옥호춘병三友圖玉壺
春瓶, 청·도광, 고28.4cm

· **청화 연탁팔길상문 화호**(사진 345) : 화호는 직구에 목이 짧고, 복부는 편원형이며, 호형의 손잡이와 곧은 주구가 달리고, 아래에 4개의 곧추선 기둥 같은 굽다리가 있다. 뚜껑에는 호형의 참외꼭지뉴가 있다. 개면과 목 및 굽다리에 영지당초문을 그리고, 복부에는 연꽃송이가 팔길상을 받치는 문양을 그렸다. 문양은 청신하고 시원하며, 청화색은 산뜻하고 아름답다. 바닥에 '대청도광년제'의 전서관이 써져 있다. 이런 화호는 청동화를 방한 것으로, 건

**사진 345** 청화 연탁팔길상문 화호蓮托八吉祥文盉壺,
청·도광, 전고21.5cm

**사진 346** 청화 연화용문 완蓮龍文碗,
청·도광, 구경13.1cm

룽시에 창소되어, 가경·도광에서 모두 번조하였는데, 조형과 문양이 기본적으로 같다.

· **청화 연화용문 완**(사진 346) : 완은 입이 외반하고, 복부가 깊으며, 굽이 있다. 외벽에는 튼실한 두 마리 용이 서로 쫓아가고 있는데, 용의 머리와 꼬리 사이에 각기 연꽃묶음이 '수壽'자를 받친 도안을 그렸다. 밑동에는 변형연판문대를 돌렸다. 이런 소재는 일찍이 명 중기에 매우 유행하였는데, 이 완은 전통소재를 한 제품이다. 청화색택은 짙으며, 층차감이 강하지 않고, 화풍은 딱딱하게 보인다. 이는 청 중기의 관요 청화자기가 성행에서 쇠퇴로 감을 반영한 것이다. 바닥에 '대청도광년제'의 6자3행전서관이 있다.

## 제8절 함풍咸豊 · 동치同治 · 광서光緒 · 선통宣統의 청화자기

함풍(1851~1861), 동치(1862~1874), 광서(1875~1908), 선통(1909~1911), 이 4조는 제국주의의 침입과 내란이 빈번한 세월을 보내면서 사회경제의 상황이 갈수록 나빠져, 경덕진 관요자기의 생산은 쇠락의 경지에 처하였다. 민요 역시 대량 생산하지만, 다수가 조잡한 편이다. 다만 동치·광서 양조에서, 자희慈禧태후(서태후)가 귀족집단의 우두머리가 되어, 사치가 극에 다다른 생활을 만족시키기 위해 원가를 아끼지 않고 자기번조에 힘을 쏟아, 크게 중흥의 기세가 있었으며, 관요생산이 진일보 발전 하였다. 특히 광서의 관요기는, 품종과 수량을 막론하고, 만청晚淸 각조에서 번조한 관요자기 중에 수위를 차지한다.

이 시기의 청화자기는 전체적으로 보아, 태체는 거칠고 무르며, 강희·건륭시의 새하얗고 세밀한 것과는 크게 다르다. 뿐만 아니라 제작이 거칠고, 두께가 고르지 않으며, 성형손질이 정세하지 않고, 보편적으로 둔중하게 보인다. 유는 얇으며, 유면은 그다지 고르지 않은 것이 많고, '파랑문' 출현이 매우 많다.

청 중기에 유행한 죽석파초문옥호춘병·당초문상병·화훼문항·개합·화분·호·필통·벽병·로·사두·및 반·완·배 등이 이 시기에 상견되는 기형이다. 도안 문양은 다수가 기계적이고 활기가 없으며, 거칠고 허술하다. 문양 내용은 태평을 노래하고 길상여의를 기구하는 것이 많아, 오복봉수五蝠捧壽(오복장수를 뜻함)·기린송자麒麟送子(기린이 아이를 태우고 있는 그림)·만수무강·과질면면瓜瓞綿綿(오이가 끊임없이 열리다. 자손이 번성하다)·오곡풍등五穀豊登(오곡이 풍성하다)·천하태평·용봉정상龍鳳呈祥 등이 있으며, 또 일부 팔선·옥모玉母·청장淸裝(청나라 복장)사녀·영희·박고·녹죽매작綠竹梅雀 등도 있다.

이 시기의 청료는, 색조가 전조를 답습하여 비교적 산뜻한 남색을 띤다. 또한 비교적 거친 '토청'료를 사용한 것은, 남흑색이나 남회색을 띠어, 어둡고 산뜻한 감이 없으며, 청료가 유면에 떠 있다. 광서 청화자기에는 또 색택이 산뜻하고 눈

404

길을 끄는 청남색의 것이 있으며, 세인이 '양남洋藍'이라 부르는데, 실은 운남의 '주명료珠明料'를 사용한 것이다. 색택이 담아하며, 선명한 시대적 특징을 갖고 있다.

함풍시기부터, 관요 청화자기의 관지는, 건륭 이래의 6자 전서관을 개변하여, 6자 혹은 4자의 테두리가 없는 해서관이 되었다. 이후 동치(사진 347)·광서(사진 348)·선통 관요 청화자기의 관지는 모두 함풍시기와 같이, 해서관 위주가 되었다. 간혹 소량의 전서관도 있다. 3조의 자체는 의연히 반듯하고 힘이 있으나, 함풍에 비해 약간 길쭉하며, 청화가 짙고, 흑남색을 띠는 것이 많다. 동치시에는 소수의 청화자기에 자희태후 침궁인 '체화전體和殿'관이 써져 있는 것도 있다. 이시기 청화자기에도 일부 간지기년관과 당명관이 있다.

민요 청화자기의 관지는 역시 4자 혹은 6자관으로, 해서 위주이며, 일부 전서관도 있다. 자체는 비뚤고 가늘고 유약하며, 필법에 공력이 부족하다.

· 청화 수선포도문 합(사진 349) : 합은 편원체를 띠며, 상반부가 뚜껑이고, 하반부가 합신이다. 구연에는 자구가 있어 합할 때 사용하며, 아래에 낮은 굽이 있고, 유저이다. 입과 굽에 회문대를 그린 외에, 전체에 수선포도문을 그렸는데, 포치가 청신하다. 백유는 청색기를 띠며 광택이 난다. 청화는 남색 중에 회색을 띠고, 담아하고 청신하며, 기형이 정연하다. 바닥에 '체화전제體和殿製'의 4자2행 전서관이 있다. '체화전'은 청 궁전명으로, 일찍이 자희태후가 거하는 저수궁儲秀宮내에 식사를 하는 곳이었다. 동치시에 대량으로 '체화전'관 자기를 번조하였는데, 질이 모두 높은 편이다.

· 청화 화훼당초문 온반溫盤(사진 350) : 온반은 찬구로, 입이 벌어지고, 넓은 전의 중간이 凹하며, 복부가

사진 347 '대청동치년제' 해서관

사진 348 '대청광서년제' 해서관

405

**사진 349** 청화 수선포도문 합水仙葡萄文圓盒,
청·동치, 구경12cm

**사진 350** 청화 화훼당초문 온반纏枝花卉文溫盤,
청·동치, 구경28cm

얕고 굽이 있다. 복부 두 곳에 방형의 짧은 주구와 손잡이를 설치하였다. 반은 2층으로 나누어져, 위가 얇고 아래는 두텁고 가운데가 비어 있는데, 거기에 끓인 물을 넣어두어 따뜻해진 반에 음식물을 올려놓는데 사용되었다. 구상이 교묘하고 조형이 독특하며 아름답고 실용적이다. 내저면에는 화중 4봉을 그렸는데, 중심에는 한 송이 큰 연화를 그렸다. 구연과 구연벽에는 길상을 뜻하는 모란·월계·연화를 그렸다. 외벽에는 5마리 박쥐를 그렸다. 그림은 건륭시의 풍격을 답습하여, 공필과 사의를 병용하는 수법을 썼으며, 청화색택은 옅은 남색에 회색을 띠며, 정색은 안정적이다.

· **청화 연당초문 상병**(사진 351) : 입이 외반하고 목이 길며, 복부가 둥글고 굽이 있으며, 어깨에 돌대가 있다. 문양 소재는 연당초 위주인데, '청렴'을 뜻한다. 구연 아래에 해수문과 여의운두문을 그리고, 목에는 2층초엽문과 회문을 돌렸는데, 초엽은 일장일단으로 엇갈려 배열하였다. 어깨에는 당초문과 여의운두문을, 밑동에는 변형연판문을, 굽에는 당초문을 그렸다. 복부에는 주문양으로 연당초문을 그렸는데, 연화는 큼직하고 지엽은 무성하다. 문양 포치는 풍만하고 기계적이며, 청화색택은 농염한데, 남흑색을 띤다. 바닥에 '대청광서년제'의 6자해서

**사진 352** 청화 번련문 반蕃蓮文盤, 청·광서, 구경15.8cm

**사진 351** 청화 연당초문 상병 纏枝蓮文賞瓶,
청·광서, 고39.6cm

**사진 353** 청화 운봉문 완雲鳳文碗, 청·광서, 구경9.5cm

관이 있다.

· **청화 번련문 반**(사진 352) : 형태가 반듯하고 수려하며, 청화색이 균일하고, 새하얀 유면 위에 번련당초문을 그렸다. 꽃은 가지가 둘러싸고 변화가 무궁한데, 정연하면서 활발하다. 바닥에 '대청광서년제'의 6자2행해서관이 있다. 이런 연당초문의 청화반은, 동치·광서·선통조에 모두 번조되었으며, 그 형태·문양·청화색이 모두 대동소이하다. 3조의 동류의 작품을 보면, 동치시에 이런 풍격이 형성되었으며, 광서가 제작을 이었을 뿐만 아니라 광서 관요청화자기 중에 수량이 최대인 품종의 하나였다.

· **청화 운봉문 완**(사진 353) : 완은 조형이 정연하고, 태체의 두께가 적절하며, 유면이 빛나고 윤기 있다. 완의 내심에 봉문을 그리고, 외벽에는 날개를 나란히 하고 구름을 뚫고 나는 운봉문을 그렸는데, 봉의 형상이 앵무 부리에, 금계 머

**사진 354** 청화 기봉문 궤夔鳳文簋,
청·광서, 구경23.7x14.3cm

**사진 355** 청화 연당초문 방배纏枝蓮文龍耳方杯,
청·광서, 고7cm

리에, 원앙 몸에, 학 다리에, 대붕의 날개에, 긴 꼬리는 공작꼬리를 닮았다. 봉문
은 상견되는 일종의 길상문양에 속하며, 때문에 당·송 이래, 자기 장식에서 줄곧
유행하고 쇠퇴하지 않았다. 굽바닥에 '이청관제怡靑館製' 관이 있다.

· 청화 기봉문 궤(사진 354) : 이 궤는 청동기를 방한 것으로, 제작이 정세하
고 조형이 우미하여, 고박장중한 감을 준다. 몸체는 장방형을 띠며, 입이 벌어지
고 기벽이 경사지며, 장방형의 굽이 있는데, 굽 중앙에 반원형 구멍이 있다. 기벽
한 곳에 고리형의 파수가 있다. 구연 및 굽에 운뢰문雲雷文을 그리고, 벽에는 춤추
며 날아오르는 기봉문을 그렸다. 청화색은 명쾌하고, 바닥에는 주홍색의 '서월산
장방고鋤月山庄倣古'의 해서관이 있다. '서월산장'은 광서시기의 경덕진자기의 당명
관이다.

· 청화 연당초문 방배(사진 355) : 방배는 상대하소上大下小의 경사진 직방체로
만들어, 두斗(말) 모양이고, 양측에 위로 기어오르는 이룡螭龍을 붙였다. 평저이
며 바닥 중심이 사방이 안으로 凹한 모양이며, 안에 '대청광서년제'의 6자2행해
서관이 써져 있다. 배 내면은 무문이고, 외벽의 4면에 돌아가며 연당초문을 그렸
으며, 저부에는 변형연판문을 그렸다. 이룡은 청화채와 점문으로 꾸몄다. 연당초
는 매우 상견되는 장식도안으로, 그림이 비록 딱딱한 편이고, 필획이 역시 단조
로운 편이지만, 이 배는 제작에 비교적 정성을 들이고, 조형이 역시 특수하여, 관
요 청화자기 중의 명품으로 간주할 수 있다.

청 후기의 청화자기의 번조는, 청대 황금시기의 강·옹·건 3조에 비해, 공예수준이 매우 크게 하락하여, 질이 우수하고 수준이 높은 청화자기의 수량이 격감하지만, 그것은 곧 전체 청 후기 청화자기를 말하는 것이다. 그러나 여전히 조형의 우미함이 모자라지 않고, 제작이 우수하며, 색택이 화려하고, 문양이 화미한 기물이 만들어졌으며, 이들은 역시 중국도자 보고寶庫 속의 보배이고, 수량이 많지 않아서 더욱 진귀하고 얻기 어려운 것들이다.

# 부록

# 명 · 청 청화자기의 관지

명·청 청화자기상의 관지는, 주로 청료를 사용해 기물의 저부나 기타 부위에 글씨를 쓴 것으로, 기물의 연대·산지·용도·당명堂名·소장자의 이름 혹은 길상찬송 등의 내용을 나타내는 문자 혹은 부호로, '명문'이라고도 한다. 일반적으로 말해, 관지는 또한 자기 장식의 부속물이며, 관지와 장식화면이 서로 잘 어울려, 기물의 예술성을 증강하기도 한다.

관지는 내용·격식·자체 등의 방면에서 선명한 시대적 특징을 가진다. 그래서 그 자기의 연대 판명이나 가마 및 진위 판별에 필요한 적지 않은 내용을 갖고 있으며, 자기 감정의 중요한 부분을 차지한다.

자기상의 관지는 대체로 6가지로 크게 나눌 수 있는데, 기년관·당명관·인명관· 길언관·찬송관·도안관 등이다.

## 1. 기년관

기년관은 자기의 번조년대를 표명하는 관지로, 둘로 나눌 수 있다. 하나는, 당시 제왕년호를 쓴 것으로, '연호관' 혹은 '연관'이라 한다. 예컨대 '대명선덕년제'나 '대명융경년제' 혹은 '대청강희년제'나 '대청광서년제' 등이 있다. 또한 4자의 '정덕년제' 혹은 '건륭년제' 등이 있다. 다른 한 종류는, 간지를 이용해 기년을 표명하는 것으로, '기년관지관' 혹은 '간지관'이라 칭한다. 예컨대 '만력을해검부제용萬曆乙亥黔府製用'이나 '황명천계병인세길일皇明天啓年丙寅歲吉日' 혹은 '순치을미년맹추월치조順治乙未年孟秋月置造'나 '도광병오년제' 등이 있다. 연호관은 관요기에 많으며, 일부 민요에서 연호관을 쓴 것도 있지만, 자체가 엉성한 편이어서, 관요의 정연함과는 다르다. 간지기년간은 민요에 많다.

중국의 도자기에 제왕년호관을 사용한 것은 상당히 이른데, 후한시에 '영평
십년永平十年(67)'의 청자호가 있다. 이후 삼국·양진에서 당·송에 이르기까지, 모
두 제왕년호관이 있다. 청화자기에서 최초의 연호관을 쓴 것은 원의 '지정11년
(1351)' 기년명의 청화운룡문상이병으로 생각된다. 그럼에도 불구하고, 원 이전
의 자기상에 제왕년호관이 써진 것 또한 극소수이며, 아직 제도화되지는 않았
다. 명 영락에서 겨우 정식으로 제왕연호관을 쓰기 시작하며, 이로부터 제도화
가 이루어져, 각 조에서 계속 사용하였고, 기본적으로 끊어짐이 없었다.

청화자기에 간지기년관을 쓴 것은, 원대에 처음 보이는데, 원 후기의 '지원무
인' 연기관의 '청화유리홍사령문개호'와 '무자년' 연기관의 '청화당초영지문호'
등이 있으며, 수량이 극히 한정적이다. 청화자기에 간지기년관이 대량 출현하는
것은, 명·청 양대이며, 특히 명대 후기와 청대 전기이다.

명·청 양대에 '대명년조'·'대명년제'·'대청년제'의 3종의 특수한 기년관이 출현
하였는데, 이는 곧 왕조만 쓰고 대代는 쓰지 않았다. '대명년조'는 경태에서 시작
되어, 성화 이후 홍치·정덕·천계·숭정에 모두 있으며, 그중 숭정이 가장 많고, 정
덕이 다음이다. 가정·융경·만력 3조는 보이지 않는다. '대명년제'관의 청화자기는
적은 편이며, 정덕·만력·천계·숭정의 제품만 보인다. '대청년제'관은 강희청화자
기에 이런 관지가 있으며, 이후 만청晚淸 때에 출현한다.


## 2. 당명관


전아한 당명과 재명을 자기에 쓴 것은, 사가私家에서 자기를 구웠거나 자기를
소장한다는 표지를 만든 것으로, '당명관' 혹은 '사가장관' 으로 부른다. 당堂명·재
齋명·거居명·헌軒명·부府명·실室명·전殿명·루樓명·옥屋명·각閣명 등이 있다. 자기를 만
든 사람에, 황제·황친귀족·고관과 귀인·문인선비 및 소수의 공장工匠이 있다.

당명관은 명대 이전에는 극히 드물다. 명대 청화자기의 당명관은, 가정시기에

처음 보이는데, '송백초당松柏草堂'·'동서당東書堂' 및 '검부黔府' 등이 있다. 명 만력시에, 당명관이 점차 성행하였다. 입청 이후 각 조에 모두 있는데, 특히 강희·건륭·도광 3조에 더욱 성행하여, 그 형식과 종류가 다종다양하고 극히 풍부하였다. 또한 기년과 결합하여 사용하였는데, '강희계축중화당제康熙癸丑中和堂製'·'을해동월지란당제乙亥冬月芝蘭堂製'·'함풍신해행유항당제咸豊辛亥行有恒堂製' 등이 있다. 당명관역시 관요자기상에 많이 보인다.

## 3. 인명관

장인이나 개인을 가리켜 자기에 쓴 것으로, 장인·공방주인·점주성명 혹은 자기점명을 썼다. '인명관' 혹은 '도인관陶人款'이라 부른다.

인명관은 초기 청자에 출현하며, 기년과 찬송 혹은 길언 등의 내용과 결합하여 함께 있는 것이 많은데, 삼국(오) 월요청자호자에 '적오십사년회계상우사원의작赤烏十四年會稽上虞師袁宜作'이 그런 예다. 이후 당 장사요 청자에도 '정가소구유명鄭家小口有名'·'변가소구천하제일卞家小口天下第一' 등의 명문이 있으며, 모두 이 종류의 작법이다. 단독 인명관은, 명·청시기에 와서야 볼 수 있는데 그것도 소량이다. 만력 청화난지문완의 '정연재조程延梓造', 천계 청화인물천완의 '왕원선조王遠選造' 및 강희 청화송죽매문병의 '봉로산인峰露山人' 등이 그런 예다. 청초 관요기에 간혹 보이는 독요관의 관지로, 옹정 12년 청화등좌에 써진 독요관 '심양당영경제沈陽唐英敬製' 관이 있다. 건륭 이후, 공장 이름은 관지에서 겨우 보인다.

## 4. 길언관

자기에 길상의 의미를 가진 글귀나 단문을 가리키며, 축복을 표시하는 관지로, '길언관' 혹은 '길상관'이라 부른다.

길언관은 일찍이 삼국서진의 청자에 보인다. 예컨대 삼국(오) 영안永安3년 청자곡창에 '부차양(상), 의공경, 다자손, 수명장, 천의(억)만세미견영(앙) 富且洋(祥), 宜公卿, 多子孫, 壽命長, 千意(億)萬歲未見英(殃)'명과, 서진西晉 원강元康2년 청자곡창의 '의자손, 작리고, 기락무극 宜子孫, 作吏高, 其樂無極'의 길상어가 있다. 송·원시기에는, '장명부귀長命富貴', '금옥만당金玉滿堂', '수산복해壽山福海', '국가영안國家永安' 등의 길언관이 있다. 명 청화자기의 길언관은 명 중, 후기에 많이 출현할 뿐만 아니라, 민요 청화자기에서 가장 유행한다. 청대 길언관은 일반적으로 명대를 답습하며, 또한 몽고문으로 길언관을 한 것도 있다.

명대 청화자기에 상견되는 길언관으로,

▶ '福' : 명 청화자기상의 '복'자관은 일찍 출현하고 많다. 홍무시 청화자기에 이미 출현하고, 이후 영락·선덕과 후기의 천계·숭정시에도 모두 있다. 중기의 가정·융경·만력에는 조금 보이며, 가장 많은 것은 영락이고, 홍무·숭정이 그 다음이다. 홍무시는 초서로, 영락·선덕시기에는 초서가 위주인데 행서와 예서가 간혹 보이며, 천계·숭정시는 예서와 해서가 많다.

▶ '祿' : 명 청화자기의 '록'자관은 영락에서 시작되어, 일반적으로 만력에서 끝난 것으로 본다. 영락 청화자기의 '록'자관은 일반적으로 '示'방변을 없애고 '彔'으로 만들고 초서체로 썼다. 명 만력 청화자기의 '록'자관은 해서체가 많다.

▶ '壽' : 명 청화자기의 '수'자관은 홍무·영락에서 시작되어, 다시 명 후기의 천계·숭정에서 볼 수 있다. 홍무시의 서체는 초서와 예서 2종이 있으며, 낙관은 완심에 많다. 천계는 간략한 행서체로 쓰며, 서풍이 조잡하다.

▶ '萬福攸同'관 : 명 청화자기에 '만복유동'관이 비교적 많이 보인다. 가정에서 처음 보이며, 천계에 성행하고 숭정에서 끝난다.

▶ '金玉滿堂'관 : 명 청화자기에서 가장 일찍 보이는 '금옥만당'관은 홍치 청화송학능화구반이며, 홍치에서 시작된 이후, 만력 청화자기에서 비교적 많이 보인다.

▶ '福壽康寧'관 : 명 청화자기의 '복수강녕'관은, 가정 청화연당초문완과 반에서 처음 보이며, 이후 만력·천계시에 모두 있다. 명 청화자기에 '복수강녕'관이 써진 것은 천계에 많다.

▶ '長命富貴'관 : 명 청화자기의 '장명부귀'관은 홍치에 시작되어 숭정에 끝나며, 전부 해서로 썼다. 낙관은 기심이나 바닥면에 있으며, 글자는 엽전문 배열을 하여, 그 순서는 상장하명上長下命, 우부좌귀右富左貴이다. 중간에는 네모진 구멍이 있다.

▶ '富貴長春'관 : 명 청화자기의 '부귀장춘'관은 가정에서 처음 보이며, 바닥에 관을 쓴 청화팔선호가 그 예이다. 만력·숭정에도 이런 관지의 청화자기가 있으며, 모두 바닥에 청화 쌍권 속에 '부귀장춘'의 4자2행을 썼다.

▶ '永保長春'관 : 명 청화자기의 '영보장춘'관은, 명 후기 천계·숭정에 처음 보이며, 숭정시에 많다.

▶ '天下太平'관 : 명 청화자기의 '천하태평'관은 정덕·가정·만력·천계·숭정에 보이며, 일반적으로 모두 엽전문 배열이다. 명 경태 청화송학문완은 바닥 중간에 쌍선장방형 테를 하고 그 속에 '태평' 2자를 썼는데, 다른 시기에는 적게 보인다.

이외에도, 명 청화자상의 길언관으로, '장춘동경長春同慶'·'영보만년永保萬年'·'만고장춘萬古長春'·'장원급제'·'식록만종食祿萬種' 및 '만력년제덕화장춘萬曆年製德化長春' 등이 있다.

## 5. 찬송관

자기의 질이 정미하고 기술이 특출함을 찬송하는 관지로, '찬송관'이라 부른다. 이런 찬송관은 다소 광고적인 의미를 함유한다. 예컨대 당 장사요 청자의 '정가소구천하제일鄭家小口天下第一'이나, 당 원화14년 월요청자반구호의 '원화십사년사월일일조차앵, 가치일천문元和拾肆年四月一日造此罌, 價値一千文' 명이 있다.

청화자기상의 찬송관은 비교적 일찍이 명 후기에 출현하며, 청대에 특히 성행하였다. 명대 후기 경덕진에서 번조한 청화자기상에 언제나 출현하는 '모모가기某某佳器'의 관지는, 자기의 정미하고 우수한 질을 찬송한 것으로, 가정·만력·천계·숭정 4조의 청화자기에 많이 보인다. 관의 수량을 보면, 차례로 '부귀가기'·'옥당가기'·'상품上品가기'·'천록天祿가기' 순서이다. 기타 비교적 적게 보이는 것으로 '장춘가기'·'동락가기'·'영창永昌가기'·'영형永亨가기' 등이다. 청초 청화자기에는 '모모가기' 관지가 대량 감소되고, 새로운 내용의 찬송관이 출현한다. 예컨대 'XX진완珍玩'·'XXX아완雅玩'·'XX지진之珍'·'XXX진장珍藏'·'XX기진奇珍'·'XX보진寶珍' 등이 있다. 혹은 번조된 자기가 아름다운 옥같이 희고 광택이 나고 고운 느낌이 있어, '곤산미옥昆山美玉'·'창강미옥昌江(경덕진 하류명)美玉'·'진여옥珍如玉'·'완옥玩玉' 등의 관지를 썼다.

## 6. 도안관

우의를 함유한 문양이나 도안을 사용하여 관지로 한 것으로, '도안관' 혹은 '기호관'으로 부른다. 도안관은 명대에 이미 출현하였지만, 청대에 더욱 성행하였으며, 형식이 더욱 다양하다. 팔괘·태극도·팔보·금기서화·팔길상·팔선지물·4송이꽃, 혹은 용·봉·사슴·토끼·거북·소라·쌍어·선학 같은 동물류나, 영지·나뭇잎·난초·대나무 같은 식물류 문양들이 있으며, 또한 '두부간豆腐干'이라 부르는 것도 있다.

417

# 명 · 청 청화자기 관지 간표

| | 연호관 | 간지기년관 | 당명관 | 인명관 | 길언관 | 찬송관 |
|---|---|---|---|---|---|---|
| 홍무 | | | | | 福·壽·春壽 | |
| 영락 | 永樂年製 | | | | 福·祿·壽 | |
| 선덕 | 大明宣德年製<br>宣德年製<br>大明宣德年造 | | | | 福·壽·壇 | |
| 정통 | | 正統六年, 正統八年 | | | 福 | |
| 경태 | 大明年造 | | | | 福·祿·富·<br>吉·雙·正 | |
| 천순 | | 天順年<br>天順七年大同司馬造<br>天順五年秋九月吉日製 | | | | |
| 성화 | 大明成化年製<br>大明成化年造<br>大明年造藏文款 | 成化二十年七月吉日江桓壁因過景德鎭<br>買回<br>成化二十二年七月吉日 | | | 福 | |
| 홍치 | 大明弘治年製<br>弘治年製<br>大明年造 | 弘治三年壬子年製 弘治九年五月初十<br>吉日 | | | 金玉滿堂<br>長命富貴<br>玉堂金馬<br>富 | |
| 정덕 | 大明正德年製<br>正德年製<br>正德年造<br>大明年造<br>大明年製<br>팔사파문<br>(정덕년제) | 正德丁卯八月吉日<br>大明正德秋月吉日造<br>大明正德十年十月方孟置用 | | | 福<br>天下太平<br>長命富貴 | |
| 가정 | 大明嘉靖年製<br>嘉靖年製<br>大明嘉靖年造<br>嘉靖年造 | 甲辰年造<br>嘉靖辛亥素家居藏<br>壬子年製造<br>嘉靖辛酉年製<br>嘉靖乙未知縣徐璣造 | 朱府 晉府<br>秦府 黔府<br>松柏草堂<br>東書堂<br>玉泉德記<br>晉府上用<br>潘府上用<br>長府製造<br>長府造用 | 樂平 | 永葆長春<br>永保萬年<br>長春壽喜<br>長命富貴<br>長府同慶<br>長春同慶<br>富貴長春<br>萬福攸同<br>福壽康寧<br>天下太平 | 富貴佳器<br>上品佳器<br>長春佳器<br>關西佳器<br>潘府佳器<br>郝府佳器<br>陳造佳器<br>台閣佳器<br>五岳山人佳器 |
| 융경 | 大明隆慶年造<br>隆慶年製<br>隆慶年造 | 隆慶二年<br>大明隆慶五年吉日 | | | 萬古長春 | |

| | 연호관 | 간지기년관 | 당명관 | 인명관 | 길언관 | 찬송관 |
|---|---|---|---|---|---|---|
| 만력 | 大明萬曆年製<br>萬曆年製<br>大明年製 | 萬曆乙亥黔府置用<br>萬曆九年李徜府置用<br>萬曆辛卯茹城家藏<br>庚子年造頭班<br>萬曆辛丑年造<br>萬曆乙巳年蒼王公祿<br>萬曆四十四年 | 南湖<br>玄蔭堂製<br>仙關吳震<br>城南耕隱<br>圍貴隆置<br>德府造用<br>萬曆年德府造<br>京兆郡壽房記<br>萬曆年製德府造<br>萬曆年製純忠堂製<br>萬曆年製純思堂用 | 宣窯<br>少溪<br>荊桂<br>沈氏<br>程延梓造<br>紫芝主人監製 | 德府長春<br>永葆長春<br>富貴長春<br>萬福攸同<br>金玉滿堂<br>長命富貴<br>福壽康寧<br>三元及第<br>壯元及第<br>食祿萬種<br>金祿萬種<br>天下太平<br>萬曆年製<br>德化長春<br>德比長春<br>萬曆年製<br>福·祿·壽·雅 | 富貴佳器<br>永亨佳器<br>永樂佳器<br>上品佳器<br>玉堂佳器<br>長春佳器<br>天福佳器<br>仁波佳器<br>萬懸佳器<br>敬南佳器<br>堂閣佳器<br>萬曆年製玉堂佳器<br>永興九峰<br>暢叙幽情玉' |
| 천계 | 大明天啓年製<br>天啓年製<br>大明天啓年造<br>大明年造<br>大明年製 | 天啓米石隱製<br>天啓元年<br>大明天啓元年<br>孟夏月造<br>皇明天啓元年仲夏月穀旦立<br>皇明天啓元年孟秋月穀旦日立<br>天啓三年<br>大啓三年唐氏製造<br>天啓四年七月吉立<br>天啓五年十月吉日<br>天啓五年吳各冬香<br>天啓乙丑仲春瞿汝圭<br>皇明天啓年丙寅歲吉旦<br>天啓七年<br>天啓八年 | 宣窯<br>於斯堂<br>京兆郡壽房記 | 少溪置用<br>王遠選造 | 萬福攸同<br>福壽康寧<br>長命富貴<br>永葆長春<br>天下太平<br>福<br>壽<br>永<br>喜 | |
| 숭정 | 大明崇禎年製<br>崇禎年製<br>大明年造<br>大明年製 | 大明崇禎元年<br>崇禎二年孟夏吉日<br>庚午科置<br>崇禎五年監製翔鳳堂<br>應天癸酉科置<br>大明崇禎七年孟冬月信士鄭德清<br>大明崇禎七年孟月信士鄒士德<br>大明崇禎八年<br>崇禎九年孟夏月立<br>崇禎丙子科置<br>丙子之夏雲林子書<br>崇禎丁丑歲供奉信士王大元<br>大明崇禎十一年臘月初十日<br>己卯科置<br>崇禎十二年仲秋月郎日<br>壬午科置<br>癸未夏日<br>崇禎年冬日置茂卿置用 | 吾齋<br>叢菊齋<br>雨香齋<br>白玉齋<br>博古齋<br>以德堂倣古齋<br>甲戌孟春趙府造用 | 王遠監造 | 萬福攸同<br>福有攸歸<br>長命壽貴<br>永葆長春<br>富貴長春<br>壯元及第<br>玉免秋香<br>福<br>壽<br>喜<br>貴<br>善<br>雅 | 玉堂佳器<br>永昌佳器<br>同樂佳器<br>天祿佳器<br>富貴佳器<br>上品佳器<br>長春佳器<br>曠府佳器<br>永興卞玉奇明<br>上品<br>香茶 |

| | 연호관 | 간지기년관 | 당명관 | 인명관 | 길언관 | 찬송관 |
|---|---|---|---|---|---|---|
| 순치 | 大淸順治年製 | 戊子春月百花齋製<br>戊子春月梓桑軒書<br>癸巳秋日寫爲西疇書院<br>甲午仲秋弟子蔣文煜供奉<br>乙未年製 乙未仲春<br>大淸國順治乙未年孟秋月置造<br>順治十三年十二月吉城上保信士黃堂網<br>順治丁酉年季夏朔望日吉立<br>戊戌冬月贈子墉賢契魯溪王鋐製<br>順治十五年五月十三日吉旦<br>順治十六年歲在己亥春月吉旦<br>順治十七年夏月喜口爐一座<br>大淸順治庚子年菊秋月吉日立<br>順治十八年夏月吉旦信士程繼漠喜助淨<br>水碗一幅供奉 | 百花齋<br>百花齋製<br>德馨堂製<br>梓桑軒製<br>西疇書屋 | 許世文元<br>公製 | | 玉堂佳器<br>玉堂珍品 |
| 강희 | 大淸康熙年製<br>大淸年製<br>康熙年製 | 康熙元年四月初八日具<br>癸卯年春月<br>康熙乙巳年製<br>大淸丙午年製<br>丙午年製<br>康熙丁未年製<br>大淸丁未年製<br>大淸戊申年製<br>皇淸康熙辛亥年製<br>康熙辛亥中和堂製<br>康熙壬子中和堂製<br>康熙癸丑中和堂製<br>大淸癸丑年製<br>癸丑秋日寫<br>乙卯夏日里寫<br>己未年秋月渭水漁翁書<br>壬戌仲冬寫于居敬堂新安程子受<br>康熙二十二年歲次癸亥仲冬之月倣古<br>大淸康熙上元甲子年春月製<br>皇淸康熙甲子歲仲秋月吉旦<br>丙寅歲初陽春月<br>丁卯秋八月<br>戊辰秋月錄于昌江之浮碧亭<br>己巳本村劉殿邦<br>庚午秋月寫于嗇雲居玩<br>甲戌之秋寫于群英館<br>康熙歲盆乙亥年仲夏穀旦<br>乙亥冬月芝蘭堂製<br>大淸康熙丙子歲<br>丁丑歲夏月書<br>戊寅秋日寫于玉蘭齋<br>康熙戊寅孟秋月南昌府高倚敬題<br>庚辰仲冬居易主人題<br>壬午王欽宣製<br>丙戌陽春西園主人寫<br>康熙四十六年夏月吉立<br>康熙四十七年<br>康熙五十三年<br>康熙乙未仲夏吉立<br>康熙五十六年秋日穀旦 | 美玉堂<br>珍玉堂<br>彩玉堂<br>怡玉堂<br>昭玉堂<br>佩玉堂<br>德馨堂<br>德星堂<br>淡寧堂<br>全慶堂<br>衍慶堂<br>世錦堂<br>紫荊堂<br>敦仁堂<br>暉古堂<br>北慶堂<br>仙鶴堂<br>穎川堂<br>紹聞堂<br>畵錦堂<br>永興堂製<br>永和堂製<br>奇玉堂製<br>碧玉堂製<br>正玉堂製<br>琳玉堂製<br>聚玉堂製<br>聚星堂製<br>佩玉堂製<br>中和堂製<br>松柏堂製<br>三元堂製<br>嗣德堂製<br>慎德堂製<br>通德堂製<br>天琛堂製<br>天寶堂製<br>紫荊堂製<br>光裕堂製<br>惟善堂製 | 中山人<br>渭水漁翁<br>峰霞山人<br>商山倣古<br>善山倣古<br>程子愛<br>(眉公)<br>東海鼎臣<br>吳仲興曉<br>山主人<br>卉庵<br>蕙業 | 萬壽長春<br>有羙于斯<br>文章山斗<br>世德留芳<br>在天知樂<br>杏村春宴<br>東壁書院<br>滄浪綠水<br>祿在其中 | 奇古寶鼎之珍<br>奇古鼎玉之珍<br>奇玉寶鼎之珍<br>奇石羙玉之珍<br>羙玉奇明之珍<br>卞和三獻之珍<br>球琳琅玕之珍<br>懷瑾握瑜之珍<br>靑玉寶鼎之珍<br>堪潘煥若之珍<br>友昆蓮碧之珍<br>益友珍玩<br>球琳珍玩<br>蘭芝珍玩<br>博翁珍玩<br>昌江珍玩<br>同玉珍玩<br>尙置軒珍玩器<br>常豊軒珍玩器<br>白玉今古珍玩<br>杏林軒製珍玩<br>信友鼎玉珍玩<br>愼友鼎玉珍玩<br>卞和羙玉珍玩<br>益友鼎玉珍玩<br>昆友鼎玉珍玩<br>西珠若深珍藏<br>慶溪若深珍藏<br>若深珍藏<br>永慶奇珍<br>溫潤今古珍賞<br>玉石寶珍<br>奇石席上佳珍<br>博古雅玩<br>玉石雅玩<br>羙玉雅玩<br>留香雅玩<br>忠有羙玉雅玩<br>原交鼎玉雅玩 |

| 연호관 | 간지기년관 | 당명관 | 인명관 | 길언관 | 찬송관 |
|--------|-----------|--------|--------|--------|--------|
| | | 歡樂堂製 | | | |
| | | 應孔堂製 | | | |
| | | 珍寶堂製 | | | |
| | | 留耕堂製 | | | |
| | | 桂肉堂제 | | | |
| | | 吉慶堂製 | | | |
| | | 大樹堂製 | | | |
| | | 益友堂製 | | | 益友鼎玉雅玩 |
| | | 同順堂製 | | | 三友玉石雅玩 |
| | | 益友鼎玉堂製 | | | 三益之珍雅玩 |
| | | 聚順美玉堂製 | | | 清玩雅製 |
| | | 聽松堂倣古製 | | | 聖友雅製 |
| | | 白雲堂倣古製 | | | 子珍雅製 |
| | | 愼德堂倣古製 | | | 奇玉之珍雅製 |
| | | 天琛堂倣古製 | | | 益友鼎玉雅製 |
| | | 金慶堂倣古製 | | | 奇石鼎玉雅製 |
| | | 來雨堂博古製 | | | 玉石佳玩 |
| | | 愼德堂博古製 | | | 永興佳玩 |
| | | 恒風臺博古製 | | | 三友玉石佳玩 |
| | | 玉清堂松軒製 | | | 愛樂長春清賞 |
| | | 升祥軒玉清製 | | | 宴樂長春清賞 |
| | | 復香軒之清製 | | | 宴樂長春清雅 |
| | | 應得軒 | | | 熙朝傳古 |
| | | 潭草閣 | | | 清朝傳古 |
| | | 蟬藻閣 | | | 康熙博古 |
| | | 容齋 | | | 今陶玉治之圖 |
| | | 拙存齋 | | | 琴鶴相隨 |
| | | 乾惕齋 | | | 魁元雅製 |
| | | 宿雲齋 | | | 寶石雅製 |
| | | 玉蘭齋 | | | 治國雅製 |
| | | 天祿書齋 | | | 美玉雅製 |
| | | 集雅齋製 | | | 鼎盛玉堂佳製 |
| | | 芝潤齋製 | | | 上鋒博製 |
| | | 筆花齋製 | | | 萬盛牲記 |
| | | 壽古齋製 | | | 荊川美玉 |
| | | 金蘭齋製 | | | 昆山美玉 |
| | | 芝蘭齋製 | | | 昌江美玉 |
| | | 杏林軒 | | | 美玉 |
| | | 彩雲軒 | | | 玩玉 |
| | | 逸居 | | | 宛玉 |
| | | 雲居 | | | 雅玩 |
| | | 水石居 | | | 眞玉 |
| | | 玉石居 | | | 珍如玉永盛製 |
| | | 水雲居 | | | 清玩 |
| | | 竹石居 | | | 玉 |
| | | 安吉居製 | | | |
| | | 水石居倣古製 | | | |
| | | 風流宰相家 | | | |
| | | 華文苑製 | | | |
| | | 玉蘭齋選式製 | | | |
| | | 調鶴間軒清賞 | | | |
| | | 還石齋宣和式 | | | |

| | 연호관 | 간지기년관 | 당명관 | 인명관 | 길언관 | 찬송관 |
|---|---|---|---|---|---|---|
| 옹정 | 大淸雍正年製 | 雍正元年<br>大淸雍正二年冬製<br>丙午秋日書<br>雍正八月日吉祈保生意大順<br>雍正九年<br>雍正九年夏日<br>雍正甲寅五月五日沈陽唐英敬製<br>大淸雍正年製覺生常住 | 敦復薰<br>敬恩堂<br>園明堂<br>謙牧堂製<br>世恩堂製<br>裕愼堂製<br>慶宣堂製<br>養和堂製<br>精雅堂製<br>燕喜堂製<br>立本堂製<br>靑雲居<br>安吉屋珍玩製椒<br>聲館 | 瑞錫琼製<br>公輸監製<br>岐博古製<br>耀華藏器<br>松年 | 千秋如意<br>華韋珍日<br>天 | 淸玩<br>坦素淸玩 |
| 건륭 | 大淸乾隆年製<br>乾隆年製 | 大淸乾隆丙辰年製潞<br>和字號二十五年坯樣己丑年造<br>乾隆甲辰敬製<br>乾隆丙午<br>乾隆五十九年<br>甲寅年吉立<br>潞河繼述堂李氏宗祠 | 明遠堂<br>敬愼堂<br>惇叙堂<br>樂靜堂<br>裴孝友堂<br>樂靜堂製<br>致和堂製<br>慶宣堂製<br>師古堂製<br>養和堂製<br>忠信堂製<br>曙光堂製<br>敬修堂製<br>致遠堂製<br>彩秀堂製<br>彩潤堂製<br>和輝堂製<br>題古堂製<br>陶成堂印<br>旭常堂藏<br>寶晋齋<br>寧晋齋<br>寧靜齋<br>經畬齋<br>百一哉<br>百一山房<br>文石山房<br>對屛山館<br>浴硯書屋<br>潭柘寺供<br>嘯園 | 玉峰<br>霍寶珍<br>乙因雅製<br>蝸寄老人<br>陶成堂印<br>陶成居士 | 山高水長 | 寶藏珍玩<br>蘭樂珍玩<br>友昆連碧之珍<br>葆靈珍藏<br>玩玉 |
| 가경 | 大淸嘉慶年製<br>嘉慶年製 | 嘉慶元年<br>嘉慶丁巳小春日之中滻御製<br>淸嘉慶昭陽作?歲宦工陶貞恭製 | 懋勤殿<br>志勤堂<br>敦睦堂製<br>一善堂製<br>嘉蔭堂製<br>壽頤堂製<br>慶宣堂製<br>永源成記<br>永茂源記<br>澄懷軒藏 | 宗顔氏<br>玉泉德記<br>福海珍藏 | | |

| | 연호관 | 간지기년관 | 당명관 | 인명관 | 길언관 | 찬송관 |
|---|---|---|---|---|---|---|
| 도광 | 大淸道光年製 | 道光戊戌年製<br>道光丙午年製<br>道光丁未文朗珊製<br>道光庚戌年製 | 居悟堂<br>嘉樂堂製<br>精進堂製<br>養和堂製<br>慶宜堂製<br>惜陰堂製<br>浩然堂製<br>嘉蔭堂製<br>慎德堂製<br>珠林堂製<br>履信堂製<br>聚慶堂製<br>監善堂製<br>約己堂製<br>靜鏡堂製<br>崇禮堂徐製<br>湛靜齋<br>寶善齋製<br>蘷齋監製<br>藜齋監製<br>道光年製十花齋<br>淸順軒<br>鋤月山莊<br>遺安書屋<br>雙照樓製<br>觀蓮舫製<br>壽春樓藏<br>胡海樓<br>子孫傳代留余堂 | 珠峰<br>樂敬宇置<br>醴渠自製<br>醴泉自製<br>敦朴宴製 | | 句軒淸玩 |
| 함풍 | 大淸咸豊年製 | 咸豊元年淮陽履和堂陣祭器<br>咸豊辛亥行有恒堂製<br>咸豊辛亥仲春退思堂主人製 | 履和堂<br>行有恒堂製<br>退思堂主人製 | | 山高水長<br>太平天國<br>千歲卍夫<br>國安 | |
| 동치 | 大淸同治年製 | | 務本堂<br>慎思堂製<br>體和殿製<br>長春宮製<br>竹雪軒 | | | |
| 광서 | 大淸光緖年製 | 光緖二十九年世史堂<br>丁未王海棠製<br>孔子後四十一<br>癸卯製 | 長春宮製<br>儲秀宮製<br>大雅齋<br>儉存齋<br>願聞吾過之齋<br>聚厚軒<br>嘉泰松軒<br>興邑復古窯造 | 樂道堂主<br>人製 | | 淸華珍品<br>若深珍藏 |
| 선통 | 大淸宣統年製 | 宣統己酉宣春堂製<br>大淸宣統二年五月初五日<br>大淸宣統二年<br>宣統庚戌宣春堂製<br>宣統三年永平附近秋操紀念 | | | | |

# 주요 참고문헌 목록

1. (宋) 趙汝适 찬, 馮承鈞 교주, 『諸蕃誌 校注』, 中華書局, 1965.

2. (元) 汪大淵 저, 蘇繼廎 교역, 『島夷志略 校釋』, 중화서국, 1981.

3. (明) 王世懋 저, 『窺天外乘』, 『叢書集成』 2811호.

4. (明) 馬歡 저, 馮承鈞 교주, 『瀛洲勝覽 校注』, 중화서국, 1955.

5. (明) 曹昭 조, 『格古要論·古瓷器論』, 『古瓷監定指南』 2편, 北京燕山出版社, 1993.

6. 『大明會典』 권194 『陶器』.

7. (明) 王宗沐 찬, 『江西省大志·陶書』, 『古瓷監定指南』 2편, 북경연산출판사, 1993.

8. (明) 宋應星 찬, 天工開物·陶埏』, 『古瓷監定指南』 2편, 북경연산출판사, 1993.

9. (明) 費信 저, 馮承鈞 교주, 『星槎勝覽校注』, 중화서국, 1954.

10. (명) 谷應泰 저, 『博物要覽』.

11. (淸) 程廷濟總修, 『浮梁縣志』 製陶부분, 『古瓷監定指南』 2편, 북경연산출판사, 1993.

12. (청) 佚名 저, 『南窯筆記』, 『古瓷監定指南』 3편, 북경연산출판사, 1993.

13. (청) 藍浦 찬, 鄭廷桂 補輯, 『景德鎭圖錄』, 『古瓷監定指南』 2편, 북경연산출판사, 1993.

14. (청) 朱琰 저, 『陶說』 미술총서본.

15. 중국규산염학회편, 『중국도자사』, 문물출판사, 1982.

16. 耿寶昌 저, 『明淸瓷器監定』, 자금성출판사, 1993.

17. 馮先銘 주편, 『중국도자』, 상해고적출판사, 1994.

18. 張浦生 저, 『靑花瓷器監定』, 書目文獻出版社, 1995.

19. 傅楊 편, 『청화자기』, 중국고전예술출판사, 1957.

20. (英) 해리·가나 저, 葉文程 羅立華 역, 『東方的靑花瓷器』, 상해인민미술출판사, 1992.

21. 傅正初 저, 『瓷器監賞』, 漓江出版社, 1993.

22. 陳德富 저, 『中國古陶瓷監定基礎』, 사천대학출판사, 1994.

23. 陳文平 저, 『中國古陶瓷監賞』, 상해과학보급출판사, 1993.

24. 王志敏 저, 『明代民間靑花瓷畵』, 중국고전예술출판사, 1958.

25. 汪慶正 主編, 『簡明陶瓷詞典』, 上海辭書出版社, 1992.

26. 劉蘭華, 張柏 저, 『淸代瓷器』, 북방문물잡지사, 1988.

27. 趙自强 편저, 『古陶瓷監定』, 광동고등교육출판사, 1991.

28. 중국미술전집편위회 주편, 『중국미술전집』 陶瓷 下, 상해인민미술출판사, 1988.

29. 葉佩蘭 저,『원대자기』, 九洲圖書出版, 1998.

30. 馬希桂 주편,『青花名瓷』, 대만예술도서공사, 1993.

31. 李正中, 朱裕平 저,『중국청화자』, 대만예술도서공사, 1993.

32. 陸明華 저,『청대청화자기감상』, 상해인민미술출판사, 1996.

33. 이정중, 주유평 저,『中國古瓷銘文』, 대만예술도서공사, 1992.

34. 劉良佑 저,『중국역대도자감상』, 대만상업미술출판사, 1993.

35. 臺灣鴻禧美術館,『景德鎭出土明初官窯瓷器』.

36. 대만홍희미술관,『경덕진출토명선덕관요자기』, 1997.

37. 대만고궁박물원,『명대선덕관요청화특전도록』, 1998.

38. 대만홍희미술관,『중국역대도자선집』, 1980.

39. 葉佩蘭 주편,『古瓷辦識』, 대만예술도서공사, 1994.

40. 香港徐氏藝術館,『서씨예술관』, 1991.

41. 일본 1992년,『중국명도전』.

42. 일본 동경국립박물관,『中國の陶瓷』특별전, 1994.

43. 대만홍희미술관,『鴻禧集珍』, 1996.

44. 대만고궁박물원,『海外遺珍』,『陶瓷』續, 1999.

45. 섬서성박물관 등,「唐鄭仁泰墓發掘簡報」,『문물』1972년 7기.

46. 易家勝,「南京出土的六朝早期青花釉下彩盤口壺」,『문물』1988년 6기.

47. 남경박물원 등,「揚州唐城遺址1975年考古工作簡報」,『문물』1977년 9기.

48. 文化部文物局楊主培訓中心,「揚州新發現的唐代青花瓷片槪述」,『문물』1985년 10기.

49. 양주박물관,「揚州三元路工地考古調査」,『문물』1985년 10기.

50. 揚州城考古隊,「江蘇楊州市文化宮唐代建築基址發掘簡報」,『고고』1994년 5기.

51. 顧風, 徐良玉,「楊州新發現唐代青花瓷片槪述」,『문물』1985년 10기.

52. 張志剛 등,「楊州唐城出土青花瓷的測定及其重要意義」,『중국도자』1984년 3기.

53. 陳堯成, 張福康 등,「唐代青花瓷器及其色料來源硏究」,『고고』1996년 9기.

54. 張浦生,「我國最早的青花瓷 - 唐青花」,『문물감상총록』『도자』1, 12쪽.

55. 李再華,「對唐代青花瓷的初步認識」,『강서문물』1990년 2기.

56. 朱戢,「試論唐代青花瓷器的生産與演變」,『강서문물』1991년 2기.

57. 절강성박물관,「浙江兩處塔基出土宋靑花瓷」,『문물』1980년 4기.

58. 陳堯成 등,「宋元時代的靑花瓷器」,『고고』1980년 6기.

59. 馮先銘,「有關靑花瓷器起源的幾個問題」,『문물』1980년 4기.

60. 풍선명,「靑花瓷器的起源與發展」,『古陶瓷監眞』336쪽. 북경연산출판사, 1996.

61. 趙淸, 「試析早期靑花瓷器」, 『경덕진도자』 제3권 제1, 2기.

62. 蔡金法, 「早期靑花瓷及其若干問題」, 『경덕진도록』 제3권 제1, 2기.

63. 羅學正, 「靑花瓷産生與發展規律探討」, 『강서문물』 1990년 2기.

64. 趙光林, 「從元大都出土的靑花瓷器試探靑花瓷的起源和特點」, 『北方文物與考古』 제3집.

65. 조광림, 「關于靑花瓷器的起源與發展」, 『경덕진도자』 1984년 제2집.

66. 李輝炳, 「靑花瓷的起始年代」, 『고궁박물원원간-건원70주년기념특간』 63쪽.

67. 毛文奇, 「談早期的靑花」, 『미술가』 1979년 9기, 홍콩.

68. 陳堯成 등, 「歷代靑花瓷器和靑花色料的研究」, 『규산염학보』 1978년 6권 4기.

69. 남경시문관회, 「南京江寧縣休晟墓淸理簡報」, 『고고』 1960년 9기.

70. 하북성박물관, 「保定市發現一批元代瓷器」, 『문물』 1965년 2기.

71. 元大都考古隊, 「元大都的勘査與發掘」, 『고고』 1972년 1기.

72. 원대도고고대, 「北京後英房元代居住遺址」, 『고고』 1972년 6기.

73. 원대도고고대, 「北京西조胡同和後桃園元代居住遺址」, 『고고』 1973년 5기.

74. 항주시문관회, 「本市發現元初瓷觀音塑像」, 『항주일보』 1979년 7월 25일 3판.

75. 九江市博物館, 「元靑花牡丹塔蓋瓷甁」, 『문물』 1981년 1기.

76. 楊後禮, 萬良田, 「江西豊城縣發現元代紀年靑花釉裏紅瓷器」, 『문물』 1981년 11기.

77. 江西省高安縣博物館, 「江西高安縣發現元靑花釉裏紅等瓷器窖藏」, 『문물』 1982년 4기.

78. 陳國順, 謝昕, 「上饒市出土兩件元代靑花玉壺春甁」, 『강서문물』 1991년 2기.

79. 蕭夢龍, 「江蘇金壇元代靑花雲龍罐窖藏」, 『문물』 1980년 1기.

80. 新疆維吾爾自治區博物館, 「新疆伊犁地區霍城縣出土的元靑花瓷等文物」, 『문물』 1979년 8기.

81. 李直祥, 「雅安市發現元代窖藏瓷器」, 『사천문물』 1988년 5기.

82. 萍鄕市博物館, 「萍鄕市發現元靑花瓷器等窖藏文物」, 『강서역사문물』 1986년 1기.

83. 唐昌朴, 「江西波陽出土的元代瓷器」, 『문물』 1976년 11기.

84. 桑堅信, 「杭州市發現的元代瓷器窖藏」, 『문물』 1990년 11기.

85. 桂金元, 「安徽靑陽發現一對元代靑花帶座三兔甁」, 『문물』 1987년 8기.

86. 范鳳妹, 「介紹江西新近發現兩件元代靑花瓷器」, 『문물』 1993년 7기.

87. 吳水存, 「江西九江發現元代靑花瓷器」, 『문물』 1992년 6기.

88. 鎭江市博物館 劉興, 「江西丹徒元代窖藏瓷器」, 『문물』 1982년 2기.

89. 宋良壁, 「介紹幾件元代靑花瓷器」, 『문물』 1980년 5기.

90. 陳卓, 「天津藝術博物館收藏的幾件元瓷精品」, 『文物天地』 1990년 5기.

91. 許勇翔, 「介紹三件宋元瓷器」, 『문물』 1982년 3기.

92. 高至喜, 「湖南常德發現元代靑花人物故事玉壺春甁」, 『문물』 1976년 9기.

93. 古湘, 「湖南收集的兩件元靑花大盤」, 『문물』 1973년 12기.

94. 하북성문물연구소, 「河北定興元代窖藏文物」, 『문물』 1986년 1기.

95. 唐漢三, 李福, 張松柏, 「內蒙赤峰大營子元代瓷器窖藏」, 『문물』 1984년 5기.

96. 남경시박물관, 「南京明汪興祖墓淸理簡報」, 『고고』 1972년 4기.

97. 南京市文保會, 「南京中華門外明墓淸理簡報」, 『고고』 1962년 9기.

98. 蚌埠市박물관전람관, 「明湯和墓淸理簡報」, 『문물』 1977년 2기.

99. 李蔚然, 「試論南京地區明初墓葬出土靑花瓷器的年代」, 『문물』 1977년 9기.

100. 吳水存, 「南京及其他地區明墓出土的靑花,釉裏紅瓷器的硏究」, 『경덕진도자』 제3권 제1, 2기.

101. 馮先銘, 「十四世紀靑花大盤和元代靑花瓷器」, 『古陶瓷監眞』 324쪽.

102. 陳克倫, 「略論元代靑花瓷器中的伊斯蘭文化因素」, 『상해박물관집간』 제6기.

103. 풍선명, 「我國陶瓷發展中的幾個問題-從中國出土文物展覽陶瓷展品談記」, 『문물』 1973년 7기.

104. 桑堅信, 「從論元代瓷器窖藏」, 『중국고도자연구』 제3집.

105. 吳水存, 「元代紀年靑花瓷器的硏究」, 『강서문물』 1990년 2기.

106. 劉新園 등, 「景德鎭湖田窯考古紀要」, 『문물』 1980년 11기.

107. 중과원 상해규산염연구소, 「元大都發掘的靑花和影靑瓷」, 『고고』 1982년 1기.

108. 張浦生, 胡雅蓓, 「元代景德鎭靑花瓷器的外銷」, 『中國古陶瓷的外銷-1982년福建晋江年會論文集』 11쪽.

109. 劉樹林, 「大都城的靑花瓷及元靑花瓷外銷」, 『중국고대도자외초-1982년복건진강년회논문집』 82쪽.

110. 熊廖, 「元代的瓷業與浮梁瓷局」, 『中國陶瓷與中國文化』, 절강미술학원출판사.

111. 耿寶昌, 「元靑花瓷器監定」, 『收藏家』 총제10기.

112. 孫瀛洲, 「元明靑花瓷器監定」, 『문물』 1965년 11기, 1966년 3기.

113. 李康穎, 「雲南祿豊發現元明瓷窯」, 『고고』 1990년 9기.

114. 葛季芳, 「雲南建水窯的調査和分析」, 『고고』 1988년 1기.

115. 蘇伏濤, 「雲南玉溪元末明初窯的發掘」, 『고고』 1988년 8기.

116. 葛季芳, 「雲南古代靑花料和靑花瓷器」, 『강서문물』 1990년 2기.

117. 楊靜榮, 「元代玉溪窯靑花魚藻紋玉壺春瓶」, 『문물』 1980년 4기.

118. 汪慶正, 「明景德鎭洪武瓷述略」, 『상해박물관집간』 10기.

119. 陳克倫, 「景德鎭洪武靑花瓷考辨」, 『강서문물』 1991년 2기.

120. 남경박물원, 「南京明故宮出土洪武時期瓷器」, 『문물』 1976년 8기.

121. 丘小君, 陳華莎, 「景德鎭明代洪武瓷新証」, 『강서문물』 1990년 2기.

122. 李金華, 「試析桂林出土的洪武民窯靑花瓷」, 『강서문물』 1991년 2기.

427

123. 白焜 등,「景德鎭明永樂宣德御廠遺存」,『중국도자』1982년 7기.

124. 풍선명,「明永樂宣德靑花瓷器與外來影響」,『중국고도자연구』제2집.

125. 풍선명,「瓷器淺說」元明部分,『문물』1959년 11기.

126. 江建新,「談景德鎭明御廠故址出土的宣德瓷器」,『문물』1995년 12기.

127. 胡照靜,「薩迦寺藏明宣德御窯靑花五彩碗」,『문물』1985년 11기.

128. 王志敏,「明初景德鎭窯空白期瓷」,『중국도자』1982년 3, 4, 5기.

129. 劉毅,「明景德鎭瓷業'空白期'硏究」,『남방문물』1995년 3기.

130. 宋良璧,「對幾件正統, 景泰, 天順靑花瓷器的探討」,『강서문물』1991년 2기.

131. 徐月英 등,「試析明正統, 景泰, 天順三朝靑花瓷部分紋飾特徵」,『경덕진도자』제3권 제1, 2기.

132. 陳柏泉,「江西出土明靑花瓷珍品選介」,『문물』1973년 12기.

133. 蔡述傳,「南京牛首山弘覺寺塔內發現文物」,『문물참고자료』1956년 1기.

134. 歐陽世彬, 黃云鵬,「介紹兩座明景泰墓出土的靑花, 釉裏紅瓷器」,『문물』1981년 2기.

135. 張紹銘,「介紹兩件明代靑花梅瓶」,『문물』1988년 1기.

136. 馬印,「景德鎭發現明成化官窯瓷器」,『중국도자』1988년 4기.

137. 陸明華,「明弘治景德鎭官窯瓷業的衰落」,『경덕진도자』1987년 2기.

138. 趙宏,「明正德靑花瓷及有關問題」,『고궁박물원원간』1992년 2기.

139. 王健華,「故宮博物院藏嘉靖朝瓷器槪況及藝術風格」,『고궁박물원원간』1987년 3기.

140. 葉佩蘭,「萬曆時期的靑花瓷器」,『강서문물』1991년 2기.

141. 童書業,「明代的靑花瓷器」,『文物周刊』1947년 3기.

142. 李輝炳,「略談明淸的"彩瓷"」,『문물』1974년 8기.

143. 葉佩蘭,「明靑花瓷器倣品槪述」,『古瓷辨識』, 대만.

144. 劉强,「談廣東省博物館所藏明代靑花瓷器」,『남방문물』1993년 3기.

145. 黃冬梅,「江西樟樹出土的明代靑花瓷器」,『강서문물』1991년 2기.

146. 黃云鵬,「明代民間靑花瓷的斷代」,『경덕진도자』1988년 3기.

147. 甄勵,「明代景德鎭民間靑花製瓷業述略」,『경덕진도자』1988년 3기.

148. 許明綱,「大連市發現的明代窖藏靑花瓷器」,『遼海文物學刊』1988년 1기.

149. 張志剛,「景德鎭明代民間靑花瓷器」,『규산염학보』1988년 3기.

150. 鄧白,「論民間靑花瓷器的裝飾藝術」,『경덕진도자』1987년 3기.

151. 傅守良,「從幾件藏瓷淺議明末民窯靑花瓷」,『강서문물』1991년 2기.

# 도판 주해

사진 1. 청화관음상觀音塑像(원), 1978년 절강성 항주 원묘출토, 항주시園林문물국소장, 葉佩蘭저 『원대자기』 사진 35.

사진 2. 청화화훼문완花卉文碗(송), 1957년 절강성 龍泉縣 金沙塔基출토, 절강성溫州文管會소장, 李輝炳 : 『靑花瓷器的起始年代』 사진 5.

사진 3. 청화베개편殘枕片(당), 1975년 강소성 양주 唐城유적출토.

사진 4. 청화완편殘碗片(당), 1983년 강소성 양주 당성유적출토.

사진 5. 청화조문수우鳥文四系小水盂(원), 필리핀 개인소장, 『원대자기』 사진 150.

사진 6. 청화토끼문대좌병兎文帶座瓶(원), 안휘성 靑陽縣文館소장, 『원대자기』 사진 4.

사진 7. 청화국화문향로菊文連座爐(원), 강서성 九江市박물관소장, 『원대자기』 사진 27.

사진 8. 청화배모양수주船形水注(원), 광동성 광주시문물총점소장, 1992년 『중국문물정화전』 사진 41.

사진 9. 청화송죽매문호松竹梅文罐(원), 1976년 강서성 波陽縣출토, 강서성박물관소장, 『중국미술전집』 도자下 사진 29.

사진 10. 청화동채국화문유개호菊文釉裏紅帶蓋罐(원), 강서성 경덕진시 원묘출토, 경덕진도자고고연구소소장, 『원대자기』 사진 24.

사진 11. 청화용문유개호龍文鼓式蓋罐(원), 경덕진도자고고연구소소장, 『원대자기』 사진 25.

사진 12. 청화절지화훼문 팔각매병折枝花卉文八棱梅瓶(원), 일본 出光미술관소장, 『원대자기』 사진 41.

사진 13. 청화해수모란문 병海水牡丹文玉壺春瓶(원), 넬슨미술관 소장, 『세계도자전집』 13 사진 209.

사진 14. 청화사자문 팔각병獅子戱球文八棱玉壺春瓶(원), 1964년 하북성 보정保定 元 저장혈출토, 하북성박물관 소장, 『원대자기』 사진 44.

사진 15. 청화연화수금문극이병水禽蓮文雙戟耳瓶(원), 대북홍희미술관소장, 대만 『중국역대도자선집』 사진 68.

사진 16. 청화국화문극이병菊文雙戟耳瓶(원), 『원대자기』 사진 7.

사진 17. 청화월매문산두병月梅文蒜頭瓶(원), 광동성박물관소장, 『원대자기』 사진 5.

사진 18-1. 청화운룡문상이병雲龍文象耳瓶(원), 영국데이비드중국예술기금회소장, 대만 『海外遺珍』 도자·續 사진 125.

사진 18-2. 청화운룡문상이병雲龍文象耳瓶(원), 호주 寧志超선생소장.

사진 19. 청화화훼초충문팔각표형병花卉草蟲文八棱葫蘆瓶(원), 터키 토프카프박물관소장, 『원대자기』사진 38.

사진 20. 청화모란문탑형유개병牡丹文塔式蓋瓶(원), 1980년 강서성 구강 원묘출토, 구강시박물관소장, 『원대자기』사진 1.

사진 21. 청화봉문편호鳳文扁壺(원), 1974년 북경 元 저장혈출토, 수도박물관소장.

사진 22. 청화쌍룡문사이편호雙龍文四系扁壺(원), 일본 出光미술관소장, 일본 1994『중국도자특별전』사진 226.

사진 23. 청화화중공작문사이편호孔雀穿花文四系扁壺(원), 『원대자기』사진 110.

사진 24. 청화국죽문주자菊竹文執壺(원), 필리핀 로베트토·베라뉴오부부소장, 『원대자기』사진 12.

사진 25. 청화모란봉황문주자牡丹鳳凰文執壺(원), 북경고궁박물원소장, 『원대자기』사진 13.

사진 26. 청화절지화훼문팔각주자折枝花卉文八棱執壺(원), 1964년 하북성보정 원 저장혈출토, 하북성박물관소장, 홍콩『중국문물정화대전』사진 557.

사진 27. 청화죽석화과문능구반竹石花果文菱口盤(원), 대만홍희미술관소장, 대만『중국역대도자선집』사진 69.

사진 28. 청화비봉화초문절연반飛鳳花草文折沿盤(원), 터키 토프카프박물관소장, 『원대자기』사진 115.

사진 29. 청화연화문능구반荷蓮文菱口盤(원), 상해박물관소장, 『상해박물관중국도자진열』22쪽.

사진 30. 청화송죽매문능구반松竹梅文菱口盤(원), 1970년 북경 後英房 원대거주유적 출토, 수도박물관소장.

사진 31. 청화화중봉문능구반鳳穿花文菱口盤(원), 광동성박물관소장, 『원대자기』사진 20.

사진 32. 청화용문완龍文碗(원), 1970년 북경 원 저장혈출토, 수도박물관소장.

사진 33. 청화화훼문화구대완琛寶花卉文花口大碗(원), 터키 토프카프박물관소장, 『원대자기』사진 132.

사진 34. 청화월매문고족배月梅文高足碗(원), 1972년 하북성 定興 원 저장혈출토, 하북성박물관소장, 『中國文物精華大全』사진 563.

사진 35. 청화매화문고족배梅花文高足碗(원), 강소성 鎭江市박물관소장, 『중국문물정화대전』사진 564.

사진 36. 청화연당초문고족배纏枝蓮文高足豆(원), 영국 에쉬몰리안박물관소장, 『원대자기』사진 137.

사진 37. 청화국당초문탁잔纏枝菊文盞托(원), 1970년 북경 원 저장혈출토, 수도박물관소장.

사진 38. 청화팔괘문통형향로八卦文筒爐(원), 북경고궁박물원소장, 『원대자기』사진 28.

사진 39. 청화필가형수우筆架式水盂(원), 1987년 절강성 원 저장혈 출토, 항주시고고연구소소장, 1990년 『중국문물정화전』 사진 41.

사진 40. 청화동채누각형곡창釉裏紅樓閣式穀倉(원), 1974년 강서성 경덕진시 원 凌氏묘출토, 강서성박물관소장, 『중국미술전집』 도자下 사진 2.

사진 41. 청화모란당초문유개매병纏枝牡丹文帶蓋梅瓶(원), 강서성 高安縣 원 저장혈출토, 고안현박물관소장, 1990년 『중국문물정화전』 사진 173.

사진 42. 청화모란당초문매병纏枝牡丹文梅瓶(원), 상해박물관소장, 『원대자기』 사진 86.

사진 43. 청화모란당초문매병纏枝牡丹文梅瓶(원), 대북鴻禧미술관소장, 대만 『중국역대도자선집』 사진 72.

사진 44. 청화기린모란문매병(원), 일본 1994 『중국도자특별전』 사진 233.

사진 45. 청화모란당초문호纏枝牡丹文罐(원), 상해박물관소장, 『중국미술전집』 도자下 사진 28.

사진 46. 청화모란당초문쌍어이호纏枝牡丹文雙魚耳罐(원), 대북홍희미술관소장, 대만 『중국역대도자선집』 사진 73.

사진 47. 청화모란당초문쌍이호纏枝牡丹文獸耳罐(원), 대영박물관 소장, 『원대자기』 사진 56.

사진 48. 청화운룡모란문수이유개호雲龍牡丹文獸耳蓋罐(원), 1980년 강서성 高安縣 원 저장혈출토, 고안현박물관 소장, 『원대자기』 사진 51.

사진 49. 청화원앙연화문능구반鴛鴦臥蓮文菱口盤(원), 북경고궁박물원소장, 『고궁도자선집』 사진 39

사진 50. 청화원앙연화문병鴛鴦戲水文玉壺春瓶(원), 수도박물관소장.

사진 51. 청화 연지수금문 완(원), 『원대자기』 사진 135.

사진 52. 청화속련문이束蓮文匜(원), 광동성박물관소장, 『문물』 1980년 5기 도판玖4.

사진 53. 청화속련문주자束蓮文梨形壺(원), 1972년 북경 安外 원대유적출토, 수도박물관소장.

사진 54. 청화국화문출극고菊文出戟觚(원), 1970년 원 저장혈출토, 수도박물관소장.

사진 55. 청화송죽매문쌍이삼족로(원), 북경고궁박물원소장, 『중국미술전집』 도자下 사진 31.

사진 56. 청화참외포도죽문능구반瓜竹葡萄文菱口盤(원), 상해박물관소장, 『중국미술전집』 도자下 사진 20.

431

사진 57. 청화운룡문연엽개호雲龍文荷葉蓋罐(원), 1980년 강서성 高安縣 원 저장혈출토, 고안현박물관 소장, 『원대자기』 사진 5.

사진 58. 청화운룡문세구병雲龍文洗口瓶(원), 터키 토프카프박물관소장, 『원대자기』 사진 78.

사진 59. 청화용문반(원), 1976년 하북성圍場縣 원묘 출토, 위장현박물관 소장, 『중국미술전집』도자下 사진 19.

사진 60. 청화봉황초충문팔각표형병鳳凰草蟲文八棱葫蘆瓶(원), 일본 山形掬粹巧藝館소장, 일본 1994『중국도자특별전』사진 227.

사진 61. 청화쌍봉잡보문능구반雙鳳琛寶文菱口盤(원), 일본 松岡미술관소장, 일본 1994『중국도자특별전』사진 232.

사진 62. 청화용봉문유개매병龍鳳文帶蓋梅瓶(원), 1980년 강서성 高安縣 원 저장혈출토, 고안현박물관 소장, 『중국미술전집』도자下 사진 26.

사진 63. 청화어조문반魚藻文折沿盤(원), 일본 1994『중국도자특별전』사진 63.

사진 64. 청화쌍어련문반雙魚蓮文切沿盤(원), 호남성박물관소장, 홍콩『중국문물정화대전』사진 570.

사진 65. 청화연지어조문호蓮池雙魚藻文罐(원), 일본 出光미술관소장, 『원대자기』사진 71.

사진 66. 청화정원사자문반(원), 홍콩 徐氏예술관소장, 홍콩『서씨예술관』사진 55.

사진 67. 청화공작모란문호孔雀牡丹文罐(원), 대영박물관소장, 『원대자기』사진 76.

사진 68. 청화화중공작문병孔雀穿花文玉壺春瓶(원), 내몽고庫倫旗白廟子 원 저장혈 출토, 『원대자기』사진 105.

사진 69. 청화정원사녀도호庭院仕女圖罐(원), 일본 1992년『중국명도전』사진 66.

사진 70. 청화소하월하추한신도매병蕭何月下追韓信圖梅瓶(원), 1959년 강소성남경시 명 沐英묘출토, 남경시박물관 소장, 『중국미술전집』도자下 사진 27.

사진 71. 청화몽염장군도병蒙恬將軍圖玉壺春瓶(원), 1956년 호남성常德市출토, 호남성박물관 소장, 1990년『중국문물정화전』사진 180.

사진 72. 청화사애도매병四愛圖梅瓶(원), 武漢市문물상점소장, 1993년『중국문물정화전』사진 31.

사진 73. 청화왕소군출색도호王昭君出塞圖罐(원), 일본 出光미술관소장, 일본 1994『중국도자특별전』사진 229.

사진 74. 청화주아부둔군세류영도호周亞夫屯軍細柳營徒罐(원), 『원대자기』사진 63A.

사진 75. 청화위진공단편구주도호尉遲恭單鞭救主圖罐(원), 미국 보스톤박물관소장, 『원대자기』사진 62A.

사진 76. 청화삼고모려도호三顧茅廬圖罐(원), 미국 보스톤박물관소장, 『원대자기』사진 63B.

사진 77. 청화서상기도호西廂記圖罐(원), 『원대자기』사진 62B.

사진 78. 청화국당초시문고족배纏枝菊試文高足碗(원), 1980년 강서성高安縣 원 저장혈출토, 고안현박물관소장, 『중국미술전집』도자下 사진 23.

사진 79. 청화화훼팔보문능구반花卉八寶文菱口盤(원), 일본 1992년 『中國の名陶特別展』 사진 61.

사진 80. 청화동채화창문유개호釉裏紅開光鏤花蓋罐(원), 1964년 하북성 保定市 원 저장혈출토, 하북성박물관소장, 『중국미술전집』 도자下 사진 38.

사진 81. 청화쌍봉초충문팔각매병雙鳳草蟲文八稜梅瓶(원), 일본 松岡미술관소장, 1994년 『中國の名陶特別展』 사진 234.

사진 82. 청화절지화훼문팔각병折枝花卉文八稜玉壺春瓶(원), 홍콩 天民樓소장, 일본 1992년 『중국명도전』 사진 65.

사진 83. 청화어문병魚文玉壺春瓶(원), 1973년 운남성祿豐 원묘출토, 운남성박물관소장, 『문물』 1980년4기 도판壹.

사진 84. 청화인물모란문유개호人物牡丹文蓋罐(원), 운남성박물관소장, 『중국미술전집』 도자下 사진 30.

사진 85. 청화쌍사자희주문호雙獅戲珠文罐(원), 1974년 운남성 祿豐 원묘출토, 운남성박물관소장, 『원대자기』 사진 23.

사진 86. 청화국화문쌍이소호菊文雙系小罐(12-14세기), 터키 토프카프박물관소장, 『원대자기』 사진 152.

사진 87. 청화절지화훼문과형유개호折枝花卉瓜棱形蓋罐(명·홍무), 1961년 북경 德外출토, 수도박물관소장.

사진 88. 청화동채화훼문능구탁반釉裏紅花卉文菱口托盤(명·홍무), 수도박물관 소장.

사진 89. 청화화훼당초문잔탁纏枝花卉文盞托(명·홍무), 1994년 경덕진 珠山 출토, 경덕진도자고고연구소소장, 대만 『景德鎭出土明初官窯瓷器』 사진 18.

사진 90. 청화운룡문'춘수春壽'명매병(명·홍무), 상해박물관소장, 대만 『중국청화자』 사진 20.

사진 91·92. 청화연당초문완纏枝蓮文直口碗(명·홍무), 1994년 경덕진珠山 출토, 경덕진도자고고연구소 소장, 대만 『景德鎭出土明初官窯瓷器』 사진 5.

사진 93. 청화국당초문완纏枝菊文碗(명·홍무), 상해박물관 소장, 대만 『중국청화자』 사진 10.

사진 94. 청화석류화문능구반 榴花文切沿菱口盤(명·홍무), 1994년 경덕진 珠山 출토, 경덕진도자고고연구소소장, 대만 『景德鎭出土明初官窯瓷器』 사진 33.

사진 95. 청화육출화창호석지죽문반六出開光湖石芝竹文折沿盤(명·홍무), 1994년 경덕진 珠山 출토, 경덕진도자고고연구소 소장, 대만 『景德鎭出土明初官窯瓷器』 사진 22.

사진 96. 청화송죽매문주자松竹梅文執壺(명·홍무), 1994년 경덕진 珠山 출토, 경덕진도자고고연구소소장, 대만 『景德鎭出土明初官窯瓷器』 사진 3.

사진 97. 청화연당초문압수배纏枝蓮文壓手杯(명·영락), 북경고궁박물원소장, 『중국미술전집』

도자下 사진 68.

사진 98. 청화화훼당초문계심완纏枝花卉文鷄心碗(명·영락), 수도박물관소장.

사진 99. 청화페르시아문와족완波斯文臥足碗(명·영락), 홍콩 天民樓소장, 대만『중국청화자』 사진 62.

사진 100. 청화정원영희문완庭園嬰戱文碗(명·영락), 대북 홍희미술관소장, 대만『중국역대도 자선집』사진 78.

사진 101. 청화운룡문직구완雲龍文直口碗(명·영락), 1994년 경덕진 珠山 출토, 경덕진도자고 고연구소소장, 대만『景德鎭出土明初官窯瓷器』사진 75.

사진 102. 청화포도문절연능구반葡萄文切沿菱口盤(명·영락), 수도박물관소장.

사진 103. 청화연초문절연반蓮草文折沿盤(명·영락), 대북 홍희미술관소장, 대만『중국역대도 자선집』사진 77.

사진 104. 청화송수소경문렴구반松樹小景斂口盤(명·영락), 1994년 경덕진珠山 출토, 경덕진 도자고고연구소소장, 대만『景德鎭出土明初官窯瓷器』사진 39.

사진 105. 청화도죽매문매병桃竹梅文梅甁(명·영락), 1970년 북경 명묘출토, 수도박물관소장.

사진 106. 청화절지화과문병折枝花果文玉壺春甁(명·영락), 상해박물관 소장,『상해박물관중국 도자진열』24쪽 圖上左.

사진 107. 청화용도문천구병龍濤文天球甁(명·영락), 일본 龜山기념관소장, 1994년『中國の名 陶特別展』사진 247.

사진 108. 청화화중봉문주자鳳穿花三系把壺(명·영), 대북고궁박물원소장, 대만 劉良佑저『중국 역대도자감상』下 232쪽 圖上.

사진 109. 청화화과문주자花果文執壺(명·영락), 중국역사박물관소장,『중국미술전집』도자下 사진 69.

사진 110. 청화화훼당초문주자纏枝花卉文執壺(명·영락), 대북홍희미술관소장, 대만『중국역대 도자선집』사진 83.

사진 111. 청화화훼당초문편호纏枝花卉文蒜頭口綬帶扁壺(명·영락), 홍콩 天民樓소장, 일본 1992년『중국명도전』사진 73.

사진 112. 청화운룡문편호雲龍文葫蘆口綬帶扁壺(명·영락), 趙自强 편저『고도자감정』사진 21.

사진 113. 청화보상윤화문편호寶相輪花文葫蘆口綬帶扁壺(명·영락), 북경고궁박물원소장, 대 만『古瓷辨識』사진 29.

사진 114. 청화호인무악도편호胡人舞樂圖雙耳扁壺(명·영락), 대북고궁박물원소장, 대만『명대 초년자기』사진 7.

435

사진 152. 청화화훼당초초엽문관이병纏枝花卉蕉葉文貫耳瓶(명·선덕), 대북 홍희미술관소장, 대만『鴻禧集珍』사진 16.

사진 153. 청화화훼당초문팔각촛대纏枝花卉文八角燭臺(명·선덕), 상해박물관소장,『중국미술전집』도자下 사진 82.

사진 154. 청화화훼당초문필합纏枝花卉文筆盒(명·선덕), 일본 掬粹巧藝館소장, 일본 1994년『中國の陶瓷陶特別展』사진 260.

사진 155. 청화연당초문화요纏枝蓮文花澆(명·선덕),『고도자감정』사진 26.

사진 156. 청화연당초문삼족로纏枝蓮文三足爐(명·선덕), 대북고궁박물원소장, 대만『명대선덕관요청화특전도록』사진 26.

사진 157. 청화연판문깔때기蓮瓣平文漏斗(명·선덕), 대북고궁박물원소장, 대만『명대선덕관요청화특전도록』사진 32.

사진 158. 청화모란당초문군지纏枝牡丹文軍持(명·선덕), 1993년 경덕진 珠山 출토, 경덕진도자고고연구소소장, 대만『景德鎭出土明初官窯瓷器』사진 136.

사진 159. 청화화훼문석류형쌍련조식관花卉文石榴形雙聯鳥食罐(명·선덕), 1993년 경덕진 珠山 출토, 경덕진도자고고연구소소장, 대만『景德鎭出土明初官窯瓷器』사진 54-1.

사진 160. 청화화훼문죽절쌍련조식관花卉文竹節雙聯鳥食罐(명·선덕), 1993년 경덕진 珠山 출토, 경덕진도자고고연구소소장, 대만『景德鎭出土明初官窯瓷器』사진 54-2.

사진 161. 청화화훼문조식관花卉文鼓腹鳥食罐(명·선덕), 1993년 경덕진 珠山 출토, 경덕진도자고고연구소소장, 대만『景德鎭出土明初官窯瓷器』사진 55-9.

사진 162. 청화원앙형연적(명·선덕), 1993년 경덕진 珠山 출토, 경덕진도자고고연구소소장, 대만『景德鎭出土明初官窯瓷器』사진 55-2.

사진 163. 청화백로꾀꼬리문귀뚜라미호白鷺黃鸝蟋蟀罐(명·선덕), 1993년 경덕진 珠山 출토, 경덕진도자고고연구소 소장, 대만『景德鎭出土明初官窯瓷器』사진 61.

사진 164. 청화화훼문과롱花卉文過籠(명·선덕), 1993년 경덕진 珠山 출토, 경덕진도자고고연구소소장, 대만『景德鎭出土明初官窯瓷器』사진 71.

사진 165. 청화연당초문호纏枝蓮文罐(명·선덕), 1972년 북경시 출토, 수도박물관소장.

사진 166. 청화화훼당초문유개두纏枝花卉文帶蓋豆(명·선덕), 대북고궁박물원소장, 대만『중국역대도자감상』하 234쪽 圖上右

사진 167. 청화당초연탁팔보문절요완纏枝蓮托八寶文切腰碗(명·선덕), 대북고궁박물원소장, 대만『명대선덕관요청화특전도록』사진 52.

사진 168. 청화송죽매문완의 펼친 문양(명·선덕)

사진 169. 청화해도용문고족배海濤龍文高足碗(명·선덕), 수도박물관소장.

사진 170. 청화능화창운룡문규식세菱邊雲龍文葵式洗(명·선덕), 대북고궁박물원소장, 대만 『명대선덕관요청화특전도록』 사진 183.

사진 171. 청화화중봉황문완穿花鳳凰文仰鐘式碗(명·선덕), 대북고궁박물원소장, 대만 『명대선덕관요청화특전도록』 사진 59.

사진 172. 청화연화용봉문반龍鳳穿蓮文盤(명·선덕), 대북고궁박물원소장, 대만 『명대선덕관요청화특전도록』 사진 190.

사진 173. 청화파도코끼리문고족배波濤雙象雲文高足杯(명·선덕), 대북고궁박물원소장, 대만 『명대선덕관요청화특전도록』 사진 78.

사진 174. 청화홍채해수어파문고족배紅彩海獸魚濤文高足碗(명·선덕), 상해박물관소장, 『중국미술전집』 도자下 사진 83.

사진 175. 청화홍채파도용문완紅彩海濤龍文碗(명·선덕), 북경고궁박물원소장, 『중국미술전집』 도자下 사진 86.

사진 176. 청화연당어조문규식완蓮塘魚藻文葵式碗(명·선덕), 대북고궁박물원소장, 대만 『명대선덕관요청화특전도록』 사진 140.

사진 177. 청화어조문규식세菱邊魚藻文葵式洗(명·선덕), 1993년 경덕진珠山 출토, 경덕진도자고고연구소소장, 대만 『景德鎭出土明初官窯瓷器』 사진 19-2.

사진 178. 청화쌍사자문반雙獅戱球文盤(명·선덕), 대북고궁박물원소장, 대만 『명대선덕관요청화특전도록』 사진 178.

사진 179. 청화오채연지원앙문완五彩蓮池鴛鴦文碗(명·선덕), 티베트薩迦縣薩迦寺소장, 1993년 『중국문물정화』 사진 34.

사진 180. 청화오채원앙연화문반五彩鴛鴦荷花盤(명·선덕), 1988년 경덕진珠山 출토, 경덕진도자고고연구소소장, 대만 『景德鎭出土明初官窯瓷器』 사진 75.

사진 181. 청화'추석'시의사녀도완'秋夕'詩意仕女圖碗(명·선덕), 대북고궁박물원소장, 대만 『명대선덕관요청화특전도록』 사진 146.

사진 182. 청화정원사녀도완庭園仕女圖碗(명·선덕), 홍콩 天民樓 소장, 대만 『중국역대도자감상』238쪽 圖下

사진 183. 청화사녀영희도완仕女嬰戱圖碗(명·선덕), 대북고궁박물원소장, 대만 『명대선덕관요청화특전도록』 사진 150.

사진 184. 청화연탁팔길상문완蓮托八吉祥文碗(명·선덕), 대북고궁박물원소장, 대만 『명대선덕관요청화특전도록』 사진 44.

사진 185. 청화티벳문고족배藏文高足碗(명·선덕), 대북고궁박물원소장, 대만 『명대선덕관요청화특전도록』 사진 106.

사진 186. 청화티벳문·연탁팔길상승모호藏文蓮托八吉祥文僧帽壺(명·선덕), 티베트라싸시포린 카소장, 1991년『중국문물정화』사진 42.

사진 187. 청화남사체범문유개호藍査體梵文出戟蓋罐(명·선덕), 북경고궁박물원소장, 耿寶昌 저『명청자기감정』사진 22.

사진 188. '大明宣德年製' 6자해서관

사진 189. '大明宣德年製' 6자횡관

사진 190. 청화절지화과문매병(명·선덕), 북경고궁박물원소장, 대만『古瓷辦識』사진 34.

사진 191. 청화절지화과문매병(청·옹정), 북경고궁박물원소장, 대만『古瓷辦識』사진 34.

사진 192. 청화죽석초엽문병竹石蕉葉文玉壺春瓶(명·선덕), 북경고궁박물원소장, 대만『古瓷辦 識』사진 33.

사진 193. 청화죽석초엽문병竹石蕉葉文玉壺春瓶(청·옹정), 북경고궁박물원소장, 대만『古瓷辦 識』사진 33.

사진 194. 청화화훼문서등花卉文書燈(명·선덕), 북경고궁박물원소장, 대만『古瓷辦識』사진 35.

사진 195. 청화화훼문서등花卉文書燈(청·옹정), 북경고궁박물원소장, 대만『古瓷辦識』사진 35.

사진 196. 청화단용봉문규식세團龍鳳文葵式洗(명·선덕), 북경고궁박물원소장, 대만『古瓷辦 識』사진 36.

사진 197. 청화단용문규식세團龍文葵式洗(청·옹정), 북경고궁박물원소장, 대만『古瓷辦識』사 진 36.

사진 198. 옹정 방선덕청화단용문 규식세 관지

사진 199. 청화송죽문반(명·선덕), 북경고궁박물원소장, 대만『古瓷辦識』사진 51.

사진 200. 청화송죽문반(청·건륭), 북경고궁박물원소장, 대만『古瓷辦識』사진 51.

사진 201. 청화금문유개호錦文蓋罐(청·건륭), 북경고궁박물원소장, 대만『古瓷辦識』사진 50.

사진 202. 청화화훼당초문발항纏枝花卉文鉢缸(명·선덕), 북경고궁박물원소장, 대만『古瓷辦 識』사진 16.

사진 203. 청화화훼당초문발항纏枝花卉文鉢缸(청·강희), 북경고궁박물원소장, 대만『古瓷辦 識』사진 16.

사진 204. 청화아랍문'천순년'관삼족로'天順年'款阿拉伯文三足爐(명·천순), 북경고궁박물원소 장, 耿寶昌저『명청자기감정』사진22.

사진 205. 청화모란당초문·반이용문병纏枝牡丹文盤螭龍文瓶(명·천순), 홍콩예술관소장, 대만 『중국고자회고中國古瓷匯考』사진 171.

사진 206. 청화연당초문유개호纏枝蓮文蓋罐(명·정통), 1958년 강서성新建縣 朱盤?묘 출토, 강서성박물관소장,『문물』1973년 12기 도판칠3.

사진 207. 청화누각인물문호樓閣人物圖大罐(명·정통), 홍콩 徐氏예술관소장, 홍콩『서씨예술관』사진 70.

사진 208. 청화운봉문매병雲鳳文尊(명·정통), 1964년 호북성 무창시 명묘출토, 호북성문물상점소장,『명청자기감정』색사진 27.

사진 209. 청화운룡문매병雲龍文尊(명·정통), 1964년 호북성 무창시 명묘출토, 호북성문물상점소장,『명청자기감정』색사진 26.

사진 210. 청화팔선조성도호八仙朝聖圖罐(명·경태), 대만『중국청화자』사진 98.

사진 211. 청화사녀유춘도호仕女遊春圖罐(명·경태), 남경박물관소장, 대만『중국청화자』사진 97.

사진 212. 청화절지연탁팔보문완折枝蓮托八寶文碗(명·경태-천순), 수도박물관소장.

사진 213. 청화배월도매병排月圖梅瓶(명·천순), 홍콩 徐氏예술관소장, 홍콩『서씨예술관』사진 71.

사진 214. 청화연당초문편이병纏枝蓮文扁耳瓶(명·천순), 강서성박물관소장, 대만『중국청화자』사진 100.

사진 215. 청화기린문반(명·성화), 북경고궁박물원 소장,『중국미술전집』도자下 사진 90.

사진 216. 청화기룡문완夔龍文碗(명·성화), 상해박물관 소장,『중국미술전집』도자下 사진 91.

사진 217. 청화파도운문유개호波濤雲文罐(명·성화), 홍콩 徐氏예술관소장, 홍콩『서씨예술관』사진 72.

사진 218. 청화화조문배(명·성화), 대북고궁박물원소장, 대만『중국역대도자감상』248쪽 圖下右.

사진 219. 황지청화화과문반黃地靑花花果文盤(명·성화), 대북홍희미술관소장, 대만『중국역대도자선집』사진 93.

사진 220. 청화동채어련문고족배釉裏紅四魚蓮文高足碗(명·성화), 대북홍희미술관소장, 대만『중국역대도자선집』사진 92.

사진 221. '대명성화년제' 관지

사진 222. 청화인물문매병(명·성화), 강서성박물관소장, 대만『중국청화자』사진 104.

사진 223. 청화티베트문와족배藏文臥足杯(명·성화), 북경고궁박물원소장, 대만『古瓷辨識』사진 39.

사진 224. 청화티베트문와족배藏文臥足杯(청·옹정), 북경고궁박물원소장, 대만『古瓷辨識』사진 39.

사진 249. 청화연지화조문육방호蓮池花鳥文六方罐(명·가정), 홍콩 天民樓소장, 일본 1992년 『중국명도전』 사진 89.

사진 250. 청화영희문유개호嬰戱圖蓋罐(명·가정), 1980년 북경 朝陽區 출토, 수도박물관소장.

사진 251. 청화삼양개태문앙종식완三羊開泰文仰鐘式碗(명·가정), 대북고궁박물원소장, 대만 『중국역대도자감상』 266쪽 圖中.

사진 252. 청화반홍어조문유개호礬紅魚藻文蓋罐(명·가정), 북경고궁박물원소장, 『중국미술전집』도자下 사진 116.

사진 253. '대명가정년제' 관지

사진 254. 청화운학팔선문표형병雲鶴八仙文葫蘆瓶(명·가정), 중국역사박물관소장, 『중국미술전집』 도자下 사진 113.

사진 255. 청화'수복강녕'명소호'福壽康寧'銘文小罐(명·가정), 홍콩예술관소장, 대만 『중국고자회고中國古瓷匯考』 사진 183.

사진 256. 청화수복운문육각표형병福壽雲文六棱葫蘆瓶(명·가정), 수도박물관소장.

사진 257. 청화화중사자문호穿花獅子文罐(명·가정), 강서성박물관소장, 대만 중국청화자』 사진 118.

사진 258. '대명융경년제' 쌍권관지

사진 259. '대명융경년조' 종행관지

사진 260. 청화단룡문주자團龍文提梁壺(명·융경), 북경고궁박물원소장, 『중국미술전집』 도자下 사진 122.

사진 261. 청화용문방승합龍文方勝盒(명·융경), 홍콩 天民樓소장, 『고도자감정』 사진 23.

사진 262. 청화투조용문방합透彫龍文方盒(명·만력), 대만『중국청화자』 사진 128.

사진 263. 청화포대승상布袋僧像(명·만력), 수도박물 소장.

사진 264. '대명만력년제' 쌍권관지

사진 265. '대명만력년제' 쌍곽 관지

사진 266. '대명만력년제' 횡관

사진 267. 청화연당초문매병纏枝蓮文梅瓶(명·만력), 1951년 북경 명묘출토, 수도박물관소장.

사진 268. 청화운학봉황문육각유개호雲鶴鳳凰文六方蓋罐(명·만력), 일본 1992년 『중국명도전』 사진 94.

사진 269. 청화범문연화형반梵文蓮花式盤(명·만력), 수도박물관소장.

사진 270. 청화운룡문화형세雲龍文花口洗(명·만력), 대북 홍희미술관소장, 대만『중국역대도자선집』 사진 104.

사진 271. 청화운봉문항雲鳳文缸(명·만력), 수도박물관소장.

사진 272. 청화어조문산두병魚藻文蒜頭瓶(명·만력), 대만『중국청화자』사진 17.

사진 273. 청화 인물문 유개병人物蓋瓶(명·만력), 1982년 광서성桂林市 靖江11代王莫夫人墓 출토, 광서장족자치구박물관소장, 1992년『중국문물정화』사진 44.

사진 274. 청화봉황모란문병(명·만력), 수도박물관소장.

사진 275. 청화영희문장경병嬰戲長頸瓶(명·만력), 1971년 강서성新干縣 명묘출토, 강서성박 물관소장,『중국미술전집』도자下 사진 123.

사진 276. 청화팔선인물문삼족로八仙人物三足爐(명·만력), 수도박물관소장.

사진 277. 청화모란사자문표형병牡丹獅文葫蘆瓶(명·만력), 수도박물관소장.

사진 278. 청화사자문유개호獅子滾綉球蓋罐(명·만력), 수도박물관소장.

사진 279. '경조군수방기京兆郡壽房記' 관지(명·천계)

사진 280. 청화연지하취도팔각유개호蓮池夏趣圖八方蓋罐(명·천계), 수도박물관소장.

사진 281. 청화화훼문출극화고花卉文出戟花觚(명·천계), 북경고궁박물원소장,『중국미술전 집』도자下 사진 135.

사진 282. 청화인물문주석장식주자人物鑲錫壺(명·천계), 수도박물관소장.

사진 283. 청화단룡문촛대團龍文燭臺(명·천계), 상해박물관소장, 대만『中國陶瓷綜述』사진 106.

사진 284. 청화인물문정수완人物淨水碗(명·숭정), 중국역사박물관소장,『중국미술전집』도자 下 사진 138.

사진 285. 청화들놀이그림병郊遊圖瓶(명·숭정), 수도박물관소장.

사진 286. 청화화조문고花鳥文觚(명·숭정), 수도박물관소장.

사진 287. 청화순마도유개호馴馬圖蓋罐(명·숭정), 수도박물관 장.

사진 288. 청화인물문필통(명·숭정), 수도박물관소장.

사진 289. '대청순치년제' 관지

사진 290. 청화산수도통형병山水圖筒瓶(청·순치), 상해박물관소장, 陸明華저『청대청화자기감 상』사진 1.

사진 291. 청화천녀산화도완天女散花圖碗(청·순치), 소주시박물관소장,『중국미술전집』도자 下 사진 155.

사진 292. 청화기린문호麒麟文罐(청·순치), 상해박물관소장,『청대청화자기감상』사진 2.

사진 293. 청화인물문정수완人物圖淨水碗(청·순치), 상해박물관소장,『청대청화자기감상』사 진 33.

사진 294. 청화운룡문병(청·순치), 상해박물관 소장,『청대청화자기감상』사진 34.

사진 295. '강희계축중화당제' 관지

443

445

중국의 청화자기